# El mito de Hitler

# PAIDÓS HISTORIA CONTEMPORÁNEA

*Títulos publicados*

*Ian Kershaw*

# El mito de Hitler

*Imagen y realidad en el Tercer Reich*

PAIDÓS

Barcelona • Buenos Aires • México

Título original: *The «Hitler Myth». Image and Reality in the Third Reich*
Originalmente publicado en inglés, en 1987, por Oxford University Press, Oxford, RU
Reeditado en 2001
Traducción publicada con permiso de Oxford University Press
Originally published in English in 1987
This translation is published by arrangement with Oxford University Press

Traducción de Tomás Fernández Aúz y Beatriz Eguibar


Cubierta de Joan Batallé

© 1987 Ian Kershaw
© 2003 de la traducción, Tomás Fernández Aúz y Beatriz Eguibar
© 2003 de todas las ediciones en castellano,
    Ediciones Paidós Ibérica, S. A.,
    Mariano Cubí, 92 - 08021 Barcelona
    http://www.paidos.com

ISBN: 84-493-1488-7
Depósito legal: B. 44.062/2003

Impreso en A & M Gràfic, S. L.
08130 Santa Perpètua de Mogoda (Barcelona)

Impreso en España - Printed in Spain

*Para Traude*

# Sumario

# Prefacio a la nueva edición

En 1980, la Deutsche Verlags Anstalt publicó la versión original de este libro como parte de los *Schriftenreihe der Vierteljahrshefte für Zeitgeschichte*, bajo los auspicios del Institut für Zeitgeschichte de Munich. Con esa publicación tenía la esperanza de realizar una modesta contribución a la comprensión de la dinámica de la dominación nacionalsocialista al examinar el modo en que la gente veía a Hitler en la época del Tercer Reich —reflejado en un gran número de informes sobre la opinión popular recogidos por agentes del régimen en numerosas instancias—. Debido a que, de forma evidente, el culto al *führer* era un elemento clave para la forma en que operaba el régimen, y debido también a que el alcance de la popularidad de Hitler resultaba vital para la expansión de su poder, daba la impresión de que merecía la pena tratar de investigar este fenómeno, no sólo en lo concerniente a su construcción mediante la propaganda, sino desde abajo, examinando lo que reflejaban las actitudes de innumerables personas corrientes, considerándolas además como un espejo —en ocasiones, es cierto, un espejo deslustrado— de mentalidades, expectativas, esperanzas y deseos preexistentes en amplios sectores de la población. La amable acogida dispensada al libro, de forma muy especial en Alemania, sugería que mi enfoque iba por el buen camino, y me supuso una gran satisfacción.

El libro encuentra sus orígenes en la investigación que yo realizaba en aquella época en el marco de un proyecto de investigación pionero, «Bayern in der NS-Zeit» («Baviera en la época nazi»), efectuado en el prestigioso Institut für Zeitgeschichte (Instituto de Historia Contemporánea) de Munich. Acababa de dirigir mi atención hacia la moderna historia de Alemania —un cambio sustancial respecto de mi anterior trabajo sobre la economía monástica en la Inglaterra de los siglos XIII y XIV— y me hallaba inmerso con gran entusiasmo en mi nueva investigación. Recibí el mejor apoyo posible de Martin Broszat, entonces director del Institut für Zeitgeschichte, y del equipo de investigación que trabajaba con él en el «Bayern-Projekt», tanto en el Institut como en los Archivos del Estado Bávaro. Recuerdo aquella época con enorme agrado. Se trataba para mí de una iniciación vital en una profunda preocupación por la época más difícil, delicada y trágicamente importante de la moderna historia alemana. Fueron también unos años en los que llegué a conocer muchas partes de Baviera como la palma de mi mano: en cierta ocasión fui la única persona no alemana entre los pasajeros de un autobús con cuarenta personas que disfrutaban de un día de excursión a la Baja Franconia capaz de orientar al conductor, que se había perdido, ya que yo había trabajado en los archivos del pueblecito que atravesábamos.

En aquellos tiempos no sentía un interés especial por el propio Hitler. Había estado tratando de abordar más bien diversos aspectos de la opinión popular en Baviera, principalmente un cierto número de ámbitos de disensión política. Al mismo tiempo, me llamó la atención la forma en que, repetidamente, parecía figurar en los informes que estaba estudiando la imagen de Hitler como sólido elemento de consenso, aparentemente dominando (o compensando) las muchas áreas en que la gente era altamente crítica con el régimen, con el partido, y, lo que no es menos importante, con los representantes del NSDAP (Partido Obrero Nacionalsocialista Alemán) y con sus afiliados en el plano local. Por consiguiente, decidí que, en una parte de mi trabajo, habría de explorar de forma más sistemática la transformación y el desarrollo de la imagen del *führer*, y en la otra, las áreas de disensión que me habían interesado al principio. Consideré que los dos temas constituían las partes complementarias de un estudio general que habría de abordar, por un lado, las actitudes presentes en la aclamación popular, y, por otro, la opinión de los que disentían.

En el transcurso de numerosas discusiones, Martin Broszat se vio progresivamente cautivado por las partes de mi trabajo que examinaban la imagen popular de Hitler. Mis averiguaciones coincidían en cierta medida con las intuiciones que él mismo había expresado en lo que yo percibía (y aún considero) como un excelente ensayo en el que abordaba los lazos entre la «motivación social» y lo que él llamaba *führer-Bindung* (el «vínculo» que unía a la población con Hitler), así como el modo en que dichos lazos configuraban el dinamismo interno del sistema nazi. El entusiasmo de Broszat por lo que iba aflorando en mi propia investigación le llevó a instarme a desarrollar mis hallazgos en un libro que abordase específicamente el tema del mito de Hitler. Cuando estuvo listo, contribuyó con una generosa introducción al texto original en alemán, insertando el trabajo en el contexto de las investigaciones sobre Hitler. Desde luego, mi interés se había centrado menos en Hitler que en su imagen popular. Sin embargo, y dado que en aquella época no me di cuenta de este extremo, aquello iba a marcar el comienzo de una andadura que me condujo, durante la mayor parte de las dos décadas siguientes, aún más cerca del dictador mismo.

Oxford University Press había expresado, inmediatamente después de la publicación inicial de la versión alemana, *Der Hitler-Mythos*, su interés en publicar una edición inglesa. No obstante, al principio tenía mis dudas. En aquella época me hallaba enfrascado en la preparación para la publicación, también con Oxford University Press, de la otra parte de mis investigaciones bávaras, que por fin aparecieron en 1983 con el título de *Popular Opinion and Political Dissent in the Third Reich: Bavaria, 1933-1945*, y en las que examinaba la conducta de disensión entre el campesinado, la clase de los trabajadores industriales, y la población católica y evangélica, además de las actitudes ante la persecución y el exterminio de los judíos. Mi principal prioridad consistía en completar este estudio. También era consciente de que era preciso diluir la concentración de temas referentes a Baviera que había presidido la versión original de *Der Hitler-Mythos*. Eso significaba emprender nuevas investigaciones con el fin de incorporar material relacionado con otras regiones del Reich. Además, quería remediar lo que había llegado a considerar como una omisión en el texto original incluyendo un nuevo capítulo sobre una cuestión de obvia importancia: el lugar que ocupaba el antisemitismo en la imagen popular de Hitler. Por último, pensé que era fundamental incluir una introducción y una conclusión en las que pudiese sugerir que el culto consagrado a Hitler era un elemento central de su «carismático liderazgo» —concepto que obtuve, por supuesto, del gran sociólogo alemán Max Weber—. Como consecuencia de todas estas consideraciones pasó algún tiempo antes de que accediese a preparar una edición revisada en inglés que incluyese los cambios mencionados. Este libro se publicó finalmente en 1987.

He podido deleitarme con la repercusión del libro, que entretanto ha sido traducido a varios idiomas (y que ha aparecido recientemente en una nueva versión alemana, esta vez idéntica a la edición de 1987 de Oxford University Press). Pese a que, desde luego, la investigación ha avanzado de forma relevante desde 1987, tengo la impresión de que mis averiguaciones, tal como las he presentado, han resistido, por lo general, la prueba del tiempo. El texto de esta edición permanece, por tanto, tal como lo dejé en 1987, aunque he añadido unas cuantas publicaciones —todas posteriores, excepto en un par de casos— que están relacionadas con el mito de Hitler o que amplifican mi comprensión del mismo.

Sigo muy agradecido a todos aquellos amigos y colegas que me aconsejaron y me animaron mientras llevaba a cabo las investigaciones relacionadas con este libro, a los encargados de los archivos por su indispensable ayuda, a todo el personal del Institut für Zeitgeschichte, y sobre todo al difunto profesor Martin Broszat. Mi sincera gratitud hacia aquellos organismos que financiaron los primeros períodos de investigación en Baviera y otros lugares también permanece intacta. Y, por encima de todo, mi gratitud a la Alexander von Humboldt-Stiftung, por haberme permitido pasar un año instalado en Munich, no se ha borrado con el paso del tiempo.

Ian Kershaw
Manchester/Sheffield
Mayo de 2001

# Introducción

Pocos dirigentes políticos del siglo XX, si es que hay alguno, disfrutaron de mayor popularidad entre su propia gente que Hitler en la década posterior a la fecha de su acceso al poder, el 30 de enero de 1933. Se ha sugerido que, en la cima de su popularidad, nueve alemanes de cada diez eran «seguidores de Hitler, personas que creían en el *führer*».[1] Sea cual fuere la calificación que pueda merecer tan escueta afirmación, puede aseverarse con certeza que el apoyo al partido nazi nunca alcanzó niveles parecidos, como los propios dirigentes nazis reconocían sin dificultad.[2] La aclamación de que era objeto Hitler iba mucho más allá de la que recibían quienes se consideraban a sí mismos nazis, e incluía a muchas personas que eran críticas con las instituciones, las políticas y la ideología del régimen. Éste era un factor de fundamental importancia en el funcionamiento del Tercer Reich. La adulación de que era objeto Hitler por parte de millones de alemanes que, de otro modo, tal vez sólo se hubieran comprometido con el nazismo de manera marginal, implicaba que la persona del *führer*, en tanto que punto focal de un consenso básico, constituía una fuerza integradora crucial en el sistema de gobierno nazi. Sin la ingente popularidad personal de Hitler, sería impensable el elevado nivel de aclamación plebiscitaria con que el régimen pudo contar en repetidas ocasiones —una aclamación que legitimaba sus acciones en el interior y en el extranjero, apaciguaba a la oposición, impulsaba la autonomía del mando y la independizaba de las tradicionales élites nacional-conservadoras que habían imaginado que serían capaces de mantener a Hitler a raya, y sostenía el frenético y crecientemente peligroso ímpe-

1. S. Haffner, *Anmerkungen zu Hitler*, Munich, 1978, pág. 46.
2. Véase el capítulo 3, más adelante.

tu del dominio nazi—. Y lo que es de la máxima importancia: el inmenso pedestal de popularidad de Hitler hizo que su propia posición en el poder resultase aún más inexpugnable, proporcionando las bases para el selectivo proceso de radicalización que sufrió el Tercer Reich y por cuyo efecto las obsesiones ideológicas del *führer* comenzaron a traducirse en realidades factibles.

El examen biográfico de los detalles de la vida de Hitler y de su extraña personalidad —plenamente inspeccionada en numerosas publicaciones—[3] no consigue explicar el extraordinario magnetismo de su atractivo popular. Tampoco sus obsesivas fijaciones ideológicas, igualmente bien conocidas, dan cuenta de su notable popularidad. Sería fácil, por ejemplo, exagerar el poder de atracción del antisemitismo como elemento determinante en la obtención de apoyos para el movimiento nazi[4] (pese a que su importancia funcional como idea unificadora *en el seno* del movimiento apenas admita discusión). Además, para una población preocupada por la mejora de sus condiciones materiales de vida, por salir de las profundidades de la depresión económica, e imbuida de un temor abrumador ante la perspectiva de una nueva guerra, es poco probable que la idea de una inminente contienda en nombre del *Lebensraum* pudiese constituir un reclamo capaz de sobrepujar sus cuitas.[5] Por esta razón, resulta verosímil sugerir, como se ha hecho, que en lo profundo de la propia dictadura, las obsesiones ideológicas de Hitler tuvieran un sig-

3. Por ejemplo, A. Bullock, *Hitler. A Study in Tyranny*, edición revisada, Londres, 1964; J. C. Fest, *Hitler. Eine Biographie*, Frankfurt del Main, 1973; J. Tolland, *Adolf Hitler*, Nueva York, 1976; R. Binion, *Hitler among the Germans*, Nueva York, 1976; R. G. L. Waite, *The Psychopathic God – Adolf Hitler*, Nueva York, 1977. Para las dudas sobre la honestidad de los enfoques biográficos sobre la figura de Hitler, véase H. Graml, «Probleme einer Hitler-Biographie. Kritische Bemerkungen zu Joachim C. Fest», *VfZ*, xxii, 1974, págs. 76-92.

4. Véase S. Gordon, *Hitler, Germans, and the «Jewish Question»*, Princeton, 1984, capítulo 2, para un resumen reciente de pruebas en este sentido.

5. Para el papel subordinado que desempeñó la política exterior como tema en las reuniones nazis de Northeim con anterioridad a 1933, véase W. S. Allen, *The Nazi Seizure of Power. The Experience of a Single German Town, 1922-1945*, 2ª edición, Nueva York, 1984, pág. 322. La propaganda nazi en este período sólo tendió a hablar de futuro en el vago sentido de que una Alemania unida podría convertirse algún día en una potencia mundial con la que habría que contar, o en el de que Alemania recuperaría algún día sus colonias de ultramar. Para un sugerente examen de los «principales temas ideológicos» de los miembros de base del partido nazi a principios de los años treinta, véase P. Merkl, *Political Violence under the Swastika*, Princeton, 1975, págs. 450 y sigs.

nificado más simbólico que concreto para la mayoría de los seguidores nazis.[6]

Lo que parece necesario es aumentar el amplio conocimiento que tenemos sobre la persona de Hitler concentrando nuestra atención en la *imagen* de Hitler como *führer*. Se ha afirmado con razón que es preciso buscar las fuentes de la inmensa popularidad de Hitler «en quienes le adoraban, más que en el líder mismo».[7] Este libro trata de dar un paso en esa dirección. De hecho, no tiene un interés principal en el propio Hitler, sino en el proceso de construcción de su imagen a través de la propaganda, y sobre todo, en la percepción de esa imagen por parte del pueblo alemán —cómo veía éste a Hitler, antes de y durante el Tercer Reich—, o, para expresarlo de forma levemente distinta, se ocupa menos de lo que era Hitler en realidad que de lo que aparentaba ser para millones de alemanes. En este contexto, como estudio de la imaginería política, se propone demostrar de qué modo el mito de Hitler —expresión con la que quiero significar tanto la imagen «heroica» como la idea popular que se tenía de Hitler, idea que le imputaba características y motivos que en la mayoría de los casos divergían toscamente de la realidad— desempeñó su función integradora, de vital importancia, proporcionando al régimen la base del respaldo que le otorgaban las masas.[8] Trata de elucidar los fundamentos nucleares del mito de Hitler, averiguando sobre qué bases fue erigido, y cómo logró mantenerse. Al hacerlo, intenta dejar sentados los principales elementos de consenso que encarnaba el mito de Hitler, y, por último, sugerir las implicaciones del mito de Hitler en la puesta en práctica de los objetivos ideológicos nazis.

Las dos preocupaciones, por la construcción de la imagen y su percepción, se hallan íntimamente relacionadas. No existe la menor duda de que el mito de Hitler fue deliberadamente maquinado como fuerza integradora por un régimen agudamente consciente de la necesidad de fabricar un consenso. El propio Hitler, como es bien sabido, prestaba la mayor atención a la erección de su imagen pública. Concedía el máximo

---

6. Véase M. Broszat, «Soziale Motivation und Führer-Bindung des Nationalsozialismus», *VfZ*, xviii, 1970, págs. 392-409.

7. T. W. Mason, «Open Questions on Nazism», en R. Samuel (comp.), *People's History and Socialist Theory*, Londres, 1981, pág. 207.

8. Para la intuitiva anticipación de Georges Sorel sobre la importancia del mito para los movimientos de masas modernos, véase el comentario de Noel O'Sullivan en su *Fascism*, Londres, 1983, págs. 119-123.

cuidado al estilo y a las poses durante los discursos y otros compromisos públicos. Y le gustaba evitar cualquier rastro de debilidad humana, como sucedió con su negativa a llevar gafas o a participar en cualquier género de deporte u otra actividad en la que pudiese no descollar y que pudiera convertirle en objeto de diversión más que de admiración. Su soltería, que Goebbels pintaba como el sacrificio de la felicidad personal en beneficio del bienestar de la nación, también era considerada por Hitler como una necesidad funcional encaminada a evitar toda pérdida de popularidad entre las mujeres alemanas, cuyo respaldo consideraba vital para su éxito electoral.[9] Todo esto guardaba estrecha relación con los conocidos puntos de vista de Hitler sobre la «psicología de las masas», ya expuestos en *Mein Kampf*, que seguían un parecer similar al expresado en los escritos de Gustave Le Bon sobre la casi ilimitada posibilidad de manipular a las masas.[10] Y durante el propio Tercer Reich, es evidente que Hitler era consciente de lo importante que era su imagen «omnipotente» para su posición de mando y para la robustez del régimen. En este sentido, se ha dicho atinadamente que «Hitler comprendió bien su propia función, el papel que *tenía* que representar como "conductor" del Tercer Reich», y que «se transformó a sí mismo en una función, la *función de führer*».[11]

El objetivo manipulador que subyace al mito de Hitler se encontraba, por tanto, presente desde el principio. También fue recibido con los brazos abiertos y fomentado en términos bastante cínicos con el propósito de «fascinar a las masas»,[12] de apartarlas del cebo del socialismo y de atraerlas a la órbita de un movimiento revolucionario de masas, por parte de aquellos miembros de las clases dirigentes que estaban dispuestos a brindar un respaldo activo al partido nazi —pese a que sería fácil exagerar el grado en que el mito de Hitler había sido construido para servir a los intereses del capitalismo monopolístico, o el extremo en que tuvo

9. «*Es spricht der Führer*». *7 exemplarische Hitler-Reden*, edición de H. von Kotze y H. Krausnick, Gütersloh, 1966 (en adelante citado como Von Kotze), pág. 42.

10. Véase *ibid.*, págs. 31 y sigs.

11. T. W. Mason, «Intention and Explanation: A Current Controversy about the Interpretation of National Socialism», en G. Hirschfeld y L. Kettenacker (comps.), *Der «Führerstaat». Mythos und Realität*, Stuttgart, 1981, pág. 35.

12. M. Weissbecker, «Zur Herausbildung des Führerkults in der NSDAP», en K. Drechsler y otros (comps.), *Monopole und Staat in Deutschland 1917-1945*, Berlín Este, 1966, pág. 122.

de hecho, y como resultado objetivo, su fomento—.[13] Lo que sí parece indiscutible es que el artificioso mito de Hitler resultaba indispensable en su función integradora, en primer lugar para contrarrestar las vigorosas fuerzas centrífugas existentes en el seno del propio movimiento nazi, y, en segundo lugar, para constituir en el seno del pueblo alemán una base de consenso general favorable a los objetivos y a las políticas que podían identificarse con el *führer*. Y cuanto más manifiestas resultaron las contradicciones objetivas presentes en las aspiraciones sociales de las masas que formaban la base del nazismo, mayor fue la necesidad funcional de reificar y ritualizar el mito de Hitler para proporcionar un sólido fundamento de integración afectiva.[14]

A finales de 1941, hallándose en su cúspide el poderío y el dominio nazi en Europa, Goebbels afirmó que la creación del mito del *führer* había sido su mayor logro propagandístico.[15] Había cierta justificación para su aserto, y de hecho, en los próximos capítulos nos ocuparemos en parte de examinar el mito de Hitler como un logro de «construcción de imagen» realizado por los maestros de las nuevas técnicas de propaganda. No obstante, se ha señalado acertadamente que la «heroica» imagen de Hitler era, en idéntica medida, «una imagen creada por las masas pero también impuesta a ellas».[16] Por encima de todo, la propaganda resultaba eficaz allí donde venía a fomentar, no a contrarrestar, unos valores y unas mentalidades ya existentes. El terreno abonado de las creencias, los prejuicios y las fobias previos, que formaba un importante estrato de la cultura política alemana sobre el cual el mito de Hitler podía quedar fácilmente impreso, constituye, por consiguiente, un elemento igualmente esencial para explicar de qué modo pudo haber arraigado y florecido la imagen propagandística de Hitler como «individuo representativo» que defiende «el auténtico sentido de la decencia del pueblo alemán».[17]

13. Puede encontrarse una ejemplar exposición de esta interpretación en E. Gottschling, «Der faschistische Staat», en D. Eichholtz y K. Gossweiler (comps.), *Faschismusforschung. Positionen, Probleme, Polemik*, Berlín Este, 1980, págs. 95-98.
14. El objetivo funcional del ritual en el Estado nazi ha quedado bien subrayado en época reciente por S. Taylor, *Prelude to Genocide*, Londres, 1985, capítulo 7.
15. R. Semmler, *Goebbels. The Man Next to Hitler*, Londres, 1947, págs. 56-57.
16. J. P. Stern, *Hitler. The Führer and the People*, Londres, 1975, pág. 111.
17. La expresión «individuo representativo» parece haber sido acuñada por Stern. Véase *ibid.*, págs. 9 y sigs., y también L. Kettenacker, «Sozialpsychologische Aspekte der Führer-Herrschaft», en Hirschfeld y Kettenacker, *op. cit.*, págs. 103, 110, 119 y sigs., y 132.

Comenzamos, pues, necesariamente, con las raíces del culto al líder, un culto que es muy anterior al ascenso del nazismo, y con su primera gestación en el seno del movimiento nazi antes de que se extendiese a la masa electoral entre los años 1930 y 1933. Como es bien sabido, en las elecciones de marzo de 1933 —celebradas en una atmósfera de euforia nacional en la derecha y con una extrema represión del terrorismo de la izquierda— algo menos de uno de cada dos votantes apoyó al partido de Hitler. La mayoría de los alemanes seguía siendo hostil a su nuevo canciller o no se sentía convencido por él. Y, sin embargo, en el transcurso de los tres años siguientes, aproximadamente, sobre el telón de fondo de una revitalización aparentemente total de la sociedad alemana, Hitler obtuvo el apoyo de aquella «mayoría de la mayoría»[18] que no había votado por él en 1933. El culto al *führer* se encontraba ahora firmemente establecido como fenómeno de masas, y proporcionaba al régimen nazi la legitimación de un dirigente adorado que disfrutaba de un grado de adulación y de sumisión sin precedentes por parte de su pueblo. Incluso en la época de la designación de Hitler como canciller, a finales de enero de 1933, tal situación habría sido difícilmente concebible. La transición de la imagen de dirigente de partido a la de supremo líder nacional constituye el tema del segundo capítulo. En los capítulos ulteriores se examina con más detalle un cierto número de importantes elementos en el levantamiento del mito de Hitler. El extraordinario reflejo de la imagen popular de Hitler en las reacciones a la masacre de la plana mayor de las SA en «la noche de los cuchillos largos» del 30 de junio de 1934; la separación, en la mentalidad popular, entre Hitler y el propio partido nazi, así como entre el *führer* y las fechorías o la mancillada reputación de los jefes locales del partido; el modo en que el prestigio de Hitler —gracias en no desdeñable medida a las demostraciones públicas de apoyo de la jerarquía y el clero— era capaz de sortear los peligros de la «lucha contra la Iglesia» y de salir prácticamente indemne, reciben una minuciosa consideración. El último tema de la fabricación del mito de Hitler que exploramos es la forma en que, primero una serie de inimaginables éxitos en política exterior, después los propios incrementos de tensión, y finalmente el estallido de la guerra, afectaron a la configuración de la legendaria imagen del *führer*. En la época de las victorias alemanas de 1940 en el frente occidental, los principales componentes del mito de Hitler, que

---

18. Haffner, pág. 43.

alcanzaron su culminación en la idea del gran genio militar que, no obstante, era al mismo tiempo el representante del «soldado del frente» ordinario, ya habían sido ensamblados. Los últimos capítulos abordan la resistencia inicial ofrecida a una situación de lento declive que de pronto se convirtió en un derrumbamiento total al venirse abajo el Tercer Reich. El capítulo final se aparta de la secuencia cronológica con el fin de abordar un último, complejo e importante asunto: el papel y el significado de la «cuestión judía» en la imagen pública de Hitler.

Las fuentes de la investigación se dividen en dos categorías principales: en primer lugar, la de los innumerables informes confidenciales internos sobre la opinión y la moral que acumulaban de manera periódica los funcionarios del gobierno alemán, la administración de justicia, la policía, los organismos del partido nazi, y el Servicio de Seguridad (SD); y en segundo lugar, hasta los primeros años de la guerra, los detallados informes filtrados al exterior de Alemania y llegados a manos de los opositores exiliados al régimen nazi, sobre todo los suministrados a la cúpula dirigente del SPD (el Partido Socialdemócrata Alemán, que en esa época se llamaba a sí mismo el Sopade) en el exilio, y puestos en circulación por dicho partido en Praga, más tarde en París, y finalmente en Londres. He examinado las virtudes y peligros de este material en otro lugar.[19] Por consiguiente, baste señalar aquí los problemas añadidos que presentan estas fuentes para la reconstrucción del concepto popular de Hitler.

Es obvio que no podemos cuantificar la popularidad de Hitler en ningún punto temporal del Tercer Reich. Los informes de los propios agen-

19. I. Kershaw, *Popular Opinion and Political Dissent in the Third Reich*, Oxford, 1983, págs. 6 y sigs. El carácter y el valor de los informes internos de opinión se estudia en, por ejemplo, las introducciones a los diversos apartados de *Bayern in der NS-Zeit*, edición de M. Broszat, E. Fröhlich y F. Wiesemann, Munich-Viena, 1977; A. H. Unger, *The Totalitarian Party*, Cambridge, 1974, págs. 221-262; M. G. Steinert, *Hitlers Krieg und die Deutschen*, Düsseldorf, 1970, págs. 40-48; *Meldungen aus dem Reich*, edición de H. Boberach, Neuwied, 1965, págs. ix-xxviii; y L. D. Stokes, «The *Sicherheitsdienst* (SD) of the *Reichsführer SS* and German Public Opinion, September 1939-June 1941», tesis doctoral, Johns Hopkins University, Baltimore, 1972, págs. 194-253. O. D. Kulka, en «Die Nürnberger Rassengesetze und die deutsche Bevölkerung», *VfZ*, xxxii, 1984, págs. 584 y sigs., proporciona un buen estudio de la estructura de los informes de la Gestapo y el SD (con especial hincapié en la «cuestión judía»). Y para una valoración del material del *Sopade*, véase M. Voges, «Klassenkampf in der "Beitriebsgemeinschaft"», *Archiv für Sozialgeschichte*, xxi, 1981, págs. 329-343.

tes del régimen nos proporcionan un gran número de comentarios subjetivos distintos, juicios cualitativos sobre el estado de la opinión popular. Como es natural, la gente era particularmente precavida en cuanto a realizar comentarios despectivos sobre el *führer*, fueran cuales fuesen las críticas que se aventuraran a emitir sobre otros aspectos del gobierno nazi. Y el temor del ciudadano a criticar a Hitler se veía agravado por la ansiedad que producía en quienes recopilaban informes de opinión la idea de ofender a sus superiores. Hemos de enfrentarnos por tanto a la posibilidad de que los panegíricos de alabanza consignados en los informes puedan reflejar más la opinión —verídica o forzosa— del informador que la del público. Incluso en el caso de que los comentarios registrados reflejaran fielmente las actitudes públicas, no hay duda de que, a su vez, dichas actitudes podrían resultar más de la expresión de una conformidad más o menos sujeta a coerción que de la auténtica popularidad de Hitler. Pertenece a la naturaleza de las cosas que sea más difícil interpretar los comentarios favorables al régimen que figuraban en esos informes —comentarios respecto de los que necesariamente ha de prevalecer el escepticismo en cuanto a la existencia de elementos subyacentes de miedo y de coerción— que valorar los comentarios y las acciones que, contra él, realizaba la población, ya que con frecuencia hablan por sí mismos. Por consiguiente, un peligro potencial es el de la sobrestima de las actitudes de oposición y la correspondiente subestima de la aprobación y el consenso verdaderos. Dado el tipo de material que tenemos a nuestra disposición, no existe ningún criterio objetivo o externo para resolver esta dificultad. Por muy imperfecto que sea, el juicio del historiador, fundado en una paciente crítica de las fuentes, en el conocimiento de la totalidad de la masa de materiales que ponen a nuestra disposición las distintas instancias informadoras, y en la determinación de leer entre líneas, ha de bastar.

No obstante, los informes no dejan de recoger las críticas directas a Hitler. Mediada la guerra, y en los años posteriores, va acumulándose un conjunto de comentarios adversos —inconfundibles pese a venir expresados de forma velada—, circunstancia que refuerza por tanto el argumento de que el carácter positivo de los informes anteriores a esta época había reflejado, por regla general, la existencia de una verdadera popularidad y la ausencia de una amplia y sustancial crítica a Hitler. Al mismo tiempo, hay suficientes pruebas —por ejemplo en los sumarios de los «tribunales especiales» de carácter político, así como en las cartas anónimas y las actividades inventariadas de los «enemigos del Estado»— de los tipos de comentarios negativos que se hicieron sobre Hitler durante el Tercer Reich, a pesar de que, hasta el ecuador de la guerra, dichos comentarios parecen haber reflejado únicamente los puntos de vista de una pequeña minoría de la población.

Como es lógico, los informes del Sopade[20] presentan un sesgo intrínseco diametralmente opuesto al de los informes internos del régimen. A los informadores del Sopade les agradaba captar expresiones de sentimiento antinazi, cosa que no era infrecuente encontrar en su principal terreno de operaciones, situado en la esfera de la mano de obra industrial, y tendían en ocasiones a equivocarse en sus juicios al deslizarse en la dirección de una valoración excesivamente optimista de las dimensiones de la subyacente oposición al régimen. Los directores de los *Deutschland-Berichte* son bien conscientes de este peligro, como lo eran de hecho algunos de los «secretarios de fronteras» del Sopade que enviaban los informes. Resulta por tanto en extremo sorpresivo y sugerente que incluso esta fuente de signos de oposición esté en numerosas ocasiones plenamente dispuesta a atestiguar el poder y la significación del culto a Hitler y a aceptar que la generalizada popularidad del *führer* alcanzaba incluso los círculos de las clases trabajadoras que, según se reconocía, no habían sido captadas por el nazismo. Pese a que existen algunas importantes divergencias y a que se percibe una perspectiva totalmente diferente, el material del Sopade ofrece, en su mayor parte, una confirmación convincente del cuadro general que puede obtenerse a través de las fuentes internas de la imagen de Hitler y de su impacto. Hay, por tanto, como tratarán de mostrar los siguientes capítulos, suficientes testimonios como para intentar señalar, al menos de forma imprecisa, la secuencia del desarrollo de la imagen de Hitler, la curva descrita por su popularidad y las razones que se encuentran tras ella.

Al caracterizar el culto al liderazgo que se profesaba a Hitler y al ponderar la naturaleza de su impacto, las intuiciones teóricas que, pese a las dudas sobre la posibilidad de su aplicación a los casos históricos concre-

---

20. El principal resumen, el *Deutschland-Berichte der Sozialdemokratischen Partei Deutschlands 1934-1940*, en lo sucesivo, *DBS*, ha sido publicado recientemente en siete volúmenes por Verlag Petra Nettelbeck, Zweitausendeins, Frankfurt del Main, 1980. Los informes de los «secretarios de fronteras», en los que se apoya este resumen, pueden encontrarse en Archiv der sozialen Demokratie (Friedrich-Ebert-Stiftung), Bonn.

tos, nos proporciona el concepto weberiano del «tipo ideal» de «autoridad carismática» aún siguen pareciéndome de inestimable valor.[21] Max Weber concibió el liderazgo carismático —que contrapuso al dominio «tradicional» y «legal» (esto es, al que descansa en normas impersonales, «racionales» y burocráticas)— como una forma de dominio extraordinaria e inestable, y por consiguiente, transitoria, como una de las formas de dominio que tiende a surgir en situaciones poco habituales o de crisis y que no va dirigida a la solución de los problemas cotidianos de gobierno, sino a la superación de las crisis y las emergencias de grandes dimensiones. La autoridad carismática descansa en el «heroísmo o el carácter ejemplar» del líder, en las cualidades por las que «es considerado extraordinario y tratado como alguien dotado de poderes sobrenaturales, sobrehumanos, o al menos específicamente excepcionales».[22] El carisma es, por tanto, una cualidad determinada por las percepciones subjetivas de los seguidores.[23] Los «seguidores» del líder resultan seducidos y su respaldo deriva de la lealtad personal, no de «normas» o de posiciones abstractas, se halla sustentado en grandes hechos, en clamorosos éxitos y en logros notables, todos los cuales proporcionan la reiterada «prueba» de que el líder es un «elegido». El portador del carisma «hace suya la tarea para la que está destinado, y en virtud de su misión exige que los demás le obedezcan y le sigan. Si aquellos para quienes se considera un enviado no le reconocen, su pretensión se derrumba; si le reco-

21. C. J. Friedrich, en «Political Leadership and the Problem of Charismatic Power», *Journal of Politics*, xxiii, 1961, y C. Ake, en «Charismatic Legitimation and Political Integration», *Comparative Studies in Society and History*, ix, 1966-1967, entre otros, han criticado el modelo de Weber en cuestiones relacionadas con su aplicación a circunstancias políticas específicas. Pese a que resulta indudable que contiene debilidades y limitaciones, Arthur Schweitzer presentó hace unos años una convincente defensa de la teoría de Weber y de su aplicación a los dirigentes políticos modernos, de entre los cuales Hitler no es el menos importante, en *The Age of Charisma*, Chicago, 1984. El modelo de Weber se encuentra también desarrollado de manera útil en otra obra de F. Weinstein, *The Dynamics of Nazism. Leadership, Ideology, and the Holocaust*, Nueva York, 1980, págs. 81 y sigs.

22. Max Weber, *Economy and Society*, edición de G. Roth y C. Wittich, Berkeley, 1978, págs. 214-215 y 241. [Hay traducción española: *Economía y sociedad. Esbozo de sociología comprensiva* (original en alemán, 1922), trad.: J. Medina Echavarría, J. Roura Parella, E. Imaz, E. García Máynez y J. Ferrater Mora, México, Fondo de Cultura Económica, 1979. (*N. del t.*)]

23. *Ibid.*, pág. 242: «Lo único importante es el modo en que el individuo es de hecho considerado por quienes están sujetos a la autoridad carismática, es decir, por sus "seguidores" o "discípulos"».

nocen, él será su señor mientras siga dando "pruebas" de sí mismo».[24] El fracaso, por tanto, y con más razón una cadena de fracasos, conlleva un fatal menoscabo del carisma. Incluso en ausencia de un fracaso propiamente dicho, la constante amenaza para el dominio carismático es la «caída en la rutina» —el hecho de girar en torno de la secuencia de la estabilización, la regulación, la sistematización y la normalidad—. Sólo el dinamismo de un éxito recurrente puede sostener la autoridad carismática, que, por consiguiente, es intrínsecamente inestable y constituye un tipo de dominio «revolucionario», aunque transitorio y propio de las situaciones de «emergencia».[25]

La autoridad carismática fue principalmente observada por Max Weber en el contexto de las formas de la sociedad «primitiva», en la que pueden prosperar los jefes militares, los caciques, los profetas y los hechiceros. Además, su análisis del «séquito» carismático incluye a los guardias de corps, a los discípulos o a los agentes próximos al dirigente. El concepto de Weber ha sido aplicado con éxito al nazismo por un cierto número de historiadores, en particular a las relaciones de Hitler con sus «paladines» y con su posición en el seno del movimiento.[26] Sin embargo, rara vez se han hecho extensivas las implicaciones al más amplio marco de la relación de Hitler con el pueblo alemán,[27] pese a que en una era caracterizada por una comunicación y una política de masas esto parezca un ejercicio perfectamente legítimo y potencialmente provechoso.

Uno de los más destacados historiadores alemanes señalaba recientemente que seguía siendo una tarea primordial para los estudiosos «analizar de manera sistemática, y desde el punto de vista histórico, la construcción de un carisma que no aureolaba a Hitler en sus comienzos, pero que desarrolló primero gradualmente, y luego explotó al máximo, hasta

24. *Ibid.*, pág. 242.

25. *Ibid.*, págs. 246 y 1.114-1.115.

26. En particular por J. Nyomarkay, *Charisma and Factionalism within the Nazi Party*, Minneapolis, 1967; W. Horn, *Führerideologie und Parteiorganisation in der NSDAP, 1919-1933*, Düsseldorf, 1972; y M. R. Lepsius, «From Fragmented Party Democracy to Government by Emergence Decree and National Socialist Takeover: Germany», en J. J. Linz y A. Stepan (comps.), *The Breakdown of Democratic Regimes*, Baltimore-Londres, 1978, págs. 61 y sigs.

27. Kettenacker, «Sozialpsychologische Aspekte», y M. H. Kater, «Hitler in a Social Context», *Central European History*, xiv, 1981, págs. 243-272. Estos dos ensayos son excepciones a esta consideración general.

su instalación, ya como indiscutible *führer*, en la cima del movimiento y del Estado».[28] Importantes aspectos de esta tarea —por ejemplo, la de indagar en las raíces intelectuales de la «autoridad carismática», las estructuras políticas que la favorecen,[29] la dimensión pseudorreligiosa de su atractivo, la comparación del culto a Hitler con los cultos al liderazgo de otras sociedades, sobre todo en la Italia fascista, y su influencia en los «líderes de opinión»— requieren un tratamiento más sistemático del que puede ofrecerse aquí. No obstante, este libro trata, en primer lugar, de contribuir a la tarea de esclarecer los fundamentos del atractivo carismático de Hitler y de su inmensa popularidad personal, y, en segundo lugar, de demostrar el indispensable carácter del mito de Hitler para el funcionamiento de la hegemonía nazi. Y, tal como espero mostrar, la admiración hacia Hitler descansaba menos en los extraños y arcanos preceptos de la ideología nazi que en los valores sociales y políticos —aunque a menudo tergiversados o representados de forma extremista— que pueden reconocerse en muchas sociedades distintas a la del Tercer Reich. En este sentido, por muy extraña que pueda parecernos la deificación de Hitler por individuos pertenecientes a una moderna nación industrial, sus causas contienen un mensaje que no resulta del todo reconfortante.

28. H.-U. Wehler, «30. Januar 1933 – Ein halbes Jahrhundert danach», *Aus Politik und Zeitgeschichte*, 29 de enero de 1983, pág. 50.

29. Al manejar una tipología de formas de dominio «carismáticas» comparativamente mayor, Schweitzer, en *The Age of Charisma*, pone de manifiesto las peculiaridades y la novedad del tipo carismático propio del fascismo, destacando su carácter atípico en tanto que forma de política que resulta por regla general de la desintegración de la democracia, y subrayando de este modo la necesidad de situar la aparición del «carisma» en el contexto de la cultura política preexistente.

# PRIMERA PARTE

# La creación del mito de Hitler, 1920-1940

# Capítulo 1

# El *führer* de la Alemania venidera: la imagen de Hitler en la época de Weimar

> Creemos que el Destino le ha elegido para señalar el camino al pueblo alemán. Por consiguiente, le saludamos con devoción y reverencia, y no podemos desear sino que nos sea permitido conservarle hasta que su tarea haya sido completada.
>
> GOEBBELS, 1929

El liderazgo «heroico» era un elemento significativo en las ideas de la derecha nacionalista y *völkisch* mucho antes del espectacular ascenso de Hitler al primer plano. Dicho liderazgo puede considerarse con justificación como «una de las ideas centrales del movimiento antidemocrático en la República de Weimar» y «uno de sus indispensables artículos de fe».[1] Incluso después de que Hitler hubiese pasado a estar momentáneamente en el candelero durante el fallido golpe de Estado de 1923, aún habría de pasar un tiempo considerable antes de que los escritores y los políticos *völkisch* que propagaban la «idea del *führer*» llegasen a asociar con naturalidad sus expectativas con el dirigente del NSDAP. Por consiguiente, la idea y la imagen de un «*führer* de los alemanes» ya habían recibido forma mucho antes de que pudiesen adaptarse a Hitler, y durante años existieron en estrecha relación con el crecimiento del nazismo sin que resultase obvio, para quienes protagonizaban la necesidad de un liderazgo «heroico», que el propio Hitler era el conductor que habían estado esperando.

---

1. K. Sontheimer, *Antidemokratisches Denken in der Weimarer Republik*, 4ª edición, Munich, 1962, pág. 268.

Desde luego, la disposición a cifrar toda esperanza en el «liderazgo», en la autoridad de un «hombre fuerte», no era en sí misma peculiar de Alemania. La promoción por parte de las élites amenazadas, y su aceptación por parte de las masas ansiosas, de un fuerte liderazgo autoritario, con frecuencia personalizado en una figura «carismática», ha sido (y sigue siendo) experimentada por muchas sociedades en las que un sistema pluralista débil se ve incapaz de resolver profundas fisuras políticas e ideológicas y es percibido por la población como una administración en crisis terminal. Dada la intensidad de las crisis de los sistemas parlamentarios en numerosos estados europeos del período de entreguerras, y en un clima en el que la Gran Guerra aún seguía proyectando su larga sombra, surgieron en toda Europa cultos al liderazgo de carácter populista y militarista como parte de los movimientos contrarrevolucionarios fascistas y parafascistas, siendo el más destacado, por supuesto, aparte del de Alemania, el del «culto al Duce» de la Italia fascista.[2] Pese a que el surgimiento de un culto al liderazgo en Alemania puede enmarcarse claramente en esta perspectiva paneuropea, sus rasgos característicos y su forma de articulación han de ubicarse en ciertos elementos de la cultura política específicamente alemana que son muy anteriores a Hitler.

Las raíces de las ideas sobre un liderazgo «heroico» en Alemania se hunden profundamente en el siglo XIX y alcanzan las nociones políticas y las visiones míticas del liderazgo germánico que se asocian con la corriente romántico-conservadora del primer pensamiento *völkisch* nacionalista. En estos círculos, la victoria, el valor y el heroísmo eran ingredientes de un creciente «culto a la nación», y en ellos los festivales sagrados de fuego y luz, acompañados de una mezcla de paganismo germánico y de simbolismo y ritual místico cristiano, conmemoraban, desde principios del siglo XIX en adelante, la derrota «alemana» de Napoleón en la «batalla de los pueblos» de 1813 en Leipzig y el «renacimiento», la fuerza, la vitalidad y la esperanza que brotaba de la unidad nacional. Por supuesto, ese simbolismo germánico «heroico» y místico no era en modo alguno la corriente dominante en el nacionalismo alemán, ya fuese antes

2. Véase la valoración comparativa que hace Rudolf Vierhaus, «Faschistisches Führertum», *Historische Zeitschrift*, clxxxxvii, 1964, págs. 614-639; y en concreto sobre el «culto al Duce», véase P. Melograni, «The Cult of the Duce in Mussolini's Italy», *Journal of Contemporary History*, xi, 1976, págs. 221-237, y J. Petersen, «Mussolini. Wirklichkeit und Mythos eines Diktators», en K. H. Bohrer (comp.), *Mythos und Moderne*, Frankfurt del Main, 1983, págs. 242-260.

o después de la unificación. Sin embargo, después de 1871, la preocupación del nuevo Estado alemán por lograr la «nacionalización de las masas» mantuvo con vida y difundió ese simbolismo.[3] Una destacada manifestación de este proceso fue la erección, a finales del siglo XIX, de gigantescos monumentos nacionales —de unas dimensiones y un carácter que no se encuentran, por ejemplo, en la cultura política británica de la época—: graníticas glorificaciones de héroes míticos, grandes victorias y triunfos nacionales. El militarismo, el heroísmo y la unidad nacional, revestidos de simbolismo religioso, también constituyeron las piedras angulares del recientemente instituido Día de la Fiesta Nacional en el que se celebraba la victoria obtenida sobre los franceses en 1870 en la batalla de Sedán.

La imagen que se proyectaba del káiser —de nuevo muy distinta de las descripciones contemporáneas de la monarquía inglesa— también acaparaba esa mezcla de pujanza militar, unidad nacional, logros heroicos y simbolismo pseudorreligioso. Uno de los mejores ejemplos fue el colosal monumento, erigido en 1897 y financiado en su mayor parte por las asociaciones de veteranos de guerra, del káiser Guillermo I a caballo y en uniforme militar sobre el Kyffhäuser de Turingia, uno de los más «sagrados» montes de Alemania, donde, según la leyenda, Federico Barbarroja dormiría en tanto no renaciese el Reich medieval.[4] Eclipsado por Bismarck, el gobierno de Guillermo I estaba fuertemente despersonalizado e institucionalizado. La presencia de un nuevo káiser, joven, ambicioso, autocrático y con tendencia a la demagogia, unida a la salida de Bismarck de la escena, transformó la imagen del káiser en un culto plenamente desarrollado y personalizado en los Hohenzollern.[5] Según una

3. Para lo que sigue, véase sobre todo G. L. Mosse, *The Nationalization of the Masses*, Nueva York, 1975, capítulos 1-4; y también T. Nipperdey, «Nationalidee und National-denkmal in Deutschland im 19. Jahrhundert», *Historische Zeitschrift*, ccvi, 1968; L. Kettenacker, «Der Mythos vom Reich», en Bohrer, *Mythos und Moderne*, págs. 261-289; y K. Vondung, *Magie und Manipulation*, Göttingen, 1971, capítulo 1.
4. Véase Mosse, págs. 62-63 y Pl. 9.
5. Para la cambiante imagen del káiser, véase E. Fehrenbach, *Wandlungen des deutschen Kaisergedankens 1871-1918*, Munich-Viena, 1969, y también «Images of Kaiserdom: German attitudes to Kaiser Wilhelm II», en J. C. G. Röhl y N. Sombart (comps.), *Kaiser Wilhelm II. New Interpretations*, Cambridge, 1982, págs. 269-285. Sobre la extensión del culto al imperio y a la monarquía, véase también W. K. Blessing, «The Cult of Monarchy, Political Loyalty, and the Workers' Movement in Imperial Germany», *Journal of Contemporary History*, xiii, 1978, págs. 357-375.

destacada figura política de la época, Guillermo II combinaba en su persona «las dos imágenes del estadista gobernante y del heroico káiser durmiente». Por su parte, un señalado teólogo evangélico afirmaba que «en el corazón de todo alemán se encuentra viva también una clara imagen del káiser que es expresión y producto de toda nuestra historia».[6]

La rápida decepción de las exageradas esperanzas y expectativas puestas en el nuevo káiser por la derecha alemana promovieron, sin embargo, por reacción, un culto a la personalidad de estatura heroica centrado en la elevación nostálgica y en la veneración del depuesto «Canciller de Hierro». Durante todo el Reich se produjeron peregrinaciones al domicilio de Bismarck en Friedrichsruh. Se convirtió en «un mito en vida, en el prototipo político de lo que más tarde habría de llamarse "oposición nacional", una oposición que, a diferencia de la del *Reichsfeinde*, se tomaba muy a pecho los intereses del país y estaba dirigida por un gran hombre. Antisemitas, nacionalistas y pangermanistas que soñaban con un gran imperio germánico se arrimaron a este árbol de buen cobijo».[7] Una notable manifestación en piedra del culto a Bismarck fue la construcción entre 1900 y 1910 de unas quinientas «torres Bismarck» diseminadas por Alemania y de un estilo fiel al de la tumba del rey godo Teodorico en Rávena, con el fin de honrar la memoria del artífice de la unidad alemana.[8]

El creciente descontento de la derecha populista con Guillermo II promovió la idea de un «káiser del pueblo» que, siendo encarnación de la fuerza y la vitalidad, habría de aplastar a los enemigos internos de Alemania y que, a expensas de los «pueblos inferiores», sería capaz de proporcionar a la nueva nación la grandeza que merecía, obteniendo un imperio para «un pueblo que carece de espacio vital».[9] La imagen heroica de un futuro «káiser del pueblo» alemán fue descrita en su forma extrema por Heinrich Class, jefe de la Liga pangermánica, en su chovinista polémica *Wenn ich der Kaiser wär* (traducida al inglés como *If I were the Kaiser* —Si yo fuera el káiser—), que publicó con un pseudónimo en 1912 y que tuvo cinco ediciones en el plazo de dos años:

6. Citado en Fehrenbach, «Images», pág. 276.
7. G. Mann, *The History of Germany since 1789*, Harmondsworth, 1974, págs. 413-414.
8. Mosse, págs. 36-37.
9. Véase Fehrenbach, *Wandel*, sobre todo las págs. 158-183.

Aún hoy en día sigue viva en nuestras mejores gentes la necesidad de seguir a un líder fuerte y capaz. Todos cuantos no han sido seducidos por los preceptos de la democracia antipatriótica suspiran por él, no porque sientan una inclinación servil o sufran de debilidad de carácter, sino porque saben que la grandeza sólo puede alcanzarse mediante la concentración de las energías individuales, lo que a su vez sólo puede lograrse por medio de la subordinación a un líder. Sería una gran fortuna para nuestro pueblo que este dirigente pudiese surgir en el portador de la corona.[10]

En la época en que escribía Class, las ideas que él representaba —incluyendo como uno de sus componentes importantes las imágenes del liderazgo «heroico» surgidas en las corrientes ideológicas de la cultura política alemana que he descrito brevemente aquí— habían ganado mucho terreno, sobre todo, aunque en modo alguno únicamente, entre la clase media protestante y los intelectuales. Los ideales romántico-nacionalistas del liderazgo también estaban encontrando eco en sectores significativos del movimiento juvenil burgués.[11] El creciente atractivo que presentaban, ya antes de la Primera Guerra Mundial, las nociones del liderazgo «heroico» en los círculos de la derecha alemana —y existieron paralelismos, aunque de intensidad algo menor, en la Italia prefascista, paralelismos que contribuyeron a preparar el terreno para la posterior aparición del culto al Duce—[12] vino en gran medida configurado por el progresivo abismo abierto entre la percibida necesidad de integración y unidad nacional y la manifiesta falta de integración que prevalecía en la

---

10. D. Fryman (= H. Class), *Wenn ich der Kaiser wär*, 5ª edición, Leipzig, 1914, pág. 227.

11. Un vocabulario «germánico», incorporado más tarde al utilizado por la derecha *völkisch* y el nazismo, vocabulario que incluía términos como *Führer, Gau* y *Heil-Gruss*, junto con ritos de fuego y otras formas de culto neopagano adoptadas por los nazis, prevalecía ya en el movimiento juvenil en torno al cambio de siglo. Véase Vondung, págs. 16-17. A pesar de esto, sería, desde luego, una simplificación excesiva considerar que los grupos juveniles anteriores a la guerra eran precursores directos de las Juventudes Hitlerianas. Sobre esto, véase el estudio de la literatura sobre el particular realizado por P. D. Stachura, «German Youth, the Youth Movement, and National Socialism in the Weimar Republic», en P. D. Stachura (comp.), *The Nazi Machtergreifung*, Londres, 1983, págs. 68-84, así como su *The German Youth Movement 1900-1945. An Interpretative and Documentary History*, Londres, 1981.

12. Véanse los comentarios de J. Petersen en *Der italienische Faschismus. Probleme und Forschungstendenzen. Kolloquien des Instituts für Zeitgeschichte*, Munich, 1983, págs. 34 y sigs., y M. Knox, «Conquest, Foreign and Domestic, in Fascist Italy and Nazi Germany», *Journal of Modern History*, lvi, 1984, págs. 26 y sigs.

realidad.[13] Este abismo se veía a su vez realzado y acentuado por la acción de tres factores interrelacionados: la desorganización social y política que acompañaba a la transición prácticamente simultánea a la condición de Estado-nación, al gobierno constitucional (aunque de carácter fuertemente autoritario) y a la sociedad industrial;[14] la profunda fragmentación del sistema político (fragmentación que reflejaba la existencia de fundamentales divisiones sociales);[15] y, de no menor importancia, la difusión de una ideología chovinista e imperialista que clamaba por un justo «sitio al sol» para Alemania, una nación que se suponía que no disponía de él.[16] Las condiciones básicas de la creciente receptividad hacia las ideas del liderazgo «heroico» y hacia el incremento de las exageradas expectativas puestas en el advenimiento de un dirigente radicaban sobre todo en la mezcla de, por un lado, unas agresivas y expansionistas esperanzas centradas en una grandiosa *Weltpolitik*, con, por otro, una aguda percepción de las debilidades y peligros del partido burgués y de la política de intereses en un momento en que Alemania se encontraba ante el progresivo desafío al orden político y social que dimanaba de las fuerzas democráticas del socialismo. Podría especularse diciendo que cuanto más profundas e internas sean las divisiones de una sociedad, y cuanto mayor sea el abismo que separa las elevadas expectativas puestas en un gobierno de un rendimiento real tan decepcionante que socava la legitimidad del sistema político, tanto mayor será la posibilidad potencial de que difundan las nociones del liderazgo carismático o «heroico», ya que éstas parecerían ofrecer una fundamental ruptura con el pasado y un nuevo y grandioso futuro.

Desde luego, este punto estaba lejos de alcanzarse en Alemania en 1914, momento en el que el estallido de la guerra en medio de la euforia nacional parecía vencer las tensiones y divisiones internas y ofrecer la

---

13. Para la relación entre el crecimiento del fascismo y la falta de una integración pluralista de la nación en Italia y Alemania (durante el período de posguerra), véase el estimulante ensayo de W. S. Allen, «The Appeal of Fascism and the Problem of National Disintegration», en H. A. Turner (comp.), *Reappraisals of Fascism*, Nueva York, 1975, págs. 44-68.

14. Véanse las observaciones de W. Schieder, en *Totalitarismus und Faschismus. Kolloquien des Instituts für Zeitgeschichte*, Munich, 1980, pág. 47.

15. Véase Lepsius, págs. 61 y sigs.

16. Sobre esta cuestión, véase G. Eley, *Reshaping the German Right*, New Haven/Londres, 1980, sobre todo el capítulo 5; R. Chickering, *We Men Who Feel Most German*, Londres, 1984, en especial el capítulo 4; y, desde una perspectiva marxista-leninista, J. Petzold, *Die Demagogie des Hitlerfaschismus*, Berlín Este, 1982, sobre todo las págs. 32 y sigs.

promesa y la grandeza de unos horizontes nuevos. Sin embargo, la guerra sólo sirvió, de hecho —como es bien sabido—, para acentuar las divisiones hasta hacerlas alcanzar el punto de ruptura revolucionaria en 1918. En los círculos *völkisch* nacionalistas y en los rabiosamente expansionistas, cuyo tamaño habría de crecer con rapidez antes de que acabase la guerra, como mostraría la creación del enorme Vaterlandspartei en 1917, la idealización de la «experiencia de las trincheras» (reflejada en la literatura bélica nacionalista posterior a 1918), del «verdadero liderazgo» y de la lealtad y la camaradería militares intensificó, radicalizó y remodeló en parte los preexistentes ideales del liderazgo «heroico». Para quienes siguieron luchando después de 1918 en los Freikorps, la lealtad personal a los heroicos líderes militares que daban nombre a las brigadas quedó vinculada a la política contrarrevolucionaria práctica.[17] Y las organizaciones de veteranos, entre las que destacaba la gigantesca Stahlhelm, siguieron propagando esos sentimientos durante la época de Weimar.[18] De hecho, el trauma que recibió en 1918 la derecha —el desplome militar, la caída de la monarquía y el viejo orden, y la llegada al poder de los odiados socialdemócratas, a los que antes habían difamado llamándoles «enemigos del Reich»— transformó las anteriormente más latentes que activas nociones de un autoritario liderazgo «heroico» en una vasta fuerza contrarrevolucionaria, si acaso un tanto vaga y dividida al principio, que planteaba una visión alternativa a la del sistema de partidos políticos de Weimar.

En el amplio espectro de fuerzas políticas y psicológicas que contribuyeron a configurar la idea del liderazgo «heroico», la de matiz pseudorreligioso merece algún comentario. Derivada en parte de la tradicional aceptación de la autoridad, y en parte también de la secularización de la creencia cristiana en la salvación —sobre todo entre los protestantes alemanes, cuyo apego a la Iglesia estaba disminuyendo, pero que se avenían tradicionalmente a aceptar la autoridad, en particular la del Estado—, la idea del liderazgo que estaba siendo difundida por la derecha *völkisch* nacionalista planteaba una especie de secularización de la fe en la salvación. Y en el seno de la propia Iglesia protestante, en la que ya em-

---

17. Véase R. G. L. Waite, *Vanguard of Nazism. The Free Corps Movement in Postwar Germany 1918-1923*, Cambridge, Massachusetts, 1952.

18. Véase A. Klotzbücher, *Der politische Weg des Stahlhelm, Bund der Frontsoldaten, in der Weimarer Republik*, Erlangen, 1965, págs. 122-127.

pezaba a producirse la hendidura de unas divisiones teológicas que equi-
valían a una «crisis de fe», comenzó a desarrollarse una corriente en cuyo
seno las ideas políticas *völkisch* se mezclaban en irreverente amalgama con
el evangelismo cristiano.[19] Entre los protestantes corrientes, la propaga-
ción de estos sentimientos contribuyó aún más a preparar el terreno para
la receptividad a la noción de «salvación política» que podía ofrecer un
«auténtico» dirigente nacional, una salvación que podría traer consigo
la renovación cristiana. A medida que examinemos el desarrollo del culto
a Hitler, tanto antes como después de 1933, encontraremos el aspecto
marcadamente religioso de la noción del liderazgo «heroico» en un cierto número de ocasiones.

Las expectativas de liderazgo en las filas *völkisch* nacionalistas durante
la época de Weimar rompieron con las tradiciones de la relación entre el
monarca y sus súbditos, sustituyéndolas por unas nociones en parte neofeudales, pero en parte también pseudodemocráticas, de la relación entre el dirigente y sus «seguidores», nociones en las que el dirigente representaba de forma autoritaria la voluntad del pueblo sin hallarse por
encima y fuera de él al modo de un monarca o un dictador.[20] Ahora se
consideraba que el liderazgo ideal era el de un hombre del pueblo cuyas
cualidades encarnasen la lucha, el conflicto y los valores de las trincheras. Duro, despiadado, resuelto, inflexible y radical, destruiría la vieja
sociedad dominada por los privilegios y las clases y traería un nuevo comienzo, uniendo al pueblo en una «comunidad nacional» étnicamente
pura y socialmente armónica. Era una visión completamente opuesta a la
imagen de la «democracia sin líder»[21] de Weimar y su divisorio sistema
gestionado por «políticos» despreciables que no eran sino funcionarios
de partido.

La extremada fragmentación de la política de Weimar y las profundas
divisiones políticas e ideológicas que negaban toda esperanza de unidad
o de integración en el seno del «sistema» de Weimar no sólo mantuvie-

19. Véase J. Conway, *The Nazi Persecution of the Churches*, 1933-1945, Londres, 1968,
págs. 9-12. El trabajo de R. P. Ericksen, *Theologians under Hitler*, New Haven/Londres,
1985, presenta un estimulante análisis del trasfondo intelectual que incitó a tres destacados teólogos protestantes a dar la bienvenida al nazismo.

20. Para el «nuevo elitismo», véase W. Struve, *Elites against Democracy. Leadership
Ideals in Bourgeois Political Thought in Germany, 1890-1933*, Princeton, 1973, sobre todo
las págs. 11 y sigs.

21. Véase Sontheimer, págs. 268-270; Horn, págs. 25-28; y Vierhaus, págs. 616 y sigs.

ron vivas estas visiones de la derecha nacionalista y *völkisch*, sino que contribuyeron al creciente atractivo de las mordaces críticas que circulaban, en los medios conservadores, sobre «la obvia falta de líderes que imprime a nuestra época, tan afectada por la pobreza de las ideas, el sello de una permanente crisis espiritual y política».[22] El «liderazgo», se proclamaba, no puede hallarse en los «sistemas» constitucionales, sino que emana, como destino, de la esencia íntima de un pueblo. Tal como afirmaba un texto de carácter bastante místico: «El líder no puede hacerse y tampoco puede, en este sentido, elegirse. El líder se hace a sí mismo por el hecho de comprender la historia de su pueblo».[23] La salvación sólo podía tener lugar por medio de un líder, elegido y bendito por la «Providencia», un líder que sacaría a Alemania de su aprieto y restauraría su grandeza. «En nuestra miseria», decía un escritor de la fase posrevolucionaria, «anhelamos un Líder. Él nos mostrará el camino y las acciones que podrían devolver la honra a nuestro pueblo (*wieder ehrlich*)».[24] En tanto que encarnación de las necesidades y anhelos del pueblo, el líder sería el «portador de un divino poder de destino y de gracia»,[25] el «órgano ejecutivo de un poder que le trasciende».[26] En marcado contraste con los descoloridos y miserables compromisarios políticos de Weimar, el futuro líder sería una figura de sobresaliente habilidad y fuerza política, decidido e intrépido en sus resoluciones, un hombre a quien sus «seguidores» podrían mirar con admiración y devoción. Un texto del año 1920 especifica unas características del «líder» que unos quince años más tarde constituían importantes atributos de la imagen de Hitler:

> El Líder no se somete a las masas, sino que actúa de acuerdo con su misión. No adula a las masas. Duro, sincero e implacable, toma el mando tanto en los buenos días como en los malos. El Líder es radical. Vive por completo lo que hace, y hace por entero lo que ha de hacer. El Líder es responsable; es decir, él cumple la voluntad de Dios, voluntad que él mismo encarna. Dios nos proporciona líderes y nos ayuda a ser auténticos seguidores.[27]

22. Citado en Sontheimer, pág. 270.
23. Citado en *ibid.*, pág. 273.
24. Citado en *ibid.*, pág. 272.
25. Citado en *ibid.*, pág. 272.
26. Citado en *ibid.*, pág. 275.
27. Citado en *ibid.*, pág. 272. Vierhaus, *op. cit.*, pág. 630, destaca el nuevo estilo de liderazgo, que encarnaba ideales que se hallaban diametralmente opuestos a los de la política liberal burguesa, y que en «tiempos normales» podrían haber sido más objeto de desprecio que de admiración.

Expresada en esta forma extrema, la fe en el liderazgo «heroico» seguía ocupando una posición marginal en la extrema derecha del espectro
político de la Alemania de principios de los años veinte, pese a que es indiscutible que algunos elementos de estos sentimientos alcanzaron las filas de quienes, en aquella época, concedían su apoyo a los partidos y movimientos conservadores burgueses. A finales de los años veinte, y sobre
todo durante la creciente crisis política y económica de la época de la
Depresión, la percepción de que la democracia de Weimar había fracasado por completo, así como la sensación de que todo el sistema político se
hallaba inmerso en una crisis mortal, permitieron que la imagen del liderazgo «heroico» se desplazase desde los márgenes políticos al centro del
escenario. En las sedicentes organizaciones «patrióticas» de la derecha,
dejando aquí a un lado a los nazis, fueron muchos los que, inspirados por
el ejemplo que había protagonizado Mussolini en Italia, realizaban llamamientos en favor del advenimiento de un dictador nacional que resca-
tase a Alemania de su miseria. La Stahlhelm, la gigantesca asociación de
veteranos de guerra, por ejemplo, pedía «una mano fuerte» que librase a
Alemania de «la plaga del parlamentarismo», y proclamaba que el pueblo necesitaba «a un dictador, a un Mussolini, que pudiese barrer toda la
porquería con una escoba de hierro» y condujese a Alemania a «la victoria y a la libertad».[28] El vocabulario de los análisis realizados en aquella
época sobre la economía de la industria de automóviles en los años veinte muestra hasta qué punto la idea del liderazgo «heroico» había penetrado en la sociedad para esa fecha, y en qué medida se hallaba asociada
no sólo a unas nociones reaccionarias, románticas y semirreligiosas, sino
a unas consideraciones por completo materialistas propias de un Estado
industrial avanzado. Este análisis llegaba a la conclusión de que la miseria de la industria sólo podría superarse mediante una «superior personalidad dirigente, mediante un hombre capaz de una acción enérgica»,
y hablaba, en el contexto de la fabricación de automóviles, de «salvación
o destrucción», de «vías hacia la libertad» y de «lucha por la dominación del mundo».[29]

28   Klotzbücher, págs. 127 y 334, y véanse también las págs. 13 y 122.
29.  Citado en H. Heimann, «Die Entwicklung des Automobils zum Massenkonsumartikel in Deutschland», Universidad del Ruhr Bochum, tesis de licenciatura, Bochum,
1983, pág. 24 y n. 67.

A principios de los años veinte nos encontramos aún bastante lejos del punto en el que, por su popularidad, pueda asociarse a Hitler, que por el momento no es más que un provinciano agitador de cervecería, con la imagen del liderazgo «heroico». Aún está lejos de ser considerado por las masas populares como el gran líder que precisamente envía la Providencia para unir a Alemania y restaurar su grandeza. Sin embargo, en poco más de una década, una perspectiva que en aquella época sólo era tomada en serio por la facción lunática de la extrema derecha llegó a ser, a mediados de los años treinta, la idea central, global, de la vida política alemana. Basado en su mayor parte en los recientes análisis de la historia y desarrollo interno del Partido Nazi y de su creciente base de sustentación con anterioridad a 1933, el resto de este capítulo trata de trazar el esquema del robustecimiento del mito de Hitler en el seno del movimiento nazi —y de su aceptación, en primer lugar, por un núcleo duro de fanáticos del partido, en segundo lugar, por un creciente número de nuevos miembros, y, en tercer lugar, antes de 1933, por un tercio, aproximadamente, de la población que votaba a los nazis—, y también de indicar parte del perfil de la imagen de Hitler en los sectores no nazis de la población en los años inmediatamente anteriores a la «toma del poder».

En el seno del NSDAP, y ya en el bienio 1920-1921, había quien se refería a Hitler como a un *führer*, aunque por lo general únicamente por el hecho de ser uno de los dirigentes del partido, junto a su presidente, Anton Drexler. El uso del término «nuestro *führer*» fue volviéndose gradualmente más frecuente al terminar el año 1921, tras hacerse Hitler con el liderazgo del partido en julio de aquel año, y principalmente en alusión a los discursos que daba Hitler en las reuniones del partido,[30] discursos en los que Hitler subrayaba repetidamente el indispensable carácter de su persona para el movimiento, ya que era su orador más dotado. La expresión «nuestro *führer*» era por aquella época un sinónimo del título de «*führer* del NSDAP», locución que parece haberse empleado en público por primera vez —en lugar de la más antigua y convencional de «presidente del NSDAP»— en el periódico del partido, el *Völkischer*

---

30. A. Tyrell, *Vom «Trommler» zum «Führer»*, Munich, 1975, pág. 225, n. 399, y pág. 274, n. 152.

*Beobachter*, el 7 de noviembre de 1921.[31] Por consiguiente, en su utilización de 1920-1921, el término *«führer»* quedaba restringido de forma muy explícita y convencional a la designación de la posición de cabecilla que ostentaba Hitler en el seno del NSDAP. Sin embargo, se produjo un giro significativo cuando, tras la llamada «Marcha sobre Roma» protagonizada por Mussolini en octubre de 1922, se amplió por primera vez el significado del término por analogía con el italiano «Duce». En una reunión en la Hofbräuhaus, una enorme cervecería de Munich, en noviembre de 1922, Hermann Esser, una de las principales lumbreras del partido, proclamó que Hitler era el Mussolini de Alemania, y las referencias a «nuestro *führer* Adolf Hitler», no circunscritas ya a sus cargos en el partido, se multiplicaron a partir de aquel momento en el *Völkischer Beobachter*, sobre todo desde mediados de 1923 en adelante.[32] Un artículo publicado en el *Völkischer Beobachter* en diciembre de 1922 parecía establecer por primera vez la explícita afirmación de que Hitler era *el führer* que Alemania estaba esperando. Su autor hablaba de la «gozosa certeza» de los seguidores de Hitler, que habían abandonado un desfile en Munich «por haber encontrado algo que millones de alemanes anhelan: un líder».[33] Ya en ese mismo año, la dedicatoria de un libro a Hitler le presentaba como a un «gran hombre de acción…, el audaz cabecilla de la resurrección alemana», aunque en los años anteriores a 1930 las dedicatorias de alabanza al «firme alemán» o al «tudesco luchador de nuestros días» eran fórmulas más comunes.[34]

En el seno del Partido Nazi, por tanto, los comienzos de un culto a la personalidad en torno a Hitler se remontan al año anterior al golpe de Estado, a una época en la que Hitler había ya adquirido una cierta relevancia política, al menos en la zona de Munich, donde un reportero de prensa, para motejarle, le comparó con un buque «atracado en la Hofbräuhaus…, la única rareza notable de Munich».[35] En un discurso pro-

31. Weissbecker, pág. 121.

32. Tyrell, *«Trommler»*, págs. 274-275, nᵒˢ 151-152; Weissbecker, pág. 121; C. Berning, *Vom «Abstammungsnachweis» zum «Zuchtwart». Vokabular des Nationalsozialismus*, Berlín, 1964, pág. 82; W. Maser, *Der Sturm auf die Republik. Frühgeschichte der NSDAP*, Stuttgart, 1973, págs. 354-357.

33. Citado en Berning, *op. cit.*, pág. 82.

34. Citado en *ibid.*, pág. 82.

35. *Hitler. Sämtliche Aufzeichnungen 1905-1924*, edición de E. Jäckel y A. Kuhn, Stuttgart, 1980, pág. 939, nᵒ 538 (en adelante citado como Jäckel y Kuhn).

nunciado en el circo Krone de Munich en abril de 1923, Goering, por aquel entonces comandante de las SA, afirmaba que «muchos cientos de miles» de personas ya estaban convencidas de que «Adolf Hitler es el único hombre que puede poner a Alemania nuevamente en pie».[36] Las cartas de esta época dirigidas a Hitler desde los círculos derechistas de Baviera también reflejan las entusiastas esperanzas puestas en él, esperanzas que a veces iban tan lejos como para hallar paralelismos entre Napoleón y él.[37] En Memmingen, a finales de 1923, se hacía jurar solemnemente a los nuevos miembros del NSDAP fidelidad «en la vida y en la muerte a Hitler», y se decía que la antigua canción de marcha de la brigada Ehrhardt de los Freikorps —dotada ahora de un nuevo estribillo en el que se prometía lealtad «hasta la muerte» a Hitler, que «pronto nos sacará de esta angustia»— estaba ganando popularidad en los círculos nazis.[38]

Al margen de estos pequeños grupos de fanáticos nazis bávaros, la imagen y la reputación de Hitler en esta época —si es que el público alemán en general había siquiera reparado en él— superaba en poco a la de un vulgar demagogo capaz de marcar el paso de una apasionada oposición al gobierno entre la multitud de Munich, pero de poco más. Esta imagen se hallaba en vivo contraste con los «modales de salón» que Hitler cultivaba para asegurarse de que sería aceptado por la alta burguesía de derechas de Munich, que, a su vez, estaba dispuesta a creer que incluso un orador de tribunas un tanto excéntrico, si era capaz de tocar a rebato y captar el apoyo de las masas en favor de la causa contrarrevolucionaria, no carecía, en modo alguno, de utilidad.[39]

A pesar de que las expectativas y esperanzas de algunos de sus seguidores carecían de fundamento, la autoimagen de Hitler en aquella época no difería demasiado de la que le adjudicaban muchos observadores externos. Hitler aceptaba el hecho de que su papel consistía en ser el encargado de «movilizar» los respaldos, el de ser la persona cuyo trabajo preparase el camino para el verdadero gran líder que habría de venir después y que sacaría a Alemania de su miseria. «Su autoconciencia», se ha afirmado, «no se modificó en sus principios desde el comienzo de su

---

36. Citado en Tyrell, *Trommler*, pág. 274, n. 151.
37. *Ibid.*, págs. 161-162.
38. *Ibid.*, pág. 274, n. 151.
39. Véase H. Auerbach, «Hitlers politische Lehrjahre und die Münchener Gesellschaft 1919-1923», *VfZ*, xxv, 1977, págs. 1-45.

carrera política hasta el día del fallido golpe de Estado».[40] Un completo examen de los discursos dados por Hitler antes del golpe parece sugerir, no obstante, que hubo algunos ajustes en su concepto del liderazgo político entre los años 1922 y 1923, en parte, sin duda, debido a su admiración por el éxito de Mussolini en Italia. En sus declaraciones públicas de finales de 1922 y 1923 puede detectarse la creciente preocupación que sentía por el liderazgo y la personalidad «heroicos», por la incondicional obediencia a un líder del pueblo que fuera también responsable ante el pueblo, y por la naturaleza histórica de la «misión» que habría de llevar a cabo el líder. En fecha tan tardía como la de mayo de 1923, Hitler dijo que simplemente estaba preparando el camino para poder poner en manos del dictador, cuando llegase, un pueblo dispuesto a seguirle.[41] Sólo dos meses después de esto, declaraba, de forma un tanto ambivalente, que la salvación no habría de hallarse en las decisiones de la mayoría en el parlamento, sino únicamente en el valor de la personalidad, y que, en su calidad de dirigente del NSDAP, él consideraba que su tarea consistía «en aceptar esa responsabilidad».[42] En octubre estaba dispuesto a dejar sin respuesta la cuestión del liderazgo en tanto no «sea creada el arma que el líder debe poseer». Sólo tras haberse alcanzado esa fase sería necesario «rezar a Dios Nuestro Señor para que nos conceda el líder adecuado».[43] Y en marzo de 1924, en el juicio ante el «tribunal popular» de Munich, acusado de traición, aceptó que Ludendorff era el «líder militar de la futura Alemania», y el «cabecilla del decisivo momento que se avecina», pero reclamó para sí el papel de «líder político».[44] Aunque todavía no se mostraba categórico, parece que el concepto del liderazgo de Hitler se estaba volviendo más agudo y «heroico» en 1923, pero aún seguía sin estar claro tanto quién habría de ser el «gran líder», como en qué habría de consistir exactamente el papel de Hitler una vez que la «movilización» hubiese sido materializada. En lo referente a su propia imagen, Hitler había comenzado ya, al parecer, la transición que le iba a hacer pasar de «heraldo» a *führer*. Dado que la imagen «heroica» que

40. Tyrell, «*Trommler*», pág. 165.
41. Jäckel y Kuhn, pág. 924, n° 525.
42. *Ibid.*, pág. 946, n° 544.
43. *Ibid.*, pág. 1.268, n° N22.
44. *Ibid.*, pág. 1.188, n° 620. Para más comentarios realizados por Hitler en los años 1922-1923 sobre el liderazgo «heroico», véase *ibid.*, págs. 578, 616, 641-642, 723, 767, 811, 837, 924, 932, 973 y 1.268.

tenía Hitler del liderazgo no encajaba con ninguna «personalidad» contemporánea, ni siquiera con la de Ludendorff, sólo era preciso que fracasara el golpe para que la brumosa concepción que tenía de su papel en los meses finales de 1923 se transformase en la de la figura del propio líder heroico en *Mein Kampf* —una transición que ya presagiaba la creciente confianza que había mostrado Hitler en su juicio—.[45]

Fue durante el período de su encarcelamiento en Landsberg cuando Hitler —en unos meses en los que leyó con avidez y meditó, comenzó a impartir diariamente unos «seminarios» a sus compañeros de presidio, recibió numerosos visitantes que le festejaban con adulación, y escribió el primer borrador del *Mein Kampf*— llegó a la convicción de que no estaba destinado únicamente a hacer llamamientos encaminados a obtener apoyos, sino a ser él el propio *führer*.[46] Es probable que la respuesta que encontró en la derecha alemana una vez investido con su recién descubierto papel de mártir del «movimiento nacional», así como los halagos y el culto al héroe de que fue objeto por parte de los desalentados miembros del partido, que se habían arruinado, desmoralizado y escindido en su ausencia, contribuyeran de forma sustancial al cambio en su autopercepción. Hasta cierto punto, las expectativas que ahora recaían sobre Hitler estaban por tanto contribuyendo a prefigurar la imagen que iba a adoptar para sí mismo.[47] El mito del *führer* fue una creación que sus seguidores generaron antes de que el propio Hitler se adecuase al papel.

Los «años oscuros» del movimiento nazi, de 1925 a 1928, período en el que el NSDAP, refundado en 1925, apenas logró una sola mención en la prensa no nazi y sólo consiguió un mísero 2,6 % de los votos en las elecciones de 1928 al Reichstag, fueron no obstante los años en los que la organización del partido se extendió por todo el Reich, y un lapso de tiempo en el que el número de afiliados creció de manera sustancial. Durante este período, el Partido Nazi se convirtió en el receptáculo político al que iban a parar todas las restantes agrupaciones de la derecha *völkisch*, y la posición de liderazgo de Hitler dentro del partido quedó firmemente consolidada, empezando a resultar ya difícil de discutir. Pese a que la refundación del partido en febrero de 1925 había sido una iniciativa directa de Hitler y su entorno de Munich, el movimiento de esci-

45. Véase Tyrell, «*Trommler*», págs. 165 y sigs.
46. *Ibid.*, págs. 150-174.
47. *Ibid.*, pág. 173.

sión que siguió al golpe y al «período sin líder» de su internamiento significa que la consolidación de su liderazgo con posterioridad a 1925 no se produjo sin esfuerzo. Su liderazgo, en especial en el norte de Alemania, donde la posición de Hitler en los círculos *völkisch* había sido mucho menos dominante que en Baviera, no estuvo exento de desafíos al principio.[48] El éxito obtenido en febrero de 1926 al repeler el reto de las facciones del norte en la reunión celebrada por los nazis en Bamberg fue también un paso fundamental en la dirección que habría de permitirle hacerse con el liderazgo entre los escépticos del partido en el norte y para el establecimiento de la absoluta supremacía y reputación de Hitler.[49] Muy poco tiempo después, Joseph Goebbels, hasta entonces partidario de la más fuerte facción pseudosocialista del NSDAP, se convirtió en un entregado y fanático creyente en Hitler, saludó la adhesión del cantón de Berlín como el primero de los frutos de la tutela de Hitler, una tutela que significaba mucho para él,[50] y habría de ser en lo sucesivo el más elocuente defensor del mito de Hitler en el Partido Nazi. Más tarde, ese mismo año, en una carta extremadamente aduladora, asoció directamente a Hitler con su visión del anhelado líder para Alemania. El verdadero líder, declaró, no se elegía, no se hallaba sujeto a los caprichos de las masas, no era un parlamentario sino un liberador de las multitudes. Con obvias connotaciones pseudorreligiosas, habló del *führer* como del «cumplimiento de un misterioso anhelo», diciendo de él que era el hombre que les había mostrado, en un momento en el que se hallaban en la más profunda desesperación, la vía de acceso a una verdad, pues, «como un meteoro ante nuestros asombrados ojos», había «obrado un milagro de ilustración y de fe en un mundo de escepticismo y abatimiento».[51]

La deliberada construcción del mito del *führer* en los años que siguieron a la refundación del partido tenía la diáfana función de compensar la ausencia de unidad y claridad ideológica en el seno de las diferentes facciones del movimiento nazi. La figura del *führer* constituía el cemento que hacía de los miembros ordinarios del partido y de sus líderes secun-

48. Véase, por ejemplo, J. Noakes, *The Nazi Party in Lower Saxony*, Oxford, 1971, págs. 65-78.

49. Véase *ibid.*, págs. 78-81; Horn, págs. 240 y sigs.; D. Orlow, *The History of the Nazi Party, 1919-1933*, Pittsburgh, 1969, págs. 68-70.

50. Véase Nyomarkay, pág. 13; Orlow, págs. 72 y 92.

51. Citado en E. K. Bramsted, *Goebbels and National Socialist Propaganda 1925-1945*, Michigan, 1965, pág. 199.

darios un solo bloque de «seguidores» —estableciendo un punto de unidad que era de la mayor importancia ahora que el movimiento nazi se había extendido más allá de sus primitivos límites bávaros e incorporado elementos muy heterogéneos de otras partes del Reich—. Un signo externo de la unión del partido en su fidelidad a la figura de su líder fue la introducción en 1926 en el NSDAP de un saludo al estilo fascista consistente en un «Heil Hitler», saludo que, esporádicamente, había venido utilizándose desde 1923.[52] El significado funcional del mito de Hitler como elemento estabilizador e integrador en el seno del movimiento queda claramente indicado por la actitud de Gregor Strasser —jefe de la organización del partido y hombre que, en sus relaciones personales, de ningún modo podía considerarse próximo a Hitler, ya que de hecho seguía siendo bastante crítico con él—, que estaba plenamente dispuesto a reconocer el valor del mito del *führer* y no dudaba en contribuir a su consolidación. En un artículo que publicó en 1927, por ejemplo, Strasser hablaba en términos neofeudales de la relación de los miembros del partido con Hitler, como si se tratase del lazo entre un duque y sus vasallos:

> Una completa entrega a la idea del nacionalsocialismo, una encendida fe en el victorioso vigor de esta doctrina de liberación y emancipación, se combina con un profundo amor a la persona de nuestro líder, que es el resplandeciente héroe de los nuevos luchadores por la libertad. [...] ¡El duque y sus vasallos! En esta antigua relación germánica, a un tiempo aristocrática y democrática, entre el líder y sus seguidores, una relación que sólo puede comprender por completo la mentalidad y el espíritu alemanes, reside la esencia de la estructura del NSDAP. [...] Amigos, alzad vuestro brazo derecho y gritad orgullosamente conmigo, prestos a la lucha, y leales hasta la muerte: «Heil Hitler».[53]

Entre quienes venían «dando forma» desde un principio a la imagen de Hitler se encontraba también Rudolf Hess, que en una carta personal escrita en 1927 decía que, por encima de todo, era necesario

---

52. A. Tyrell, *Führer befiehl... Selbstzeugnisse aus der «Kampfzeit» der NSDAP. Dokumentation und Analyse*, Düsseldorf, 1969, págs. 129-130 y 163-164.
53. *Ibid.*, pág. 163; J. Noakes y G. Pridham (comps.), *Documents on Nazism*, Londres, 1974, págs. 84-85.

que el *führer* sea rotundo en sus discursos de propaganda. No ha de sopesar los pros y los contras como un académico, nunca debe dar a sus oyentes la libertad de pensar que alguna otra cosa pueda ser correcta. [...] El gran líder popular se parece al gran fundador de una religión: ha de comunicar a sus oyentes una fe apodíctica. Sólo entonces puede ser conducida la masa de seguidores allí a donde ha de ser conducida. En tal caso también seguirán al líder si topan con reveses. Pero, siendo así, sólo lo harán si se les ha comunicado una fe incondicional en la absoluta rectitud de su propio pueblo.[54]

No parece que sea forzar en exceso la psicología ver en este nítido reflejo de la propia devoción servil de Hess, al igual que en la actitud de Goebbels hacia Hitler, la búsqueda de una fe secular que sustituya a la fe religiosa. Desde luego, muchos de los más veteranos miembros del partido, en especial los que tenían algún rango en el movimiento y los que se hallaban muy apartados del núcleo de la actividad del partido en Munich, mantenían en privado una actitud más sobria respecto a Hitler. En la medida en que no estaba absolutamente claro si todos los grupos *völkisch* restantes habrían de pasarse o no al NSDAP, Hitler seguía siendo en gran parte, para muchas destacadas figuras del movimiento, y con total independencia de cualquier cualidad personal que considerasen que poseyese, un símbolo de la unidad del partido. En una carta particular de 1927, por ejemplo, Karl Dincklage, diputado cantonal de Hannover, comentaba que, pese a que en su cantón eran leales seguidores de Hitler, «resulta del todo irrelevante si pensamos o no cuál de los dos tiene más talla, Ludendorff o Hitler. Eso es algo que cada uno de nosotros debe decidir».[55]

No obstante, para esa época, el culto al *führer* ya estaba ganando terreno entre la creciente base de militantes del partido. Pese a reconocer plenamente el valor propagandístico del culto a la personalidad, y por consiguiente, prestándole ánimos, Hitler sentía sin embargo la ansiosa necesidad de evitar la turbación y el perjuicio que podrían provenir de las formas más extremas de una adulación de mal gusto al «líder enviado por Dios». El tono de un poema particularmente banal —resulta sorprendente con cuánta frecuencia elegían los adoradores de Hitler unos malos versos para expresar su adulación— publicado en su cuarenta cum-

54. Tyrell, *Führer befiehl*, pág. 173.
55. *Ibid.*, pág. 167.

pleaños y en el que se le representaba como «Wayland, el herrero», «Sigfrido» y el «héroe del frente», era obviamente excesivo, incluso para Hitler. Afirmó que el poema, que había sido despiadadamente parodiado por el sector antinazi de la prensa, había sido escrito y publicado sin su permiso y en contra de su expreso deseo, retirando durante un tiempo su columna semanal en el *Illustrierter Beobachter*.[56] Estaba claro, no obstante, que no había puesto ninguna objeción a la felicitación de aniversario que publicó ese mismo día Goebbels en el periódico del partido en Berlín, *Der Angriff*, en la que expresaba la creencia de que «el destino le ha elegido a él para que muestre el camino al pueblo alemán. Por lo tanto, le felicitamos con fervor y veneración, y sólo podemos desear que el cielo nos lo preserve hasta que su obra haya sido completada».[57]

Tan efusivas expresiones de adulación no eran necesariamente características de los sentimientos de la mayoría de los miembros del partido, cuyos fundamentos objetivos para el optimismo no parecían demasiado obvios dada la mínima influencia del NSDAP en la política general antes de 1929. Además, los miembros provinciales del partido, que mantenían una incesante actividad a pesar de los pobres resultados del NSDAP en las elecciones al Reichstag de 1928, donde sólo obtuvieron el 2,6 % de los votos populares y la exigua cantidad de doce escaños en el parlamento, eran demasiado conscientes de los factores locales que influían en sus oportunidades de éxito como para depositar sus esperanzas únicamente en Hitler. Esta situación se vio fundamentalmente alterada por los resultados de las elecciones al Reichstag de 1930, que se celebraron en medio de una creciente crisis, no sólo económica, sino del propio Estado, y que concedió a los nazis la espectacular cifra de 6,4 millones de votos, el 18,3 % de los sufragios emitidos, lo que les convirtió, con 107 escaños, y

56. *Ibid.*, pág. 388, e ilustración n° 5. Dos años antes, y de nuevo puede presumirse que por miedo al desprecio que sus oponentes políticos estaban manifestando respecto de los excesos del culto al liderazgo «heroico», un enorme retrato al óleo de Hitler, concebido para constituir el telón de fondo del salón del congreso de los delegados, fue retirado, casi con toda certeza por orden expresa de Hitler, antes de que comenzase la reunión del partido en Nuremberg; A. Tyrell, *III. Reichsparteitag der NSDAP, 19.-21. August 1927*, Filmedition G122 de los Instituts für den wissenschaftlichen Film, Ser. 4, n° 4/G122, Gotinga, 1976.

57. Citado en Bramsted, pág. 201. En su diario privado, sin embargo, Goebbels aún era capaz de escribir de forma crítica sobre Hitler. Véase BAK, NL118/62, anotaciones del 1 de marzo y el 29 y 30 de junio de 1930.

de un solo golpe, en el segundo partido del parlamento por su tamaño. No es de extrañar que los dirigentes se sintieran exultantes ante un voto que excedía con mucho sus más delirantes expectativas,[58] y que significaba no sólo la posibilidad de convertir a las masas en seguidores suyos, sino el acceso a una ingente publicidad. De hecho, un año antes, el partido se las había arreglado para deshacerse de gran parte de la imagen que lo asociaba a un conjunto de «lunáticos marginales», con el fin, por un lado, de atraer más la atención de los medios, como hizo durante la campaña contra el Plan Juvenil la vanguardista propaganda de alabanza a Hugenberg y otros dirigentes de la «Oposición Nacional» considerados serios, y con el de, por otro, resultar más aceptable desde el punto de vista político y social entre la burguesía de mentalidad conservadora. Sin embargo, ahora, tras el triunfo electoral del 14 de septiembre de 1930, el NSDAP y su líder eran la gran noticia, *el* tema de conversación de los medios. Durante esta fase, el culto a Hitler dejó de ser el fetiche de un partido de fanáticos aún pequeño y comenzó a señalar, para millones de alemanes, la esperanza de una nueva era política.

Incluso después del triunfo de las elecciones de 1930, muchos observadores inteligentes y bien informados de la escena política alemana creían que el Partido Nazi estaba condenado a derrumbarse y a dividirse en sus elementos integrantes.[59] Su base social era difusa —la de un partido pensado, al cien por cien, para la protesta—;[60] no ofrecía ningún programa político claro, sino únicamente una contradictoria amalgama de retórica social revolucionaria e impulsos reaccionarios; y lo que no era menos importante, dependía de forma muy acusada del culto a la personalidad que rodeaba al demagogo Hitler, a quien se consideraba el portavoz de los resentimientos pequeñoburgueses, pero que, en último tér-

58.  Goebbels anota en su diario: «107 escaños de un golpe. Ninguno de nosotros se esperaba esto»; BAK, NL118/62, anotación del 16 de septiembre de 1930.

59.  Véase, por ejemplo, S. Neumann, *Die Parteien der Weimarer Republik*, Stuttgart, nueva edición de 1965, págs. 73 y sigs.; P. Fabry, *Mutmassungen über Hitler. Urteile von Zeitgenossen*, Düsseldorf, 1969, págs. 40-45.

60.  Para la base social de apoyo a los nazis y para el carácter de su atractivo electoral, véase en este caso el excelente análisis de T. Childers, *The Nazi Voter. The Social Foundations of Fascism in Germany, 1919-1933*, Chapel Hill/Londres, 1983. M. Kater, *The Nazi Party. A Social Profile of Members and Leaders, 1919-1945*, Oxford, 1983, presenta un desglose estadístico de la estructura social de la militancia del partido. La literatura sobre la composición social del respaldo nazi se encuentra bien examinada en M. Jamin, *Zwischen len Klassen. Zur Sozialstruktur der SA - Führerschaft*, Wuppertal, 1984, págs. 11-45.

mino, era un diletante que, pese a su pasajero éxito debido a las condiciones de grave crisis económica y política, estaba condenado a sucumbir finalmente ante los auténticos bastiones del poder y las tradicionales élites gobernantes.

El hecho de que, en 1930, muchos observadores críticos externos subestimaran el movimiento nazi arraigaba en parte en la infravaloración de la pujanza del culto a la personalidad, y en el menosprecio del clamor por un hombre fuerte y un líder «carismático» que suscitaba, en unos círculos de población en constante crecimiento, el pesimismo provocado por la Depresión. Las «biografías» políticas de los militantes de base que se unían al Partido Nazi con anterioridad a 1933, varios cientos de las cuales han llegado hasta nosotros y han sido recientemente analizadas, nos suministran pruebas sorprendentes del empuje del mito del *führer* en el interior del movimiento, así como del magnético poder que, para captar nuevos miembros, tenía el culto a la personalidad. Un miembro del partido relató por escrito lo que sintió tras haber oído hablar a Hitler por primera vez: «Ya sólo existía una única cosa para mí: o ganar con Hitler o morir por él. La personalidad del *führer* me tenía totalmente hechizado».[61] Otro miembro describe así su «conversión» al nazismo: «No llegué a Hitler por casualidad. Le estaba buscando. Mi ideal era un movimiento capaz de forjar la unidad nacional de todos los trabajadores de la gran patria alemana. [...] La realización de mi ideal sólo podría tener lugar por la acción de un hombre: Adolf Hitler. El renacer de Alemania sólo puede ser obra de un hombre nacido no en los palacios, sino en una posada».[62] Tan inconfundibles alusiones bíblicas no resultan infrecuentes en los escritos autobiográficos de estos nazis corrientes. Muchos, como ocurre en el siguiente ejemplo, presentan matices impregnados de una fe secularizada:

> Un no nazi que no haya experimentado la enorme potencia elemental de la idea de nuestro *führer* nunca comprenderá nada de esto. Pero déjenme que les diga a esas personas la más profunda verdad: en todos los casos en que he trabajado para el movimiento y en que yo mismo me he entregado a nuestro *führer* he sentido invariablemente que no existía nada más elevado ni más noble que yo pudiese hacer por Adolf Hitler, y por consiguiente, por Alemania, nuestro pueblo y nuestra patria. [...] El verdadero contenido de

---

61. Citado en Merkl, pág. 539. Véase también la pág. 453.
62. Citado en *ibid.*, pág. 540.

mi vida es mi trabajo y mi compromiso con Hitler y con una Alemania nacionalsocialista. [...] Hitler es la más pura encarnación del carácter alemán,
la más pura encarnación de una Alemania nacionalsocialista.[63]

En las reuniones del partido, los jóvenes nazis competían entre sí
cruzándose afirmaciones de que el *führer* les había mirado. Para un «camarada de partido» que, a empujones, había logrado, a través del cordón
de seguridad de los hombres de las SS, alargar la mano y conseguir que
Hitler la tocara, la experiencia fue tan abrumadora que el saludo del
«Heil» le quedó atascado en la garganta «mientras él, mirándome durante varios segundos, presionaba brevemente mi mano. [...] Mis camaradas, testigos de mi buena fortuna, se reunieron en torno a mí. Todos
querían estrechar la mano que había descansado en la mano derecha del
*führer*». En otro caso, un «camarada de partido» que había recibido un
pequeño manojo de tres claveles rojos directamente del propio *führer*
tuvo que contentarse con unos pobres restos, que conservó en casa como
recuerdo, después de que sus amigos hubiesen destrozado el ramo y arran-
cado pedazos de las flores para quedárselos.[64] En su semirreligiosa supers-
tición, dichas acciones y sentimientos parecen casi una reminiscencia de
las supuestas cualidades curativas del contacto con los monarcas medie-
vales. Para los militantes jóvenes del partido, la contemporánea imagen de
Hitler quedaba retratada con exactitud en el comentario que aparece
en una entrevista con un antiguo miembro de las SA, un hombre que, con
dieciocho años, era ya, en 1928, un nazi convencido: «Naturalmente,
veíamos en el señor Hitler al hombre que lo sabía todo, que lo podía
todo, que podría penetrar en todos los misterios si alguna vez llegaba a
tener la oportunidad de ejercer el poder. Ya entonces se había convertido
en un modelo para nosotros, los jóvenes nacionalsocialistas. Este hombre nos parecía una persona íntegra».[65]

Estos «veteranos» del Partido Nazi son obviamente casos de susceptibilidad extrema al culto a Hitler. No obstante, el rápido crecimiento del

63. Citado en *ibid.*, págs. 396-397.
64. C. Schmidt, «Zu den Motiven "alter Kämpfer" in der NSDAP», en D. Peukert
y J. Reulecke (comps.), *Die Reihen fast geschlossen*, Wuppertal, 1981, págs. 36-37. Sobre la
adulación a Hitler en la reunión del partido en 1929, véanse las recopilaciones de Otto
Wagener en H. A. Turner (comp.), *Hitler aus nächster Nähe*, Frankfurt del Main/Berlín/
Viena, 1978, págs. 17-21.
65. L. Steinbach, *Ein Volk, ein Reich, ein Glaube?*, Berlín/Bonn, 1983, pág. 31.

número de miembros del partido entre 1930 y 1933 significaba que una cifra de alemanes en constante crecimiento estaba comenzando a quedar expuesta al mito del *führer*. A partir de 1939, Hitler tuvo que ser tomado en serio como fuerza política en Alemania. Si en fechas anteriores, la prensa no nazi había prestado poca atención a Hitler y al NSDAP, desde 1930 en adelante era raro que pasase un tiempo sin que Hitler apareciese en los titulares, corroborando aparentemente la creciente sensación de que, tanto si estaba uno a favor como en contra de él, Hitler era una figura política fuera de lo común a la que no se podía hacer caso omiso. La construcción del culto a Hitler no se circunscribía ya, por tanto, y en su mayor parte, a los miembros del Partido Nazi, sino que se extendía a sectores mucho más amplios de la población. Al margen de los fervorosos y leales votantes nazis, la imagen de Hitler aún estaba lejos de haber adquirido los perfiles de la legendaria figura en que más tarde habría de convertirse. No obstante, Hitler iba adquiriendo la reputación de ser un extraordinario dirigente de partido, un hombre respecto del cual la opinión no podía mostrarse neutral. Dondequiera que fuese, polarizaba los sentimientos políticos. Era casi imposible adoptar una posición que no basculase entre la aprobación extasiada y la amarga condena.

Antes de volver a la imagen que los propios nazis tenían de Hitler, hemos de echar un rápido vistazo a las imágenes contrarias que se percibían en los tres bloques ideológicos rivales de la izquierda socialista y comunista, el catolicismo político, y la derecha nacionalista burguesa y conservadora. De hecho, y de diferentes modos, incluso estas «antiimágenes» contribuyeron a concentrar una atención creciente —aunque de carácter fundamentalmente negativo— en el extraordinario líder del NSDAP.

La imagen de Hitler que proyectaba la prensa de izquierdas, tanto la socialista como la comunista, se hallaba dominada por el estereotipo marxista del lacayo de las fuerzas imperialistas de derechas pagado por los patronos del capital monopolístico, un instrumento de los enemigos de la clase trabajadora. No obstante, se profetizaba con cierta exactitud que, con Hitler en el poder, no habría, inevitablemente, más que pobreza, represión, una indecible miseria, y, en último término, la guerra. Las teorías antifascistas desarrolladas tomando como modelo el fascismo italiano eran trasladadas con mayor o menor precisión a Hitler y al NSDAP. Con el simple apodo de «líder de los fascistas alemanes», los categóricos ataques de la prensa socialista hacia su persona —con frecuencia expresados por medio de fuertes sarcasmos, de la siembra de infamantes dudas sobre su pretendida valentía en el frente durante la Primera Guerra Mundial, y de libelos sobre su susceptibilidad a la corrupción por haber aceptado sobornos de la industria o del extranjero— trataban de revelar que el culto a su personalidad era una farsa.[66] El «salvador de Alemania» era debidamente desacreditado como alguien que no había sido «nada más que un cabo interino: un engreído fanfarrón».[67] Su tosca brutalidad era resaltada por titulares como éste: «Agresión con una fusta de rinoceronte: se encuentra un látigo en el coche de Hitler», seguido por un relato en el que se decía que, durante una visita a Magdeburgo, los ocupantes del coche de Hitler habían dado una dura paliza a un grupo de *Reichsbanner* que caminaban a un costado de la carretera y a quienes acababan de dejar atrás.[68]

En la izquierda, la tendencia a infravalorar a Hitler, como ocurría, aunque de diferente modo, en la derecha conservadora, era muy fuerte. Incluso Carl von Ossietsky, que escribía en el *Weltbühne* con bastante más capacidad de previsión que muchos otros cronistas de izquierdas, ponía a Hitler la etiqueta de charlatán y pensaba que la burguesía alemana era inconcebiblemente estúpida por seguir a semejante «gorrón medio loco» («*halbverrückte Schlawiner*»), a ese «cobarde, afeminado y ridículo personaje», una simple «criatura artificial».[69] Según Otto Braun, el ministro-presidente del SPD de Prusia hasta julio de 1932, Hitler no era más que el «prototipo del aventurero político» capaz, apoyándose en la demagogia y financiándose merced a oscuras fuentes, de reunir en un bloque a los desesperados, a los ávidos de beneficios y a los reaccionarios que se oponían al Estado —«el abigarrado flautista de Braunau»—, según lo pintaba en 1932 un folleto del SPD.[70] En cualquier caso, el menosprecio hacia Hitler era aún más pronunciado en la propaganda del KPD (Partido Comunista de Alemania), donde tanto la personalidad

66. *Münchner Post*, 24 de marzo de 1931.
67. *Fränkische Tagespost*, 24 de octubre de 1932.
68. *Ibid.*, 25 de octubre de 1932.
69. Fabry, págs. 57 y 59; y véase también G. Schreiber, *Hitler. Interpretationen 1923-1983. Ergebnisse, Methoden und Probleme der Forschung*, Darmstadt, 1984, págs. 39 y sigs. La primera parte del libro de Schreiber brinda un excelente análisis de las percepciones de Hitler en las publicaciones de la época.
70. Fabry, págs. 162-163.

del *führer* como su culto eran tratados con desdén, y donde, en consecuencia, Hitler era considerado por el *Rote Fahne* como un mercenario de los capitalistas y los terratenientes.[71] Como es bien sabido, algunos grotescos juicios equivocados llevaron a Thälmann —el líder del KPD que en 1931 afirmaba que «el fascismo no había comenzado con la llegada de Hitler, sino que había empezado mucho antes»— a considerar a Brüning, en fecha tan tardía como la del otoño de 1932, como «la figura más importante de los políticos burgueses y el hombre que emerge», así como a descartar toda posibilidad de que la «inteligente y calculadora burguesía alemana» permitiera que Hitler permaneciese en el poder, dado que era inconcebible que un gobierno de Hitler pudiera sacar al capitalismo de su atolladero.[72] Para el KPD, que desde 1928 había estado plenamente dedicado a atacar al «fascismo social» del SPD, no había ninguna diferencia sustancial entre los principales candidatos no comunistas a las elecciones presidenciales de 1932: votar a Hindenburg era votar a Hitler.[73]

No obstante, el creciente culto a Hitler no carecía de impacto en el pensamiento político de la izquierda. Se ha sugerido, de hecho, que en esta época se estaba incluso desarrollando deliberadamente un culto al líder, algo sin precedentes en un partido alemán de los trabajadores, en torno a Ernst Thälmann, al que ahora se daba el nombre de «Líder del proletariado alemán».[74] Evidentemente irritados por un fenómeno que en su mayoría sólo eran capaces de comprender a medias, los escritores de la izquierda se contentaban con frecuencia con achacar el culto a Hitler a la histeria de masas que imperaba entre los seguidores nazis. En noviembre de 1932, en un intento de ofrecer una explicación, el bien considerado periódico socialista *Das Freie Wort* examinaba el ámbito de la psicología de masas femenina, hallando las raíces del atractivo de Hitler en una estimulación femenina, semierótica, de la histeria de que era presa la debilitada «lumpenburguesía». El autor del artículo, titulado «La

71. Véase, por ejemplo, W. Ruge, *Das Ende von Weimar. Monopolkapital und Hitler*, Berlín Este, 1983, págs. 177 y 179, que presenta extractos del *Rote Fahne* del 15 de julio y el 6 de agosto de 1930.

72. Citado en S. Bahne, «Die Kommunistische Partei Deutschlands», en E. Matthias y R. Morsey (comps.), *Das Ende der Parteien*, Düsseldorf, 1979, págs. 658, 677 y n° 6; y véase O. Flechtheim, *Die KPD in der Weimarer Republik*, Frankfurt del Main, 1969, pág. 265.

73. Ruge, págs. 236-237.

74. Flechtheim, pág. 256.

feminidad de Hitler: la psicología que rodea a un líder», señalaba que «el carácter de *prima donna* de Hitler…, sus ensayados gestos, su patológica vanidad dirigida hacia su persona y hacia su movimiento» eran características esencialmente femeninas, y citaba con aprobación una descripción de Hitler realizada por el fascista italiano Malaparte, que aparentemente había escrito que no había nada viril en Hitler, y que «su lado femenino explica [su] éxito, su poder sobre las masas».[75]

Presumiblemente, la negativa imagen de Hitler que pintaba la prensa de izquierdas contribuyó a reforzar la profunda hostilidad general hacia el nazismo que preponderaba en aquellos sectores de la clase trabajadora que se habían ido acercando a la esfera de influencia de las subculturas socialista y comunista tradicionalmente bien arraigadas en las filas de la mano de obra organizada. Además, siguió formando parte de la propaganda de la resistencia de los trabajadores ilegales, tras la ruina de los partidos de izquierdas, de sus instituciones y de sus órganos publicitarios. Durante los primeros meses de 1933, los sindicatos introdujeron por la fuerza imágenes negativas de Hitler en la clandestinidad, y también de Hitler en la subcultura de la oposición —es decir, de la época en que trataba de combatir el monopolio de los medios de comunicación del régimen mediante folletos caseros, pintadas en los muros de las fábricas, y reivindicaciones de retrete—. No obstante, el crecientemente obvio carácter inadecuado de la simple descripción de Hitler como un mero agente del capital monopolístico contribuyó de manera significativa a la desorientación de la izquierda con posterioridad a 1933, y aumentó sus dificultades para proporcionar un análisis realista de las estructuras de poder del nuevo régimen.

Aparte de los sectores organizados de la clase trabajadora, los nazis encontraban las mayores dificultades, como es bien sabido, para introducirse en la subcultura católica, donde la imagen de Hitler que prevalecía y que emanaba de los «líderes de opinión» católicos era igualmente negativa. La principal crítica iba dirigida contra la esencia anticristiana del movimiento nazi y de la doctrina de su líder.[76] Las publicaciones trataban de demostrar que las ideas de Hitler se encontraban en directa

75. En IfZ, MA 731, NSDAP-Hauptarchiv I/13.
76. Para el interdicto impuesto por algunos obispos a los católicos que se afiliaran al Partido Nazi y otras restricciones, véase G. Lewy, *The Catholic Church and Nazi Germany*, Londres, 1964, págs. 8-15.

contradicción con las enseñanzas del catecismo cristiano.[77] En Baviera especialmente, donde prevalecía el catolicismo y donde el marxismo extremo estaba muy difundido, Hitler y su movimiento eran considerados como una variante del «bolchevismo ateo» —una asociación de ideas que iba a reiterarse con frecuencia después de 1933, durante la «lucha contra la Iglesia»—.[78] Pese a que las controversias católicas contra los nazis se concentraban por regla general en atacar la dinámica antirreligiosa, y sobre todo anticatólica, del nazismo, algunas publicaciones planteaban de hecho un asalto devastador contra la totalidad de la doctrina nazi. La brutalidad de Hitler, su desprecio por los derechos humanos, su belicismo y su elevación de la fuerza a la categoría de conducta política eran cuestiones que recibían todas un correctivo en las publicaciones católicas de principios de los años treinta.[79] Destacaba sobre todo un semanario católico, el *Der Gerade Weg*, que, publicado en Munich bajo la dirección del doctor Fritz Gerlich —asesinado en Dachau en 1934— y del reverendo Ingbert Naab, libraba un implacable combate contra Hitler, a quien describía como la «encarnación del mal» en un momento en el que (septiembre de 1932) el Partido de Centro se hallaba envuelto en negociaciones con los nazis a pesar de las abiertas muestras de solidaridad de Hitler con cinco hombres de las SA que habían sido condenados a muerte por el brutal asesinato de un comunista en Potempa.[80]

Unos cuantos meses antes, la supuesta hostilidad de Hitler hacia la Iglesia había desempeñado un papel clave para que los partidos católicos se decidieran a apoyar al protestante, y «piadoso», Hindenburg en las elecciones a la presidencia del Reich. Los candidatos católicos sentían grandes deseos de criticar las cualidades personales del «insignificante» Hitler, y también querían atacar su idoneidad para la elevada posición de la jefatura del Estado. Los oradores del Partido del Pueblo Bávaro

---

77. Véase Schreiber, págs. 88 y sigs.
78. Véase Lewy, pág. 10. Un periódico de provincias bávaro, que no actuaba como órgano del BVP pero que no obstante expresaba los sentimientos de la católica y «blanquiazul» Baviera, hablaba con sarcasmo de los nazis, refiriéndose a ellos como a «salvadores de la patria de íntimo fuero rojo», y adoptando el punto de vista de que «toda la propaganda de los pasquines sobre el progreso social» no era más que «un pretexto con el que encubrir una dictadura socialista del proletariado y un Estado rojo centralizado y provisto de un enmascarado movimiento ateo»; Miesbacher Anzeiger, 19 de abril de 1932.
79. Schreiber, págs. 91 y sigs.; Lewy, págs. 17-18.
80. Citado en Lewy, pág. 21. Véase también Fabry, págs. 104-105.

—el primo hermano de derechas del Partido de Centro alemán—, apelando a todos los prejuicios sociales de un partido que representaba a la «clase dirigente» bávara, despreciaban la idea de que «Hitler, el decorador» pudiera granjearse algún respeto en el extranjero, y afirmaban que carecía de los antecedentes necesarios y de la suficiente educación para ser jefe del Estado, añadiendo que, simplemente, no había punto de comparación entre Hitler, que había abandonado Austria en 1912 para librarse del servicio militar, y el héroe de guerra Hindenburg.[81] Se sentían igualmente preocupados por criticar y desenmascarar la deificación neopagana de Hitler y su entronización en el ámbito de la mitología. Un orador contó el caso de una mujer que había erigido un altar en su casa con una foto de Hitler en el lugar de la custodia, y afirmó que, sencillamente, no podía entender que el pueblo alemán se dejase descarriar por semejante charlatán: «Hitler ha conseguido organizar con éxito a los idiotas, y sólo a los idiotas, a los histéricos y a los insensatos, para que se afilien al NSDAP». Su elección, profetizaba, traería a Alemania un daño y una destrucción irreparables.[82]

El propio Hitler era plenamente consciente de la necesidad de contrarrestar su imagen anticristiana si quería que su partido fuera capaz de penetrar en las zonas católicas. Incluso a principios de los años veinte, se mostraba deseoso de no enemistarse innecesariamente con la Iglesia católica.[83] Y durante su ascenso al poder, el NSDAP hizo particulares esfuerzos en las zonas católicas como Renania y Baviera —en su mayor parte vanos— por destacar su «positivo carácter cristiano», por negar el infundio de que era un partido antirreligioso, y por proclamar que sólo el nacionalsocialismo podría proporcionar a la Iglesia una barrera contra el marxismo.[84] En 1930, Hitler se vio obligado a distanciarse de Alfred Rosenberg, uno de los principales ideólogos del partido, cuyo libro, *El mito del siglo XX*, había fortalecido su reputación como principal representante del «nuevo paganismo» y como destacada «figura detestable» para

81. IfZ, MA 731, NSDAP-Hauptarchiv I/13; GS Waldsassen an das BA Tirschenreuth, 29 de febrero de 1932; GS Altenschönbach an das BA Gerolzhofen, 4 de abril de 1932.

82. *Ibid.*, GS Plössberg an das BA Tirschenreuth, 11 de marzo de 1932.

83. Lewy, pág. 7; J. Conway, «National Socialism and the Churches during the Weimar Republic», en Stachura, *The Nazi Machtergreifung*, pág. 135.

84. Véase Lewy, pág. 14; Childers, págs. 258-259; F. J. Heyen (comp.), *Nationalsozialismus im Alltag*, Boppard a. R., 1967, pág. 37; y G. Pridham, *Hitler's Rise to Power. The Nazi Movement in Bavaria 1923-1933*, Londres, 1973, capítulo 5.

la Iglesia católica.[85] Y en un discurso dirigido a una muchedumbre congregada en el baluarte católico de Baviera en abril de 1932, Hitler dijo a sus oyentes que si los protestantes del norte de Alemania le habían colocado la etiqueta de mercenario de Roma y los católicos alemanes del sur la de pagano adorador de Odín, él era simplemente de la opinión —jugando aquí con algunos extendidos sentimientos anticlericales— de que, en Alemania, los sacerdotes, tal como sucedía en Italia, debían poner fin a sus actividades políticas y circunscribirse a las cuestiones confesionales y a sus deberes pastorales: lo que el Papa había admitido en Italia, concluyó, no podía resultar pecaminoso en Alemania. En realidad intentaba subrayar por todos los medios, pues él mismo era profundamente religioso, la «desolación espiritual» del pueblo alemán —aún mayor que su miseria económica—, y destacar igualmente que consideraba muy lamentable que se tolerara a más de 14 millones de ateos y antirreligiosos marxistas en Alemania.[86]

A pesar de estos desmentidos, la negativa imagen de «neopaganismo» que el NSDAP no lograba quitarse de encima desempeñaba indudablemente un papel considerable en el refuerzo del elevado grado de relativa inmunidad al nazismo que prevalecía en los círculos católicos con anterioridad a 1933. Incluso tras la desaparición de la prensa católica en los primeros años del Tercer Reich, el clero de esta confesión fue capaz de mantener dicha imagen mediante sus propios métodos de sutil «propaganda» —en buena medida respaldados por los a menudo broncos ataques que los propios nazis realizaron durante la «lucha contra la Iglesia»—, y continuó siendo, durante el Tercer Reich, una importante base para que la población católica se mantuviese alejada del régimen, así como el fundamento de algunas formas de oposición parcial al nazismo en la subcultura católica. Pese a ello, la idea de que debía existir algún autoritario, patriótico y antimarxista «bien» residual en el nazismo, de que «el nacionalsocialismo, pese a todo, podría lograr eliminar algún día de su programa y de sus actividades todo lo que entraba en conflicto, tanto en principio como en la práctica, con el catolicismo»,[87] dejó la puerta abierta para el súbito cambio de opinión que los obispos católicos estu-

---

85. Véase Fabry, pág. 101.

86. *Fränkischer Kurier*, 8 de abril de 1932; *Miesbacher Anzeiger*, 19 de abril de 1932; GStA, MA 102144, RPvNB/OP, 19 de octubre de 1932.

87. Citado en Lewy, pág. 17.

vieron dispuestos a mostrar después de que Hitler hiciese votos de tolerancia y apoyo a la Iglesia en marzo de 1933, y contenía también, en potencia, la posibilidad de colocar una cuña entre Hitler —en calidad de «estadista temeroso de Dios»— y los radicales anticristianos del partido, en especial Rosenberg.[88]

Dejando a un lado al nazismo, la imagen de Hitler que pintaban los medios en el principal bloque ideológico restante, el de la derecha nacional-conservadora, no tenía, desde luego, un aspecto tan negativo como el presentado por la izquierda o los católicos. Por regla general, prevalecía la imagen de Hitler como agitador de las masas, como el hombre «movilizador», el dotado demagogo capaz de inflamar las emociones de la causa nacional. La prensa burguesa mostraba en buena parte simpatía hacia las ideas que Hitler representaba, y le concedía a él y al movimiento nazi una atención creciente, aunque, por lo general al menos, moderadamente favorable. Por supuesto, su extremado nacionalismo y su antimarxismo rabioso eran vistos como atributos muy positivos, y sus talentos demagógicos se hallaban unidos a la esperanza de que pudiese apartar a las masas del socialismo. Al mismo tiempo, existían ansiosas preocupaciones respecto del «socialismo» del NSDAP, temores que se intensificaron durante la campaña de las elecciones de noviembre de 1932, después de la participación de los nazis en la huelga de transportes de Berlín que tuvo lugar inmediatamente antes de la consulta.[89] Existía una cierta ambivalencia respecto al nivel de la violencia nazi, que en parte se consideraba un asunto preocupante, pero que era vista con mayor frecuencia como una valiente defensa propia frente a los ultrajes comunistas. No obstante, es obvio que se percibía que el propio Hitler no debía asociarse directamente con la violencia, como demostraba su dura protesta por la suposición de que apoyaba a los asesinos de Potempa.[90] La valoración más negativa de Hitler en la prensa burguesa conservadora fue expresada durante las campañas para las elecciones presidenciales de marzo y abril de 1932, momento en el que las irreprochables cualidades del envejecido

---

88. *Ibid.*, pág. 23, y capítulo 2 *passim* para el «ajuste» de la posición de la jerarquía católica a principios de 1933.

89. Véase Schreiber, págs. 69-71; Childers, pág. 204; R. Hamilton, *Who voted for Hitler?*, Princeton, 1982, págs. 95, 127, 142, 166-167, 178, 186, 192-193, 196-197 y 208-209; Noakes y Pridham, pág. 139.

90. Véase Hamilton, págs. 95 y 142.

mariscal de campo Hindenburg, dispuesto una vez más a cumplir con su deber para con la nación y compendiar los valores nacionales alemanes, fueron comparadas con las cualidades de su oponente: advenedizo social, portavoz de las mal informadas, mal educadas e histéricas masas, cabecilla de un movimiento que incluía entre sus filas a furibundos extremistas y a elementos indeseables, y, lo que no era lo menos importante, un «hombre de partido», a diferencia de Hindenburg, que era el líder nacional.[91] En particular, el hecho de que Hitler rechazase el cargo de vicecanciller en agosto de 1932 dio a la prensa nacional burguesa una nueva oportunidad para criticar la sed de poder de Hitler y para lanzar advertencias contra un hombre que sólo se sentiría satisfecho con el mando único de su partido. No obstante, en el transcurso de 1932, la actitud de la prensa de la derecha no nazi adquirió, en conjunto, una tendencia más favorable hacia Hitler. En cualquier caso, pese a no sentirse inclinados a fomentar el culto a la personalidad de Hitler ni a dar muestras de abierto entusiasmo, y pese a proclamar públicamente una cierta preocupación respecto de la perspectiva de un gobierno encabezado por Hitler, los periódicos alemanes de orientación nacional-conservadora, como el *Deutsche Tageszeitung* de Berlín, empezaban a no ver, a finales de 1932, «más remedio que encargar a Hitler la resolución de la crisis».[92]

Durante las cinco campañas electorales de 1932, a medida que la frenética energía del movimiento nazi iba poniendo a Alemania en estado de fermentación, el culto al *führer* alcanzó nuevas cotas en la prensa nazi, que se hallaba en rápida expansión.[93] En el *Völkischer Beobachter*, que casi había quintuplicado su tirada entre los años 1929 y 1932,[94] así como en otros órganos nazis, se tenía la impresión, cotidianamente reforzada, de la imparable marcha hacia el poder de un movimiento de masas unido tras la estela de su líder, un hombre que tenía la misión de salvar a Alema-

---

91. Véase R. Morsey, «Die Deutsche Zentrumspartei», en Matthias and Morsey, págs. 303-304, para la presentación de la imagen de un «heroico» Hindenburg en esta época.

92. Citado en Hamilton, pág. 95.

93. Pese a que aún quedara empequeñecido si se lo comparaba con la prensa burguesa, católica y socialista, el número de periódicos propiedad de los nazis se incrementó, pasando de 6 diarios y 43 semanarios en 1930 a un total de 127 publicaciones en 1932, con una tirada holgadamente superior al millón de ejemplares; Z. Zeman, *Nazi Propaganda*, Oxford, 1964, págs. 20 y 28-29.

94. *Ibid.*, pág. 28.

nia y que se estaba abriendo camino al margen de algunos contratiempos pasajeros. Mientras que la prensa no perteneciente al Partido Nazi se refería prosaicamente a él como el «señor Hitler» o «el líder del NSDAP», en la prensa nazi aparecía como «Adolf Hitler» (nunca simplemente como «Hitler»), «nuestro líder», o simplemente, «el líder».[95] Cada vez más era presentado —según una denominación que parecía expresar el inevitable carácter del proceso histórico que habría de colocar a Hitler en el poder y crear una nueva Alemania— como «el líder de la Alemania venidera».[96]

Entre los fanáticos, el culto al *führer* no conocía límites, y sus más extravagantes expresiones proporcionaban alguna útil munición a los enemigos ideológicos de los nazis. El periódico socialista *Das Freie Wort*, por ejemplo, citaba un artículo titulado «La sede de los nacionalsocialistas convertida en altar» con el fin de mostrar su menosprecio por los ridículos extremos que había alcanzado el culto a Hitler entre algunas de sus seguidoras femeninas:

> Hitler es el alfa y el omega de nuestra filosofía del mundo. Toda sede nacionalsocialista ha de tener un lugar en el que el *führer* esté al alcance de todos. En ese lugar, manos y corazones generosos deben ofrecerle pequeños tributos todos los días en forma de flores y plantas.[97]

Y completamente contraproducentes eran, en términos propagandísticos, los ocasionales «entusiasmos» de los oradores locales del partido que, incluso en baluartes incondicionalmente católicos, se atrevían a proclamar que el único paralelismo histórico que podía buscarse a una persona que había comenzado con siete hombres y ahora atraía a una ingente masa de seguidores era el de Jesucristo, que había empezado con doce compañeros y acabó creando un movimiento religioso de millones de personas.[98]

95. Véase Noakes y Pridham, pág. 104, donde Louise Solmitz, una maestra de Hamburgo, en un comentario relacionado con un mitin de Hitler celebrado en abril de 1932, señaló: «Nadie hablaba de "Hitler", siempre se decía sencillamente "el *führer*"».

96. *Flamme*, 3 de julio de 1931, en IfZ, MA 731, NSDAP-Hauptarchiv I/13; *Völkischer Beobachter*, 28 de julio de 1931, 25 de noviembre de 1932.

97. En IfZ, MA 731, NSDAP-Hauptarchiv I/13.

98. GStA, MA 102138, RPvOB, 22 de febrero de 1932. Se dice que el orador añadió que Hitler había estado expuesto a una persecución y eliminación de su figura similar a las padecidas por Cristo. Otro orador nazi, mencionado en el mismo informe, declaró que Hitler había sido «elegido para su misión por un Ser superior».

Pese a que la motivación pseudorreligiosa, que en muchos casos se encontraba obviamente latente tras el culto a Hitler, produjera estas extraordinarias y embarazosas muestras de adulación, los productos más habituales de la propaganda nazi encontraban por lo general medios más eficaces para explotarla, como se aprecia en el informe que figura en el *Stürmer* sobre la inesperada llegada de Hitler, que venía del cantón de Streicher, en Franconia, a una conferencia de funcionarios del partido que se estaba celebrando en Nuremberg en septiembre de 1932:

> La inmensa alegría expresa la gratitud al *führer*. Ha infundido una tremenda energía en los corazones de los muchos cientos de personas que se hallan presentes. Están orgullosos de tener como líder a semejante hombre. Ninguno de los participantes olvidará jamás esta conferencia. Para cada uno de ellos se ha convertido en una experiencia sagrada, una experiencia que, para cada una de esas personas, significa la gozosa lucha por Hitler, por Alemania.[99]

Ni siquiera en este período puede decirse en modo alguno que el enormemente agigantado ejército de seguidores nazis compartiese esta «historia de amor» con Hitler —dejando al margen los casos en que no era más que un mero y deliberado ejercicio de estilo propagandístico—. Las recientes investigaciones han demostrado ampliamente la complejidad que implica interpretar la diversidad de motivos que empujaban a la gente a brindar su apoyo al nazismo.[100] Los elementos presentes en la mezcla, en cuyo seno los crudos intereses materiales se entrelazaban con formas de motivación más «irracionales», nunca podrán conocerse con precisión, dada la ausencia de encuestas que pulsasen la opinión de la época, así que la especulación es inevitable. Al centrarnos en el culto a Hitler, sería claramente erróneo menospreciar otros aspectos capitales del atractivo nazi. Y, sin embargo, su importancia como punto de apoyo para la fascinación ejercida por la propaganda nazi no admite dudas, como tampoco las admite el hecho de que su función de integrar y personalizar en la figura del *führer* las dispares motivaciones de los seguidores nazis, extraídas de vagos preceptos ideológicos y promesas sociales, fuera

99. *Der Stürmer*, n° 36, septiembre de 1932, en IfZ, MA 731, NSDAP-Hauptarchiv I/13.
100. He tratado de resumir las averiguaciones de parte de esta investigación en «Ideology, Propaganda, and the Rise of the Nazi Party», en Stachura, *The Nazi Machtergreifung*, págs. 162-181.

absolutamente fundamental. En su calidad de «portavoz» de, en particular, los resentimientos y aspiraciones de la clase media-baja —en tanto que «encarnación de la mentalidad pequeño-burguesa»—,[101] Hitler articulaba y legitimaba los agravios, exigencias e intereses propios de los individuos, mientras que los lazos de lealtad personal al *führer* agudizaban el elemento de identificación en el seno de un movimiento cuyas tendencias centrífugas representaban una constante amenaza de fragmentación.[102] Y para la burguesía «asentada» que, al menos en las grandes ciudades, empezaba, y en creciente número, a encontrar que el nazismo no era una propuesta carente de atractivo,[103] Hitler ofrecía —pese a su aparente falta de cualidades como «estadista»— un argumento contrario a las difundidas dudas sobre las posibilidades que tenía el NSDAP de constituir un partido de gobierno responsable.[104] Hacia 1932, la «idea» del nacionalsocialismo se había fusionado desde tiempo atrás, al menos para los seguidores nazis, con la figura del *führer*. Y también para quienes se oponían a los nazis, la personalización de la ideología y la organización quedaba simbolizada en el hecho de que el NSDAP recibía ahora comúnmente el nombre de «movimiento de Hitler», y los activistas locales del partido el apelativo de «hitleres».

Durante la contienda por la presidencia del Reich en marzo y abril de 1932, tuvo lugar una amplia difusión de importantes elementos del mito de Hitler, en especial durante la votación en segunda vuelta, una votación en la que Hitler rivalizaba directamente con Hindenburg. En esta ocasión, el líder del NSDAP, que antes del período 1929-1930 era aún un hombre relativamente desconocido en el ámbito de la política nacional, fue capaz de conservar más de tres millones de votos —bastante más de un tercio del total de los sufragios emitidos— y surgir como un candidato de estatura comparable a la del ganador, el venerado mariscal de campo de la Primera Guerra Mundial que había obtenido el respaldo de todos los principales partidos, dejando a un lado al NSDAP y al KPD. El impacto visual de la propaganda nazi fue sorprendente. En los

101. L. Kettenacker, «Hitler's impact on the Lower Middle Class», en D. Welch (comp.), *Nazi Propaganda: The Power and the Limitations*, Londres, 1983, pág. 11; Kettenacker, «Sozialpsychologische Aspekte der Führer-Herrschaft», págs. 103 y 119.

102. Véase sobre todo Broszat, «Soziale Motivation», y Orlow, págs. 217-220 y 299-302.

103. Éste es el principal hallazgo de Hamilton, *Who voted for Hitler?*

104. Véanse los comentarios de Louise Solmitz en Noakes y Pridham, págs. 110-139.

días que precedieron a las elecciones, y en deliberado contraste con los coloristas carteles electorales, apareció en toda Alemania un cartel que representaba la cabeza de Hitler sobre un fondo completamente negro. Resueltas consignas hicieron hincapié en el mensaje de que un voto para Hitler era un voto por el cambio, mientras que un voto para Hindenburg era un voto en favor del *statu quo*.[105] Las elecciones se presentaron como una pugna entre la figura representativa del «sistema» de Weimar, y el líder de una nueva y joven Alemania, «el *führer*, el profeta, el combatiente [...], la última esperanza de las masas, el resplandeciente símbolo de la voluntad de libertad alemana», según la retórica de Goebbels.[106]

Las segundas elecciones presidenciales, apretadamente efectuadas en la semana anterior a la elección del 10 de abril, resultaron espectaculares como consecuencia de los nuevos progresos realizados por el artificio del mito de Hitler. La anunciada «gran jornada de propaganda del *führer* por toda Alemania»[107] se efectuó, por primera vez en la historia de las elecciones, y en su mayor parte, mediante el uso de un aeroplano que Hitler había alquilado para que le transportara por todo el país a los mítines de campaña. En la primera campaña, cuando todavía viajaba por carretera, había dado discursos en 12 ciudades en una gira de 12 días. Al elevarse a los cielos en su muy anunciado *Deutschlandflug*, al que acompañaba la consigna «el *führer* por Alemania», Hitler fue en esta ocasión capaz de pronunciar los discursos de sus principales reuniones en 20 ciudades diferentes en un plazo de sólo seis días. En sus cuatro campañas aerotransportadas, realizadas entre abril y noviembre de 1932, Hitler habló en total ante 148 asambleas de masas, con un promedio de unas tres reuniones de importancia al día, a menudo dirigiéndose a multitudes compuestas por 20.000 o 30.000 personas en las grandes ciudades, y haciéndose ver y oír en persona durante ese año por, literalmente, millones de alemanes.[108] Fue por todos los conceptos una notable serie de discursos de campaña, serie durante la cual Hitler llegó a las masas como no había llegado a ellas ningún político alemán antes que él.

---

105. *Ibid.*, pág. 103.
106. Citado en Bramsted, pág. 201. Para un buen estudio sobre la propaganda electoral, véase Childers, págs. 196-198.
107. Noakes y Pridham, pág. 104.
108. E. Deuerlein (comp.), *Der Aufstieg der NSDAP in Augenzeugenberichten*, Düsseldorf, 1968, págs. 382, 385, 394 y 402; M. Domarus (comp.), *Hitler. Reden und Proklamationen 1932-1945*, Wiesbaden, 1973, págs. 101-103, 117-120 y 138-142.

Pese a que, sin duda alguna, una de las principales funciones de los mítines de masas, celebrados con la pasión de las reuniones evangelistas y con un Hitler que adoptaba un tono de «misionero» y de profeta político, fuera espolear a los ya comprometidos y predicar a los conversos,[109] es incuestionable que los «vuelos sobre Alemania» contribuyeron igualmente a popularizar el culto a Hitler mucho más allá de las filas de los ya existentes militantes nazis y de los seguidores convencidos. Hitler debía su infalible atractivo como orador a las profundidades de la crisis económica —en la que las fuertes emociones basculaban, como un péndulo, del miedo y la desesperación a la euforia y las utópicas esperanzas de futuro—, así como a su capacidad para adaptar con toda exactitud sus discursos a la mentalidad de crisis y a la disposición de sus audiencias en las que predominaban las clases medias, y cuyo humor las empujaba a una agresión y a un odio sin límites al «sistema».

El ambiente de uno de esos mítines ha quedado captado en las notas de una maestra de Hamburgo, Louise Solmitz:

> Las horas pasaban, el sol brillaba, las expectativas se elevaban. [...] Eran casi las tres de la tarde. «¡Llega el *führer*!» El murmullo se extendió entre la multitud. [...] Allí estaba Hitler con un sencillo abrigo negro, mirando a la muchedumbre, esperando. Un bosque de banderines con la esvástica se agitaba en el aire, el júbilo de ese momento brotó en forma de clamoroso saludo. Tema principal: de sus partes ha de surgir una nación, la nación alemana. [...] Su voz estaba ronca después de todo lo que había hablado en los días anteriores. Cuando terminó el discurso, se produjo un estruendoso entusiasmo y hubo aplausos. Hitler saludaba, daba las gracias, la canción de Horst Wessel (*La bandera en alto*) sonaba a buen volumen por todo el recinto. Alguien ayudó a Hitler a ponerse el abrigo. Luego se marchó. Eran muchos los que habían levantado los ojos hacia él con conmovedora fe, considerándole como la persona que habría de asistirles, como a su salvador, como al ser que habría de librarles de una insoportable angustia, como a aquel que rescata al príncipe prusiano, el erudito, el clérigo, el granjero, el trabajador, el desempleado, aquel que habría de rescatarles a ellos de las partes disgregadas y hacer que volvieran a ser una nación.[110]

---

109. Este aspecto de la propaganda nazi es destacado con fuerza por R. Bessel, «The Rise of the NSDAP and the Myth of Nazi Propaganda», «*Wiener Library Bulletin*», xxxiii, 1980, págs. 20-29.

110. Noakes y Pridham, pág. 104.

Durante los «vuelos sobre Alemania», Hitler llevó deliberadamente sus campañas no sólo a las grandes ciudades, sino también a lo más recóndito de las provincias, allí donde el impacto de la propaganda resultaba, en cualquier caso, aún más sorprendente. Los informes del avance de Hitler a través de Baviera proporcionan alguna indicación a este respecto. En los soñolientos pueblecitos de la Baviera provincial, los mítines de Hitler constituyeron un fenómeno que la población local jamás había experimentado con anterioridad. El *Miesbacher Anzeiger*, por ejemplo, un periódico local cuya tonalidad política coincidía con la de la «blanquiazul» Baviera, hablaba del discurso dado por Hitler en la pequeña localidad de la Alta Baviera el 17 de abril, durante la campaña para las elecciones al parlamento regional —un discurso para el que miles de personas estuvieron esperando bajo una torrencial lluvia—, como de «una sensación sin precedentes» para Miesbach.[111] Por supuesto, Hitler siempre había tenido un considerable poder de atracción como orador.[112] Sin embargo, apenas pueden compararse las audiencias de las primeras campañas y las de 1932. En Günzburg, por ejemplo, Hitler había atraído en un discurso pronunciado en 1930, a unas 1.200 personas, una cifra que también se alcanzaba en algunos mítines del SPD. Cuando regresó a esta ciudad en octubre de 1932 para dar «un discurso sobre su programa electoral», se estimó que el mitin había sido seguido por unas 7.000 u 8.000 personas, muchas de las cuales habían venido de zonas muy alejadas del distrito, y tuvieron que ser acogidas en los grandes pabellones de la factoría Mengele, y no, como antes, en el Instituto de la ciudad.[113] La atmósfera del mitin y la adulación a Hitler, aumentada como normalmente solía suceder en los mítines de Hitler como consecuencia de unas expectativas llevadas a su punto febril por la larga espera que precedía a su llegada, quedan reflejadas en este retocado reportaje del *Völkischer Beobachter*:

111. *Miesbacher Anzeiger*, 19 de abril de 1932.

112. Un informe sobre un mitin celebrado durante la campaña electoral en Markt Grafing en agosto de 1930, por ejemplo, consideraba que habían asistido en total unas 4.000 personas y señalaba que se tuvo que realizar un mitin paralelo en otro pabellón; GStA, MA 102138, RPvOB, 19 de agosto de 1930.

113. Z. Zofka, *Die Ausbreitung des Nationalsozialismus auf dem Lande*, Munich, 1979, págs. 41, 78 y 89; *Völkischer Beobachter*, 13 de octubre de 1932 (fecha en la que la cifra de asistencia se infló desmesuradamente, ya que se afirmó que había sido de 30.000 personas); GStA, MA 102149, RPvS, 19 de octubre de 1932.

En las primeras horas de la tarde comienza la gran migración. A pie, en bicicleta y en moto, en carros y automóviles, la gente afluye de todas partes. [...] Mucho antes de que comience el discurso, los dos grandes pabellones quedan atestados. [...] Miles han de quedarse fuera, de pie. [...] Entonces llega el *führer*. Las SA apenas pueden abrirle paso entre la multitud. Unos jubilosos «Heil» de salutación le reciben. La hijita de tres años del Sturm-führer de Burgau, Schmalzgruber, se presenta ante él con un gran ramo de flores; el hijo de seis años de un hombre de las SA, Linder, le entrega un dibujo. Y de nuevo observo, como tantas otras veces, esa chispa de felicidad en los ojos del *führer* en el momento de poner sus manos sobre las cabezas de los niños...[114]

Por muy hiperbólico que sea el reportaje, este mitin de Hitler, recibido con un «entusiasmo casi histérico» por los seguidores del *führer*, muy bien pudo haber inclinado la balanza en la campaña electoral de este distrito, donde, a diferencia de lo que fue la tónica general en el conjunto del Reich, el NSDAP se las arregló para aumentar sus votos en las elecciones de noviembre de 1932.[115]

Los reportajes aparecidos en el *Völkischer Beobachter*, bajo grandes titulares como «Grandioso avance de las jornadas de Hitler», o «La victoriosa marcha del *führer* por el cantón de Baviera», armaron naturalmente una imagen de Hitler que presentaba el más violento contraste con la denigración de los gobernantes alemanes de la época. El *«führer* del pueblo»*, con su gigantesco ejército de seguidores, era comparado con Von Papen, de quien se decía que no era más que el jefe de un gobierno desprovisto de toda legitimidad popular y que contaba «únicamente con un pequeño círculo de reaccionarios» por todo respaldo.[116] Hitler ahondaba en esta línea de crítica en sus discursos, explotando los estereotipos populares de los abultados salarios y la confortable vida de los ministros del gabinete para fustigar a Von Papen, de quien se decía que tenía propiedades por valor de cinco millones de marcos y que, a pesar de todo, seguía cobrando su sueldo de canciller, mientras Hitler afirmaba que rechazaría ese salario de por vida y que no tenía interés en nada que no fuese el desinteresado trabajo en favor de su pueblo.[117]

114. *Völkischer Beobachter*, 13 de octubre de 1932.
115. Zofka, pág. 41.
116. *Völkischer Beobachter*, 14 de octubre de 1932.
117. IfZ, MA 731, NSDAP-Hauptarchiv I/13, Pd Hof, 15 de octubre de 1932.

La prensa nazi que elogiaba la trayectoria de la campaña de Hitler no podía, desde luego, ocultar el hecho de que hacia finales de 1932 el NSDAP había fracasado en su intento de efectuar serias incursiones en los bastiones de apoyo a los partidos de los trabajadores y a los partidos católicos. Incluso dentro del propio Partido Nazi, el «carisma» de Hitler no era en modo alguno ilimitado.[118] Según un informe de marzo de 1932, algunos nacionalsocialistas estaban empezando a sumar sus voces a las de quienes proclamaban que Hitler no poseía las necesarias cualidades y capacidades para el cargo de presidente del Reich, diciendo: «Hasta este momento, Hitler ha actuado únicamente como agitador político, pero no es posible imaginarle como presidente del Reich».[119] Los mítines de masas de Hitler tampoco estaban siempre a la altura de las expectativas. Era frecuente que las sobrias, cuando no sesgadas, crónicas de las autoridades estatales contrastaran vívidamente con los extasiados reportajes de la prensa nazi. Se dijo, por ejemplo, que el discurso de Hitler en un mitin al que asistieron 4.000 personas en Wurtzburgo el 6 de abril de 1932 no había satisfecho las «exageradas expectativas» de audiencia, y que había sido «un disgusto incluso para los seguidores del partido», mientras, por otra parte, se afirmaba que las 7.000 u 8.000 personas que habían acudido en octubre de 1932 a una asamblea en el pueblo de Pocking, en la Baja Baviera —asamblea que el *Völkischer Beobachter* describió como «una poderosa muestra de confianza en el nacionalsocialismo por parte de los campesinos de la Baja Baviera»—, eran en su mayor parte miembros regionales del partido a los que se habían unido algunos que se habían presentado por efecto de la simple curiosidad.[120]

118. La «oposición» a Hitler se había manifestado de forma seria en la «revuelta Stennes» de las SA orientales en la primavera de 1931, y hubo, desde luego, un considerable desencanto con las tácticas de Hitler durante la creciente crisis que surgió en el seno del partido en el otoño de 1932, crisis que culminó con la dimisión de Gregor Strasser. Véase Orlow, págs. 216 y sigs.; P. D. Stachura, *Gregor Strasser and the Rise of Nazism*, Londres, 1983, capítulo 6. Lo que no obstante parece significativo es que, durante la crisis Stennes, Hitler pudo desplegar con éxito su «carisma» al hacer un llamamiento a la lealtad personal y desactivar la situación, además del hecho de que, a finales de 1932, la dimisión de Strasser tuviera lugar sin que se produjese ningún intento de plantear un desafío a la posición de liderazgo de Hitler.

119. GStA, MA 102151, RPvUF, 4 de marzo de 1932.

120. *Ibid.*, 19 de abril de 1932; GStA, MA 102144, RPvNB/OP, 19 de octubre de 1932, escrito en el que se añade que las giras de la campaña electoral de Hitler afectarían poco al esperado descenso de los votos nazis en las inminentes elecciones.

Por encima de todo, la fatiga de las elecciones y las dificultades internas que experimentó el NSDAP constituyeron una etapa de prueba para el «carismático» atractivo de Hitler durante el otoño de 1932. Un poco antes, ese mismo año, Goebbels había temido que el partido corriera el peligro de «morir en el intento» de ganar las elecciones,[121] aunque, no obstante, cuando la máquina propagandística se hubo puesto en marcha para acometer la quinta campaña de envergadura del año, el control del Estado parecía tan lejano como siempre. Impacientes en la aparentemente interminable lucha por el poder, en especial después de que Hitler hubiera rechazado la oferta que el presidente le había hecho de la vicecancillería —y sólo de la vicecancillería— en un mitin dado el 13 de agosto de 1932, los miembros del partido empezaron a decir que ya estaban hartos de «un partido cuyo líder no sabe lo que quiere y no tiene programa».[122] Además, algunos seguidores protestantes estaban reaccionando con consternación a los rumores que sostenían la existencia de negociaciones para coaligar al NSDAP con el Partido Católico de Centro ese mismo mes.[123] Para octubre de 1932, Hitler ya había tenido la rara experiencia de hablar ante un auditorio medio vacío durante una visita a Nuremberg, centro del feudo nazi de Franconia.[124] Este período crítico para Hitler indica hasta qué punto su artificial «carisma» dependía de factores coyunturales, el grado de fragilidad que podía llegar a tener, y el hecho de que sólo un éxito recurrente podía garantizar su vitalidad.

No obstante, parece haber pocas dudas de que ya antes de la «toma del poder» más de 13 millones de alemanes eran, al menos en potencia, «seguidores de Hitler», gentes a las que podía considerarse ganadas para el «principio del liderazgo» y el culto a la personalidad que se había erigido en torno a Hitler. La opinión sobre Hitler en la mayor parte de la población restante difería en gran medida en función de las tendencias ideológicas que hemos examinado: odio implacable en las filas de la mano de obra organizada, profunda suspicacia entre los católicos, pero un sentimiento predominante, en las clases medias nacional-conservadoras,

121. Orlow, pág. 254.
122. GStA, MA 102151, RPvUF, 21 de septiembre de 1932.
123. Morsey, págs. 315 y sigs.
124. IfZ, MA 731, NSDAP-Hauptarchiv, I/13, Pd Nuremberg-Fürth, 14 de octubre de 1932; GStA, MA 101241/2, Pd Nuremberg-Fürth, 31 de octubre de 1932; GStA, MA 102154, RPvMF/OP, 19 de octubre de 1932.

de que a pesar de su falta de posición social y de las tendencias «socialistas» de su movimiento, ese hombre podría resultar útil durante un tiempo.

A pesar de estas distintas actitudes hacia Hitler, con frecuencia acaloradamente negativas, han de tenerse en cuenta al menos tres factores generales para explicar cómo pudo el culto al *führer* extender su fuerza en un tiempo sorprendentemente breve a amplios sectores de la población, hasta abarcar, llegado el momento y en cierta medida, a la gran mayoría de los alemanes.

De crucial importancia fue la extendida sensación de que el sistema político y el liderazgo de Weimar se hallaba en completa bancarrota. La necesidad de un nuevo «liderazgo» flotaba «en el ambiente». Se habían realizado vanos intentos de asociar los atributos de este «liderazgo» incluso con tan poco convincentes aspirantes al «carisma» como Brüning y Hugenberg, y durante las elecciones presidenciales, también Hindenburg había sido considerado una «figura heroica» y descrito como «líder de la nación alemana».[125] En 1932, los reportajes de la prensa de todo el espectro transmitían la fuerte impresión de que existía una parálisis gubernamental casi completa y de que se estaba ante una nación profundamente dividida que se fragmentaba en una sucesión de muy amargas campañas electorales. En semejantes condiciones, la imagen de un líder «juvenil», dinámico, enérgico, que ofrecía un decisivo cambio de dirección y que se hallaba respaldado por un ejército de seguidores fanáticos no carecía en modo alguno de atractivo. Muchos de los que tenían serias dudas estaban dispuestos a dar una oportunidad a Hitler. Y comparados con el lastimoso desamparo de sus inmediatos predecesores en la cancillería, el aparente empuje y velocidad de ejecución del gobierno de Hitler durante los meses que siguieron a su toma de posesión parecían impresionantes.

En segundo lugar, la flagrante subestima de Hitler en el período anterior a 1933 preparó otra vez el terreno para el surgimiento de un entusiasmo, al principio reticente o condescendiente, y más tarde a menudo incondicional hacia el modo en que, aparentemente, había dominado, en tan corto plazo de tiempo, una situación política interna que se había juzgado superior a las capacidades de un advenedizo agitador de masas.

125. Véase Morsey, págs. 292, 294 y 303-304; Childers, pág. 207.

En tercer lugar, y esto es lo más importante, Hitler encarnaba un consenso ideológico ya bien establecido y extenso que también compartía la mayoría de los que no habían pertenecido previamente al bando nazi, con la excepción de la izquierda. Los principales elementos de este consenso eran un virulento antimarxismo y la percepción de la necesidad de una potente contención de las fuerzas de la izquierda; una profunda hostilidad hacia el fracasado sistema democrático junto con la creencia de que un liderazgo fuerte y autoritario era necesario para cualquier recuperación; y la extendida sensación, que incluso alcanzaba a sectores de la izquierda, de que Alemania había sido gravemente perjudicada en Versalles, y se encontraba amenazada por enemigos por los cuatro costados. Este amplio consenso previo ofrecía en potencia la posibilidad de un sólido apoyo a un líder nacional que pudiese presentarse como alguien dispuesto al compromiso absoluto, al sacrificio personal y a la desinteresada lucha por la causa de la seguridad interna y el poderío exterior.

Un destacado artículo publicado el 31 de enero de 1933 en un periódico conservador, el *Münchner Neueste Nachrichten*, que había sido el quinto de Alemania por el volumen de su tirada y había seguido una línea más hostil a los nazis que prácticamente cualquier otro órgano de la prensa burguesa, sugería, entre matizaciones de persistente escepticismo, las condiciones en las que Hitler podría ganar rápidamente popularidad en caso de tener tras de sí el prestigio de la cancillería. Estaba escrito por Erwein Freiherr von Aretin, un monárquico que frecuentemente había cruzado espadas con los nazis y que muy pronto iba a ser puesto en situación de «detención preventiva» en marzo de 1933:

> En los últimos meses hemos visto un derrumbamiento del orden estatal sin precedentes. [...] Tenemos [...] a nuestras espaldas tan gran cantidad de intrigas en pos del poder que nos engañaríamos a nosotros mismos si no expresásemos honestamente la esperanza de que este cambio sea duradero, y de que la magnitud de la tarea no arranque a los nuevos gobernantes de la estrechez y el estancamiento de los partidos para arrojarlos a un mundo en el que sólo existan los alemanes y sus enemigos. [...] El mayor problema económico de nuestros días, el desempleo, se alza ante el nuevo gobierno como una enorme montaña que ha de ser coronada. Ninguno de sus predecesores fue capaz de abordar eficazmente este problema. El gabinete Hitler debe ser consciente de que nada podría granjearle tanta confianza como el éxito en este terreno. Aquí nadie puede rehusar un apoyo activo. En la lucha

contra la necesidad y el hambre no puede haber partidos. Aquí, el que fuera crítico durante tantos años previos debe mostrar que puede hacerlo mejor. Entonces, ningún alemán negará al nuevo gabinete una gratitud cuya consecución debe constituir su primer empeño.[126]

Los sentimientos parecen claros: el éxito en la procura de los objetivos nacionales y la eliminación de la división inherente a los partidos políticos podrían otorgar a Hitler una nueva estatura como líder, no de partido, sino nacional, y con ello el potencial para convertir a los antiguos seguidores tibios, indecisos o incluso opuestos, en admiradores del *führer* y, por ello, al menos en parte, en adeptos del Estado nazi. La tarea de la propaganda nazi, que ahora estaba haciéndose rápidamente con el control casi monopolístico de los medios de comunicación, consistía en producir esa conversión.

126. *Münchner Neueste Nachrichten*, 31 de marzo de 1933. Para Von Aretin, véase su autobiografía: E. von Aretin, *Krone und Ketten. Erinnerungen eines bayerischen Edelmannes*, Munich, 1955.

# Capítulo 2

# El «símbolo de la nación»: el perfil propagandístico de Hitler, 1933-1936

> Uno ha dejado ya de ir contando por ahí lo que sucede por efecto de la pura maravilla y del asombro ante todo lo que nuestro Hitler está haciendo. [...] Tan pronto como este hombre ha tomado la historia en sus manos, las cosas marchan.
>
> *Schwäbisches Volksblatt*,
> 9 de septiembre de 1933

> Vemos en él [...] el símbolo de la indestructible fuerza vital de la nación alemana, una fuerza que ha adquirido forma humana en Adolf Hitler.
>
> OTTO DIETRICH,
> panegírico en el cumpleaños de Hitler, 1935

La aparentemente interminable procesión de antorchas, puesta en escena por el jefe cantonal de Berlín, Goebbels, que dio la vuelta por detrás de Hitler y de Hindenburg, que observaban desde el balcón de la cancillería del Reich en la tarde del 30 de junio de 1933, había sido concebida para significar que el nombramiento de Hitler a la cancillería no constituía un cambio normal de gobierno. La espectacular celebración del triunfo personal de Hitler y de la «victoria» de su movimiento tenía intención de sugerir al pueblo alemán que estaba siendo testigo de una histórica ruptura con el pasado, asistiendo al amanecer de una nueva era. Y ya empezaban a escucharse voces que decían que Hitler jamás renunciaría al poder que había obtenido.[1]

---

1. Véase, por ejemplo, GStA, MA 106682, RPvS, 6 de febrero de 1933, 21 de febrero de 1933.

Al margen del Partido Nazi y sus seguidores, no obstante, el triunfo que de la noche a la mañana había elevado a Hitler a la cancillería no había conseguido hacer nada que pudiese alterar las percepciones existentes. Entre quienes aún seguían apoyando a los partidos católicos eran sin duda muchos los que compartían los sentimientos expresados en un destacado artículo publicado el 31 de enero de 1933 en el *Regensburger Anzeiger*, un periódico alineado con el Partido del Pueblo Bávaro, y que señalaba que la cancillería de Hitler suponía un «salto en el vacío». En la izquierda, sobre todo, prevalecía la opinión de que Hitler no pasaría de ser el «rostro visible» de un gabinete de reaccionarios dominado por Hugenberg, Von Papen y sus amigos, representantes directos de las clases dirigentes alemanas. Y se presuponía en amplios círculos que la heterogénea naturaleza del curalotodo programa nazi, que prometía todo tipo de cosas a todo tipo de hombres, daría rápidamente como resultado un profundo desencanto de las masas que constituían la base del NSDAP y un acelerado descenso de la popularidad de Hitler.[2] En los lugares alejados del clamor de las celebraciones de la gran ciudad por la «toma del poder», el nombramiento de Hitler a la cancillería no hizo al principio nada, en aquellos pueblos de la Alemania de provincias que los nazis estaban lejos de haber conquistado en 1933, para perforar el muro de profunda apatía y escepticismo creado por la miseria de la Depresión y por la en apariencia incesante secuencia de elecciones y disputas entre los partidos políticos. En estas zonas prevalecía por lo general el pesimismo: eran muchos los que pensaban que existían pocas probabilidades de que Hitler pudiese alumbrar mejora alguna, y algunos creían «que Hitler ni siquiera se mantendrá en el cargo tanto tiempo como su predecesor, el general Von Schleicher».[3]

No obstante, y a lo largo del mes de febrero de 1933, las actitudes hacia Hitler y el nuevo gobierno empezaron a volverse ya más positivas en esas zonas. Si eran muchos los que permanecían escépticos, estaban al menos dispuestos a dar a Hitler una oportunidad con el fin de ver qué es lo que podía hacer: era difícil que las cosas pudiesen ir a peor. En la Baja Baviera y el Alto Palatinado, por ejemplo, donde algunos informes ha-

---

2. Véase GStA, MA 106670, RPvOB, 6 de febrero de 1933.
3. GStA, MA 106672, RPvNB/OP, 3 de febrero de 1933; y véase también StAM, LRA 76887, GS Landsham, Markt Schwaben, Anzing, Ebersberg, Markt Grafing y Assling, informes del 11 y 12 de febrero de 1933.

bían señalado a principios de febrero la falta de entusiasmo del campesinado de la región —cuya abrumadora mayoría era católica— por el cambio de gobierno, comenzaba a sugerirse a finales de ese mismo mes que la toma de posesión de Hitler de su cargo en el gobierno «no había sido recibida desfavorablemente» en los círculos campesinos, añadiéndose que iba ganando terreno la opinión, en especial entre los antiguos partidarios de la Liga Campesina Bávara, «de que Hitler es el hombre adecuado».[4] También de la Alta Baviera llegaban informes de que «el nuevo gobierno del Reich está encontrando poca oposición entre el campesinado», que se hallaba dispuesto a esperar y ver, para después juzgar en función de los resultados. Además, el ya producido incremento de los aranceles que gravaban la importación de reses y la ligera mejoría en los precios de la madera y el ganado se presentaban como éxitos del gobierno, lo que aumentaba las esperanzas entre los granjeros de que vinieran tiempos mejores.[5]

Desde el principio, el gobierno de Hitler pareció poseer un dinamismo y una fuerza que suponían un agudo contraste con la parálisis de las administraciones anteriores. La vitalidad del régimen quedaba reflejada incluso en el estilo periodístico de diarios que no estaban particularmente bien dispuestos hacia el nazismo, lo que contribuía a incrementar el sentimiento, que superaba el respaldo nazi existente, de que se había alcanzado un punto de inflexión, de que al menos ahora se estaba haciendo algo. Y en el centro de estas expectativas se hallaba el nuevo canciller del Reich.

No se trataba simplemente de que Hitler tuviese ahora tras de sí el prestigio de la cancillería. La propaganda nazi estaba ya trabajando en crear la impresión de que Hitler era un canciller del Reich nuevo y diferente. Además, la campaña para las elecciones al Reichstag del 5 de marzo proporcionó amplias oportunidades para adjudicar nuevos atributos al canciller del «levantamiento nacional», así como para subrayar su

4. GStA, MA 106672, RPvNB/OP, 20 de febrero de 1933. La Liga Campesina Bávara perdió de hecho 41.000 votos (el 29 % de su respaldo electoral) entre noviembre de 1932 y marzo de 1933. En la Baja Baviera, región en la que había obtenido el 35,3 % de los votos en las elecciones al Reichstag de 1928, se hundió, pasando del 16,9 % en noviembre de 1932 a un mero 9,5 % en marzo de 1933; M. Hagmann, *Der Weg ins Verhängnis*, Munich, 1946, págs. 15\*, 17\*.

5. GStA, MA 106670, RPvOB, 20 de febrero de 1933, 4 de abril de 1933; StAM, LRA 76887, GS Markt Grafing, 12 de febrero de 1933.

«genio» personal para el liderazgo. En las «revisadas» condiciones de la campaña de principios de 1933, con unos nazis desenfrenados y en una situación en la que sus enemigos ideológicos se hallaban sujetos a una brutal represión, el estilo dado a los «mítines» que era propio de la gran ciudad se hacía ahora extensivo al campo en una medida que superaba a todo lo realizado anteriormente. Se proclamaba que la cancillería de Hitler no era un mero cambio de gobierno, sino un «acontecimiento histórico mundial». Los oradores nazis no se cansaban de pintar a Hitler como al último baluarte contra la amenaza comunista, la última esperanza de los campesinos y los trabajadores, el protector de la religión cristiana. Por encima de todo, la propaganda nazi pedía a los votantes que diesen una oportunidad al nuevo canciller: «Hitler no nos ha traicionado nunca hasta ahora. Lo primero que hemos de hacer es dar tiempo a este hombre para que trabaje».[6]

Mientras que la prensa no nazi, en las semanas que siguieron a la «toma del poder», solía hablar simplemente del «canciller del Reich, Hitler», el *Völkischer Beobachter* acuñó el apelativo de «canciller del pueblo», sugiriendo unos nuevos vínculos pseudodemocráticos entre la gente y este «hombre del pueblo» que se había convertido ahora en su líder. «Un auténtico canciller del pueblo pasa junto a las filas de sus seguidores», voceaba el titular de un reportaje sobre un mitin de masas dado por Hitler en Nuremberg a últimos de febrero.[7] Los periódicos no nazis, sin embargo, siguieron mostrándose menos impresionados. «De nuevo las mismas acusaciones y promesas», comentaba un periódico católico que informaba con sarcasmo del «Gran día de Nuremberg» al que debía asistir el «canciller del pueblo» y de los enormes esfuerzos de la maquinaria propagandística nazi por movilizar a las masas para proporcionar al *«führer»* la adulación que esperaba. «El espectador crítico», concluía el reportaje, «abandonó el recinto disgustado por el discurso del "canciller del pueblo"».[8] Al menos en la prensa y entre los «líderes de opinión» política, los puntos de vista sobre Hitler permanecieron disociados hasta

6. Para este párrafo he obtenido los datos directamente de informes sobre mítines propagandísticos celebrados en el distrito de Sarnberg en la Alta Baviera. Véase StAM, LRA, 28340, GS Gauting, 4 de febrero de 1933, 13 de febrero de 1933; GS Aufkirchen, 9 de febrero de 1933, 10 de febrero de 1933. El tono es del todo característico de la campaña de 1933.

7. *Völkischer Beobachter*, 27 de febrero de 1933.

8. *Bayerische Volkszeitung*, 27 de febrero de 1933.

marzo de 1933 en función de las líneas divisorias entre los partidos políticos. En el mejor de los casos se concedía a Hitler el respeto genérico que se otorga al titular del cargo de canciller. Era el jefe de gobierno, pero a los ojos de al menos los dos tercios de los ciudadanos alemanes aún no era «el *führer*».

En las elecciones del 5 de marzo de 1933, los partidos de izquierdas —a pesar de la severa represión— y los partidos del catolicismo político conservaron una proporción notablemente elevada de su tradicional respaldo electoral. Al margen de las filas de la izquierda, sin embargo, el apoyo potencial a las políticas del nuevo gobierno, y en particular a la persona del canciller, fue ciertamente superior a la cifra del voto nazi en esas elecciones. No todos los votos depositados en favor de los partidos no nazis en marzo de 1933 fueron votos contra todo lo que Hitler representaba: al menos algunas de las cosas que el nazismo parecía ofrecer resultaban atractivas para bastantes más grupos que los de los curtidos seguidores nazis. Uno de esos factores era la ligera mejoría de la situación económica, que ya empezaba a notarse en las primeras semanas de 1933, tras haber tocado fondo la Depresión durante el invierno. Lo más importante, sin embargo, era el creciente prestigio que acumulaba Hitler en sectores considerablemente amplios de las clases medias, así como en los círculos conservadores, como consecuencia de la despiadada represión de la izquierda, en especial de los comunistas, que había estado efectuando en Prusia la policía con la ayuda de los nazis y bajo el mando de Goering. No hay duda de que la explotación del antiguo odio al socialismo y al comunismo (a los que apenas se distinguía como ramas del marxismo, y considerados por tanto como enemigos del orden social existente, de la religión y de la propia Alemania), lograda mediante la selectiva oleada de terror desatada contra la izquierda, dio a Hitler una rápida popularidad, popularidad que se extendía incluso a las filas de los votantes católicos. Un informe sobre un distrito rural católico de la Alta Baviera ilustra el eco positivo de la «purga» de la izquierda en Prusia, antes incluso del impulso que supuso para el prejuicio antiizquierdista el incendio del Reichstag:

> Hitler está haciendo una buena limpieza en Prusia. Está poniendo de patitas en la calle a los parásitos y a los gorrones que viven a expensas del pueblo. Debería continuar su labor en Baviera también, sobre todo en Munich, y proceder a una purga similar. [...] Si Hitler continúa el trabajo que ha hecho

hasta ahora, tendrá la confianza de la gran mayoría del pueblo alemán en las próximas elecciones al Reichstag...[9]

Aquí se aprecian ya claros signos de lo que se puso de manifiesto, al menos para algunos observadores extranjeros, inmediatamente después del incendio del Reichstag: que las draconianas medidas adoptadas por el gobierno —suspensión drástica de los más fundamentales derechos civiles amparados por la constitución del Reich mediante la promulgación de un «Decreto de emergencia para la protección del pueblo y el Estado» frente a los «actos de fuerza comunistas», así como mediante la realización de redadas generalizadas por parte de la policía, que acorraló a miles de comunistas en Prusia durante la noche del 28 de febrero— encontraron pocas críticas y un no pequeño grado de aquiescencia en la mayoría de los alemanes corrientes de clase media y entre la población rural. El ataque a los comunistas fue considerado, según un informe bastante característico, como un «acto de liberación que se venía necesitando desde hace largo tiempo».[10] La profunda significación del «Decreto de emergencia» posterior al incendio del Reichstag sólo fue reconocida por unos pocos. En cambio, la bienvenida con que fue recibido dio a la popularidad de Hitler un nuevo impulso en vísperas de las elecciones.[11]

Aunque no eran ya pocos, incluso dejando a un lado las filas de la izquierda, los que estaban dispuestos a creer que los propios nazis habían incendiado el Reichstag, no hay duda de que la mayoría de la población apoyaba las acciones de la policía contra el KPD, una policía que ahora parecía estar abordando de raíz, «en atención al interés nacional», el problema del proclamado «peligro rojo».[12] Estaba claro que Hitler tenía mucho que ganar como consecuencia del grado alcanzado por la paranoia anticomunista, que se extendía más allá de las filas del movimiento nazi, y que, pese a no haber sido creada por la postura del KPD, sí que se

9. StAM, LRA, 76887, GS Anzing, 25 de febrero de 1933.
10. GStA, MA 106677, RPvOF/MF, 5 de marzo de 1933; véase también GStA, MA 106682, RPvS, 4 de marzo de 1933.
11. Véase GStA, MA 106672, RPvNB/OP, 5 de marzo de 1933, escrito en el que se afirma explícitamente que «la drástica acción contra los agitadores» satisfizo a la «alarmada población» y tuvo como resultado un incremento del voto a los nazis en las elecciones.
12. Para una indicación gráfica de la elevación de la fiebre anticomunista tras el incendio del Reichstag, véase el editorial del *Miesbacher Anzeiger* del 2 de marzo de 1933, citado en Kershaw, *Popular Opinion*, págs. 117-118. Véase también Noakes y Pridham, págs. 174-175.

había visto indudablemente favorecida por la actitud pro moscovita que propagaba abiertamente este partido. Estando en la oposición, Hitler había dicho que rodarían cabezas en caso de que los nazis llegasen al poder. Ahora, al actuar con absoluta crueldad, podía ser presentado como el hombre que había eliminado un peligro nacional. No iba a ser la última vez que la brutalidad y la represión en interés de la «paz y el orden» habrían de incrementar la popularidad de Hitler y actuar como elemento importante del mito del *führer*.

No obstante, en las elecciones de marzo de 1933, y pese al telón de fondo del asalto a la izquierda y de la agitada atmósfera de lo que la propaganda nazi pintaba como el «levantamiento nacional», menos de la mitad de los electores decidieron dar su voto al NSDAP. Los nazis seguían siendo incapaces de irrumpir de forma decisiva en los baluartes electorales de la izquierda y el catolicismo político. Al mismo tiempo, sin embargo, y ayudados por una participación que batía las cifras anteriores, los nazis lograron acumular un porcentaje de votos mayor de lo que había sido capaz de obtener cualquier otro partido durante la época de Weimar. Y se registraron notables incrementos, sobre todo en las zonas católicas, como la Baja Baviera, donde el crecimiento del voto nazi, comparado con los resultados de las elecciones de julio de 1932, se elevaba al 22,9 %.[13] En particular, los sectores más pobres de la población, que nunca se habían integrado completamente en el catolicismo político, se mostraban ahora receptivos al atractivo del creciente mito de Hitler. Parece seguro que, en la época de las elecciones, la popularidad personal de Hitler era ya mucho mayor que el atractivo del NSDAP. Sin embargo, sólo tras las elecciones habría de registrarse una aguda elevación en la gráfica de la popularidad de Hitler, elevación producida, en primer lugar, a medida que iba transformándose de forma fundamental el paisaje político de Alemania y, en segundo lugar, de manera paralela a dicho cambio de la imagen, una imagen en la que ya empezaba a verificarse el paso de la propia de un líder de partido a la adecuada a un líder nacional.

La euforia en torno a Hitler brotaba ahora de forma incontenible. El autor de un pequeño libro, por ejemplo, calificaba esas semanas como «la primavera alemana de Hitler» y colocaba en el prefacio de su épico relato sobre la «toma del poder» un «poema» de seudorreligiosa piedad:

13. Hagmann, pág. 23.

Hoy la divinidad un salvador nos ha enviado,
la angustia a su fin ha llegado.
A la alegría y al gozo la tierra da sustento:
la primavera está aquí al fin.[14]

Si semejantes «versos» —y éste no es un ejemplo aislado— seguían provocando náuseas a muchos de los que no eran absolutos devotos nazis, los espectaculares cambios que estaban produciéndose en Alemania durante esas semanas de principios de 1933 dieron a la maquinaria propagandística una gran y desenfrenada oportunidad para concentrarse en Hitler, no como líder del partido o como jefe de gobierno, sino como punto focal del «renacimiento nacional». El sentimiento de que estaba teniendo lugar un dinámico y fundamental cambio en interés de toda la nación y en pro de la unidad nacional, de que se estaba poniendo fin a las viejas medidas que se plegaban a los intereses particulares y de este modo perpetuaban las divisiones sociales y políticas, no se circunscribía a los entusiastas nazis.[15] El grandioso efecto teatral de la apertura festiva del Reichstag en la iglesia de la guarnición de Potsdam el 21 de marzo —que simbólicamente, como se apresuraron a señalar los periódicos, era el primer día de la primavera y el comienzo de una nueva era— no sólo aumentó la sensación de «despertar nacional», sino que constituyó también un importante paso en la dirección tendente a dejar sentado el prestigio de Hitler como líder nacional. Esto se vio aún más realzado dos días después en su discurso ante el Reichstag, en el que abogaba por la promulgación de una ley de capacitación y durante el cual vertió virulentos ataques contra los diputados socialistas —los comunistas, por supuesto, ya habían sido arrestados o se habían dado a la fuga—, pero en el que tuvo buen cuidado de no ofender las sensibilidades religiosas de los miembros de los partidos católicos, y prometió solemnemente respaldar la posición de las confesiones existentes en el Estado.[16]

El gran torrente de oportunistas que ahora querían unirse al Partido Nazi —las «aguas de marzo», como los motejaba la «vieja guardia» del

14. W. Beuth, *Der deutsche Hitler-Frühling. Die Wiederaufrichtung Deutschlands durch den Volkskanzler des Deutschen Reiches Adolf Hitler*, Frankfurt del Main, 1933, págs. 9, 50 y sigs.

15. Véanse, por ejemplo, las reacciones de Louise Solmitz, una persona más adepta a las ideas nacional-conservadoras que a las nazis, en Noakes y Pridham, págs. 160-162.

16. Véase *ibid.*, págs. 190-195.

partido— había venido gestándose desde las elecciones. Ahora, tras la apertura del Reichstag en Potsdam, se escenificaban muestras generalizadas de lealtad al nuevo gobierno en casi todos los pueblos y ciudades alemanas. Los reportajes de prensa señalaban que el entusiasmo de la gran mayoría de la población «hallaba expresión de un modo absolutamente elemental».[17] El periódico provincial de Baviera, el *Miesbacher Anzeiger*, ya citado, reflejaba la extraordinaria atmósfera de «renovación» que empapaba las impetuosas expectativas nacionalistas de finales de marzo en su reportaje sobre «El día del pueblo alemán»:

> Lo que está teniendo lugar hoy en día en Alemania es la lucha no sólo por la renovación de la idea del Estado, sino también por la remodelación del alma alemana. [...] El pueblo alemán se ha liberado de la pesadilla que llevaba tantos años gravitando sobre él, y ha emprendido el camino hacia una nueva y, eso espero, bendita época. [...] Quiera el cielo que el 21 de marzo sea el día del comienzo de la unida e indivisible comunidad libre del pueblo alemán que abarcará a todos los sectores populares de buena voluntad y estará basada en unos cimientos cristianos, nacionales y sociales.[18]

En cuestión de días se plantaron «robles de Hitler» y «tilos de Hitler» —árboles que, en su condición de antiguos símbolos paganos, hacía tiempo que habían quedado incorporados a las liturgias nacionalistas en Alemania— en centenares de pueblos y aldeas. Las comunidades competían en la efusividad de sus alabanzas, ya que se lanzaban a hacer a toda prisa ciudadano honorario a Hitler, o como en Bochum, en el Ruhr, donde una súplica declaraba que «el príncipe Bismarck forjó la unidad del Reich, y Adolf Hitler está forjando la unidad de la nación, haciendo de ella un pueblo unido».[19] La concesión de la ciudadanía honoraria a Hitler y también a Hindenburg, un fenómeno que recorría el país de punta a punta, se concebía como un modo de simbolizar la unidad de la vieja y la nueva Alemania, que era lo que se había destacado en Potsdam. La necesidad de optar entre Hitler y Hindenburg, necesidad a la que se habían enfrentado los votantes en la primavera de 1932, quedaba ahora disuelta en una armónica unidad. La gestión de la escenografía del «Día de Potsdam»

17. GStA, MA 106677, RPvOF/MF, 7 de marzo de 1933; y véase también GStA, MA 106672, RPvNB/OP, 5 de abril de 1933.
18. *Miesbacher Anzeiger*, 22 de marzo de 1933.
19. Citado en J. V. Wagner, *Hakenkreuz über Bochum*, Bochum, 1983, págs. 219-220.

explotó con brillante éxito la autoridad y el carisma del venerado presidente del Reich con el fin de favorecer los intereses de los nuevos gobernantes nazis. En especial durante los primeros meses del régimen, se hacía constantemente hincapié en el mutuo respeto y admiración que se profesaban el canciller y el presidente del Reich. Ya durante la campaña electoral, el NSDAP había impreso carteles que mostraban al venerable presidente del Reich y al «juvenil» y dinámico canciller posando en pie juntos bajo el lema: «El mariscal y el cabo: lucha con nosotros por la paz y la igualdad de derechos».[20]

La deliberada asociación de lo viejo y lo nuevo, de la autoridad tradicional de Hindenburg y del plebiscitario mandato de Hitler, era obvia. No hay duda de que esa propaganda contribuyó a traspasar a Hitler parte de la confianza que se tenía en Hindenburg como encarnación de los valores alemanes. La obediencia exageradamente humilde de Hitler ante el anciano mariscal de campo, así como la «bendición» de la «nueva Alemania» encarnada en el canciller, «bendición» que se había escenificado en la iglesia de la guarnición de Potsdam ante la tumba de Federico el Grande y que había recibido una enorme cobertura en la prensa y los noticiarios cinematográficos, fue en este sentido una obra de arte de la propaganda de sugestión. Sin embargo, y a pesar de que Hindenburg siguió incluido entre las imágenes nazis hasta su muerte en 1934, no existe ninguna duda de que el héroe que pretendían realizar los expertos en imagen no era el viejo presidente del Reich, que durante más de siete años había representado a la odiada República, sino el «canciller del pueblo», Hitler, cuya estrella se encontraba en claro ascenso. Y tras la promulgación de la ley de capacitación, el 24 de marzo de 1933, su dominio como canciller, no dependiente ya de los poderes que permitían al presidente dictar «decretos de emergencia», quedó también garantizada por las instituciones.

Para la mayoría de la población, la euforia nacional de las semanas posteriores a las elecciones de marzo, euforia que se centraba en Hitler (y en mucho menor medida en Hindenburg), no se vio oscurecida por ninguna preocupación debida a la simultánea ola de represión y terror dirigida contra quienes no deseaban pertenecer a la nueva «comuni-

20. Véase H. Huber y A. Müller (comps.), *Das Dritte Reich. Seine Geschichte in Texten, Bildern und Dokumenten*, 2 vols., Munich/Viena/Basilea, 1964, i. 125; y F. V. Grunfeld, *The Hitler File*, Londres, 1974, pág. 158.

dad del pueblo». Los arrestos en masa de comunistas y demás «enemigos del Estado», arrestos que tuvieron lugar en marzo en toda Alemania, suscitaron la misma aprobación popular que los anteriores ataques a la izquierda en Prusia y que las draconianas medidas que siguieron al incendio del Reichstag. No hay motivos para dudar de que un informe proveniente de la Baja Baviera reflejase con exactitud la opinión de la mayoría de la población, y no sólo en esa región, cuando levantaba acta de la satisfacción que sentía el pueblo por el hecho de que «los agitadores comunistas hayan sido reducidos en su mayoría a la impotencia».[21] Pese a que en Baviera la nueva administración del Estado se sintiera obligada a acallar los rumores que señalaban que se habían producido arbitrarias detenciones en masa, y a señalar que se trataba únicamente de ex funcionarios del KPD, o *Reichsbanner*, que habían sido puestos en situación de «detención preventiva», extendió la red coercitiva mediante un llamamiento a la «colaboración ciudadana» y requiriendo —en relación con la «ley de prácticas delictivas» del 21 de marzo de 1933— que «todo camarada del pueblo que se preocupe por la nación [...] informe a la gendarmería responsable de cualquier ofensa al gobierno del Reich o de cualquier degradación de la revolución nacional».[22] Esta abierta invitación fue ávidamente aceptada y generó una ola de denuncias —criticada por sus dimensiones incluso por las propias autoridades policiales— realizadas por un gran número de ciudadanos ordinarios y con frecuencia originadas en rencores personales hacia un vecino o un compañero de trabajo.[23]

La atmósfera de intimidación y vigilancia para no hacer descuidadamente una observación que pudiesen captar unos oídos curiosos contribuyó en gran medida, como es natural, a una drástica reducción de los

21. GStA, MA 106672, RPvNB/OP, 5 de abril de 1933; véase también GStA, MA 106682, RPvS, 22 de marzo de 1933.

22. *Miesbacher Anzeiger*, 24 de marzo de 1933.

23. Véase GStA, MA 106682, RPvS, 6 de abril de 1933; GStA, MA 106680, RPvUF, 20 de abril de 1933. Sobre la significación social y política de la denuncia, véase M. Broszat, «Politische Denunziationen in der NS-Zeit», *Archivalische Zeitschrift*, lxxiii, 1977, págs. 221-238; y R. Mann, «Politische Penetration und gesellschaftliche Reaktion. Anzeigen zur Gestapo im nationalsozialistischen Deutschland», en R. Mackensen y F. Sagebiel (comps.), *Soziologische Analysen. Referate aus den Veranstaltungen der Sektionen der Deutschen Gesellschaft für Soziologie beim 19. Deutschen Soziologentag*, Berlín, 1979, págs. 965-985. La denuncia es también la preocupación central de un estudio realizado por el profesor Robert Gellately, Huron College, Londres, Ontario.

comentarios negativos sobre Hitler, que ahora eran castigados con particular severidad por los nuevos «tribunales especiales» instituidos para dictaminar con rapidez en los casos de ofensa política. La censura de prensa y la amenaza de coerción que se cernía sobre la abierta expresión de la opinión disidente significaba de hecho que, en lo sucesivo, la única imagen pública de Hitler que iba a permanecer era la difundida por Goebbels, Dietrich y otros proveedores de propaganda oficial. Los comentarios contra Hitler quedaban ahora relegados a la clandestinidad, y en su mayor parte sólo podían hallar expresión en los panfletos ilegales de la oposición antinazi, en las pintadas precipitadamente garabateadas, y en los imprudentes comentarios de las lenguas desatadas por el alcohol.

Las celebraciones por el cuadragésimo cuarto cumpleaños del *führer*, el 20 de abril de 1933, unas celebraciones que ya superaban con mucho cualquier «normal» homenaje a un jefe de gobierno, muestran lo lejos que había llegado el culto a la personalidad en tan corto período de tiempo. Las calles y plazas de prácticamente todos los pueblos y ciudades alemanas se veían adornadas con los signos externos de la adulación y la pública aclamación del «canciller del pueblo». Pese a que la maquinaria propagandística se había superado a sí misma, era evidente que lo que hacía era fomentar en amplios sectores de la población una extendida y previa propensión a aceptar al menos algunos elementos del creciente culto a Hitler. Goebbels no dudó en establecer paralelismos con Bismarck. Otros de los que felicitaban el cumpleaños al *führer* llegaron incluso más lejos. Y dado que sus logros eran los de alguien que había sido anteriormente denigrado como mero «pregonero» y agitador, como alguien que «no era un hombre de Estado», aún tenían mayor mérito, ya que habían sido alcanzados «únicamente por efecto del total compromiso de su personalidad».[24]

La ola de aclamación a Hitler resultaba contagiosa. Y no sólo servía para reforzar la devoción de los ya conversos, sino también para aislar a los reticentes y a los titubeantes, haciendo que se sintiesen ajenos a una sociedad en la que la norma venía dada por una adulación puesta en boca de millones de personas. Los reportajes de los periódicos —aún no plenamente «coordinados» en cuanto al trato dispensado al *führer*— trans-

---

24. *Völkischer Beobachter*, edición del norte de Alemania, 21 de abril de 1933; véase también Bramsted, págs. 204-206.

mitían la misma impresión. El *Völkischer Beobachter*, que ahora veía crecer rápidamente su número de lectores, proclamaba: «La nación rinde tributo al *führer*. Todo el pueblo alemán celebra el cumpleaños de Adolf Hitler con decorosas y modestas ceremonias. Todos los pueblos y ciudades realizan despliegues sin precedentes de banderas, servicios religiosos, procesiones de antorchas y desfiles. Son incontables las muestras de lealtad al canciller del pueblo…».[25] El burgués *Münchner Neueste Nachrichten*, que ahora daba naturalmente más muestras de simpatía hacia el nacionalsocialismo de las que había dado antes de 1933, interpretaba también las dimensiones de las manifestaciones como una prueba clara de lo mucho que Hitler merecía el «timbre de honor» de «canciller del pueblo». No era preciso realizar grandes hazañas propagandísticas o de organización, afirmaba el periódico, para lograr que gentes de todos los rincones del Reich se congregasen en tan numerosa participación, y concluía:

> Con una concordia difícilmente imaginable hace unas pocas semanas, el pueblo declara su lealtad a Adolf Hitler como líder de la nueva Alemania. […] En resumen: la participación entusiasta en el día de honra personal al canciller nos ha proporcionado la prueba de que Adolf Hitler es reconocido como *führer* en la conciencia del pueblo entero, y de que el corazón de Alemania le pertenece.[26]

El «Día de Hitler» se desarrolló en Baviera de forma muy similar a la del resto de Alemania, como una «jubilosa celebración popular». Banderas y plantas engalanaban las casas, incluso en los pequeños pueblos. En el centro de la ciudad de Munich, los escaparates exhibían fotografías y bustos de Hitler adornados con guirnaldas de flores y coronas de laurel, las casas estaban profusamente decoradas, los tranvías portaban festivos banderines y grandes multitudes se agolpaban con expectación en cualquier lugar en el que pensaran que podrían tener siquiera una fugaz visión de Hitler, quien, sin embargo, en un alarde de falsa modestia, pasó el día en su apartamento privado. La extraordinaria retórica utilizada por los oradores nazis para elogiar a Hitler, una retórica que forzaba ya los límites de los superlativos —como puede apreciarse en el siguiente

25. *Völkischer Beobachter*, edición del norte de Alemania, 21 de abril de 1933.
26. *Münchner Neueste Nachrichten*, 21 de abril de 1933. Tanto el siguiente párrafo como la siguiente cita se basan igualmente en el mismo reportaje.

pasaje extraído de un discurso del ministro bávaro de Educación, Hans Schemm—, sólo pudo haber desempeñado su función propagandística apelando a sentimientos ya presentes en los receptores del mensaje, un mensaje que prácticamente equivalía a la expresión de una «fe secular» depositada en la persona de Hitler:

> Sólo si establecemos un paralelismo entre los acontecimientos históricos contemporáneos y la totalidad de la historia alemana podremos saber lo que significa el nombre de Hitler. Si examinamos hoy el rostro de Alemania, observamos que otro maestro de obras la respalda, un hombre que ha extraído lo más hermoso del alma alemana. [...] Él ha creado un nuevo rostro de Alemania, como el artista y maestro de obras que es y que el Señor Nuestro Dios nos ha enviado. Si abrazamos los acontecimientos de los últimos dos mil años, entonces hemos de llegar a la conclusión de que sólo ahora se ha encontrado la forma final. Tener la oportunidad de ser el albañil de Adolf Hitler, su carpintero o el más humilde de sus jornaleros es un don del cielo. En la personalidad de Adolf Hitler, el anhelo de una grey compuesta por un millón de alemanes se ha hecho realidad.

Los artífices del culto al *führer* reconocían que un exceso de énfasis en las alocuciones públicas y en los reportajes de prensa sobre el polifacético «genio» de Hitler —en abril de 1933 se le presentaba también como el «mayor experto» en escenografía y teatro, además de como «el más grande maestro de obras y arquitecto de Alemania»—[27] entrañaba el peligro de restar importancia a las «cualidades humanas» del «canciller del pueblo». La compensación se proporcionaba a través de la imagen de lealtad y compasión que mostraba el patetismo destilado por el reportaje de una visita a la cabecera de la cama de un agonizante «viejo combatiente» del movimiento, a quien el *führer* habló «lleno de paternal ternura y benevolencia», despidiéndose con «un largo y sentido apretón de manos».[28] Goebbels relató el incidente en su discurso de aniversario, destacando lo familiarizados que estaban con las «cualidades humanas» de Hitler sus más próximos camaradas, pese a que, por el momento, fuesen menos conocidas para los millones de nuevos admiradores que tenía. Hitler no sólo era el símbolo de sus futuras esperanzas: su auténtica grandeza residía en la simplicidad de su personalidad. Goebbels terminó

27. *Ibid.*, 21 de abril de 1933.
28. *Völkischer Beobachter*, edición del norte de Alemania, 21 de abril de 1933.

con un enfermizo tono sentimental que apelaba a un banal sentimiento de íntima identidad entre el líder y sus seguidores, acuñando así lo que habría de constituir el sello distintivo de su panegírico de cumpleaños en los años venideros: «Nos ponemos a tu disposición y hacemos solemnes votos para que siempre seas para nosotros lo que hoy eres: "nuestro Hitler"».[29]

Hitler aún debía recorrer un largo camino antes de poder ganarse a la mayoría de quienes no le habían apoyado en marzo de 1933. Sin embargo, los festejos de cumpleaños de abril de 1933 constituían un paso en esa dirección. En las seis semanas que habían transcurrido desde las elecciones, la imagen de Hitler ya se había transformado de manera significativa. Ya no era el líder del partido que se oponía al Estado y que polarizaba la opinión, sino más bien —según la ahora más o menos homogénea propaganda del partido— el símbolo de la unidad del pueblo alemán, incluso para muchos que seguían viendo en el NSDAP un partido de intereses particularistas.

En el transcurso de los meses siguientes, el proceso por el que se eliminaban todas las posibles fuentes alternativas de lealtad política que pudiesen oponerse a la lealtad a Hitler dio pasos importantes. La disolución de los restantes partidos anuló toda posibilidad subsistente de organizar una abierta lealtad contraria. Este hecho halló expresión simbólica en la generalización del «saludo Hitler» del Partido Nazi, generalización que lo convirtió, cada vez más, en el saludo habitual de todos los alemanes. El simple, pero constante, uso del «Heil Hitler» se convirtió en la demostración externa de apoyo al régimen —ya fuese pronunciado libremente, con resignación o bajo coacción—, mientras que negarse a utilizarlo era una clara señal de disconformidad política. El «saludo alemán», como ahora se lo llamaba, era a un tiempo propaganda y coerción: cualquiera que no quisiese ser considerado como un elemento políticamente ajeno, con todas las consecuencias que de ello podían derivarse, estaba dispuesto a proferir al menos un desganado «Heil Hitler». Y el bosque de brazos en alto de todos los grandes mítines constituía un impresionante testimonio visible de la profesada unidad entre el líder y el pueblo.

El uso obligatorio del «saludo alemán» para todos los empleados públicos fue la consecuencia de una normativa dictada por el ministro

---

29. Citado en Bramsted, pág. 206.

del Interior del Reich, Frick, el 13 de julio de 1933, un día antes de la prohibición de todos los partidos no nazis, y se proponía expresar «de forma manifiesta la solidaridad de todo el pueblo alemán con su líder». El decreto que acompañaba a la medida, y que no sólo imponía el «saludo Hitler» a los no miembros del partido cuando se entonaba el himno nacional y la canción de *La bandera en alto*, conllevaba la apenas velada amenaza de que «cualquiera que no desease hallarse bajo la sospecha de estar conscientemente comportándose de forma negativa tendría por tanto que dar el saludo Hitler». Ni siquiera la discapacidad física constituía una excusa. Una cláusula adicional al decreto, incorporada quince días después, estipulaba que si la discapacidad física impedía levantar el brazo derecho, ¡«entonces es correcto realizar el saludo con el brazo izquierdo»![30]

Otra indicación externa del crecimiento del mito de Hitler era el constante flujo de «peregrinos» que se dirigían al Berghof, cerca de Berchtesgaden, con la esperanza de captar siquiera una fugaz visión del *führer*. «El Obersalzberg se ha convertido en una especie de lugar de peregrinación», señalaba un informe. «El área que rodea la casa Wachenfeld se halla constantemente ocupada por admiradores de ambos sexos. Incluso cuando camina por lugares apartados, el canciller del Reich se ve perseguido por una multitud de admiradores intrusos y personas curiosas.»[31]

Los informes de los presidentes del gobierno bávaro —que por su periodicidad y amplitud no tienen equivalente para este período en ninguna otra parte del Reich— indican de forma unánime que entre los meses de abril y septiembre de 1933 se produjeron avances notables en el respaldo a Hitler y al régimen nazi, incluso entre aquellos que previamente habían sido hostiles, o tibios en el mejor de los casos, hacia ellos. En septiembre, el primer mitin del partido desde la «toma del poder» dio a Hitler una magnífica oportunidad para elogiar los logros del nacionalsocialismo —y en especial los suyos propios—.[32] Sin embargo, ni la retórica

30. BAK, R43II/1263, Fos. 93, 164.
31. GStA, MA 106670, RPvOB, 19 de agosto de 1933. Según los informes de que disponía el Sopade a mediados de 1934, había quien arrancaba trozos de madera de la valla del jardín de la casa de Hitler en el Obersalzberg «como reliquias», y una mujer llegó incluso a recoger la tierra que Hitler había pisado cuando se dirigía caminando hasta su casa; *DBS*, i. 101, 26 de junio de 1934.
32. Domarus, págs. 296-299.

ni la coerción habrían sido demasiado efectivas en el proceso de construcción de la imagen de Hitler de no haber sido por lo que ya entonces parecían constituir éxitos notables del gobierno del Reich. El sentimiento de que el gobierno estaba combatiendo con energía los grandes problemas del desempleo, el endeudamiento y la pobreza, así como los primeros signos perceptibles de mejora en estos ámbitos, dio pábulo a nuevas esperanzas y granjeó a Hitler y a su gobierno una estatura y un prestigio crecientes.[33] Lo que contribuyó a la configuración del mito de Hitler durante esa época fue la recientemente adquirida y progresiva confianza en la economía y no las auténticas mejoras —que al principio fueron bastante modestas—. El «sencillo» lenguaje utilizado por los editores de los pequeños periódicos nazis de provincias también desempeñó su papel, ya que atribuyó —con un legendario exceso de simplificación— cualquier signo de mejoría y de cambio en la localidad a la grandeza de Hitler, como se aprecia en el siguiente extracto publicado en un pequeño periódico de Suabia a principios de septiembre de 1933:

> Uno ha dejado ya de ir contando por ahí lo que sucede por efecto de la pura maravilla y del asombro ante todo lo que nuestro Hitler está haciendo. [...] Tan pronto como este hombre ha tomado la historia en sus manos, las cosas marchan. [...] Desde que Hitler se ha puesto a trabajar, hay trabajo. Por fin se están produciendo cambios. Sin embargo, lo mejor es que todo el mundo está contribuyendo a crear puestos laborales. Así es como debe ser. Así es como saldremos del atolladero. Basta con echar un vistazo a nuestra plaza de Adolf Hitler. Hay tal ruido de obras, tal martilleo y golpeteo que es una delicia. Lo diré una y otra vez. No salgo de mi asombro. ¿Quién podría haber supuesto que Günzburg tendría un puerto en el Danubio? Ni un alma, se lo digo yo. ¡Ja! Miren el nuevo puente del ferrocarril. Esto es lo que yo llamo una economía del pueblo...[34]

33.  Por ejemplo, GStA, MA 106670, RPvOB, 20 de abril de 1933, 4 de mayo de 1933, 5 de agosto de 1933; MA 106672, RPvNB/OP, 5 de abril de 1933, 6 de junio de 1933, 7 de agosto de 1933; MA 106677, RpvOF/MF, 20 de abril de 1933, 20 de septiembre de 1933, 6 de octubre de 1933; MA 106680, RPvUF, 20 de abril de 1933, 6 de mayo de 1933, 21 de julio de 1933, 18 de agosto de 1933, 6 de septiembre de 1933; MA 106682, RPvS, 6 de abril de 1933, 22 de abril de 1933, 7 de junio de 1933, 3 de agosto de 1933, 19 de agosto de 1933.

34.  *Schwäbisches Volksblatt*, 9 de septiembre de 1933. Agradezco esta referencia al doctor Zdenek Zofka.

No se menciona que el puente del ferrocarril ya había comenzado a construirse en 1932, antes de que Hitler llegase al poder. Y las buenas gentes de la población de Günzburg no podían saber que el pueblo, pese a todas las habladurías existentes al respecto en 1933, no iba a conseguir su puerto sobre el Danubio. Lo más importante era el sentimiento de que las cosas estaban mejorando de nuevo. Y la mentalidad popular se prestaba a los objetivos de la propaganda al personalizar los cambios perceptibles en el ambiente y atribuírselos a Hitler.

La retirada de Alemania de la Liga de las Naciones en octubre de 1933 y el posterior referéndum y primera elección plebiscitaria al Reichstag fijados para el 12 de noviembre señalaron el comienzo de una nueva etapa en la elaboración del prestigio de Hitler. En esta ocasión, el NSDAP era, por supuesto, el único partido en campaña, y concurría con una lista única de candidatos («la Lista del *führer*»). Pese a que las «elecciones» estaban encaminadas a la aprobación y a la legitimación de las políticas y los logros del gobierno en su conjunto, el tono de la campaña de propaganda que las acompañaba iba casi exclusivamente dirigido a garantizar la necesaria muestra de lealtad a la persona de Hitler. Incluso la prensa no nazi se refería ahora a Hitler llamándole, cada vez más y a intervalos regulares, «el *führer*», mientras que el apelativo de «canciller del pueblo» se producía ahora con mucha menor frecuencia.

La prensa nazi siempre hallaba nuevas formas de alabar los logros de Hitler, por muy incompletos que fuesen aún. El propio Hitler marcó la pauta en su discurso en Weimar del 1 de noviembre, discurso en el que dijo que había pedido cuatro años para librar a Alemania de sus seis millones de desempleados y que, en el breve espacio de nueve meses, había proporcionado ya «trabajo y pan» a dos millones y medio de parados.[35] Una audiencia compuesta, según se afirma, por 15.000 granjeros interrumpía constantemente al dirigente campesino del Reich, Darré, con «atronadores aplausos», cuando, en un discurso pronunciado en Munich, comparó el miserable estado de la agricultura de la época de la «toma del poder» con los pujantes logros ulteriores del *führer*. La lección para todo campesino, señalaba Darré, consistía claramente en que su suerte «crece y declina con Adolf Hitler». Las obras públicas y los programas de creación de empleo eran en esta época los más eficaces temas propagandísticos de los nazis, y, aquí también, todo el prestigio iba a parar en

35. *Münchner Neueste Nachrichten*, 3 de noviembre de 1933.

primera instancia a Hitler, que era quien había «puesto en marcha el enérgico programa del Reich».[36]

A pesar de la obvia falta de libertad que acompañó a las «elecciones», unas «elecciones» que no ofrecían alternativa alguna a la política nazi y que no garantizaban el secreto ante la urna electoral, el resultado —90 % en el plebiscito, 87,8 % en las «elecciones al Reichstag»—[37] fue un innegable éxito para Hitler. También para el mundo exterior constituyó una pública manifestación del amplio respaldo de que disfrutaba Hitler en Alemania. Quienes se opusieron, o quienes albergaban dudas y se habían atrevido a mantenerse al margen de los comicios o a votar «*Nein*», quedaron señalados como una minúscula minoría. ¡El hecho de que los internados en el campo de concentración de Dachau —que por lo general no destacaban por ser un bastión de apoyo a los nazis— emitieran un voto afirmativo del 99,5 % en el plebiscito muestra hasta qué punto fueron auténticos los resultados![38] No obstante, a pesar de la descabellada naturaleza de las cifras oficiales de voto, resulta difícil dudar de que en noviembre de 1933 —y sobre todo en las cuestiones de defensa y de política exterior que principalmente se dirimían en el plebiscito— Hitler disfrutaba de un sólido respaldo que superaba el nivel de apoyo que había recibido en las anteriores elecciones de marzo de ese mismo año. Pese a que la mayoría de los alemanes considerasen cómicos o nauseabundos los excesos del culto a Hitler, ahora estaban dispuestos a aceptar que no era un político ordinario: por encima de todo, era difícil pasar por alto sus «logros».

Nada menos que el propio y viejo presidente del Reich confirmó este extremo en el aniversario de la designación de Hitler a la cancillería mediante una carta pública en la que expresaba su «sincero reconocimiento» por el «abnegado trabajo» y los «grandes logros» de Hitler:

> Son muchas las cosas que han sucedido en este último año en relación con la eliminación de la angustia económica y con la recomposición de la patria, y se han realizado grandes progresos. [...] Confío en que durante el

36. *Ibid.*, 6 de noviembre de 1933.

37. Véase BAK, R18/5350, Fo. 83, y, para las investigaciones relacionadas con las quejas por irregularidades electorales, Fos. 95-104, 107-122. Véase también M. Broszat, *The Hitler State*, Londres, 1981, págs. 91-92. Puede encontrarse un pormenorizado análisis en K. D. Bracher, G. Schulz y W. Sauer, *Die nationalsozialistische Machtergreifung*, edición Ullstein, Frankfurt del Main, 1974, i. 480 y sigs.

38. *Münchner Neueste Nachrichten*, 13 de noviembre de 1933.

año próximo, usted y sus camaradas trabajadores habrán de continuar con éxito, y con la ayuda de Dios culminarán la gran tarea de reconstrucción alemana que ha comenzado usted de forma tan enérgica, sobre la base de la nueva unidad del pueblo alemán felizmente alcanzada.[39]

Durante el verano y el otoño, Hitler también se había mostrado dispuesto a detener el «fervor revolucionario», así como las violentas y arbitrarias acciones de los activistas del partido y de los grupos vandálicos que habían caracterizado la fase de la «toma del poder», concentrando las energías del movimiento por cauces «evolutivos».[40] Esto barrió las reservas de muchos de los que se sentían cada vez más dispuestos a aceptar la autoridad del *führer* pese a seguir manteniendo una actitud crítica hacia el partido y sus afiliados, ya que contribuyó a que se negaran a identificar a Hitler con los desmanes de los activistas del partido.

Al llegar por segunda vez desde la «toma del poder» las celebraciones por el cumpleaños de Hitler, el culto al *führer* quedó establecido con relativa firmeza. No obstante, la atmósfera de los festejos populares de 1933 había dado paso en 1934 al conjuro de un ídolo totémico. Los periódicos publicaron el panegírico del jefe de prensa del Reich, el doctor Otto Dietrich. Pero las alabanzas de Dietrich eran una colección de estereotipos inspirados en lugares comunes: la creación de «trabajo y pan» y el «giro experimentado por el destino del pueblo alemán» se atribuían únicamente a Hitler, que «ha surgido del pueblo, y aún hoy sigue presente entre el pueblo».[41]

El panegírico tenía una hueca resonancia para las muchas personas que aún no habían visto ninguno de los grandes beneficios del Tercer Reich que la propaganda nazi proclamaba a diario. Durante el invierno de 1933 a 1934, se había vuelto obvio para amplios sectores de la población que las mejoras sociales y económicas que de hecho se habían producido difícilmente podían corresponderse con las grandes proclamas que estaban haciendo los nazis. El avance del «milagro económico» nazi seguía siendo extremadamente limitado, un hecho que para muchos se hallaba estrechamente ligado con los primeros disgustos relacionados con las incumplidas promesas realizadas antes de la «toma del poder».

39. *Ibid.*, 30 de enero de 1934.
40. Véase Broszat, *The Hitler State*, págs. 204 y sigs.
41. *Völkischer Beobachter*, edición del norte de Alemania, 20 de abril de 1934.

El entusiasmo del verano de 1933 respecto de las perspectivas de la economía se había difuminado. Entre los campesinos, algunos sectores de la clase media-baja y, lo que no es menos importante, entre los trabajadores industriales y los millones de personas que aún seguían desempleadas, crecía el sentimiento de que la realidad económica del Tercer Reich guardaba escasa relación con su propaganda.

Los informes provenientes de todos los lugares del Reich testimoniaban un significativo deterioro del estado de ánimo —lo que sin duda contribuyó al más contenido tono de las celebraciones del cumpleaños del *führer*— durante la primera mitad de 1934.[42] Esto no dejó de producir efectos en las actitudes hacia el propio Hitler. Un informe del Sopade de la primavera de 1934 referente al sudoeste de Alemania notificaba que «las críticas ya no se detienen en Hitler». Otro informe, éste de Sajonia, declaraba que el estado de ánimo también se ponía en contra «del *führer*, cuya artificial glorificación empieza a decaer». Y el agente de Berlín estaba de acuerdo, ya que sostenía que a pesar de que las críticas vertidas hasta unas cuatro semanas antes habían apuntado en la dirección de que Hitler tenía buenas intenciones pero malos consejeros, ahora también él estaba empezando a sufrir los ataques, cosa que se producía igualmente en los campamentos del Servicio de Trabajo y en el interior de las SA, donde se iba percibiendo gradualmente «que Hitler no quiere ningún socialismo».[43] Los analistas del Sopade reconocían, sin embargo, que sus informes no eran coincidentes. Otros de los informes recibidos seguían señalando una extraordinaria adulación popular hacia Hitler, adulación que alcanzaba a las clases trabajadoras.[44] Según un informador de Berlín, Hitler disfrutaba de la reputación de tener buenas intenciones, y se decía que no podía evitar la mala administración de sus subordinados. Este mismo informe aceptaba que esta actitud sólo en parte resultaba de la «sistemática propaganda sobre el *führer*». También debía atribuirse al indudable impacto de la personalidad de Hitler sobre la «gente corrien-

---

42. Véanse los informes de las oficinas que tenía distribuidas por toda Prusia la Gestapo, en particular los apartados relativos a la economía, de febrero y abril de 1934, en ZStA Potsdam, RMdI 25721, 26060. Y para Baviera, véase Kershaw, *Popular Opinion*, págs. 46 y sigs., 75 y sigs., 120 y sigs. Véase también *DBS*, i. 9-14, 99-122, informes del 17 de mayo de 1934 y del 26 de junio de 1934.

43. *DBS*, i. 101-102, 26 de junio de 1934.

44. *Ibid.*, i. 100-101, 26 de junio de 1934.

te», y a que «Hitler aún inspira una gran confianza personal, en particular entre los trabajadores».[45]

Tal como sugieren estos comentarios, el persistente descontento respecto de las condiciones económicas y sociales —gran parte del cual era expresado, presumiblemente, y no sólo entre la clase trabajadora, por aquellos que nunca habían sido completamente seducidos por el nazismo— era perfectamente compatible con el reconocimiento de otros «logros» del régimen, en particular el de los atribuidos al propio Hitler. Las quejas cotidianas estaban basadas en la insatisfacción material, y pese a ser importantes en lo referente a la formación de las actitudes populares, en modo alguno significaban necesariamente un rechazo total hacia el nazismo o hacia el *führer*, quien, en cierto sentido, se mantenía por encima y al margen del «sistema», alejado de la «cotidiana» esfera de deprimente «normalidad».[46] Pese a que de ningún modo puede decirse que saliera indemne del creciente descontento económico, parece claro que el el mito de Hitler era capaz de trascender las diarias preocupaciones materiales y operar como un mecanismo de compensación. Pese a que la euforia desatada por un discurso de Hitler o por algún destacado éxito en la política exterior era de corta duración y enseguida daba nuevamente paso a la gris condición de la vida diaria, había un persistente sentimiento residual, evidentemente compartido por muchos, de que, fueran cuales fuesen las dificultades y preocupaciones pasajeras, el *führer* controlaba la situación y conocía el camino que debía seguir para propiciar mejores tiempos. Era por consiguiente incuestionable que el mito de Hitler desempeñaba una crucial función estabilizadora e integradora en el seno del sistema nazi, ya que desactivaba el descontento y ofrecía una esfera de política «nacional» y de interés «nacional» que resultaba exterior a la normalidad de la «vida diaria», una función que lograba que incluso los críticos del régimen apoyasen las líneas maestras del gobierno nazi.

Sobre todo entre las personas políticamente ingenuas y en situación de estrechez económica, las «legendarias» cualidades de la imagen de

---

45. *Ibid.*, i. 10-11, 17 de mayo de 1934. Véase también L. Eiber, *Arbeiter unter der NS-Herrschaft. Textil-und Porzellanarbeiter im nordöstlichen Oberfranken 1933-1939*, Munich, 1979, pág. 110; y T. W. Mason, *Arbeiterklasse und Volksgemeinschaft*, Opladen, 1975, págs. 123, 149, n. 233.

46. He desarrollado este punto con mayor extensión en mi ensayo «Alltägliches und Ausseralltägliches: ihre Bedeutung für die Volksmeinung 1933-1939», en Peukert y Reulecke, págs. 273-292.

Hitler quedaban claramente de manifiesto en la con frecuencia simple atribución a la persona del *führer* de cualquier beneficio social que se percibiese que había producido el régimen. Puede apreciarse una característica expresión de este hecho en el informe realizado en el otoño de 1935 por un dirigente de barrio de Mühldorf del Inn, en la Alta Baviera, en el que se relataba la distribución de la ayuda invernal entre los habitantes pobres de su zona.[47] Se había visto sorprendido y animado, escribía, al apreciar la respuesta completamente inesperada que había encontrado en los «más pobres entre los pobres» de su localidad, principalmente entre los desempleados, los pensionistas y las viudas. En particular, le habían impresionado los comentarios de un anciano pensionista:

> Había sido bien abastecido el invierno anterior por el servicio de ayuda invernal y cantaba las excelencias de la ayuda invernal, considerándola el logro más grande del *führer*. El anciano vivía en una habitación muy pobre, pero la fotografía del *führer* nos contemplaba desde las paredes, que, ennegrecidas por el humo, no habían visto una mano de pintura desde hacía mucho tiempo.

Una mujer contó a este dirigente nazi lo muy agradecida que estaba por el hecho de que, ahora, el Estado se preocupara realmente de los pobres. Otra mujer, al preguntársele si recibía o no ayuda invernal, respondió: «¿En *qué* está usted pensando? Desde que Hitler se ha encargado de todo, mi marido también ha tenido trabajo en invierno. Así que ahora podemos llegar a fin de mes. Desde luego, antes las cosas solían ser diferentes». La mujer de un antiguo comunista añadió:

> Al principio las cosas fueron difíciles, porque nosotros mismos sabíamos que éramos unos conocidos comunistas. Sin embargo, cuando uno ha estado en el paro durante cuatro años se vuelve radical. Ahora, mi marido lleva dos años trabajando en Töging. Fíjese, aquí tenemos la fotografía del *führer* colgada en nuestra antaño comunista casucha, y bajo esta fotografía le he enseñado a mi hija el Padrenuestro. Yo, que dejé la Iglesia en 1932. Todos los días ha de rezar un Padrenuestro por el *führer*, porque él nos ha devuelto el pan nuestro de cada día.

---

47. Las siguientes citas han sido tomadas de StAM, NSDAP 494. Me he referido a este informe en un contexto diferente en *Popular Opinion*, págs. 128-129.

Sean cuales sean los adornos —tanto por parte del dirigente del grupo nazi, como por parte de aquellos a quienes visitaba—, hay una resonancia de autenticidad en estos comentarios, lo que nuevamente refleja una tendencia que no es infrecuente en los sectores políticamente «poco sofisticados» de la población, tendencia que, en este caso, incita a estas gentes a personalizar sus sentimientos de gratitud mediante la atribución directa a Hitler, en calidad de autor y promotor, de cualquier beneficio social que el Tercer Reich les hubiese traído. Para los políticamente «legos», la distribución de la ayuda invernal y de otras formas de «bienestar social» desarrolladas por el partido como forma de «propaganda con los hechos», unos hechos invariablemente personalizados como «logros sociales del *führer*», era con frecuencia suficiente para persuadirles del mito de que «el *führer*, a diferencia del anterior gobierno marxista, se preocupa por los pobres».[48]

Durante el verano de 1934, dos acontecimientos contribuyeron decisivamente al ulterior desarrollo de la imagen del *führer*: la liquidación de la supuesta «conjura Röhm», y la fusión de los cargos de canciller y de presidente del Reich en la persona de Hitler tras la muerte de Hindenburg el 2 de agosto de 1934. Las notables reacciones populares a la sangrienta masacre, ordenada por el propio Hitler, de los líderes de las SA el 30 de junio de 1934, y que, lejos de dañar su prestigio personal, generó un marcado ascenso de su popularidad, serán objeto de examen en el próximo capítulo. El segundo impulso principal que recibió el desarrollo de la imagen de Hitler se produjo como consecuencia de la muerte de Hindenburg, ya que dio a la maquinaria propagandística una nueva oportunidad de explotar el gran prestigio del fallecido en interés del régimen nazi. Los reportajes de prensa escritos a raíz de la muerte y el funeral de Hindenburg le tildaban de «mito nacional del pueblo alemán», de «auténtico Ekkehart», de «monumental conmemoración del remoto pasado» cuyo mayor servicio había consistido en preparar el camino, el 30 de enero de 1933, para el «joven movimiento nacionalsocialista».[49]

Hitler podía permitirse ser generoso. La única persona que, sobre la base de su posición constitucional, podía haber ofrecido a las élites conservadoras una cierta capacidad como fuerza de contrapeso al liderazgo

---

48   IML/ZPA, St.3/44/1, Fo. 180, LB de Stapo Breslau, 4 de marzo de 1936.

49. *Münchner Neueste Nachrichten*, 3 de agosto de 1934; J. C. Fest, *Hitler, Eine Biographie*, edición Ullstein, Frankfurt del Main, 1976, pág. 651.

nazi, se había incorporado al Walhalla de los héroes nacionales y ya no representaba amenaza alguna. La rápida abolición posterior del cargo de presidente del Reich —«inseparablemente unido al nombre del gran hombre fallecido»—[50] y la jura de un voto de lealtad personal a Hitler por parte de los funcionarios y los soldados del Reichswehr fueron actos de una política de poder que implicaban un profundo significado simbólico. De este modo, el 4 de agosto, los titulares pudieron proclamar: «Hoy Hitler es toda Alemania».[51]

El plebiscito del 19 de agosto, convocado para legitimar los cambios producidos desde la muerte de Hindenburg, fue poco más que un acto ritual de aclamación de la autoridad de Hitler, ahora carente de límites en virtud de la Constitución. Fue el único de los cuatro plebiscitos nacionales del Tercer Reich que no fue convocado —a diferencia de los de 1933, 1936 y 1938— para la aclamación de un destacado triunfo de política exterior. En esta ocasión, supuso únicamente una muestra de confianza en Hitler. La campaña propagandística que precedió al plebiscito fue corta —lo que, de nuevo, era algo inusual— y constituyó un asunto de tono relativamente menor en el que el propio Hitler no participó. El tema de la campaña fue la necesidad de «probarnos de nuevo y de forma más entusiasta que nunca a nosotros mismos y al mundo la unión del líder y el pueblo». Se afirmaba que Hitler había unido a un pueblo dividido y que había despejado el camino hacia la libertad. Ahora era deber de todo alemán demostrar esta unidad en la lucha que el *führer* libraba por el Reich. La consigna era: «Hitler por Alemania – toda Alemania por Hitler».[52]

El resultado del plebiscito mostró que la unión del líder y el pueblo era menos completa de lo que los nazis habían esperado. Según las cifras oficiales, el 84,6 % había votado «*Ja*», pero en algunas zonas de Alemania —sobre todo en las zonas densamente pobladas por la clase trabajadora— un tercio de los votantes se había negado a dar su papeleta a Hitler.[53] Comparados con las votaciones de noviembre de 1933, la disminución

50. *Münchner Neueste Nachrichten*, 3 de agosto de 1934.
51. *Ibid.*, 4 de agosto de 1934.
52. *Ibid.*, 19 de agosto de 1934.
53. Para el descenso del voto afirmativo en comparación con los resultados de noviembre de 1933, véase BAK, R18/5355, «Die Volksabstimmungen am 12. November 1933 und 19. August 1934». Puede verse un análisis regional del resultado del plebiscito en Bracher y otros, *Die nat. Soz. Machtergreifung*, i. 486-498.

del voto afirmativo en estos comicios, que disgustó en gran medida a los nazis, era sin duda un reflejo del amplio descontento económico existente en 1934, unido a la creciente decepción con el Partido Nazi y sus representantes. Un informe proveniente de Aquisgrán señaló antes del plebiscito que algunos votantes tenían reservas respecto a apoyar con su papeleta al *führer* «porque podría ser considerado como un voto de confianza al gobierno y al partido del Reich». Y en una de las papeletas depositadas en Potsdam, el votante había garabateado encima: «Por Hitler, Sí, por sus jefazos, No».[54] Estos sentimientos señalaban la tendencia a separar a Hitler de la mancillada imagen de sus subordinados —un fenómeno que deberemos explorar en el próximo capítulo—.

A pesar de que el resultado del plebiscito, desde el punto de vista nazi, fue relativamente insatisfactorio, no hay duda de que la eliminación de los molestos líderes de las SA y el nuevo y acrecentado poder de Hitler tras la muerte de Hindenburg proporcionó un nuevo impulso al culto al *führer*. Una vez a sus espaldas los traumáticos acontecimientos del verano, Hitler podía ya dar rienda suelta a sus sentimientos de satisfacción, incluso de triunfo, en la reunión del partido en Nuremberg, en septiembre de 1934.

La gran fiesta del partido en Nuremberg, en 1934, fue, por encima de todo, un vehículo para la transmisión del culto al *führer*. Desde luego, el *führer* había sido el punto central de los debates en las anteriores reuniones. Sin embargo, ahora descollaba por encima del partido, que acudía a rendirle homenaje. La superlativa imagen de Hitler se elaboraba ahora de forma consciente. Bajo las órdenes expresas de Hitler, y trabajando en un título, *Triumph des Willens*, que el propio *führer* había ideado, la talentuda y joven directora cinematográfica Leni Riefenstahl, cuya adulación al *führer* nunca la llevó a solicitar la inclusión en el Partido Nazi, recibió el encargo de rodar la reunión del partido del Reich. De principio a fin, su película se concentró de forma tan exclusiva en Hitler, que incluso sus más próximos colaboradores permanecieron completamente oscurecidos por él, reducidos a la condición de extras cinematográficos.

54. *Volksopposition im Polizeistaat*, edición B. Vollmer, Stuttgart, 1957, pág. 74; IML/ZPA, St. 3/936, Fo. 17, RP Potsdam, 5 de septiembre de 1934. El Sopade pudo observar un estado de ánimo similar en una fecha algo anterior de ese mismo año entre los habitantes de las zonas rurales de Brandenburgo, que según se dice habían afirmado que en caso de celebrarse otro plebiscito escribirían en la papeleta: «Por Adolf Hitler, sí, pero mil veces no por los lameculos de los jefazos»; *DBS*, i. 11, informe del 17 de mayo de 1934.

Tras el agitado verano, la película pretendía demostrar fortaleza y unidad: la fortaleza de una voluntad decidida a superar todos los obstáculos y que en último término salía triunfante, y la unidad entre el partido y el pueblo en su lazo de lealtad al *führer*. La cinta estaba repleta de simbolismo desde su mismo comienzo, ya que el aeroplano de Hitler descendía de entre las nubes sobre Nuremberg, proyectando una silueta cruciforme sobre el desfile de tropas de asalto y los miles de personas que le esperaban con extasiada expectación en las calles que sobrevolaba. Lo que se ha llamado el «tono de insistente mesianismo», que empapa la película,[55] prosigue hasta alcanzar su clímax al final de la reunión, momento en el que la unión entre el líder, el partido y el pueblo queda místicamente proclamada por Rudolf Hess: «El partido es Hitler. Pero Hitler es Alemania, al igual que Alemania es Hitler. ¡Hitler! ¡Sieg Heil!».[56] La cinta llenó las salas cuando fue estrenada.[57] La sesión complementaria rodada por el Ministerio de la Propaganda del Reich afirmaba con claridad el mensaje que la película debía transmitir. Al subrayar la «sincera amabilidad» del *führer* cuando saludaba a las campesinas que se habían acercado a Nuremberg con sus vestidos tradicionales, así como su «varonil ardor» al pasar revista a las filas de los portaestandartes, la película mostraba «¡hasta qué punto pertenece esta nación al *führer*, y hasta qué punto pertenece a ella el *führer*! En cada mirada, en cada apretón de manos, se

55. D. J. Diephouse, «The Triumph of Hitler's Will», en J. Held (comp.), *The Cult of Power. Dictators in the Twentieth Century*, Nueva York, 1983, pág. 51.

56. Citado por D. Welch, *Propaganda and the German cinema, 1933-1945*, Oxford, 1983, pág. 157. Para un buen análisis de la película, véase *ibid.*, págs. 147-159. El culto a Hitler predominaba en la cinta *Triumph des Willens* en una medida considerablemente mayor que en la película que había hecho Leni Riefenstahl de la anterior reunión del partido en 1933, titulada *Sieg des Glaubens*. Esta primera película, que constituía en muchos aspectos una «maqueta» de *Triumph des Willens*, todavía permitía a los colaboradores de Hitler disfrutar de una parte del interés de los focos, lo que contrasta con lo sucedido en la película de 1934. En particular, Ernst Röhm tenía un papel destacado, lo que, según se sugiere, fue la razón por la que, supuestamente, Hitler habría ordenado destruir las copias de la cinta tras «la noche de los cuchillos largos» en 1934. De hecho, se presuponía hasta hace poco que no había sobrevivido ni una sola copia de la cinta; H. Hoffmann, «"Victory of Faith" (1933) by Leni Riefenstahl», trabajo inédito, págs. 5 y 15-16.

57. No obstante, según un informe proveniente de Berchtesgaden, los espectadores que acudieron a las salas de cine para ver *Triumph des Willens* cuando fue proyectada en Bad Reichenhall durante los tres primeros domingos de octubre de 1936 eran casi exclusivamente austríacos que cruzaban en gran número las fronteras recientemente abiertas en coches y bicicletas; StAM, LRA 29655, BA Berchtesgaden, 3 de noviembre de 1936.

aprecia, explícita, la confesión y el voto: "Pertenecemos a una misma nación, con eterna lealtad, a la misma nación"».[58] Estaba claro que quienes veían la cinta no estaban contemplando un documental sobre la reunión del partido del Reich, sino una exposición en celuloide del culto al *führer*.

En 1934 y 1935, el culto al *führer* también comenzó a determinar cada vez más la doctrina constitucional del Tercer Reich. Destacados expertos en derecho constitucional como Huber, Forsthoff y Koellreuther podían formular ahora sus inventadas doctrinas sobre el «Estado del *führer*», legitimando mediante místicas nociones sobre la encarnación de la voluntad del pueblo en la persona de Hitler la omnipotencia del *führer*, y reduciendo el gobierno a un mero organismo consultivo suyo.[59] Tal como habría de señalar el jefe de la Asociación de Abogados Nazis, Hans Frank, unos cuantos años después: «El derecho constitucional en el Tercer Reich es la formulación legal de la voluntad histórica del *führer*, pero la voluntad histórica del *führer* no supone la satisfacción de condiciones legales previas para su actividad».[60] El mito de Hitler, el culto a la personalidad que rodeaba al *führer*, había calado para entonces, desde hacía largo tiempo, en señalados sectores de la intelectualidad burguesa y las élites sociales, cuya contribución a su legitimación —basada en la posición social y en una supuesta «seriedad» intelectual— era considerable.

La decreciente moral de 1934, que era en buena medida consecuencia de las injusticias económicas y sociales, y que sin duda contribuyó a los «pobres» resultados del plebiscito de agosto, fue contrarrestada en los primeros meses de 1935 por dos grandes éxitos «nacionales»: el plebiscito del Saar en enero, con un inesperado buen resultado para el régimen nazi —el 90 % de la población del Saar votó por su integración en el Reich—; y la reintroducción, en marzo, del servicio militar universal —un claro desaire a los aliados occidentales por cuanto suponía quebrantar las disposiciones del Tratado de Versalles—, una decisión celebrada con un espectacular desfile como el nacimiento de una nueva «Wehrmacht» alemana. Los informes que llegaban a manos del Sopade señalaban en

58. Citado por Welch, pág. 151.
59. Véase *ibid*., pág. 146; *Der Nationalsozialismus. Dokumente 1933-1945*, edición de W. Hofer, Frankfurt del Main, 1957, págs. 82-83; *DBS*, v. 525-531.
60. Noakes y Pridham, pág. 254.

tono pesimista el impacto del plebiscito del Saar en el estado de ánimo popular en el interior de Alemania, y lo mucho que dificultaba el trabajo de la resistencia socialista a Hitler.[61] El efecto integrador de la reintroducción del reclutamiento militar, anunciada sin ninguna advertencia previa, como un espectacular golpe de efecto, resultó también deprimentemente obvio para los observadores del Sopade:

> Enorme entusiasmo el 17 de marzo. Todo Munich está a sus pies. Se puede obligar a la gente a cantar, pero no es posible obligarles a cantar con semejante entusiasmo. Yo he vivido los días de 1914, y sólo puedo decir que la declaración de guerra no tuvo en mí el mismo impacto que la aclamación a Hitler del 17 de marzo. [...] La confianza en el talento político de Hitler y en sus honestas intenciones está haciéndose incluso mayor, y del mismo modo, y en términos generales, Hitler ha vuelto a obtener una extraordinaria popularidad. Son muchos los que le aman...[62]

Un informe proveniente de Westfalia añadía que el éxito de Hitler en el Saar y el hecho de que, obviamente, pudiera rearmarse sin peligro le habían granjeado también las simpatías de la clase trabajadora. Incluso los antiguos seguidores comunistas, antes desempleados, pero en posesión ahora de buenos salarios en la industria armamentística, estaban dispuestos a defender el sistema con el argumento de que en este momento tenían al menos trabajo, añadiendo que «los otros no consiguieron eso».[63] Tanto el triunfo del Saar como la reintroducción del servicio militar, los primeros éxitos espectaculares en el ámbito de la política exterior, parecían confirmar que Hitler no sólo era capaz de devolver a Alemania su vitalidad interna, sino de conducirla a un nuevo reconocimiento y a la obtención de éxitos en los asuntos exteriores —borrando la «vergonzosa paz» de Versalles, y restaurando el honor alemán.

El restablecimiento de la fuerza militar, de un igual derecho al rearme y a la independencia, constituyó también el tema principal del panegírico de Otto Dietrich en el cumpleaños de Hitler en abril de 1935. El éxito en el plano de la política internacional aportaba ahora un nuevo atributo a la imagen de Hitler: el de «símbolo de la nación». Dietrich recapituló los primeros elementos principales del mito del *führer*: en 1933

61. *DBS*, ii. 9, 12-14, 6 de febrero de 1935.
62. *Ibid.*, ii. 9, 278-279, 14 de marzo de 1935.
63. *Ibid.*, ii. 9, 283, 14 de marzo de 1935.

se había hablado de Hitler como «combatiente por la unidad alemana y su creador», en 1934, era el «estadista y el arquitecto del nuevo Reich», y ahora, en 1935, era «el líder supremo de la nación», que, con «incomparable fuerza de resolución», había restaurado la libertad militar de Alemania. En tanto que «simple trabajador», Hitler había empezado por restablecer la «libertad social» de Alemania, y ahora el antiguo «mero soldado del frente» había recobrado, con un gran «logro militar», la «libertad nacional» alemana. El culto al *führer* alcanza su forma mística y heroica en la «prosa» de Dietrich:

> Tal como Adolf Hitler ha puesto en pie al pueblo alemán, conduciéndolo a una nueva vida mediante una lucha heroica, así también hallamos, esmaltando la propia andadura de su vida, el eterno renacer de la nación alemana. [...] Vemos en él el símbolo de la indestructible fuerza vital de la nación alemana, una fuerza que ha adquirido forma humana en Adolf Hitler...[64]

Goebbels añadió a esto, como ya hiciera en 1933, una imagen totalmente artificial de las cualidades humanas de Hitler, al objeto de presentar ante todos los alemanes, como corresponde hacer a quien se halla próximo al *führer*, a «Hitler, el hombre, con toda la magia de su personalidad».[65] Hitler, que verdaderamente era un maestro de las artes teatrales, era descrito como un hombre «a quien era imposible imaginar en una pose». Repetidamente, Goebbels destacaba su simplicidad y su modestia personal —sus «sencillas» comidas, y su «sencillo» uniforme decorado únicamente con la Cruz de Hierro de Primera Clase, condecoración que había ganado «como simple soldado por la más alta valentía personal»—.[66] Hitler, cuya «excéntrica» forma de trabajar contribuía significativamente al caos administrativo del Tercer Reich, era presentado como un hombre que trabajaba arduamente mientras los demás dormían, infatigable en su laboriosidad y esfuerzo. Y con particular patetismo, Goebbels trazaba los perfiles de intensa soledad y tristeza de un hombre que había sacrificado por su pueblo toda felicidad personal y toda vida

---

64. *Völkischer Beobachter*, edición del norte de Alemania, 20 de abril de 1935.
65. Las siguientes citas provienen de *ibid.*, 21-22 de abril de 1935 para la versión resumida. La versión íntegra puede encontrarse en el *Münchner Neueste Nachrichten*, 21-22 de abril de 1935.
66. Según Fest (pág. 713), Hitler gustaba de rodearse de hombres con espléndidos uniformes con el fin de destacar al máximo la «simplicidad» de su propio atuendo.

privada. Incapaz de mostrar calor humano, amistad y amor, Hitler era convertido por Goebbels en la víctima personal de su elevada posición. Goebbels concluyó su sortilegio al estilo de un predicador:

> La totalidad del pueblo está entregada a él no sólo con veneración sino con profundo y sincero amor, porque tiene el sentimiento de que le pertenecen, de que son carne de su carne, alma de su alma. [...] Él salió del pueblo y ha permanecido en medio del pueblo. [...] Los más humildes se aproximan a él de forma amistosa y confiada porque sienten que él es su amigo y su protector. Sin embargo, la totalidad del pueblo le ama, porque se siente segura en sus manos, como un niño en los brazos de su madre. [...] Tal como hacemos nosotros, que nos hallamos reunidos junto a él, así también el último hombre del pueblecito más alejado dice en esta hora: «Lo que él era, lo sigue siendo, y lo que es, debe continuar siéndolo: ¡Nuestro Hitler!».

Aparte de ser una muestra de pura adulación por parte de alguien que tanto dependía de Hitler para fundamentar su propio poder, este notable discurso —un panegírico que no se limita a distorsionar la realidad, sino que directamente la subvierte— puede considerarse un reflejo del culto que el propio Goebbels rendía a Hitler. El ministro de Propaganda que contribuyó más que nadie a la elaboración del mito de Hitler había sucumbido claramente, como también atestiguan los relatos de su diario, a su fuerza. No obstante, fueran cuales fuesen los motivos personales que tuviera Goebbels para armar la leyenda de la calidez y carácter protector de Hitler, características que, supuestamente, brindaba el *führer* a todo miembro de la «comunidad del pueblo», es evidente que explotaba una veta de emociones pseudorreligiosas relacionadas con una «salvación secular», veta que no era un rasgo insignificante de la psicología popular y que, junto a la ingenua propensión a la personalización de la política y a la admiración de la «grandeza» política, contribuyó en considerable medida a incrementar la receptividad al culto al *führer*. Los miles de cartas —junto con los muchos regalos y alabanzas «poéticas»— que diariamente inundaban la oficina de la ayudantía del *führer* en Berlín atestiguan que Goebbels tocaba una fibra sensible de la psicología popular. El aroma de esa «correspondencia», de la cual sobrevive hoy únicamente una minúscula porción, puede percibirse en las felicitaciones de cumpleaños enviadas a Hitler en abril de 1935 por una mujer berlinesa: «¡Mi fervientemente adorado *führer*! *Usted* está de cumpleaños y *nosotros* no tenemos más que dos ardientes deseos: ojalá que en nuestra patria todo sea, ahora y en el futuro, tal y como quiera *usted* que sea, y sírvase Dios disponer para nosotros la conservación por siempre de su persona. Su leal E. E.».[67]

No obstante, el año 1935 no supuso en modo alguno el punto culminante de la adulación a Hitler en Alemania. Tal como demuestra un informe notablemente atrevido de la Gestapo proveniente de Stettin y fechado en septiembre de 1935, la imagen del Hitler «humano» que Goebbels había fabricado estuvo, para muchos, muy lejos de suscitar una convicción total. Con frecuencia, muchos «camaradas del pueblo», tras la reunión del partido en Nuremberg en 1935 (durante la cual se habían promulgado las conocidas leyes contra los judíos), «no podían detectar sino una pequeña parte de la particular solidaridad con la gente y de la actitud de camaradería del *führer*». «Aquí y allá», proseguía el informe, «predominaba un tono autoritario que guardaba escasa relación con la actitud de alguien que se siente próximo al pueblo, y que resultaba más desagradable que atractivo», y añadía, con extraordinaria franqueza, que «en particular, cuando el camarada perteneciente a la gente corriente del país echa en falta la calidez y percibe fuertemente el autoritarismo, brota en él un ánimo de oposición, pero no contra la cosa misma, sino más bien contra la persona que lo muestra».[68]

Por encima de todo, los crecientes problemas económicos del año 1935 —un estancamiento de los bajos salarios, un coste de la vida notablemente aumentado, la escasez de alimentos y unos niveles de desempleo aún elevados— azuzó el sordo descontento, transformándolo en visibles muestras de malestar, muestras particularmente claras en los grandes centros industriales, lo que preocupaba a los gobernantes nazis, y amenazaba con socavar incluso la popularidad del propio Hitler. El ministro de Interior del Reich, Frick, envió a la cancillería del Reich párrafos extraídos de informes que le llegaban de todas partes y que señalaban el creciente malestar generado por la subida de los precios, cuestión que él consideraba como un «grave peligro».[69] Entre los informes que Frick recomendaba que fueran puestos en conocimiento del *führer* se encontraban, en primer lugar, unos procedentes de Münster, en el

67. BAK, NS10/158, Fo. 172. Pueden encontrarse ejemplos adicionales en BAK, NS10/157, Fos. 126, 138, y NS10/160, Fos. 150-150ᵛ.

68. IML/ZPA, St. 3/39/III, Fo. 625, LB de Stapo Stettin de septiembre de 1935.

69. BAK, R43II/318, Fo. 2, Frick a Lammers, 24 de julio de 1935.

límite del cinturón industrial del Ruhr, que indicaban que «el estado de ánimo suscita el temor de que pueda ocurrir lo peor», y llamaban la atención sobre los rumores que afirmaban que los mineros estaban a punto de declarar una huelga de hambre en Gelsenkirchen; y, en segundo lugar, otros procedentes de Minden, en los que se declaraba que «un nuevo incremento del precio de los alimentos sería políticamente intolerable». Un mes más tarde, el fideicomisario de Trabajo de la Marca Norte —la zona de Hamburgo— hablaba de una «desoladora imagen del estado de ánimo entre las clases trabajadoras» y de los «peligros extraordinariamente grandes» que entrañaba la situación política.[70]

Los bajos salarios constituían la otra cara de la moneda. «El problema de los salarios», señalaba un informe de la Gestapo proveniente de Erfurt y fechado en junio de 1935, era «una de las cuestiones más importantes en la determinación de la seguridad política», y debía ser resuelta en el futuro inmediato, dado que «únicamente una clase trabajadora satisfecha [...] garantiza la continuación y el ulterior desarrollo del Estado nacionalsocialista».[71] Los informes del Sopade apuntaban a las repercusiones sobre la popularidad de Hitler, y empezaban a considerar con optimismo el principio del fin del sistema nazi. «El culto a Hitler decae visiblemente», sostenía un informe de Silesia; «las dudas corroen el mito de Hitler», sostenía otro de Sajonia, y había frecuentes habladurías en Renania y en otros lugares respecto a que Schacht o Blomberg podrían ser «los hombres del inmediato futuro» y a que una dictadura militar sustituiría muy pronto al régimen nazi.[72]

Durante el invierno de 1935 a 1936, las condiciones empeoraron en vez de mejorar. La renuencia a unirse al «Sieg Heil» al *führer* durante las visitas de las unidades de propaganda móvil del Frente de Trabajo era, a los ojos de la oficina de la Gestapo en Magdeburgo, un síntoma del estado de ánimo de los trabajadores.[73] La más sincera valoración que, proveniente del interior del régimen, se hizo sobre este estado de ánimo vino sin embargo de una serie de informes sorprendentemente rotundos de la Gestapo de Berlín. El informe de octubre de 1935 había señalado que

70. *Ibid.*, Fos. 28-29, 62; resumen realizado para Lammers el 8 de agosto de 1935 de informes provenientes de Arnsberg, Münster y Minden; actas de la reunión de fideicomisarios de Trabajo del 27 de agosto de 1935.
71. IML/ZPA, St. 3/38/III, Fos. 312-313, LB de Stapo Erfurt de 6 de junio de 1935.
72. *DBS*, ii. 757-760, 895, 899, 903-905, informes de julio y agosto de 1935.
73. IML/ZPA, St. 3/44/III, Fo. 700, LB de Stapo Magdeburgo de 5 de marzo de 1936.

la escasez de aceite y carne (a pesar del hecho de que Berlín había sido aprovisionado de modo especial), el creciente coste de los alimentos, y el desempleo nuevamente en alza eran las causas principales del deteriorado estado de ánimo.[74] En enero de 1936, investigaciones de amplio alcance llegaron a la conclusión de que se había agravado el deterioro de las expectativas, como consecuencia, en primer lugar, y al igual que antes, del efecto negativo de la necesidad material y de un nivel de vida ya «extraordinariamente miserable» que no obstante había empeorado por efecto de la rápida subida de los precios.[75] A principios de marzo, el estado de ánimo de la población había empeorado aún más y estaba «suscitando una gran preocupación respecto de las condiciones políticas internas». Era indicativo el hecho de que era posible caminar durante días por Berlín sin escuchar el saludo de «Heil Hitler» —excepto entre los funcionarios uniformados o entre las personas que venían de las provincias—. Había extendidos rumores sobre una dictadura militar o un segundo «30 de junio» (el día de la «purga contra Röhm»), «con lo cual, en este último caso, quiere significarse la sustancial depuración de todos los abusos, y, en primer lugar, la construcción de un liderazgo estatal y una administración fundamentalmente renovados y limpios, sometidos a la hegemónica influencia de las fuerzas armadas». Las razones para el malestar iban mucho más allá de la escasez de comida, se decía. Estas estrecheces se habrían asumido «si hubiera existido una confianza general en el liderazgo del Estado y en el movimiento». El informe señalaba principalmente la conducta y el estilo de vida antisociales, así como la descarada corrupción de los líderes y los funcionarios del partido, junto con la de los administradores del Estado y de la industria en general. El informe añadía este llamativo pasaje:

> Un informe sobre el estado de ánimo que deba concordar con la verdad de la materia no puede pasar por alto el hecho de que la confianza de la población en la persona del *führer* también está padeciendo una crisis. Se dice que el *führer* no puede dejar de ver los efectos de los fallos humanos de todo un conjunto de sus subordinados, cómo ahora éste y luego el otro están ha-

74. BAK, R58/535, Fos. 91-96, de Stapo Berlín, informe de octubre de 1935. El informe fue firmado por Graf Helldorf, el presidente de la policía de Berlín, que más tarde se vería implicado en actividades de resistencia y que, en 1944, fue ejecutado tras su implicación en la trama contra Hitler.
75. BAK, R58/567, Fos. 84-92, de Stapo Berlín, informe de enero de 1936.

ciéndose construir unas enormes villas, cómo varios de sus colegas viven una lujosa existencia que ejerce el impacto de una provocación directa sobre la masa del pueblo. Estas conversaciones terminan habitualmente con la pregunta: «¿Por qué consiente el *führer* todo esto?». Además, el *führer*, precisamente en la última reunión del partido, protegió de forma especial a sus subordinados, que —según asume por regla general la población— serán engañados por otros muchos líderes subordinados con el fin de conservar el deplorable estado de cosas existente. En amplios sectores de la población se ha extendido la opinión de que el *führer* está rodeado por un muro invisible que ya no logran penetrar los informes que reflejan la verdad.[76]

La nada envidiable tarea de proporcionar a Hitler un resumen verbal de este tipo de informes críticos recayó en su ayudante, Fritz Wiedemann. Antes de que hubiese terminado de pronunciar las primeras frases, Hitler le cortó tajantemente lleno de rabia, gruñendo: «El estado de ánimo de la gente no es malo, sino bueno. Lo sé mejor que nadie. Se vuelve malo por efecto de este tipo de informes. Prohibo este tipo de cosas en el futuro».[77] La impaciente e irracional reacción de Hitler sugiere que en su fuero interno se daba cuenta de que el decaimiento del estado de ánimo que refería el informe era correcto. En cualquier caso, sus propias iniciativas durante el verano de 1935 y la primavera de 1936, solicitando informes sobre la situación de los precios e incluso accediendo a una temporal prioridad de los productos para el consumidor sobre las materias primas para el rearme,[78] indican que era plenamente consciente del malestar.

76. IML/ZPA, St. 3/44/I, Fos. 103-107, LB de Stapo Berlín de 6 de marzo de 1936.
77. Fritz Wiedemann, *Der Mann, der Feldherr werden wollte*, Velbert/Kettwig, 1964, pág. 90. El temor a que el tono negativo de los «informes de situación» prusianos, que habían venido enviándose con regularidad desde mediados de 1934, pudiera contribuir por sí mismo a empeorar el estado de ánimo que reinaba en el círculo compuesto por quienes debían recibirlos, había sido expresado por Goering, quien de hecho concebía este temor como una razón para terminar con los informes, así que éstos dejaron de enviarse en cumplimiento de las órdenes dictadas por el jefe de la Gestapo, Heydrich, el 8 de abril de 1936; Kulka, «Die Nürnberger Rassengesetze», pág. 595.
78. BAK, R43II/318, Fos. 31, 204-213, 219-220; R43II/318a, Fos. 45-53; BAK, Zsg. 101/28, Fo. 331 (*Vertrauliche Informationen* para la crítica de una reunión ministerial el 7 de noviembre de 1935 celebrada a raíz de la crisis del aprovisionamiento de grasas; la adopción de medidas de racionamiento fue vetada por Hitler, que aceptó la decisión del ejército, dispuesto a privarse de una parte de su asignación de moneda extranjera hasta la primavera con el fin de dejar efectivo disponible para la importación de productos alimenticios).

La situación de la moral popular en vísperas de la marcha sobre Renania estaba por tanto, desde el punto de vista del régimen, lejos de ser sólida. Constituiría claramente un error considerar que la espectacular ocupación militar de Renania el 7 de marzo de 1936 fue principalmente una forma de desviar la atención del malestar interno. Como es obvio, las condiciones diplomáticas y estratégicas desempeñaban un papel clave. No obstante, parece probable que las consideraciones domésticas fueran de alguna importancia en cuanto a determinar al menos la fecha de la reocupación. En cualquier caso, ése era el punto de vista del ministro de Asuntos Exteriores, Von Neurath, quien, en una conversación privada con el embajador alemán en Roma, Von Hassell, expresó de hecho la opinión de que las razones para la operación de Renania eran únicamente de carácter interno, que Hitler había percibido el decaimiento general del entusiasmo hacia el régimen y que se sentía obligado a buscar una nueva consigna nacional con la que enardecer de nuevo a las masas. Von Hassell se mostraba de acuerdo en que las consideraciones domésticas eran el elemento de mayor importancia en la mente de Hitler, y en que la «acción» constituía una oportunidad favorable para olvidar las dificultades de abastecimiento y los enfrentamientos entre el partido y la Iglesia católica en Renania.[79]

La marcha sobre Renania del 7 de marzo, a pesar del riesgo de que los aliados pusiesen con éxito sus cartas boca arriba, oscureció los anteriores triunfos de política exterior. Otra de las piezas de «Versalles», el trauma nacional, había sido eliminada. Pocos sentían alguna preocupación de que esto señalase el fin del espíritu de seguridad colectiva que Stresemann había introducido en Locarno en 1925. La espectacular maniobra fue objeto de un júbilo y un clamor casi generalizados, y se presentó de nuevo —y de este modo fue aceptada en la mayoría de los casos— como la sobresaliente consecución de *un* hombre.

Una nueva oleada de adulación elemental al *führer* barrió Alemania, estimulada por la sorpresiva disolución del Reichstag y la campaña de propaganda para las «elecciones» del 29 de marzo. Pese a que se trataba de la «elección» de un nuevo Reichstag, todo el partido y la maquinaria propagandística dirigieron su febril campaña al propio *führer*, así como a la puesta en escena de una gigantesca nueva demostración de lealtad

79. M. Funke, «7. März 1936. Fallstudie zum aussenpolitischen Führungsstil Hitlers», en W. Michalka (comp.), *Nationalsozialistische Aussenpolitik*, Darmstadt, 1978, págs. 278-279.

que, en el interior, destacase la futilidad de la oposición y subrayase, frente al mundo exterior, la fuerza y la unidad de Alemania. El largo brazo de la propaganda no se detuvo en la gran ciudad, sino que se extendió incluso a los pueblos pequeños. Los pueblecitos alpinos de la Alta Baviera mostraban enormes pancartas en todo lo ancho de sus calles, pancartas que llevaban inscritas consignas como ésta: «Sólo un hombre puede quitarla: ¡el *führer*! ¡Manteneos leales a él!». Las casas estaban engalanadas con guirnaldas de flores, fotografías del *führer* y otras formas de decoración festiva. El propio día de las elecciones era frecuente que los habitantes desfilasen juntos, acompañados por bandas de música, hasta el colegio electoral.[80] El 28 y 29 de marzo, los periódicos llevaban impresas grandes fotografías de Hitler y publicaban su petición de apoyo a todos los alemanes en su «lucha en favor de una paz auténtica». Las citas de las «palabras del *führer*» cubrían las páginas. Los artículos y las ilustraciones no dejaban que nadie pudiese olvidar el logro del *führer*. «Alemania está de nuevo en marcha», proclamaba un periódico como encabezamiento a una ilustración a toda página de un trabajador alemán y a sus pies una autopista que se perdía en la distancia: «¡En todas partes, la mano de obra se moviliza en la tarea común! ¡Un pueblo, una voluntad, un objetivo! ¡El pueblo alemán ha de agradecer todo esto al *führer*!».[81]

Los «comicios» arrojaron el mayor éxito plebiscitario logrado hasta la fecha en una reelección oficial, con un 98,9 % de votos «para la Lista, y por consiguiente, para el *führer*».[82] Las propias cifras eran manifiestamente absurdas. Aparte de la falta de alternativas al Partido Nazi, y del miedo general a la recriminación debido a los controles secretos en las cabinas electorales, hubo también una cierta parte de rotunda manipulación y falsificación.[83] Según parece, el jefe del cantón de Colonia se las arregló incluso para obtener un resultado del 103 % en su distrito, ya que dio a sus hombres demasiadas papeletas duplicadas.[84] No obstante, apenas cabe dudar de que el resultado representó efectivamente una abru-

80. *Münchner Neueste Nachrichten*, 29 de marzo de 1936.
81. *Ibid.*, 28 de marzo de 1936.
82   BAK, R18/5038, Fo. 373. Este archivo también contiene las directrices de la propaganda a emplear durante las «elecciones». Los resultados fueron publicados en *Statistisches Jahrbuch für das Deutsche Reich* (comp.), Statistisches Reichsamt, Berlín, 1936, pág. 565.
83. Véase T. Eschenburg, «Streiflichter zur Geschichte der Wahlen im Dritten Reich», *VfZ*, iii (1955), 311-316.
84. Wiedemann, pág. 74.

madora muestra de aclamación a Hitler y a su política exterior. Pareció dar crédito a un tema incesantemente repetido durante la campaña: que Alemania era un «Estado con un *führer völkisch*», y que el *führer* no era un dictador sino el «ejecutor de la voluntad del pueblo». «La aprobación que el pueblo da al orden creado por el *führer*», tal como explicaban los expertos en derecho constitucional, no descansa en una diferencia entre el gobernante y los gobernados, en un compromiso entre la autoridad y el pueblo, sino que es la «expresión de un confiado apoyo».[85] El mito de Hitler se había convertido en el fundamento del «sistema» gubernamental alemán, con todos los problemas que eso acarreaba a la administración, a los propios miembros del gobierno y a los teóricos legales que, en vano, trataban de deducir una lógica y un sistema de la, en esencia, arbitraria «voluntad del *führer*», para proporcionarle de este modo una legitimación pseudodemocrática.

La verdadera relación dialéctica entre la aclamación plebiscitaria y las decisiones políticas de Hitler quedan adecuadamente expresadas en una carta del 7 de marzo de 1936 dirigida por Hans Dill —quien, antes de 1933, era miembro del Reichstag y ahora ejercía el cargo de «secretario de fronteras» para el Sopade en Baviera del Norte y residía justo al otro lado de la frontera, en lo que iba a ser conocido como los «Sudetes»— a Otto Wels, el antiguo presidente del SPD: «Hitler ya no puede escapar a su política. Él mismo ha eliminado la posibilidad mediante la disolución del Reichstag y las nuevas elecciones. El 29 de marzo conseguirá la aprobación para esta política, su política, con más del 90 % de los votos. Entonces el círculo se habrá cerrado y ya no podrá salir de él. ¡El dictador queda obligado ante el pueblo a realizar la política que él mismo deseaba hacer!».[86]

No resulta sorprendente que las pleitesías a Hitler por su cumpleaños tres semanas después de las «elecciones» se abismasen en nuevos pozos de unción servil. En su habitual panegírico de cumpleaños, Otto Dietrich habló de los «logros políticos propios de un titán» que habían permitido a Hitler conducir a su pueblo, durante los tres años anteriores, a la «dignidad de la vida, a la luz de la libertad y a la fortuna del honor nacional». El pueblo alemán se veía encarnado a sí mismo en su líder, y «probablemente ningún otro ser mortal haya sido objeto de tanto amor

85. *Münchner Neueste Nachrichten*, 14 de marzo de 1936.
86. ASD, ES/M33, Hans Dill a Otto Wels, 7 de marzo de 1936.

y confianza como los depositados en Adolf Hitler, el hombre del pueblo».[87] Goebbels, al igual que el año anterior, se concentró en «Hitler como ser humano», ensalzando en esta ocasión su gran amor a los niños, que, a su vez, con la natural sensibilidad que éstos poseen, percibían «que él les pertenecía en cuerpo y alma», conocedores, tal vez inconscientemente, de «que sólo él merece que se le den gracias por hacer que la vida vuelva a valer la pena para los niños alemanes». Una vez más, el tema dominante era el de la completa identidad del pueblo con su *führer*. «Jamás en la historia de todos los tiempos», pretendía Goebbels, «ha reunido como él hombre alguno en su propia persona la confianza y el sentimiento de pertenencia de todo un pueblo». Tras la multitudinaria reunión celebrada en Colonia y que puso término a la campaña «electoral», Goebbels salmodió lo siguiente: «Uno tiene la sensación de que Alemania ha quedado transformada en una única gran comunidad que abarca todas las clases, todas las profesiones y todas las denominaciones, una comunidad en la que, ahora, su intercesor aboga ante el elevado trono del Todopoderoso para dar testimonio de su voluntad y sus hazañas». Después, el hombre que era objeto de semejante adulación habría de sentarse en silencio en la ventana de su compartimiento durante el viaje en tren que le llevaría de nuevo a Berlín para «viajar a través de su tierra, viajar en medio de su pueblo, y probablemente disfrutar en este instante del feliz sentimiento de hallar profundo y seguro descanso en el corazón de su nación». El imaginativo ministro de Propaganda y principal creador del mito del *führer* añadía ahora a la sugerencia de la íntima unión entre el pueblo y su líder, la imagen de la regia figura paterna para la nación que se mantiene autoritaria y serenamente por encima de todas las preocupaciones e inquietudes cotidianas de los mortales corrientes «como la roca en el océano». De manera muy significativa, Goebbels —que hasta este momento, y más que cualquier otro propagandista, había utilizado el nombre de «Hitler» en sus elogios— terminó en esta ocasión su discurso salmodiando no el conocido «nuestro Hitler», sino «nuestro *führer*».[88]

Para 1936 se había cruzado el umbral del ya plenamente desarrollado culto a Hitler. En los próximos capítulos nos ocuparemos de su expansión final, hasta llegar al apogeo de los años 1938 a 1940, tal como que-

87. *Münchner Neueste Nachrichten*, 20 de abril de 1936.
88. *Ibid.*, 20 de abril de 1936.

da reflejado en la opinión popular. No es posible desde luego, establecer cuánta gente, y en qué fecha, habría de tragarse la dosis completa de la exagerada proyección que Goebbels hacía de la imagen de Hitler. No obstante, no parecen existir dudas, como los concienzudos analistas anti-nazis del Sopade se mostraron repetidas veces dispuestos a aceptar, de que muchos de los que eran innatamente escépticos, o incluso totalmente hostiles, no dejaron de quedar impresionados por la serie de aparentes logros y sensacionales éxitos que el régimen nazi dirigido por Hitler podía reivindicar. Y difícilmente podía haber alguien que fuera completamente capaz de escapar a la permanente proyección del mito del *führer* en los medios —algo prácticamente imposible para cualquier alemán que leyese los periódicos, escuchase la radio o fuese al cine—. Aparte de los opositores absolutamente empedernidos, se hizo cada vez más difícil evitar la admisión, concedida en un principio a regañadientes, de que Hitler había logrado de hecho una notable, incluso fenomenal, transformación en Alemania: la combinación de hazañas aparentemente impresionantes, hazañas que parecían hablar por sí mismas, y de una ubicua propaganda, hizo que la droga del mito del *führer* resultase difícil de resistir. No obstante, el alcance y las características del culto a la personalidad puso repetidamente de manifiesto que la propaganda sólo era eficaz allí donde ya había sido cultivada y se había extendido la crédula disposición a confiar y a creer en un liderazgo político sin restricciones.

En el interior del partido, naturalmente, el culto al *führer* ya no conocía límites. El siguiente pasaje de una carta —que es representativa de otras muchas— de un viejo «camarada del partido» de Oppenheim del Rin tras la perorata contra los bolcheviques de Hitler en el congreso del partido celebrado en Nuremberg en septiembre de 1936, resulta expresiva por su ingenua y pseudorreligiosa creencia en los poderes salvadores de Hitler, así como por el sentimiento ideológico que revela, un sentimiento en completa concordancia con los dogmas de la propia *Weltanschauung* de Hitler según quedaban expresados en el mito del *führer*:

> ¡Mi *führer*! [...] Me siento impulsado por un incesante amor que me anima a agradecer diariamente a nuestro creador el hecho de que, por su gracia, nos haya dado, a nosotros y a todo el pueblo alemán, un *führer* tan maravilloso, y ello en un momento [...] en el que nuestra hermosa y querida patria se veía amenazada por la más horrible destrucción como consecuencia del bolchevismo judío. No puedo soportar el dolor que me produce pen-

sar en los ríos de lágrimas, en la sangre que se habría derramado tras las apenas restañadas heridas de la Guerra Mundial, si usted, mi amado *führer*, sintiendo gran angustia por tan gran pueblo, no hubiese hallado el coraje necesario y, con la ayuda únicamente de, en esa época, un pequeño grupo de siete hombres, no se hubiese erigido, superando todos los obstáculos, en salvador de 66 millones de alemanes, con un empuje en el que su gran amor hacia todos los individuos, desde el más pequeño niño al más anciano, se hizo con el favor de todos, todos: mujeres, hombres y la totalidad de la juventud alemana. [...] Es para mí un placer, y no un cumplido o una hipocresía, rezar por usted, mi *führer*, para pedir que Dios Nuestro Señor, que le ha creado a usted como un instrumento para el mundo alemán, le mantenga en buena salud, para pedir que el amor que el pueblo siente hacia usted crezca, firme y sólido como los muchos robles que han sido plantados en su honor, mi *führer*, hasta en la más pequeña aldea de Alemania. [...] Me uno a todos los antiguos combatientes de vanguardia, que aún hoy en día siguen siendo, hasta la muerte, devotos al *führer*, en un saludo por la victoria a su persona. Y ello porque Alemania ha de vivir aunque nosotros tengamos que morir. Suyo hasta la muerte, su lealmente devoto camarada de primera línea, Adolf Dörn.[89]

¿Qué efecto producía esto en el hombre que era objeto de semejante torrente de adulaciones diarias? En los años veinte, como vimos, la autoimagen de Hitler se hallaba aún bastante alejada de los ahora vigentes excesos del culto al *führer*. Incluso en los primeros años del propio Tercer Reich, parte de esta reserva resultaba aún perceptible. Pese a la contundente intolerancia egocéntrica hacia cualquier forma de crítica o de opinión contraria, cosa que constituía uno de los rasgos permanentes del carácter de Hitler, el personaje parece que conservó, al menos en los primeros años de poder, cierta distancia respecto del culto a la personalidad edificado a su alrededor. Podría argumentarse que, entre los años 1933 y 1935, Hitler aún consideraba que el culto construido en torno a su persona era en gran medida un instrumento esencial para respaldar la integración no sólo de los miembros del partido, sino de la totalidad del pueblo, y que lo aprobaba, pese a mantener cierta reserva respecto de tal culto, en tanto que vehículo para la «estupefacción de las masas».[90]

89. IfZ, MA 731, NSDAP-Hauptarchiv 1/1.
90. Weissbecker, pág. 122.

No obstante, apenas puede concebirse que Hitler pudiese haber permanecido impertérrito ante el extraordinario culto que se había creado
en torno a él, y que ahora, cada vez más, estaba empezando a envolverle. ¿Cuándo se convirtió el propio Hitler en víctima del mito del *führer*?
Hay muchos datos que indican que fue en la época de las agitadas semanas posteriores al triunfo de Renania cuando Hitler se convirtió en un
convencido creyente de su propio «mito». Este argumento se ve respaldado por los recuerdos de algunos de sus contemporáneos, personas
que pudieron observar de cerca a Hitler en esta época. El jefe de prensa,
Otto Dietrich, por ejemplo, se refería a los años 1935 y 1936 calificándolos de decisivos en la evolución de Hitler, años que estuvieron marcados
por una apreciable transformación en la conducta personal de Hitler.
Además, las memorias del antiguo jefe de la Gestapo, Rudolf Diels, apuntan en la misma dirección.[91] Aparte de estos testimonios, las variaciones
observables en el lenguaje de sus discursos públicos también sugieren un
cambio en la autopercepción. Antes de marzo de 1936, rara vez hablaba
de sí mismo, si es que alguna vez lo hizo, en los términos pseudomísticos, «mesiánicos» y semirreligiosos que utilizaban Goebbels y otros. Sin
embargo, a partir de la época en que empezó a afirmar, como en su discurso de Munich del 14 de marzo de 1936, que avanzaba «con la certidumbre de un sonámbulo» por el camino que la «Providencia» le había
trazado, la relación mística entre la «Providencia» y él mismo rara vez
dejó de estar presente en sus principales discursos, y el simbolismo pseudorreligioso, junto con la creencia en su propia infalibilidad, quedó integrado en su retórica.[92] El estilo y el contenido de sus discursos —las inmensas afirmaciones que ahora hacía sobre sí mismo y, cada vez más,
sobre el pueblo alemán— señalaban claramente un cambio en la autoimagen de Hitler. En la reunión del partido del Reich en 1936, él mismo
comenzó a hablar de una unidad mística entre su persona y el pueblo
alemán: «¡Que me hayáis encontrado [...] entre tantos millones es el milagro de nuestro tiempo! ¡Y que yo os haya encontrado a vosotros es la
fortuna de Alemania!».[93] Todos los signos indican que ya no se trataba

91. O. Dietrich, *Zwölf Jahre mit Hitler*, Colonia/Munich, s. f. (1955), págs. 44-45;
R. Diels, *Lucifer ante Portas. Zwischen Severing und Heydrich*, Zurich, s. f. (1949), págs. 48-
50, 58-59, 61-62.
92. Domarus, pág. 606, y véanse también las págs. 16-19.
93. *Der Parteitag der Ehre vom 8. bis 14. September 1936*, Munich, 1936, págs. 246-247.

de pura retórica. El propio Hitler era ya un converso al mito del *führer*, transformado él mismo en «víctima» de la propaganda nazi. Si se quiere datar la conversión, entonces quizá pueda sugerirse que el 7 de marzo, fecha de la exitosa marcha sobre Renania, es la más próxima a los mencionados cambios. Lo que parece seguro es que el día en que Hitler empezó a creer en su propio «mito» señaló en cierto sentido el principio del fin del Tercer Reich.[94]

---

94. Véase Fest, págs. 713-714; A. Bullock, *Hitler. A Study in Tyranny*, Pelican, Hardmondsworth, 1962, pág. 375.

# Capítulo 3

# El *führer* sin tacha:
# Hitler y los «pequeños hitleres»

Hitler está bien, pero sus subordinados no son más que unos estafadores.

Miembro del partido en el Alto Palatinado,
diciembre de 1934

Hasta ahora nos hemos concentrado en trazar la evolución general del mito del *führer* desde sus comienzos hasta la fase en que, en torno a 1936, empezaba ya a incrementar visiblemente la sobrestima del propio Hitler respecto a su poder y a sus delirios de infalibilidad. En este capítulo, por el contrario, nos concentraremos en una única característica del mito de Hitler, aunque se trate de una característica que tuvo una considerable significación después de 1933, lo que ilustra claramente tanto la contribución que «desde abajo» realizaban quienes «creían en Hitler» a la elaboración del «mito», como la capacidad de manipulación de la propaganda, circunstancia que también nos proporciona una clara indicación del papel funcional del culto a la personalidad como elemento clave de la integración política en el sistema nazi. En el centro de nuestra investigación se encuentra ahora el notable fenómeno de que la ascendente popularidad de Hitler no sólo no iba acompañada por un crecimiento de la popularidad del Partido Nazi, sino que, de hecho, se desarrolló en cierto modo a expensas directas de su propio movimiento. Para demostrar esto último, debemos abandonar el proceso de elaboración del mito de Hitler, un proceso llevado a cabo en los más destacados órganos de la prensa nazi, así como en otros grandes periódicos, y ocuparnos de la articulación de la opinión en el plano local, tal como queda registrada por las instituciones del partido y del Estado en sus periódicos «informes de situación» y de «estado de ánimo», así como por los enemigos socialistas del régimen, que recogían sus datos mediante su propia red de información. Las fuentes disponibles en Baviera constituyen una rica veta a explotar, pero también incorporaré material proveniente de otras partes del Reich, lo que mostrará con claridad que las reacciones observadas en Baviera eran corrientes en toda Alemania.

La discrepancia entre las contrapuestas imágenes del régimen nazi, tal como queda reflejado éste en las percepciones populares del *führer* y en las de los funcionarios del partido, discrepancia que constituye una característica fundamental de la opinión política durante el Tercer Reich, se instauró en los primeros años de la dictadura. No obstante, antes de ocuparnos de la imagen de los «pequeños hitleres» propiamente dichos, podremos observar con marcado detalle el modo en que fue expandiéndose la popularidad de Hitler a expensas de su propio movimiento —lo que conlleva la sólida sugerencia de que el mito del *führer* desempeñaba una importante función compensatoria en el Tercer Reich— mediante el análisis de las reacciones populares a los acontecimientos más espectaculares que tuvieron lugar en 1934 en el interior de Alemania: la masacre, ordenada por Hitler, de los líderes de las SA el 30 de junio de 1934 tras la denominada «conjura Röhm».

### 3.1. El *führer* restaura el orden: «la noche de los cuchillos largos», 30 de junio de 1934

El «asunto Röhm» se produjo en un momento en que el régimen nazi, tras la euforia inicial —impulsada por la encendida imagen propagandística de los primeros «logros»—, perdía terreno visiblemente. Junto a las quejas provenientes del persistente desempleo general, de la recesión económica y del desengaño por el abismo existente entre las grandiosas promesas del NSDAP y la deprimente realidad de la vida diaria, la experiencia generada de hecho por la «toma del poder» nazi en las pequeñas localidades —la experiencia de su impacto en el gobierno local, en la Iglesia y en la escuela local, en la agricultura, el comercio y la industria, así como en las relaciones en el seno de la comunidad— promovía con frecuencia un grave desencanto. La «revolución» nazi estaba por entonces dejando su impronta en grupos sociales que hasta ese momento se habían acomodado al nazismo: la clase media-baja y la «clase dirigente» de carácter social-conservador. Además, la relativa calma en las relaciones entre la Iglesia y el Estado, mantenida con crecientes dificultades a lo largo del año 1933, estaba viéndose cada vez más perturbada por la ola de anticlericalismo y por las conductas hostiles hacia la Iglesia de los activistas locales del partido. En contraste con esta situación, el NSDAP había cultivado la imagen de un «movimiento» que incluía a la totalidad del pueblo en su unidad nacional y su «renovación», marcando de este modo fuertes diferencias con el divisorio «politiqueo» de los partidos de Weimar. Sin embargo, ahora, una vez en el poder, el Partido Nazi revelaba ser, en el plano más básico, cualquier cosa excepto una fuerza capaz de generar unidad, armonía e integración. Por el contrario, parecía poderse reconocer en él al «partido» de los sectoriales intereses creados, de forma muy similar a lo que había ocurrido con sus predecesores, ya que sus representantes dividían y malquistaban la opinión con sus descaradas ambiciones arribistas, y sus abiertas y desagradables maniobras en pos del poder y la influencia. Las luchas locales por el poder, las peleas y las rivalidades entre los nuevos gobernantes rara vez constituían un espectáculo edificante. Con la transición, que les hacía pasar de pertenecer a un «movimiento de lucha» a ser miembros del partido gobernante del Tercer Reich, los nazis empezaron a protagonizar por todas partes situaciones de imperialismo mezquino acompañadas de una transparente corrupción, un estado de cosas que se consideraba especialmente intolerable allí donde los nuevos peces gordos locales eran objeto de menosprecio por su condición de encumbrados don nadie sociales que trataban abiertamente de prosperar por todos los medios. Sobre todo, el «inaceptable rostro» del recién nacido Tercer Reich quedaba reflejado en la tiránica arrogancia y los alborotos camorristas de los fanáticos del poder que existían en las SA, cuya infame conducta —una vez que los «agitadores» izquierdistas y otros «elementos antisociales» hubieron sido «eliminados»— resultaba profundamente ofensiva para el sentido de orden público y de moralidad de los alemanes de clase media.

Las reacciones populares al «asunto Röhm» han de contemplarse en este contexto. La gran mayoría de la población sabía poco o nada de las maquinaciones de las altas esferas, en especial de las existentes en el seno de la cúpula del Reichswehr, maquinaciones que se proponían eliminar la amenaza planteada por la enorme fuerza pseudorrevolucionaria liderada por Ernst Röhm. El público tampoco estaba al tanto de la larvada crisis de confianza que fermentaba entre los líderes de las SA y Hitler, situación que habría de desencadenar la masacre del 30 de junio de 1934. Prácticamente nadie que no perteneciese a los círculos íntimos de la élite en el poder conocía la insidiosa impostura de un intento de golpe de mano con el fin de justificar la eliminación de Röhm y de otros altos mandos dirigentes de las SA (y que también permitió ajustar cuentas con viejos enemigos como Gregor Strasser y el general Von Schleicher). Aun así, puede pensarse que la generalizada muerte a tiros de antiguos camaradas sin nada que pudiera parecerse a un juicio o a una sentencia conforme a las ordenanzas en un tribunal de justicia podría haber desencadenado una oleada de repulsa y rabia por el desafuero dirigida contra Hitler y sus cómplices. Sorprende, por tanto, que los informes sobre las reacciones de la gente «corriente» a lo largo y ancho de Alemania tras la «conjura Röhm» den cuenta de una situación completamente diferente.

La casi total ausencia de cualquier crítica a Hitler se hizo en realidad patente incluso en los momentos inmediatamente posteriores a los hechos. «Desde el principio, las simpatías se encontraban por lo general del lado del *führer*», anunciaba un informe proveniente de Suabia a medida que se sucedían las dramáticas noticias a primeras horas de la tarde del 30 de junio.[1] En la Alta Baviera, según los informes, se escuchaba en todas partes un «reconocimiento sin reservas por la energía, la inteligencia y el valor del *führer*».[2] El odio hacia las SA, que por medio de los comisarios especiales y de la policía auxiliar habían actuado en Baviera, de forma aún más abierta que en cualquier otro lugar, como vanguardia de la «revolución desde abajo» que preconizaban los nazis, era tal que el fusilamiento de Röhm y sus cómplices recibió críticas que lo consideraban un castigo excesivamente suave, ya que se habría visto más apropiada la aplicación de la «justicia popular».[3] Los «informes de situación» existentes y referidos a 44 intercambios laborales en toda Baviera, fechados a principios de julio de 1934 y relativos al estado de ánimo en todos los sectores de la población, pero especialmente al reinante entre los trabajadores y los desempleados, coincidían en señalar la opinión expresa de una abrumadora admiración por Hitler y de la aprobación de su acción, junto con una general condena de Röhm y la apreciación de una mejoría moral desde la purga.[4] No eran pocos los informes que añadían que Hitler había ganado apoyos y simpatías entre quienes anteriormente ha-

1. GStA, MA 106682, RPvS, 3 de julio de 1934.
2. GStA, MA 106670, RPvOB, 4 de julio de 1934.
3. StAM, LRA 76887, GS Landsham, 12 de julio de 1934. Véase también el informe de Dresde *DBS*, i. 202, de 21 de julio de 1934.
4. Los informes pueden encontrarse en GStA, MA 106765.

bían mostrado reservas hacia el régimen, e incluso entre antiguos oponentes al nazismo.[5] El informe de un pequeño pueblo industrial en el que el KPD había tenido una actuación relativamente buena antes de 1933 llegaba incluso a sostener que «el *führer* [...] no sólo es admirado, sino que es deificado», añadiendo que gracias a su «contundente acción» había obtenido un «enorme respaldo», sobre todo entre quienes con anterioridad habían experimentado dudas en sus actitudes hacia el nazismo.[6]

Los sentimientos consignados en los informes bávaros se reflejan igualmente en los sondeos de opinión realizados en todos los lugares del Reich. Según un «informe de situación» de Hannover, por ejemplo, la posición y la popularidad de Hitler «nunca había sido mayor».[7] Un informe de la Gestapo de Colonia hablaba de «un enorme aumento de la confianza en el *führer* y en el gobierno» como consecuencia de la eliminación de los «enemigos del pueblo».[8] Y del Ruhr llegaba el mensaje de que «la abrumadora mayoría de la población aprueba por completo la enérgica, radical y valerosa acción del *führer*».[9] Goering resumió las impresiones del propio régimen respecto del positivo impacto de la eliminación de los líderes de las SA en la opinión popular al registrar —en una carta que escribió como ministro-presidente de Prusia al diputado general Rudolf Hess, responsable de la administración del partido— el unánime veredicto de los «informes de situación» de todas las provincias prusianas, según el cual la petición de cuentas a las SA, cosa que Hitler había hecho al dictar una lista de doce exigencias de futura conducta, había «alcanzado ya un efecto óptimo en todos los sectores de la población».[10]

Sorprendentemente, tal como atestiguan los informes de todo el Reich enviados al cuartel general del Sopade en Praga, los opositores al régi-

---

5. GStA, MA 106765, AA Cham, 10 de julio de 1934; AA Marktredwitz, 9 de julio de 1934; StAM, LRA 76887, GS Markt Schwaben, 12 de julio de 1934; LRA 134055, BA Bad Tölz, 14 de julio de 1934.

6. GStA, MA 106765, AA Marktredwitz, 9 de julio de 1934.

7. BAK, R43II/1263, Fo. 262, LB de OP Hannover para el mes de julio de 1934.

8. *Ibid.*, Fo. 320, LB de Stapo Colonia para el mes de julio de 1934.

9. ZStA, Potsdam, 25732/2, Fos. 2, 7, LB o RP en Arnsberg, 10 de agosto de 1934; y véase *ibid.*, Fos. 35-36, LB de OP de la provincia de Westfalen, 11 de agosto de 1934.

10. BAK, R43II/1263, Fos. 235-237, «Der Preussische Ministerpräsident an den Stellvertreter des Führers», de 31 de agosto de 1934. Este archivo contiene los informes resumidos, y en ellos basó Goering sus comentarios. Los «doce puntos» se encontraban en una orden publicada y dirigida al nuevo jefe de personal de las SA, Viktor Lutze, orden fechada el 30 de junio de 1934. Para el texto, véase Domarus, págs. 401-402.

men estaban llegando precisamente a las mismas conclusiones en lo referente al impacto de la «conjura Röhm» sobre la imagen y la popularidad de Hitler. El Sopade resumía sus conclusiones generales en tres puntos que se reiteraban en la mayoría de los informes: «a) La generalidad de la masa no ha comprendido el significado político de los acontecimientos [por ejemplo, los del 30 de junio de 1934]; b) Amplios, evidentemente muy amplios, sectores de la población alaban incluso a Hitler por su despiadada determinación, y sólo una parte muy pequeña se ha puesto a reflexionar o se ha visto conmocionada; c) Amplios sectores de la clase trabajadora también han quedado sujetos a la acrítica deificación de Hitler». Según un informe de Baden, Hitler era «considerado como un héroe» por su valor al actuar. Los informes provenientes de la Sajonia Oriental y Occidental, de Silesia, Baviera, Pomerania, Berlín, Dresde, Renania y otros lugares contaban más o menos la misma historia, lo que daba pie a la conclusión general del Sopade según la cual, lejos de sufrir como consecuencia de la masacre de los líderes de las SA, la posición de Hitler se vio de hecho reforzada.[11]

Tal como reconocían los analistas del Sopade, existía una notable discrepancia entre el significado político real de los acontecimientos del 30 de junio de 1934 y la ignorancia de la población respecto a lo que verdaderamente se estaba tramando, lo que condujo a una interpretación completamente errónea de la purga. Estaba claro que había una amplia aceptación de la propaganda deliberadamente engañosa que hacía circular el régimen. Los a menudo contradictorios rumores que se extendían —algunos de los cuales habían sido difundidos por emisoras extranjeras— revelan hasta qué punto existía un muy escaso conocimiento «fáctico» de los acontecimientos en los días inmediatamente posteriores a la purga. Se rumoreaba que se había producido un atentado contra la vida de Hitler en el que el *führer* había recibido una herida en un brazo, que «la conspiración aún no había terminado», y que eso podía conducir a un mayor malestar interno y a un nuevo atentado contra el *führer*.[12] Otras

11. *DBS*, i. 197-203, 249-253, 21 de julio de 1934. Véanse también los detallados informes de los secretarios de fronteras bávaros relativos al impacto de la conjura Röhm en la imagen popular de Hitler en ASD, ES/M31, 19 de julio de 1934, y M63, informe para el mes de julio de 1934.

12. StAB, K8/III, 18470, BA Ebermannstadt, 14 de julio de 1934; GStA, MA 106765, AA Donauwörth, 12 de julio de 1934; y para los persistentes rumores sobre un atentado contra Hitler, véase GStA, MA 106685, Pd Munich, 8 de diciembre de 1934.

variantes de este mismo rumor sostenían que Von Papen había sido acusado de ser uno de los conspiradores. Por otra parte, las noticias, esta vez exactas, de que el antiguo comisario del Estado bávaro, Von Kahr, se encontraba entre las víctimas, se difundieron con rapidez. El número de los muertos por arma de fuego quedó sujeto a absurdas suposiciones y oscilaba entre 46 y 200 según uno de los informes.[13] Los trabajadores, de quienes se decía que sentían escasa simpatía hacia nociones como la de una «segunda revolución», noción que trataba de hacerse fuerte en el interior de las SA y de algunos sectores del partido, especulaban sobre si el movimiento nazi habría o no de radicalizarse, perder mordiente o virar a la izquierda. Había rumores que sostenían que los militantes de los antiguos partidos conservadores y católicos, así como algunos oficiales, estaban implicados en la «conjura». En ningún caso parece que se haya dudado de que hubiese habido una conjura, y «se condenó con dureza el hecho de que los más antiguos combatientes del NSDAP hubiesen tomado parte en la maquinación, precisamente aquellos en los que el *führer* había depositado la mayor confianza».[14]

La preocupación por la aparición de malestar y de disturbios parece haber sido una de las principales razones por las que la «intervención» de Hitler fue tan bien recibida. Sin embargo, como también sugiere la amplitud de los rumores circulantes, a principios de julio existía un deseo creciente de que el *führer* se dirigiese al pueblo y aclarase qué era exactamente lo que había sucedido.[15] Tras unos cuantos días de ansiedad, el propio Hitler llegó a la conclusión de que cualquier intento de echar tierra sobre el asunto (posibilidad que en un principio pareció haberse considerado,[16] pero que muy pronto fue descartada) provocaría más perjuicios que beneficios. No obstante, llegado el caso, aunque habiendo dejado transcurrir respecto de los acontecimientos un período de tiempo tan dilatado como el una quincena, Hitler habló en el Reichstag, pronunciando un discurso que duró varias horas —en lo que no constituyó una de sus mejores actuaciones retóricas, pero que, con todo, sintonizó

13. GStA, MA 106765, AA Marktredwitz, 9 de julio de 1934. Casi todos los informes mencionan los rumores sobre el número de víctimas y la extendida desconfianza que inspiraban las cifras oficiales.

14. GStA, MA 106765, AA Marktredwitz, 9 de julio de 1934.

15. GStA, MA 106765, AA Pfarrkirchen, 10 de julio de 1934; AA Marktredwitz, 9 de julio de 1934.

16. Véase Fest, págs. 642-643.

adecuadamente con el estado de ánimo que predominaba entre la población—.[17] Fue un discurso notable en el que el jefe del gobierno alemán aceptó abiertamente su plena responsabilidad por una acción que equivalía a un asesinato en masa. Se describió a sí mismo como el «juez supremo» del pueblo alemán, afirmando que se había visto obligado a actuar sin titubeos ante una situación de emergencia que se había producido como consecuencia del «motín» de los dirigentes de las SA, y que por esta razón había dado la orden de fusilar a los principales culpables. Las partes del discurso en las que Hitler se refería al «envenenamiento del pozo desde dentro» y a la «úlcera» que representaba la subversión de las SA y que había hecho necesaria la «cauterización en carne viva» sintonizaban exactamente con los «saludables sentimientos de la gente». Dos cuestiones en particular tocaron la fibra sensible: el énfasis en el estilo de vida inmoral, en especial la homosexualidad, de los dirigentes de las SA, una inmoralidad que Hitler pretendía estar combatiendo; y la justificación de su intervención como un asunto vital para el mantenimiento del orden y la seguridad internos. Ambos puntos eran centrales para que Hitler pudiese defender sus acciones, y la última de las dos razones se destacaba como la consideración más importante de todas. Y cuando Hitler condenó a los «elementos destructivos» que habían considerado la revolución como una situación permanente, estaba seguro de obtener no sólo la aclamación de la masa de los alemanes «corrientes», sino también el aplauso de los líderes del ejército, de la economía y del funcionariado, todos los cuales habían contemplado con creciente preocupación los esfuerzos tendentes a proseguir la revolución nazi.

En vez de acrecentar la inquietud por el implacable carácter de un jefe de gobierno que no dudaba en recurrir al asesinato en masa para salvaguardar los intereses del Estado, resulta incuestionable que el discurso robusteció la confianza en Hitler. Un característico informe de la provincia bávara sostenía que el discurso —que muchos habían escuchado en los bares o en altavoces instalados en las calles y en las plazas— había tenido un «efecto liberador» al exponer «todo el trasfondo» de la «trama».[18] Otro informe se mostraba de acuerdo en que la confusión inicial

17. Para el texto, véase Domarus, págs. 410-424.
18. StAB, K8/III, 18470, BA Ebermannstadt, 14 de julio de 1934. Para el impacto del discurso, véase también GStA, MA 106670, RPvOB, 18 de julio de 1934; MA 106677, RPvOF/MF, 21 de julio de 1934; MA 106680, RPvUF, 20 de julio de 1934; MA 106685, Pd Munich, 8 de agosto de 1934.

y el «sentimiento de inseguridad legal» había dado paso, tras el discurso de Hitler, a una «admiración y a una gratitud» generalizadas. La intervención del *führer* había sido considerada como la «liberación de una opresión vivamente experimentada». «Está claro que la mayoría de la población», añadía el informe, «mira al *führer* con total confianza. Sin duda, ha ganado de forma significativa en respeto y popularidad».[19]

Las condiciones previas para la oleada de apoyo a la total indiferencia de Hitler hacia los procedimientos judiciales fueron no sólo la extendida condena del despotismo y la vida disoluta reinantes en las SA, sino también, como reconocía con perspicacia el Sopade, la sistemática socava de todo sentido de rectitud jurídica que se había venido produciendo desde el comienzo del Tercer Reich, e incluso antes, junto con el halago de las «fuertes simpatías» ya existentes «hacia la justicia sumaria y los castigos más duros posibles». En consecuencia, «mediante este discurso ante el Reichstag, Hitler ha dado con suma inteligencia nuevos ímpetus a este talante de las masas: sin duda, al escuchar este discurso, hay amplios sectores de la población que han tenido la impresión de que por medio de su brutal energía Hitler había evitado un baño de sangre de muy superiores dimensiones».[20]

La nueva euforia que rodeaba a Hitler superaba las barreras sociales, a pesar de que se diera por supuesto que sus enemigos ideológicos habían permanecido intactos. Los trabajadores y los desempleados, pese a no ser seguidores de los proscritos partidos de izquierdas, se dejaban influenciar por la voluntad de aclamación, tal como sucedía con otros grupos sociales. Un informe proveniente de Ingolstadt hablaba de un «incremento y una consolidación particularmente fuertes de la confianza en el *führer*» entre los desempleados y los trabajadores, entre los cuales era un clamor el deseo de comprar fotografías de Hitler.[21] Como hemos visto, el propio Sopade aceptaba que la admiración por Hitler había penetrado profundamente en la clase trabajadora.[22] En el campo, la aprobación era incluso mayor. Los informes de los distritos rurales de Baviera, que ciertamente no eran baluartes nazis, comentaban la «gran satisfac-

19. GStA, MA 106691, LB de RPvNB/OP, 8 de agosto de 1934. Véase también MA 106693, LB de RPvS, 8 de agosto de 1934: «El *führer* es objeto de una gran veneración. El pueblo tiene una inquebrantable fe en él».
20. *DBS*, i. 249-253, 21 de julio de 1934.
21. GStA, MA 106765, AA Ingolstadt, 10 de julio de 1934.
22. Véase *DBS*, i. 197, 21 de julio de 1934.

ción» por lo que se había producido, y la subsiguiente «alta estima» y «simpatía» hacia el *führer*.[23] Tampoco se apreciaba ninguna tendencia menor a la adjudicación de elogios a Hitler en los distritos católicos por comparación a los protestantes, a pesar del hecho de que Erich Klausener, un destacado líder de Acción Católica y carente de todo vínculo con las SA, se contara entre las víctimas de «la noche de los cuchillos largos».[24] Al igual que los líderes del Reichswehr, que no habían planteado ninguna protesta por el asesinato de los generales Von Schleicher y Von Bredow, las jerarquías de las dos principales confesiones cristianas se abstuvieron de toda crítica pública de los acontecimientos del 30 de junio de 1934. Según se afirma, una «misión» evangelista, congregada sólo unos pocos días después de la masacre, llegó incluso a mandar rezar plegarias por el *führer*.[25] Pese a que se informó de que los arbitrarios fusilamientos habían causado cierta ansiedad (y de que también la había producido la probabilidad de que la existencia de purgas periódicas pudiera poner en peligro incluso las vidas de personas no pertenecientes al partido), por lo general no se culpaba al propio Hitler de esos «excesos», sino que se decía que se habían producido «sin el conocimiento y contra la voluntad del *führer* y las figuras eminentes del partido».[26]

El «asunto Röhm» y las reacciones que suscitó cogieron por sorpresa a los grupos clandestinos de la resistencia izquierdista, y su respuesta fue débil e ineficaz. Sus panfletos ilegales y sus octavillas apenas pudieron sacar partido del asunto, ya que tendían a presentar la purga como una simple «matanza entre cómplices», o a expresar la ingenua esperanza de que Hitler pudiese caer pronto, víctima de las luchas por el poder que se producían en el interior del partido.[27] Algunos informes del Sopade ado-

23. Por ejemplo, GStA, MA 106765, AA Ingolstadt, 10 de julio de 1934; StAM, LRA 76887, GS Markt Schwaben, GS Steinhöring, GS Zorneding, todos del 12 de julio de 1934.

24. Para signos de aprobación entre antiguos partidarios del Partido del Pueblo Bávaro, véase StAB, K8/III, 18470, GS Unterweilersbach, 1 de agosto de 1934 y GStA, MA 106670, RPvOB, 18 de julio de 1934; y para las reacciones en los distritos protestantes de Baviera, StAN, 212/13/II, 654, BA Neustadt an der Aisch, 2 de julio de 1934 y GStA, MA 106765, AA Marktredwitz, 9 de julio de 1934.

25. GStA, MA 106765, AA Ingolstadt, 10 de julio de 1934.

26. GStA, MA 106767, AA Kempten, 9 de agosto de 1934; AA Straubing, 10 de septiembre de 1934.

27. H. Bretschneider, *Der Widerstand gegen den Nationalsozialismus in München 1933 bis 1945*, Munich, 1968, págs. 44 y 102; StAB, K8/III, 18470, BA Ebermannstadt, 14 de julio de 1934. Para las débiles y tardías reacciones del clandestino KPD en el Ruhr, véase D. Peukert, *Die KPD im Widerstand*, Wuppertal, 1980, pág. 220.

lecían de igual falta de realismo —uno de Renania afirmaba percibir el difundido sentimiento de «que el sistema y el NSDAP tenían los pies de barro y de que su socava no tardaría en producirse»—. «¡Muy pronto Hitler estará acabado!», concluía esta nota con ridículo optimismo.[28] No obstante, estos comentarios eran excepcionales entre los habitualmente realistas y equilibrados informes del Sopade, y eran debidamente pasados por alto en la recopilación de los análisis de conjunto. En un plano diferente, los archivos del Tribunal Especial de Munich, que entendía de las ofensas de carácter relativamente menor que evidenciaban alguna disconformidad política, no proporcionan indicación alguna de un incremento de las observaciones críticas dirigidas a Hitler durante la época que siguió a la purga.[29]

Las dos características más sólidas de la imagen que se tenía de Hitler tras la «conjura Röhm» eran, en primer lugar, que era el ejecutor de una «justicia natural» (pese a que se burlara de todas las convenciones legales) que defendía al «desvalido» frente al abuso del poder de los «peces gordos», y, en segundo lugar, que era el defensor de la moralidad pública y que había limpiado la vida pública de la disoluta inmoralidad y corrupción de los dirigentes de las SA.[30] Hitler, el hombre del pueblo —así aparecía a los ojos de muchos—, estaba adoptando una valiente postura contra los mezquinos, encumbrados y degenerados déspotas existentes en el movimiento nazi. En los comentarios registrados relativos a «que el canciller del Reich había actuado contra los sedicentes hombres elevados y poderosos» y a «que nuestro *führer* sólo desea la paz y el orden y actúa con justicia» se perciben las ilusiones y la ingenua disposición a depositar toda la confianza en las supuestas buenas intenciones que respaldaban la autoridad de Hitler.[31] Se decía que eran sobre todo los sectores más pobres y débiles de la población los que sentían gratitud por haber

---

28. *DBS*, i. 202, 21 de julio de 1934.
29. Los comentarios ocasionales conducentes a una acusación, como los que condenaban a Hitler por asesino (StAM, SGM 8930), parecen haber constituido notables excepciones.
30. Véase, por ejemplo, GStA, MA 106670, RPvOB, 18 de julio de 1934; StAA, BA Amberg 2398, GS Freudenberg, 23 de julio de 1934.
31. StAB, K8/III, 18470, GHS Ebermannstadt, 12 de julio de 1934. Un informe del Sopade proveniente de Baviera señalaba también lo sorprendente que resultaba, en particular, que los trabajadores encontraran satisfactorio el pensamiento de que Hitler hubiese mostrado su puño de hierro a los encumbrados y los poderosos; *DBS*, i. 200, 21 de julio de 1934 (tomado de ASD, ES/M63, informe para el mes de junio de 1934, págs. 7-8).

sido liberados del tormento, y ahora se aceptaba sin ambages «que el *führer* está en todo momento dispuesto, sin consideración por el rango o la posición de los culpables, a hacer todo lo que sea necesario por el bien del pueblo».[32] La defensa de la moral convencional surge con idéntica fuerza en las reacciones de las que se informa. Un informe del Sopade proveniente de Baden señala que la intervención de Hitler, tras haber difamado a los dirigentes de las SA asesinados al presentarles como homosexuales que habían despilfarrado 30.000 marcos en su vida disoluta, había sido interpretada como un acto heroico. Según un informe bávaro, Hitler había probado que reclamaba un «entorno limpio». En Berlín se informaba de que la opinión sostenía que Hitler «había preparado el camino para una renovación moral».[33] Sorprende observar con cuánta frecuencia, en los informes internos del régimen, los «doce puntos» de Hitler para la «limpieza» de las SA, puntos dirigidos en gran medida a regular la conducta moral de los dirigentes, eran destacados como elementos que gozaban de una aceptación particularmente positiva.[34]

Está claro que la imagen propagandística de Hitler como defensor de las normas morales se correspondía muy de cerca, al condenar la corrupción venal y la homosexualidad, con valores y prejuicios sociales de común aceptación. Con una completa inversión de la realidad, Hitler era ampliamente percibido como la señal del triunfo de los valores asociados con la «normalidad», como la persona que actúa como verdadero representante del «hombre corriente» al bajar los humos de los encumbrados y los poderosos, incluso en el caso de que pertenecieran a su propio movimiento, por el bien de su pueblo. La gente decía con aprobación que, anteriormente, ningún canciller del Reich se habría atrevido a actuar como él había hecho.[35] Su «moralidad» no era percibida como la moralidad de los tribunales, sino, según lo que siempre habían pretendido los nazis, como la de los «saludables sentimientos del pueblo». Perspicaces como de costumbre, los analistas del Sopade reconocieron claramente la

32. GStA, MA 106765, AA Traunstein, 11 de julio de 1934; MA 106767, AA Ingolstadt, 9 de agosto de 1934.

33. *DBS*, i. 198-199, 201, 21 de julio de 1934.

34. Véanse los informes de las provincias prusianas en BAK, R43II/1263; y además M. Jamin, «Zur Rolle der SA im nationalsozialistischen Herrschaftssystem», en Hirschfeld and Kettenacker, págs. 349-353, y R. Bessel, *Political Violence and the Rise of Nazism*, New Haven/Londres, 1984, págs. 143-146.

35. *DBS*, i. 200, 21 de julio de 1934.

eficacia y la función de la apelación a la moralidad burguesa para la justificación de la «acción» de Hitler. Pese a que, a primera vista, se indicaba,
«las revelaciones sobre la depravación moral de la camarilla de dirigentes
de las SA parecen constituir un intento de suicidio por parte del régimen», su efecto ha sido consecuencia «en realidad de un truco propagandístico extremadamente inteligente», ya que logró «apartar del trasfondo político de la acción la atención de la gran masa de la población,
y, al mismo tiempo, elevar aún más, a medida que se iba sacando toda la
suciedad a plena luz, la posición de Hitler en tanto que autor de la purga
en el movimiento».[36]

Por encima de todo, fue la conjunción de la tradicional demanda burguesa de «calma y tranquilidad» y «ley y orden», una situación amenazada por la insumisión, la arbitraria violencia y los públicos ultrajes de
las SA, lo que confirió legitimación a los crímenes de Estado respaldados por Hitler. Los informes del Sopade señalaron con resignación que
la gente estaba pasando por alto la dimensión política y sólo pensaba en
que «ahora que Hitler ha restaurado el orden, las cosas volverán a mejorar. Los saboteadores, que han destruido su labor de reconstrucción, han
sido aniquilados». No cabe duda de que un pequeño hombre de negocios
de Sajonia estaba expresando el sentir de muchos al considerar que Hitler
era «una persona absolutamente honesta que quiere lo mejor para el pueblo alemán», pero cuyos subordinados le han impedido hasta el momento procurarlo. Sin embargo, este hombre se desentendía del argumento
de que Hitler era el único responsable de los asesinatos al añadir que «la
cuestión principal es que nos ha liberado de los marxistas» y que se ha
quitado de encima la dañina influencia de «las espantosas SA», de modo
que ahora los salarios pueden, de hecho, reducirse y la industria puede
empezar a producir beneficios. Este hombre remataba su alegato poniendo toda su confianza en Hitler como dirigente de superiores cualidades, «incluso en el caso de que sea un asesino de masas».[37] La aplicación
de medidas despiadadas en interés del «orden» burgués era claramente
un elemento central de la popularidad de Hitler.

Las autoridades nazis eran, no obstante, bien conscientes de que el
«asunto Röhm» había abierto las puertas a un torrente de críticas que no
se detenía en las SA, sino que implicaba al propio partido. Las ilusiones

36. *Ibid.*, i. 249.
37. *Ibid.*, i. 199 y 201.

contenidas en la conversión del *führer* en un ídolo quedaban plenamente expuestas en la vana esperanza de que la purga de las SA pudiese señalar el comienzo de ulteriores purgas dirigidas a eliminar a aquellos funcionarios del partido «que, por su carácter y su pasado, sean considerados inadecuados», lo que no conseguiría más que apartar a la gente en vez de ganarla para el movimiento.[38] Naturalmente, los motivos materiales y personales también desempeñaban su papel, ya que los integrantes de la disgustada «vieja guardia» del partido podían de nuevo soñar, por algún tiempo, con el ascenso que habían pensado debería corresponderles por derecho propio después de 1933, y en que éste aún podría materializarse en caso de una purga.[39] Ya antes de la «conjura Röhm», los informes registraban una pérdida de confianza incluso entre los afiliados del partido, de cuyos líderes se decía que habían «perdido contacto con la gente», y se expresaba la esperanza de que pronto se produjese una «gran limpieza».[40] Se decía que la gente quería verse «libre de la opresión de las mentes mezquinas» y que castigaban al partido y a la administración del Frente de Trabajo, saturados de miembros, sancionando igualmente sus enormes e innecesarios gastos.[41] En medio de la persistente privación económica que muchos compartían, el lujo de unos pocos, exhibido abiertamente por los «peces gordos» nazis, parecía una completa contradicción de las exhortaciones que hacía el *führer* en favor de la «simplicidad y el ahorro», conducta de la que se suponía que su propia vida constituía el mejor ejemplo.[42]

38. GStA, MA 106691, LB de RPvNB/OP, 8 de agosto de 1934; GStA, MA 106767, AA Marktredwitz, 7 de agosto de 1934. Véase también, AA Hof-Saale, 10 de agosto de 1934; MA 106765, AA Marktredwitz, 9 de julio de 1934; StAM, LRA 76887, GS Markt Grafing, 31 de diciembre de 1934; LRA 134055, GHS Bad Tölz, 27 de julio de 1934; NSDAP, 655, NS-Hago Penzberg, 6 de julio de 1934.

39. Los «viejos combatientes» de Regensburgo, por ejemplo, expresaron su decepción por el hecho de que no se hubiesen emprendido ulteriores purgas, ya que, en consecuencia, sus esperanzas de ocupar en el partido los cargos que de ese modo hubiesen quedado vacantes quedaban insatisfechas; GStA, MA 106767, AA Regensburg, 9 de agosto de 1934.

40. GStA, MA 106765, AA Weissenburg, i. B., 9 de junio de 1934 (fechado erróneamente como 9 de mayo de 1934). Véase también la valoración que hizo el Sopade del estado de ánimo inmediatamente anterior a la «conjura Röhm» en *DBS*, i. 9-14, 17 de mayo de 1934 y i. 99-122, 26 de junio de 1934.

41 GStA, MA 106767, AA Cham, 10 de septiembre de 1934.

42. GStA, MA 106672, RPvNB/OP, 7 de agosto de 1934.

Parecidas observaciones se escucharon y observaron en toda Alemania durante el verano de 1934. La carta de Goering a Hess, citada anteriormente y referida a los informes que llegaban de todos los lugares de Prusia inmediatamente después de la «conjura Röhm», subrayaba la generalizada expectativa de que «la purga sea llevada a cabo con energía no sólo en las SA, sino, más allá de ellas, en todas las asociaciones del partido», señalando la extendida preocupación de que «tras proceder a la acción del 30 de junio, todo se mantenga en esencia igual». Goering apremiaba a Hess para que efectuase una purga general, algo que él mismo consideraba un acto de «eminente significado político», en vista del invierno que se aproximaba, repleto de austeridad y dificultades económicas, con el fin de «explotar todos los medios psicológicos que permitan mantener y elevar la moral», así como garantizar el éxito del inminente programa de ayuda invernal. Una copia de la carta de Goering fue enviada al propio Hitler.[43]

Como hemos venido observando, la propia imagen de Hitler, inmaculada, no hacía sino salir beneficiada por su contraste con el perfil público de los hombres de confianza de su partido. En el creciente desencanto de la primavera y el verano de 1934, las contrapuestas imágenes del *führer* y el partido quedaron fijadas en la conciencia popular. Y el mito de «si al menos lo supiera el *führer*» ya había empezado a operar. Muchos creían sinceramente que los asuntos, en especial si eran desagradables, se le ocultaban deliberadamente a Hitler, y que si tuviese noticia de ellos, actuaría con prontitud para enderezar las cosas.[44] La purga del 30 de junio de 1934 parecía proporcionar la confirmación de este punto de vista. Al parecer, el *führer* se había enterado finalmente del intolerable estado de la situación y había actuado de forma inmediata y despiadada para erradicarlo. Un informe de Baviera sugería —con lógica, pero sin realismo— que la intervención de Hitler anulaba «la recurrente afirmación de que "el *führer* está rodeado por una camarilla que le oculta los tejemanejes del partido y de las SA"».[45] De hecho, la afirmación del informe de Baviera resultaba notablemente irracional, ya que el mismo hecho de que en esta ocasión se supusiera que Hitler había reconocido la existencia de un mal y actuado para eliminarlo, parecía robustecer de hecho la leyenda de que

---

43. BAK, R43II/1263, Fos. 235-237, Goering a Hess, 31 de agosto de 1934.
44. GStA, MA 106765, AA Weissenburg, 9 de junio de 1934.
45. GStA, MA 106767, AA Kempten, 9 de agosto de 1934.

cuando no actuaba era porque sus subordinados le habían ocultado los auténticos problemas, debido a que dichos subordinados tenían mucho que perder en caso de que se llegase a descubrir cualquiera de las realidades de su mal gobierno. La frase «Hitler estará bien, pero sus subordinados no son más que unos estafadores» —comentario realizado en diciembre de 1934 por un miembro del partido en Baviera— se convirtió en un lugar común durante los meses que siguieron a la «conjura Röhm».[46] Muchos de los que en enero de 1933 habían depositado su confianza en la «revolución nacional» estaban dispuestos a distinguir entre las apariencias externas, tal como quedaban reflejadas en la deplorable conducta de los funcionarios del partido, y la «idea» misma, encarnada en el símbolo de la rectitud política, en un hombre sin defectos, un *«führer* sin tacha», como sostenía de forma muy expresiva un informe.[47]

El partido era evidentemente incapaz de lograr una integración política real en el Tercer Reich. Sin embargo, tras la «conjura Röhm», y en un momento de verdadera crisis para el régimen, Hitler había sido capaz de reforzar su propia posición popular, y con ella la del régimen mismo, y logrado, al explotar los «saludables sentimientos del pueblo» y apelar a un sentido convencionalmente crudo de la moralidad y el orden, integrar a la población y crear en ella vínculos de mayor identificación con el *führer*, incluso a expensas de los miembros de su propio movimiento. El asunto constituyó un éxito de propaganda *par excellence*.

### 3.2. Los «pequeños hitleres»: la imagen de los jefes locales del partido

Habiendo transcurrido tan sólo poco más de un año desde la «toma del poder», ¿cómo se deterioró tan marcadamente la imagen pública de las figuras representativas del Partido Nazi en las localidades, hasta el punto alcanzado tras la «conjura Röhm», de modo que, como hemos visto, incluso Goering pidiera una purga generalizada del partido? ¿Y cuáles

---

46. StAA, Amtsgericht Cham 72/35. Véase también, por ejemplo, GAtA, MA 106767, AA Cham, 9 de agosto de 1934; AA Marktredwitz, 7 de agosto de 1934; AA Schwandorf i. B., 10 de septiembre de 1934, 10 de enero de 1935; AA Straubing, 10 de septiembre de 1934; MA 106691, LB de RPvOB, 8 de agosto de 1934. Véase Kershaw, *Popular Opinion*, págs. 122-123.

47. GStA, MA 106767, AA Marktredwitz, 11 de septiembre de 1934.

eran los rasgos distintivos de la imagen negativa del funcionario del partido que hacían destacar con tan acusado relieve la inmaculada imagen del *führer*? Nos será más fácil hallar las respuestas si echamos un vistazo a algunos ejemplos muy característicos de las relaciones entre el partido y la población local en un plano más elemental.

Por supuesto, hemos de ser conscientes de que el envilecimiento de los funcionarios del partido —los «pequeños hitleres» como se los motejaba con frecuencia— no tenía por qué llevar necesariamente aparejado el rechazo del partido mismo, y menos aún el de la ideología y los objetivos del nacionalsocialismo. Además, no hay duda de que muchos de los ataques eran aguijoneados por aquellos que eran hostiles al régimen (pese a que las críticas fueran compartidas, como ya hemos señalado, por los propios miembros del partido). Además, los miembros locales del partido no eran impopulares en todas partes. Recientes estudios del perfil social del Partido Nazi en los años posteriores a 1933[48] han demostrado que el potencial de integración política en el plano local era considerable en las zonas en las que el partido ya había conseguido con anterioridad representantes provenientes de las élites sociales y políticas, que ya disfrutaban de un grado de reconocimiento público y de aceptación social, y que se contentaban con coordinarse de forma más o menos «nominal» con las instituciones locales tras la «toma del poder». De manera similar, las cosas rodaron de forma relativamente suave allí donde otras personas de mérito, «respetables» y «moderadas», personas que se habían subido al tren nazi en 1933, habían llegado a ocupar posiciones destacadas en el gobierno local y en las organizaciones locales del partido. Por último, era menos probable que se produjeran conflictos en aquellas comunidades en donde los problemas ideológicos habían sido mínimos antes de 1933. Por otro lado, predominaban niveles de disensión significativos allí donde, en 1933, la solución de continuidad había sido más pronunciada, allí donde los miembros de la «vieja guardia», personas de escaso relieve social, habían sido catapultados a posiciones de liderazgo en el gobierno y en el partido local, y allí donde «advenedizos» funciona-

48. Véase Z. Zofka, «Dorfeliten und NSDAP», en *Bayern IV*, págs. 383-433; Zofka, *Die Ausbreitung des Nationalsozialismus auf dem Lande*, págs. 238 y sigs., 294 y sigs.; E. Fröhlich y M. Broszat, «Politische und soziale Macht auf dem Lande. Die Durchsetzung der NSDAP im Kreis Memmingen», *VfZ*, xxv (1977), 546-572; y E. Fröhlich, «Die Partei auf lokaler Ebene. Zwischen gesellschaftlicher Assimilation und Veränderungsdynamik», en Hirschfeld y Kettenacker, págs. 255-269.

rios del partido habían provocado tentativas radicales dirigidas a atacar y desplazar las estructuras tradicionales del poder y la influencia social.

Por consiguiente, en modo alguno puede decirse que el tipo del «pequeño Hitler» fuera omnipresente, aunque no obstante se le encontrara lo suficientemente extendido como para generar una generalizada crítica y para empañar de forma irreparable la imagen del partido. En cierto sentido, los funcionarios del partido estaban recogiendo la mies del prejuicio contra los políticos y los «peces gordos» locales que ellos mismos habían contribuido a sembrar, y tuvieron que hacer frente a la insatisfacción y a la discordia cotidianas que se habían producido como reacción por la decepción de las utópicas esperanzas en el Tercer Reich que ellos habían espoleado. Los «pequeños hitleres», al hallarse en la primera línea de la arena local, tuvieron que soportar la peor parte del descontento. En agudo contraste, el mito de Hitler —que, en parte, constituía claramente un mecanismo subconsciente con el que compensar la perceptible escasez de la «vida diaria» durante el Tercer Reich— se mantenía al margen de las disensiones, en un elevado e intocable plano.

El distrito de Ebersberg, en la Alta Baviera, proporciona un ejemplo del desarrollo de una imagen del partido altamente negativa que surgía de la precaria posición de los funcionarios locales del partido. Como en otras muchas zonas católicas, el NSDAP sólo había sido capaz de realizar, en fecha tan tardía como la de marzo de 1933, una sustancial (aunque aún incompleta) penetración electoral en esta zona, y este éxito demostró ser, al igual que en otros lugares, transitorio.[49] En abril de 1933, poco tiempo después de la reorganización de los ayuntamientos, empezaron a aflorar discordias en cierto número de comunidades de la zona de Ebersberg. En la pequeña ciudad comercial de Markt Grafing, donde los roces surgieron con rapidez, el escaso reconocimiento público hacia la nueva «élite» política se desprende con claridad de los informes de la policía local. Según un informe de septiembre de 1933, hubo rumores en la ciudad de un generalizado «movimiento popular en contra de aquellas personas que, teniendo puestos destacados en el movimiento nacional de la comunidad, como es el caso de los dirigentes locales de base y otros cargos similares, traten de influir en el alcalde. En la mayoría de las

49. El NSDAP obtuvo únicamente el 24,3 % de los votos en noviembre de 1932, pero duplicó prácticamente su nivel de respaldo al elevarlo hasta el 47,5 % en marzo de 1933; Hagmann, pág. 22.

ocasiones se trata de personas que no gozan de especial estima y en las cuales la gente no confía».[50] Seis meses después, la escasez de seguidores del «movimiento nacional» en la zona se atribuyó al hecho de que los dirigentes locales nunca hubieran contado con la confianza de la gente.[51] De hecho, la ciudad parece haber sido gobernada por personajes de mala reputación después de 1933. Incluso un buen número de miembros del partido eran muy contrarios al cabecilla del grupo local, evidentemente un tipo muy desagradable y dominante que en junio de 1933 había realizado un juego sucio para poder convertirse en alcalde y fomentado de paso una campaña de desprestigio para lograr que su principal rival para el puesto, el dirigente campesino local y director de la cooperativa de la fábrica de cerveza, fuese acusado de malversación.[52] De hecho, la gente se sentía igualmente a disgusto con el propio dirigente campesino, que disfrutaba de poco respeto entre los granjeros debido a la mala gestión de su propia finca y a que sus prácticas comerciales como director de la fábrica de cerveza local ya habían alejado antes de la ciudad a los taberneros, y a que sus planes de ampliación, que contemplaban la ubicación de una carnicería en los locales de la fábrica, estaban enfureciendo ahora a los grupos de carniceros existentes.[53] En suma, este dirigente campesino gozaba de poco predicamento entre las personas destacadas de la hermandad comercial de la ciudad.

La persistente hostilidad hacia la persona del alcalde y cabecilla del grupo local empezó a airearse a través de quejas en el otoño de 1934, quejas que sostenían que la prometida «limpieza» del partido nunca se había producido. El informe de noviembre de 1934 se hacía eco de las quejas de los campesinos y de los habitantes del burgo de Markt Grafing, en las que se señalaba que mientras quienes «no entienden nada de política local no sean destituidos de sus puestos y remplazados por personas auténticamente competentes de perspectiva nacional, nadie depositará su confianza en el gobierno». Es significativo que Hitler quedara expresamente al margen de cualquier crítica. El informe continuaba diciendo: «Los habitantes del pueblo están completamente de acuerdo con las órdenes del *führer* Hitler, a quien aman por encima de todo y que, en su

50. StAM, LRA 76887, GS Markt Grafing, 12 de septiembre de 1933.
51. *Ibid.*, 26 de marzo de 1934.
52. *Ibid.*, 31 de julio de 1934.
53. *Ibid.*, 12 de enero de 1934.

opinión, realmente quiere lo mejor para ellos. Sin embargo, no están de acuerdo, decididamente no, con los entrometidos que ya antes no podían hacer ni entender nada y que ahora siguen sin comprender una palabra».[54]

La dicotomía entre la estima suscitada por Hitler y el desprecio hacia el partido local y sus dirigentes constituía también una característica destacada en otras comunidades de este distrito. Según un informe en modo alguno atípico, «hay una gran simpatía entre la población hacia el *führer* y canciller del Reich Adolf Hitler. Nunca he escuchado un comentario negativo relacionado con su persona. Más bien, lo que se oye de vez en cuando es esto: "Sí, si Hitler pudiera hacerlo todo él mismo, algunas cosas serían distintas. Pero no puede supervisarlo todo"».[55] Difícilmente podría haber un contraste más agudo con la imagen que tenía el partido en la zona. En Landsham, la caída del entusiasmo por el NSDAP fue atribuida a la afiliación de comunistas y delincuentes, así como a las «increíbles condiciones» existentes en el seno del partido local.[56] En la misma Ebersberg, la intromisión de los dirigentes del partido en los asuntos del gobierno local había provocado un estado de ánimo «muy tenso»,[57] mientras que, en la vecina Zorneding, se consideraba que la pérdida de confianza en los dirigentes del partido local era la razón de las dificultades encontradas en la obtención de efectivos para las SA, las juventudes nazis y las organizaciones femeninas.[58] Junto al malestar económico y a la nutrida afiliación a la Iglesia católica, era evidente que las peleas entre las facciones, así como el hecho de que sus miembros no gozasen de un respeto hacia sus personas ni de posición social, contribuían a socavar la autoridad de los funcionarios del partido en el distrito de Ebersberg, donde, seis meses después de la «conjura Röhm», se seguía esperando con ansia una purga.[59]

54. *Ibid.*, 30 de noviembre de 1934.

55. *Ibid.*, GS Steinhöring, 31 de enero de 1935, 1 de agosto de 1935. Para la expresión de opiniones casi idénticas, véase también GStA, MA 106691, LB de RPvOB, 8 de agosto de 1934; y StAM, OLG 127, PLG Eichstätt, 28 de diciembre de 1935.

56. StAM, LRA 76887, GS Landsham, 10 de agosto de 1933.

57. *Ibid.*, GS Ebersberg, 26 de junio de 1933.

58. *Ibid.*, GS Zorneding, 13 de mayo de 1934, 1 de noviembre de 1934. En GStA, MA 106670, RPvOB, 3 de marzo de 1934, se señala hasta qué punto era escasa la disposición de los campesinos de Zorneding a contribuir a las colectas de la ayuda invernal y el fuerte contraste entre este hecho y su disposición a contribuir a las colectas para las misiones de la Iglesia.

59. StAM, LRA 76887, GS Markt Grafing, 31 de diciembre de 1934.

No obstante, Ebersberg no era un caso aislado. Podían observarse tendencias similares incluso en zonas en las que el NSDAP había obtenido un nivel de apoyo relativamente alto antes de 1933. En Wolfratshausen, cerca de Munich, por ejemplo, un lugar en el que los nazis habían obtenido la mayoría absoluta en marzo de 1933 y donde la proporción de población local que se había afiliado superaba con mucho la media, el partido se encontraba al parecer en una situación miserable en el otoño de 1934. Sólo en cuatro comunidades se describía como favorable la moral del partido. En otros lugares existía un «bajo estado de ánimo que no disminuía», se observaba «cansancio en el partido», «desplome en la moral», dimisiones en las SA y en la organización para el bienestar, objeciones a las incesantes colectas, graves quejas relativas a las organizaciones juveniles, y censuras al estilo de vida y la conducta moral de los dirigentes locales del partido.[60]

La falta de principios morales constituía también el problema central en Amberg, en el Alto Palatinado, donde, poco después de la «conjura Röhm», se escucharon quejas contra seis dirigentes locales del partido que eran particularmente mal vistos por la gente del distrito, quejas que incluían la ebriedad, la contracción de fuertes deudas, los excesos sexuales, el robo, el fraude, la falsedad documental, la malversación y los actos de brutalidad.[61] El secretario de Administración del distrito, disgustado él mismo con los dirigentes del partido con los que tenía que tratar, defendía la necesidad vital, urgente y «despiadada de una drástica purga», y achacaba los pobres resultados del distrito en el plebiscito del 19 de agosto de 1934 a la repulsiva conducta de «incontables "dirigentes" mezquinos».[62]

En la zona turística de Garmisch-Partenkirchen, donde los nazis habían obtenido resultados bastante buenos antes de 1933 y que en términos materiales estaba beneficiándose significativamente con el Tercer

60. StAM, NSDAP 249, informe de una reunión de 15 *Ortsgruppen* y *Stützpunkleiter*, el 18 de octubre de 1934. En este mismo archivo, así como en NSDAP 256, pueden encontrarse las estadísticas de la afiliación al partido. La comparación de estas estadísticas con las cifras de la Alta Baviera se encuentran en *Parteistatistik*, edición del Reichsorganisationsleiter del NSDAP, Munich, 1935, i. 34-35. Para el respaldo de votantes, véase Hagmann, págs. 12-13 y 22.

61. StAA, BA Amberg 2399, BA Amberg, 29 de agosto de 1934, y véase también el informe del 31 de julio de 1934.

62. *Ibid.*, BA Amberg, 30 de agosto de 1934.

Reich, la sorprendente pérdida de prestigio protagonizada por el partido durante los primeros años del gobierno nazi pueden relacionarse una vez más con la mala imagen de los funcionarios locales. Las quejas sobre la conducta de dirigentes concretos del partido crecieron notablemente en 1934, y volvieron a aumentar el año siguiente. En agosto de 1934 se informó de que «el pueblo pone sus esperanzas en un líder fuerte y espera de él salvaguarda y protección. La gente también escucharía de buena gana a este líder. Por otra parte, aún siguen existiendo roces políticos generados por mezquindades o por desafortunadas medidas aplicadas por los órganos de los dirigentes subordinados, roces que son lo más indicado para enfriar la jubilosa aprobación del nuevo Estado entre el conjunto de la población».[63] En una comunidad del distrito, donde se habían encrespado los ánimos con motivo de la injerencia del partido en la designación del alcalde, se atacó incluso el propio «principio del liderazgo», y se dijo que sólo era beneficioso si se promovía a los puestos de dirección a personas capaces con trayectorias inmaculadas.[64] Las repetidas muestras de disensión en el seno del partido y los auténticos o presuntos escándalos asociados con las personalidades más destacadas del distrito contribuyeron sustancialmente a generar un estado de cosas en el que la falta de interés en el partido, o su completo rechazo, resultaban manifiestamente obvios.[65] El punto de vista que expresaba un informe a principios de 1935, informe que señalaba que «el *führer* quiere lo mejor para su pueblo, pero el partido necesita una verdadera purga», no era ciertamente un punto de vista aislado.[66]

63. StAM, LRA 61612, BA Garmisch, 2 de agosto de 1934. Para el apoyo electoral del NSDAP antes de 1933, véase Hagmann, págs. 23*, 2-3, 12-13, 22; y G. Pridham, *Hitler's Rise to Power. The Nazi Movement in Bavaria 1923-1933*, Londres, 1973, págs. 284-285.

64. StAM, LRA 61613, GS Mittenwald, 30 de diciembre de 1934, 28 de febrero de 1935.

65. StAM, LRA 61612, BA Garmisch, 3 de noviembre de 1934; LRA 61613, GBF Garmisch, 3 de abril de 1935; GS Wallgau, 28 de febrero y 30 de noviembre de 1935. Y para la escasa asistencia a los mítines del partido, el reducido interés por las noticias relativas a la reunión del partido en Nuremberg, la omisión de la prensa nazi, la apatía por la recuperación de Saarland para Alemania, y las quejas de que «el programa del partido es aún poco conocido aquí por la mayor parte de la gente», véase StAM, LRA 61612, BA Garmisch, 2 de octubre, 3 de noviembre y 3 de diciembre de 1934; LRA 61613, GS Partenkirchen, 30 de diciembre de 1934; BA Garmisch, 6 de marzo de 1935; GBF Garmisch, 3 de abril de 1935.

66. StAM, LRA 61613, GBF Garmisch, 4 de febrero de 1935.

En las grandes ciudades, la situación era muy similar, tal como aclaran sin ambages los informes de Augsburgo del otoño de 1934. La utilización de grandes automóviles para transportar a los presuntuosos jefes del partido por toda la ciudad se señalaba como una particular fuente de irritación para los sectores más pobres de la población. Con anterioridad a 1933, los supuestamente corruptos y egoístas dirigentes de los sindicatos y los partidos de Weimar habían sido el blanco de una implacable denigración por parte de los nazis. Sin embargo, los trabajadores de Augsburgo no tardaron en señalar que los nuevos «peces gordos» estaban superando con mucho a los anteriores en su explotación de las ventajas materiales. Como en todas partes, un fuerte tinte moralista se hallaba presente en la condena de los representantes locales del partido, que, según se afirmaba, se pasaban el tiempo sentados en salones, dejaban sus deudas impagadas y desatendían a sus familias. Los rumores injuriosos —sin duda avivados en muchos casos por emisoras de radio extranjeras o por panfletos de la oposición en la clandestinidad a los que evidentemente se concedía una amplia credibilidad— proporcionan también una indicación de la escasa reputación de algunas de las figuras nacionales del partido. Los comentarios sobre el hábito de la bebida del dirigente del Frente de Trabajo, Robert Ley, eran, desde luego, legión, y, por supuesto, iban de boca en boca en Augsburgo. Otro de los rumores que circulaba era el de que Baldur von Schirach, el cabecilla de las Juventudes Hitlerianas, se había pegado un tiro tras haber malversado y despilfarrado dos millones de marcos del Reich. Uno de las principales «lumbreras» de la Oficina de la Propaganda del Reich en Berlín fue acusado de haberse deshonrado ante numerosos invitados en uno de los más lujosos hoteles de Augsburgo. Y otro rumor, que significativamente exoneraba a Hitler de toda falta moral, sostenía que el *führer*, en una inesperada visita a Augsburgo, había descubierto a «los otros» en plena borrachera en el bar de un hotel, procediendo a arrestar, furioso, a 20 personas, incluyendo al jefe cantonal local, Karl Wahl.[67]

Todos los ejemplos anteriores proceden de Baviera. Puede aumentarse su número aportando pruebas similares provenientes de otros muchos

67. GStA, MA 106697, LB de Pd Augsburgo, 1 de septiembre, 1 de octubre y 1 de noviembre de 1934. Para una crítica similar en otras partes de Baviera, véase *ibid.*, LB de Pd Munich, 3 de septiembre de 1934; MA 106691, LB de RPvNB/OP, 6 de septiembre de 1934; MA 106694, LB de RPvOF/MF, 9 de noviembre de 1934.

lugares de Alemania, lo que demuestra las dimensiones del abismo que separaba las imágenes del partido y el *führer* ya en los primeros años del Tercer Reich. Según un informe de la provincia del Rin, fechado en febrero de 1935, «el *führer* siempre encuentra [...] palabras adecuadas para crear y producir una verdadera comunidad popular», mientras que los dirigentes locales del partido «violan todos los días y a todas horas» su clara intención de superar las antiguas divisiones políticas al volver más hondos los viejos antagonismos y trasladarlos a sus actuales «luchas egoístas por su posición personal». Tal como sucedía en otros lugares, la gente pensaba que se ocultaba a Hitler el estado real de la situación, aunque el informe aludía, de forma vaga pero inquietante, al peligro que se agazapaba en estas convicciones. «Nuestro padre el zar no sabe nada de esto, él no lo desea ni lo toleraría», se decía antes de la guerra de Rusia. Sin embargo, el destino de Rusia demuestra que este principio es peligroso», concluía el informe de un modo un tanto ambiguo.[68]

Una carta anónima enviada al ministro del Interior del Reich, Frick, por un simpatizante nazi de Sajonia a mediados de 1935 nos da una pista sobre el tipo de malestar material que subyacía a la yuxtaposición de la imagen idealista de Hitler y las críticas a los jefes del partido. Su autor suplicaba a Frick que prestase mucha atención a la inquietud popular por la enorme proliferación de los cargos del partido, así como a la extendida corrupción que la acompañaba, y le recordaba lo que se había venido predicando antes de la «toma del poder» sobre la necesidad de sobriedad y sobre la reducción de los gastos del gobierno. El propio Hitler era considerado como la encarnación de esta «simplicidad», mientras que sus subordinados trataban a la gente como a esclavos, explotándoles todo lo que podían, y proporcionando trabajo únicamente para unos cuantos miembros favorecidos del partido. En caso de que se produjeran unas nuevas elecciones, continuaba, serían miles los que dijeran «"Adolf Hitler y todos sus hombres, sí, tienen nuestra plena confianza. ¡Pero los demás, los que se dan la buena vida a expensas de sus camaradas del pueblo mientras hay tantos que pasan hambre y la clase media se arruina, no! ¡No les votéis!"».[69]

68.  Heyen, págs. 287-288.

69.  ZStA, Potsdam, 27079/36, carta anónima a Frick, 21 de junio de 1935. Para una crítica demoledora de la corrupción del partido y del autoritario «gobierno de los jefes»

Las primeras impresiones son difíciles de quebrantar. En estos primeros años del Tercer Reich, la población formó actitudes hacia el partido y fraguó opiniones que, a pesar de todos los esfuerzos, habrían de persistir durante todo el régimen, lo que equivalía de hecho a una crónica crisis de confianza en el partido y en sus representantes, sobre todo en los planos local y regional.

La pretensión, tantas veces repetida antes de la «toma del poder», de que el NSDAP, como «movimiento» nacional y social-revolucionario y no un simple partido político «más», habría de crear nuevos lazos de unidad procediendo a eliminar y a trascender el «sistema de partidos», resultaba muy atractiva y era responsable de gran parte del dinámico interés que había suscitado el nazismo. Después de 1933, la realidad era muy diferente. La estrafalaria retórica sobre un renacimiento nacional y una renovación social contrastaba de manera vívida con la conducta del partido y la de los jefes y activistas de las SA. Hiciera lo que hiciese el gobierno del Reich en Berlín, en los niveles básicos el partido era incapaz de generar una convincente imagen de sí mismo como fuerza positiva para el establecimiento de una «comunidad del pueblo». Muy al contrario: la generalización de los chanchullos, de las ambiciones y de las ansias egoístas revelaron que el NSDAP era un partido muy similar al resto por su corrupta gestión de los particulares intereses propios. Pese a que muchos de los que se unieron al torrente de nuevas afiliaciones al NSDAP durante los primeros meses de 1933 eran más «respetables» que la mayoría de los miembros de la «vieja guardia»,[70] los puestos más importantes en las delegaciones locales del partido permanecían con frecuencia

---

como característica destacada de la creciente crisis de confianza en el propio sistema, véanse los informes de Berlín a los que nos hemos referido más arriba en el capítulo 2, notas 74-76. Véanse también los informes del Sopade, en ocasiones claramente exagerados en cuanto a su valoración de la crisis, y provenientes de diversas partes de Alemania, en DBS, ii. 895, 899 y 903-905, 21 de septiembre de 1935.

70. Véase Fröhlich y Broszat, «Politische und soziale Macht auf dem Lande», y Zofka, «Dorfeliten». M. Kater, con su trabajo titulado «Sozialer Wandel in der NSDAP im Zuge der NS-Machtergreifung», en W. Schieder (comp.), *Faschismus also soziale Bewegung*, Hamburgo, 1976, págs. 25-67, demuestra el carácter cada vez más vinculado a la clase media de los afiliados al partido con posterioridad a 1933. Véase también Kater, *The Nazi Party*, págs. 85 y sigs., 97 y sigs.

en manos de los «advenedizos sociales», que ahora se estaban labrando a codazos un porvenir en la función pública. En el plano local, por consiguiente, el NSDAP era a menudo considerado como una estructura extraña en manos de una nueva «élite» de poco mérito, cuyas faltas, apreciables tanto en su vida personal como en su conducta política, eran, en consecuencia, objeto de atención y de reproche.

Además, y de manera particular en las zonas rurales, los con frecuencia frenéticos y habitualmente destructivos impulsos de los activistas del partido, al dirigirse contra las instituciones —en particular contra las iglesias— y los sistemas de valores existentes, azuzaban los conflictos latentes, o creaban otros nuevos, provocando mucha hostilidad. Por consiguiente, y en un cierto número de planos, el partido era percibido como un elemento que intervenía de forma regular —y negativa— en la vida diaria de los ciudadanos corrientes. La muy positiva imagen del *führer* ha de contemplarse a la luz de este contexto. Al igual que el proverbial rey del medievo cuyos perversos consejeros cargaban con las culpas, Hitler permanecía protegido de la impopularidad por la impopularidad misma de los «pequeños hitleres», y su carisma se conservaba intacto por las quejas y los agravios que se producían en la vida cotidiana del Tercer Reich.[71] La convicción de que el *führer* habría de intervenir decisivamente si alguna vez llegaban a sus oídos los diarios abusos de sus subordinados era a su vez un producto directo de esos abusos, el resultado de la necesidad psicológica de disponer de una autoridad inmaculada y «justa» que operase como mecanismo de escape para un descontento a punto de estallar y, por consiguiente, como válvula de seguridad para el régimen.

Evidentemente, el propio Hitler era consciente del contraste entre su propia popularidad y la impopularidad del partido, pese a que no pudiera admitir en público dicha disparidad —al menos no en compañía de los fieles del partido sobre quienes, en último término, descansaba el propio mito del *führer*—. De ahí que en 1935, en la reunión del partido en Nuremberg, Hitler se refiriera directamente a la distinción establecida entre su propia persona y el partido con la única intención de desechar dicha idea: «Debo contradecir aquí [...] el estereotipo tantas veces escuchado, en especial entre la burguesía: "Sí, el *führer* ¡pero el partido

---

71. Véase también M. Mayer, *They Thought They Were Free. The Germans 1933-1945*, Chicago, 1955, págs. 64-65; y Stokes, *SD*, págs. 514-516.

ya es otra cuestión!". A eso respondo de este modo: "No, señores, el *führer* es el partido y el partido es el *führer*"».[72] A pesar de estos alegatos, que de hecho granjearon al propio Hitler algunas críticas,[73] la dicotomía entre la imagen del partido y la del *führer*, una dicotomía que hemos examinado aquí, seguía existiendo. Era una dicotomía reconocida por Goebbels, nada menos, quien mucho después, en 1941, declaró que el mito del *führer* (de cuya creación pretendía ser autor) era la razón de que, «incluso hoy en día, millones de alemanes establezcan una distinción entre el *führer* y el partido, rehusando dar su apoyo a este último pese a seguir creyendo en Hitler».[74]

72. *Der Parteitag der Freiheit vom 10. – 16. September 1935. Offizieller Bericht über den Verlauf des Reichsparteitages mit sämtlichen Kongressreden*, Munich, 1935, pág. 287.

73. Véanse las quejas relativas a la defensa hecha por Hitler de sus subordinados en la reunión del partido en el informe de la policía de Berlín citado más arriba en el capítulo 2, nota 76.

74. Semmler, págs. 56-57.

# Capítulo 4

# El *führer* contra los radicales: la imagen de Hitler y la «lucha contra la Iglesia»

> El canciller del Reich vive sin duda con fe en Dios. Y reconoce que la cristiandad es la constructora de la cultura occidental.
>
> Cardenal FAULHABER, 1936

> Te damos gracias, Señor, por todos los éxitos que, por tu gracia, le has concedido a él hasta la fecha en bien de nuestro pueblo.
>
> Obispo MEISER, 1937

La polarización de las imágenes del *führer* y el partido se vio acentuada, así lo sugeríamos en el capítulo anterior, allí donde el conflicto ideológico existente en el seno de la sociedad se manifestaba de forma más aguda. El ejemplo más obvio de agria disputa ideológica en el Tercer Reich nos lo proporciona la confrontación del régimen nazi con las principales confesiones cristianas. Este enfrentamiento nos ofrece por tanto la posibilidad de examinar la configuración del mito de Hitler en un ámbito de graves y prolongados conflictos en los que los más destacados representantes de las Iglesias gozaban de una muy considerable influencia en la formación de la opinión de esa importante proporción de la población que mantenía una íntima lealtad hacia la Iglesia, protestante o católica.

La mayoría de las pruebas de nuestro examen provienen una vez más de Baviera, que, por supuesto, era el terreno idóneo para la «lucha contra la Iglesia».[1] El catolicismo dominante en la mayor parte de la provin-

---

1. He indagado la naturaleza de la discrepancia popular que emana en Baviera de la «lucha contra la Iglesia» en *Popular Opinion*, capítulos 4-5. Para el desarrollo general del conflicto entre la Iglesia y el Estado en el Tercer Reich, véase J. Conway, *The Nazi Persecution of the Churches 1933-1945*.

cia constituía una notable provocación para los radicales nazis, mientras que el extraordinariamente devoto protestantismo sometido a la situación de «diáspora» reinante en Franconia también promovió un marcado roce con los anticlericales del partido, incluso en un semillero de apoyos nazis. Hay, no obstante, pocas dificultades para encontrar en cualquier otra parte del Reich, tanto en la región protestante como en la católica, paralelismos con las actitudes que predominaban en la «lucha contra la Iglesia» que se estaba desarrollando en Baviera. Para anticipar la conclusión general: todas las pruebas parecen sugerir que la «lucha contra la Iglesia», pese a estimular un elevado grado de hostilidad hacia el partido y, en un sentido más amplio, hacia el régimen nazi, tuvo un impacto mucho menos negativo sobre la popularidad de Hitler de lo que podría imaginarse. De hecho, al escapar a gran parte del odio que provocaba el enconado conflicto, Hitler era considerado con frecuencia —y de manera muy notable, al parecer, también por parte de algunos dirigentes eclesiásticos— como el defensor de los valores religiosos de la cristiandad frente a los fanáticos ideólogos del movimiento nazi.

Como ya hemos visto anteriormente, las expectativas de un liderazgo «heroico» contenían desde el principio un fuerte componente de «mesianismo». La mezcla de un liderazgo secular con un liderazgo «divino» ya había sido sugerida por los escritores y teólogos *völkisch* y nacional-conservadores antes de la «toma del poder», como puede observarse en el siguiente pasaje de una obra publicada en 1923 por el polemista y teólogo nacionalista Wilhelm Stapel:

> El auténtico estadista reúne en su persona el paternalismo, el espíritu marcial y el carisma. Gobierna de forma paternal al pueblo que ha sido confiado a su cuidado. Si su pueblo se multiplica y crece, le proporciona espacio para vivir, congregando las fuerzas bélicas del pueblo. Y Dios le bendice enviándole buena fortuna y gloria, de modo que el pueblo le mira lleno de reverencia y confianza. De este modo, el hombre de Estado sostiene en su diestra la guerra y la paz y comulga con Dios. Sus humanas consideraciones se convierten en plegarias, en decisiones. Su decisión no constituye únicamente una cuestión de cálculo racional, sino algo relacionado con el entero conjunto de las fuerzas históricas. Sus victorias y sus derrotas no son accidentes humanos, sino designio divino. Por consi-

guiente, el verdadero estadista es a un tiempo gobernante, guerrero y sacerdote.[2]

Por obra de los propagandistas nazis, y mucho antes de 1933, la vena de la esperanza de un redentor, empapada en una imaginería pseudorreligiosa, quedó firmemente adherida al creciente culto al *führer* que se expandía en torno al líder del NSDAP. Pese a que entre los católicos fervientes, y con anterioridad a la «toma del poder», Hitler nunca se las había arreglado para zafarse de las acusaciones que sostenían que se oponía de modo fundamental a la cristiandad, no hay duda de que en otros ámbitos —y lo que no es menos importante, en algunos sectores significativos del clero protestante— había tenido algún éxito en el cultivo de la imagen de alguien que, pese a no ser devoto en el convencional sentido de ser muy practicante, conservaba una creencia en Dios o en la «Providencia» y sería capaz de trascender las divisiones confesionales al trabajar por una renovación ética y moral de Alemania.[3]

Tan pronto como se hubo convertido en canciller, el lenguaje de Hitler adquirió un tono marcadamente «mesiánico», y sus discursos públicos se veían frecuentemente repletos de un simbolismo religioso. El «despertar de la nación» se mezclaba con intención sugerente con la renovación religiosa, y la fuente de ambas nociones se ubicaba en la «misión» del *führer*. Su primer discurso público como canciller, en el Palacio de los Deportes de Berlín el 10 de febrero de 1933, terminó con un notable apogeo retórico en el que parafraseaba los últimos renglones de la versión protestante del Padrenuestro, al hablar del «nuevo Reich alemán de grandeza, honor, poder, gloria y justicia», concluyendo incluso

---

2. Citado en Sontheimer, pág. 271. Al igual que muchas de las personas pertenecientes a la derecha nacional-conservadora que buscaban un «líder» ideal y que, durante la República de Weimar, contribuyeron a divulgar la idea del liderazgo «heroico», Stapel llegó finalmente a considerar a Hitler y al Tercer Reich como una traición a sus expectativas. Véase Weinstein, págs. 11-13 y 39-40 (notas 35-37).

3. Véase Schweitzer, págs. 68 y sigs.; Diephouse, págs. 54 y sigs.; W. Carr, *Hitler. A Study in Personality and Politics*, Londres, 1978, págs. 5 y 132-136; y también F. Heer, *Der Glaube des Adolf Hitler. Anatomie einer politischen Religiosität*, Munich, 1966. La reciente obra de R. P. Ericksen, *Theologians under Hitler*, nos brinda una comprensión del modo en que nociones como la de «renovación espiritual» impulsaron a algunos de los más destacados teólogos de la Iglesia protestante a aceptar con entusiasmo el nazismo y a depositar las mayores esperanzas en el liderazgo de Hitler.

con un «Amén».[4] Unas cuantas semanas más tarde, cerró su discurso del 1 de mayo, el primer «Día del Trabajo Nacional», con una súplica directa al Todopoderoso: «Señor, ya lo ves, hemos cambiado. El pueblo alemán ya no es un pueblo sin honor, un pueblo de ignominia, que se desmembra, pusilánime y de poca fe. No, Señor, el pueblo alemán es de nuevo fuerte en su determinación, fuerte en su tenacidad, fuerte en su resistencia frente a todo sacrificio. Señor, no te abandonamos. Bendice ahora nuestro combate por la libertad, y de este modo al pueblo y a la patria alemana».[5] Un tercer ejemplo de la retórica «mesiánica» de Hitler, su discurso a los dirigentes políticos del partido reunidos en el mitin de 1936 en Nuremberg, ha sido calificado como «un asombroso montaje de textos bíblicos», ya que abundaban las alusiones a los Evangelios de Juan y Mateo, así como a otros pasajes de la Biblia.[6]

> Cómo no volver a sentir en esta hora el milagro que nos ha unido. Habéis escuchado la voz de un hombre y ha llegado a vuestros corazones, os ha despertado, y habéis seguido esa voz. La habéis seguido durante años, pese a no ver a la persona que emitía esa voz. Únicamente escuchasteis una voz y la seguisteis. Al reunirnos aquí, el milagro de esta congregación nos colma a todos. No todos me véis, y yo no os veo a todos. ¡Pero yo os siento y vosotros me sentís! [...] Ahora estamos juntos, estamos con él y él está con nosotros, ahora somos Alemania.

Quienes presenciaron estos mítines de masas en presencia del *führer* han atestiguado que para quienes tomaban parte en ellos la atmósfera y el efecto eran más próximos a los de una reunión religiosa evangelista que a los de una asamblea política «normal».[7] Parecen existir pocas dudas de que para los millones de personas que ya eran «creyentes en Hitler», o que se encontraban en proceso de «conversión», la dimensión «religiosa» era un poderoso componente del mito del *führer*. En una época en que los convencionalismos cristianos e incluso las más bien ingenuas for-

4. Domarus, pág. 208; véase también Von Kotze, pág. 41. Goebbels se estremecía con el impacto que ejercía el pasaje; J. Goebbels, *Vom Kaiserhof zur Reichskanzlei*, 21ª edición, Munich, 1937, pág. 260.
5. Domarus, pág. 264.
6. *Ibid.*, pág. 641. Stern, pág. 90, analiza las imágenes cristianas de este discurso, y para otros usos en 1936, véase Domarus, pág. 570 y Carr, pág. 135.
7. Véase W. Shirer, *Berlin Diary 1934-1941*, Londres, Sphere Book, 1970, págs. 22-23; Carr, págs. 5 y 136.

mas de la «piedad» popular permanecían en gran parte intactas mientras que las prácticas religiosas institucionalizadas, en especial en el seno de la mayoría protestante de la población, se hallaban sometidas a presión, la secularizada expectativa de un redentor y de la salvación nacional que Hitler predicaba no carecía de atractivo ni de eficacia como sustitutivo de la fe. Goebbels parece que comprendió esto y desaprovechó en muy pocas ocasiones el explotarlo —pese a que es posible que tampoco en este caso haya sido un mero cinismo por parte del ministro de Propaganda, ya que él mismo parece que fue una de las víctimas del «mesianismo» de Hitler—. Las descripciones que hace Goebbels de los principales mítines y discursos de Hitler tienen con frecuencia un pronunciado tono sacro, como sucedió en 1936 cuando pintaba el discurso «electoral» de Hitler en Colonia tras la reocupación de Renania como un ejemplo de «religiosidad en el más profundo y misterioso sentido de la palabra», algo en lo que «una nación profesa su creencia en Dios a través de su portavoz y pone su destino y su vida confiadamente en sus manos».[8] Goebbels conservó su fe en el «salvador» Hitler incluso en el insincero mundo del búnker de Berlín en 1945, y por ello aún fue capaz de consignar en su diario: «Cuando habla el *führer*, es como si hubiéramos asistido a un servicio religioso».[9]

Mucho más notable que el hecho de que Goebbels se tragara la aureola religiosa del *führer* que su propia propaganda había contribuido a fabricar es la constatación de que incluso destacados hombres de la Iglesia —algunos de los cuales es muy poco probable que hubieran sido ganados para el nacionalsocialismo— pareciesen haberse persuadido a sí mismos de que Hitler tenía un carácter profundamente religioso. Nada menos que un personaje tan importante como el propio cardenal Faulhaber, arzobispo de Freising y Munich, una de las personas de mayor influencia en la Iglesia católica, y en numerosas ocasiones abierto crítico de las políticas contrarias a la Iglesia del régimen nazi, escribió en un informe confidencial redactado tras una audiencia privada de tres horas con Hitler, el 4 de noviembre de 1936, que se había visto muy impresionado por el

---

8. Citado en Bramsted, pág. 209. Dos años antes, en su panegírico de cumpleaños, Goebbels consideró que «quizá sea también una muestra de religiosidad» que Hitler «entregue su vida entera al servicio del pueblo, trabajando y actuando en favor de la felicidad humana». *Völkischer Beobachter*, edición del norte de Alemania, 21 de abril de 1938.

9. J. Goebbels, *Tagebücher 1945. Die letzten Aufzeichnungen*, Hamburgo, 1977, pág. 49.

*führer* y que era una persona profundamente religiosa. «El canciller del Reich vive sin duda con fe en Dios», señaló Faulhaber. «Y reconoce que la cristiandad es la constructora de la cultura occidental.»[10]

La evidente habilidad de Hitler para fingir, incluso ante dirigentes eclesiásticos potencialmente críticos, una imagen de líder deseoso de apoyar y proteger a la cristiandad fue crucial para que influyentes miembros de las dos principales confesiones transmitieran esa imagen al público practicante. Ésa es la razón de que los cristianos practicantes, a menudo estimulados por sus «líderes de opinión» en las jerarquías eclesiásticas, estuvieran frecuentemente dispuestos a excluir a Hitler cuando condenaban la atea ideología nazi y a los radicales anticristianos del partido, así como a seguir viendo en él la última esperanza de poder proteger a la cristiandad del descreído bolchevismo.[11]

Antes de examinar el modo en que se reflejaban las actitudes populares hacia Hitler entre los cristianos practicantes, hemos de considerar por tanto los pronunciamientos públicos de los propios clérigos, de cuya ininterrumpida influencia en la configuración de la opinión en el Tercer Reich no cabe dudar.

La ambivalencia de la actitud de las Iglesias hacia el nazismo durante el Tercer Reich es algo, desde luego, bien establecido. Allí donde las instituciones, tradiciones, prácticas y creencias de la Iglesia se encontraban sometidas a un ataque directo por parte de los nazis, la actitud de desafío era notable, tenaz y en ocasiones exitosa. En los demás lugares se buscaba un cierto grado de acomodo y un *modus vivendi*.

Ya desde el mismo principio del Tercer Reich, las jerarquías de ambas Iglesias —incluso los obispos católicos que, con anterioridad a 1933, habían sido extremadamente reservados en su actitud hacia el movimiento nazi— contribuyeron a calmar la ansiedad y la incertidumbre entre la

10. Citado en L. Volk, «Kardinal Faulhabers Stellung zur Weimarer Republik und zum NS-Staat», *Stimmen der Zeit*, clxxvii, 1966, pág. 187; véase también Lewy, págs. 207-208.

11. Al margen de las confesiones principales, muchas de las pequeñas sectas cristianas —con la notable excepción de los «Testigos de Jehová»— también se mostraban efusivas en su aclamación a Hitler, en ocasiones, incluso hasta el punto de afirmar que Jesús era el «*führer* ideal» para, acto seguido, ver en Hitler al *führer* que Alemania estaba buscando; véase C. King, *The Nazi State and the New Religions*, Nueva York/Toronto, 1983, págs. 91-93, 99, 122-124, 127, 130-131, 141, 188-189 y 194.

población practicante, y también a crear un talante de respeto hacia la autoridad de Hitler como canciller del Reich. Incluso dejando a un lado la existencia de un sector pro nazi, hubo, por regla general, mucho más entusiasmo por el nazismo en la Iglesia protestante que entre el clero católico. Por otro lado, en la más unitaria Iglesia católica no existía ningún movimiento organizado en el que la oposición doctrinal evolucionara hasta posiciones políticamente alejadas del nazismo, tal como ocurrió entre la minoría protestante vinculada a la «Iglesia Confesional». En aquellos lugares en los que el nazismo no constituía abiertamente una amenaza, puede decirse que ambas confesiones principales, cuando menos, lo toleraron, que aceptaron sin objeciones los ataques a las minorías raciales, sociales y políticas, y que, por lo general, aplaudieron el expansionismo de la política exterior.[12]

Ni siquiera las primeras experiencias de la intervención nazi en los asuntos de la Iglesia consiguieron hacer grave mella en la actitud de aprobación hacia el propio Hitler, como demuestra el ejemplo del superior de la Iglesia protestante en Baviera, el obispo Meiser. En el otoño de 1934, Meiser fue destituido por los comisarios que había enviado a Munich el ministro para Asuntos Religiosos del Reich en Berlín, temporalmente puesto bajo arresto domiciliario, y reintegrado a su cargo sólo tras seis turbulentas semanas de protestas generalizadas entre la población fervientemente protestante de Franconia.[13] No obstante, nada de esto hizo que Meiser se distanciara de Hitler. Poco después de habérsele restituido su cargo, declaró públicamente en Munich: «Los protestantes se sentirían avergonzados si, por el hecho de servir al Evangelio, se les volviese incapaces de servir al pueblo e incapaces de ofrecer, frente a cualquier dificultad, el más leal respaldo al *führer* de nuestro pueblo».[14] Algún tiempo después, en una circular dirigida a los sacerdotes y a los profesores encargados de la instrucción religiosa y enviada justo antes de las «elecciones al Reichstag» del 29 de marzo de 1936 que se habían convocado tras la reocupación de Renania, Meiser daba a entender que estaba

---

12. Para la diversidad de los puntos de vista adoptados en diferentes investigaciones sobre los niveles de cooperación y oposición protagonizados por las Iglesias durante el Tercer Reich, véase J. Schmädeke y P. Steinbach (comps.), *Der Widerstand gegen den Nationalsozialismus*, Munich, 1985, Pt. 3 y págs. 1.125-1.127.

13. He estudiado el malestar popular causado por la destitución de Meiser en *Popular Opinion*, págs. 164 y sigs.

14. *KL*, i. 36.

al tanto del dilema que se derivaba de sus comentarios favorables a Hitler. Reconocía que responder con un «sí al llamamiento del *führer*» podía ser interpretado como una aprobación del activismo anticristiano del partido. No obstante, declaró que «esperaba que los pastores y las comunidades estuvieran dispuestas, con clara determinación, a brindar su apoyo a la liberación y la paz del hombre a quien había sido confiado el liderazgo del pueblo». Y mostrándose de acuerdo en llevar a la conciencia del *führer* la preocupación suscitada por la «lucha contra la Iglesia», esperaba «despejar el camino a todos, de modo que, con confianza en el hecho de que el *führer* conoce su angustia, puedan decidir el 29 de marzo en el sentido que ordenan el amor a su pueblo y los lazos de obediencia y lealtad al *führer*».[15] Tras cuatro años de un conflicto sin precedentes entre la Iglesia protestante y el Estado, Meiser aún podía ofrecer en enero de 1937, con ocasión del cuarto aniversario de la «toma del poder», públicas oraciones por Hitler, salmodiando: «En este día te encomendamos de modo especial al *führer* y canciller de nuestro Reich. Te damos gracias, Señor, por todos los éxitos que, por tu gracia, le has concedido a él hasta la fecha en bien de nuestro pueblo».[16]

La lealtad al *führer* era subrayada intencionadamente por las Iglesias y puesta en relación con el «peligro bolchevique» que la propaganda nazi había aireado mediante dilatadas campañas tras el estallido de la guerra civil española en 1936. Incluso aquellos que eran claramente críticos con las políticas contrarias a la Iglesia que mantenía el régimen estaban dispuestos a brindar público apoyo a la «lucha [del *führer*] contra el bolchevismo». Esto queda patente en los comentarios realizados en junio de 1937 por un pastor protestante bávaro en una reunión del «Frente Confesional» —el sector de la Iglesia que se había opuesto abiertamente a los intentos de derribar los fundamentos tradicionales del protestantismo—. Se dice que sus palabras fueron: «Todos respaldamos firmemente al *führer*. Todos sabemos que si el Tercer Reich se derrumbase hoy, sería sustituido por el bolchevismo. Por consiguiente: lealtad a

---

15. *Ibid.*, ii. 82. Para otros ejemplos de público aliento con el que el clero de ambas confesiones principales instaba a brindar apoyo al *führer* en el plebiscito de 1936, y también en el plebiscito que siguió al *Anschluss* en 1938, véase *ibid.*, i. 136; ii. 83, 276; iii. 100, 161; GStA, MA 106687, informe de BPP, 1 de abril de 1936, págs. 16 y 18; StAM, LRA 134057, BA Bad Tölz, 3 de abril de 1936; y (sobre la Iglesia católica), Lewy, págs. 201-205 y 211-218.

16. *KL*, i. 193.

nuestro *führer*, que nos ha salvado del bolchevismo y nos ha dado un futuro mejor».[17]

La errónea noción de que el ataque a las Iglesias podía separarse, en concepto de componente negativo, de la política nazi, una política que, por lo demás podía, en términos generales, aceptarse, y con frecuencia ser abiertamente bien recibida, marcó una de las ambivalencias básicas de la actitud de la Iglesia protestante durante el Tercer Reich. Pese a ser más apagado en el caso de la Iglesia católica, donde el choque ideológico con el régimen era de naturaleza más fundamental y la «lucha contra la Iglesia» constituía una implacable guerra de desgaste, el reconocimiento dispensado a los «logros nacionales» del régimen, y, en particular, el concedido a la persona del *führer*, un reconocimiento que corría parejo a la vehemente condena de toda interferencia en el ámbito de la Iglesia, venía a suponer, también en este caso, la existencia de un incómodo dualismo. Esto se hallaba claramente presente en la «Carta pastoral de los obispos alemanes sobre la protección contra el bolchevismo», publicada en diciembre de 1936, y que, tal como sucedía en anteriores cartas pastorales de ese mismo año, manifestaba la cooperación sin reservas de los obispos en la «tarea religiosa» de rechazar la amenaza del bolchevismo, así como en el respaldo al *führer*, cuyos «pensamientos y aspiraciones se proponen advertirnos del horrible peligro», ya que él ha podido observar su avance desde lejos. «Pese a que rechacemos las injerencias en los derechos de la Iglesia», continuaba la pastoral, «queremos respetar los derechos del Estado en la jurisdicción que le es propia y valorar también los buenos y grandes aspectos de la obra del *führer*».[18]

Igualmente característico de la ambivalencia es la defensa en la hoja diocesana de Passau, en una zona en la que la «lucha contra la Iglesia» había hecho continuos estragos, de oraciones «por el *führer* y la patria» en el cuarto aniversario del acceso de Hitler a la cancillería: «Con sincera gratitud al Todopoderoso, recordamos en este día toda la grandeza que se ha generado en estos cuatro años como consecuencia de la energía puesta por el *führer* en la construcción y el robustecimiento del Reich

---

17. *Ibid.*, ii. 195-196.
18. Citado en Lewy, págs. 209-210. Véase también *KL*, i. 190-191; iii. 118. Faulhaber escribió un borrador del texto poco después de su audiencia privada con Hitler, que tanto impacto le había causado; Lewy, pág. 209.

y de la comunidad del pueblo».[19] De similar talante era la asociación hecha por el cardenal Faulhaber —en un sermón pronunciado en 1936— entre, por un lado, «la fuerte crítica de la época presente», en especial de los ataques nazis a las escuelas confesionales y de la escenificación de «sumarios morales» en los que se inculpaba al clero católico, y, por otro, la petición a la congregación de los fieles, petición con la que concluía la prédica, de que se unieran a él en un «Padrenuestro» por el *führer*.[20] Otro destacado clérigo, conocido en toda Baviera por su hostilidad al nazismo, era el audaz sacerdote jesuita, el padre Rupert Mayer, quien, en un sermón pronunciado poco antes de ser arrestado y efectivamente silenciado por las autoridades en 1937, diluía uno de sus frontales ataques al régimen con el comentario de que el *führer* era «una persona inspirada por la gracia de Dios» y que, por consiguiente, Alemania era la envidia de todos los países extranjeros.[21]

Una pequeña minoría de clérigos católicos fue más allá de los comentarios citados hasta ahora en su pública actitud favorable a Hitler. Por ejemplo, se dice que uno de los oradores en la conferencia diocesana de las asociaciones de trabajadores católicos celebrada en Bamberg en noviembre de 1936 declaró: «Nosotros los católicos somos todos alemanes [...], y por consiguiente, respaldamos firmemente a nuestro *führer*, pase lo que pase. Nuestro *führer* ha sido reconocido por el Santo Padre. Por su parte, nuestro *führer* ha reconocido el Concordato, y por lo tanto, todo católico debe respaldar al *führer*. El *führer* también ha asegurado a las dos principales confesiones que su fe se vería sostenida, y esta palabra del *führer* es sagrada para nosotros».[22]

Por supuesto, es imposible reconstruir la atmósfera en la que se pronunciaban estos sermones. Los observadores de la policía eran muy capaces de entender mal o de malinterpretar las observaciones hechas desde el púlpito, o bien de perderse una pincelada de deliberada ironía en unos sentimientos de aparente lealtad. Como es natural, tampoco puede decirse que la actitud pública de los dirigentes de la Iglesia se compadeciese necesariamente con sus verdaderos sentimientos. Las manifestaciones de lealtad al *führer* eran en parte una estratagema con la que com-

19. *KL*, iv. 115-116.
20. *Ibid.*, i. 148-149.
21. *Ibid.*, i. 195-196.
22. *Ibid.*, ii. 128.

pensar las críticas vertidas contra el partido, contra las SS o contra el personaje más odiado por la Iglesia, Alfred Rosenberg. Sería, no obstante, querer ir demasiado lejos si presumiéramos que existía alguna falta de sinceridad detrás de toda referencia laudatoria a Hitler. Y fueran cuales fuesen los motivos, el auténtico efecto consistió en el realce del mito del «buen» *führer* separado del mal que representaban los radicales del partido, y opuesto a él. Esas alabanzas también significaban que la oposición eclesiástica al nazismo podría considerarse simplemente como una crítica a los «desafortunados» atavíos del sistema, o, en el mejor de los casos, como el reflejo de un conflicto entre dos «cosmovisiones» irreconciliables, conflicto en el que lo que se consideraba en verdad enemigo, más que el imperialismo racial de Hitler, era el «neopaganismo» de Rosenberg. La impaciencia por la ambivalencia de la Iglesia era una de las notas características de los informes del Sopade sobre la «lucha contra la Iglesia». Con desprecio hacia la rápida disposición con que la jerarquía, pese a los mazazos de la «lucha contra la Iglesia», estaba dispuesta a ofrecer plegarias por el *führer* y a procurar un acercamiento al régimen, un informe del Sopade señalaba despectivamente que «no era de extrañar que muchos socialistas hubieran dejado de atribuir cualquier tipo de significado a todo el jaleo del clero».[23]

Comparado con las figuras destacadas de las jerarquías eclesiásticas, sin embargo, el bajo clero era con frecuencia claramente menos diplomático y conciliador en su lenguaje. A veces, también Hitler quedaba meridianamente incluido —aunque a menudo de forma indirecta— en sus mordaces observaciones sobre el nazismo, y en ocasiones era incluso objeto de abiertas críticas verbales —aunque, en esos casos, lo normal era que el sacerdote sufriese, por parte de las autoridades, el correspondiente castigo—. Según un informe, un pastor protestante, tras aludir al hecho de que en 1933, «hasta el *führer* hizo propaganda en favor de los cristianos alemanes», declaró supuestamente que «no volverá a suceder por segunda vez que los cristianos alemanes obtengan el apoyo del Estado», y que «la libertad, que el *führer* ha garantizado, debería darse por supuesta».[24] También se decía que otros pastores habían «criticado de forma apenas encubierta las palabras del *führer*» y que, mientras rezaban en el altar por los miembros recluidos del clero, ha-

23. *DBS*, ii. 673-674, 15 de julio de 1935, informe proveniente de Renania-Westfalia.
24. *KL*, ii. 165.

brían tratado de interceder en favor del pueblo alemán «pero no en favor del *führer*».[25]

Rara vez se produjeron críticas abiertas entre el clero protestante. Era más común oponer, sin duda por razones tácticas, la supuesta rectitud del *führer* al radicalismo de los activistas del partido. El pastor Helmut Kern, por ejemplo, un destacado representante de la «Iglesia Confesional» y, sin duda alguna, nada simpatizante de los nazis, invocaba las palabras del *führer* como garantía de unas libres elecciones al sínodo en 1937, y afirmaba: «¡Ay de aquel que haga mentir al *führer* ante Dios y ante el mundo!».[26] Otro pastor, bien conocido por las autoridades por su hostilidad al régimen, anunció en un sermón que «tenemos al bolchevismo en nuestra propia tierra», y después añadió de manera ambigua que debía agradecerse al *führer* que hubiese reconocido en el bolchevismo al mismísimo Satanás y que lo hubiese vencido.[27] Parece improbable que estos velados comentarios contribuyeran a debilitar en gran medida la popularidad de Hitler. Es más probable que ayudasen a reforzar el mito de Hitler, como atestigua la ilusoria afirmación atribuida a un pastor no nazi en la que se sostenía que Hitler era contrario a la introducción de la muy impugnada «comunidad escolar» de estilo nazi como sustituto de los colegios confesionales.[28]

El bajo clero católico era bastante más rotundo en la expresión de su antipatía. Se citan, por ejemplo, las palabras de un sacerdote católico que habría afirmado sin rodeos lo siguiente: «Necesitamos dirigentes, y éstos son el Papa y los obispos».[29] Otro sacerdote, al criticar las acciones del partido durante una lección de religión, señaló la fotografía del *führer* que colgaba en la pared de la clase y, supuestamente, exclamó: «También

25. *Ibid.*, ii. 165, 197. Según un informe del Sopade procedente de Sajonia en 1937, en una época en que la «lucha contra la Iglesia» protestante se había vuelto a caldear después del anuncio de unas inminentes nuevas elecciones (que de hecho nunca se celebraron) a un sínodo general y tras el arresto de algunos sacerdotes (entre los que se encontraba Martin Niemöller), los pastores habían dejado de pregonar su aprobación a Hitler, y también se habían dejado de escuchar los «"argumentos" utilizados con excesiva frecuencia, como "el *führer* no desea esto", o "si por lo menos lo supiera el *führer*, él haría que..."»; *DBS*, iv. 502-503, 8 de mayo de 1937.

26. *KL*, ii. 161.

27. *Ibid.* ii. 118.

28. *Ibid.* ii. 73. Véase también págs. 144 y 211, y también i. 213.

29. StAM, LRA 76887, GS Landsham, 30 de junio de 1935.

a él se le debe culpar de eso».[30] En otro caso, se dice que un sacerdote fue denunciado por haber observado en una conversación privada que «el *führer* es demasiado cobarde para actuar personalmente contra la Iglesia. Por eso necesita a Rosenberg y a todos los demás».[31]

Es evidente que el intento realizado por los nazis de disociar los puntos de vista de Rosenberg de la posición oficial del partido no tuvo éxito. Un informe proveniente de Aquisgrán también insinuaba que la disociación de Hitler de las críticas a Rosenberg no era total, llegando incluso a sugerir la implicación de que la gente no creía las afirmaciones del *führer* cuando decía que la obra *Myth of the Twentieth Century* no era representativa de la línea de actuación del partido.[32]

Según una exhaustiva investigación, hasta un tercio o más del bajo clero católico fue objeto de alguna forma de castigo político durante el Tercer Reich. La mayoría de sus «ofensas» guardaba, naturalmente, relación con las cuestiones confesionales, pero aproximadamente un tercio de esas ofensas incluía conceptos como la «crítica al régimen» (el 12,7 %), la «inestabilidad política» (16 %) y la «conducta hostil hacia el Estado» (5,8 %).[33] No obstante, pocos de estos casos implicaban una crítica abierta, o siquiera enmascarada, a Hitler, y, fueran cuales fuesen sus verdaderos sentimientos, la mayoría de los sacerdotes estaban dispuestos a comportarse en público de forma políticamente conformista, pese a que la negativa a utilizar el saludo de «Heil Hitler» fuese una recurrente expresión menor, aunque simbólica, de desacuerdo político.[34] En público, en cualquier caso, no se hacía demasiado, ni siquiera por parte del bajo clero, para socavar el mito de que Hitler apenas tenía conocimiento de los

---

30. *KL*, ii. 126.

31. *Ibid.* iv. 224; véase también i. 127.

32. *Volksopposition im Polizeistaat*, pág. 141.

33. U. von Hehl, *Priester unter Hitlers Terror. Eine biographische und statistische Erhebung*, Mainz, 1984, págs. xlii-xliii, liii.

34. Existen muchos ejemplos: KL, i. 126-127; ii. 181; iii. 129; iv. 163; GStA, MA 106687, informe de BPP, 1 de julio de 1936, pág. 42; StAB, K8/III, GS Königsfeld, 24 de febrero de 1937. En los informes de las autoridades son muy raros (y en la realidad eran evidentemente excepcionales) los ejemplos de sacerdotes pertenecientes al bajo clero católico que manifestaran abiertas alabanzas a Hitler; como el comentario que se dice realizó un sacerdote católico en el sentido de que «nunca daremos suficientes gracias a Dios Nuestro Señor [...] por habernos enviado a un hombre como el canciller del Reich Hitler» (LRA Obernburg am Main, archivo «Kirche und Nationalsozialismus», GS Sulzbach am Main, 6 de agosto de 1934).

excesos de la política aplicada por los nazis a la Iglesia, así como al de que «sus subordinados no respetaban la voluntad del *führer*».[35]

Las discrepancias públicas entre las más rotundas críticas a los fanáticos del partido que trataban de llevar a la práctica la ideología nazi (y de la cual, Hitler era en realidad la principal fuerza impulsora) y el marcado respeto al *führer* que mostraban los dirigentes eclesiásticos, y en menor medida, el bajo clero, hallaron su expresión simbólica en la no solicitada orden que comenzó a aplicarse en las diócesis católicas, tras seis años de implacable «lucha contra la Iglesia», de hacer sonar las campanas como jubiloso saludo en el cumpleaños de Hitler, el 20 de abril de 1939, elevando plegarias por el *führer* en la misa del domingo siguiente.[36]

¿Qué señales hay aquí del impacto ejercido por la «lucha contra la Iglesia» sobre los conceptos populares que tenían de Hitler los practicantes «ordinarios»? ¿Y hasta qué punto descansaban esos conceptos en la ficción de un *führer* excluido del oprobio que recaía sobre su propio partido, de un *führer* «moderado» dispuesto a defender a las Iglesias contra los «radicales» presentes en sus propias filas? Las reacciones al «asunto Meiser», que vamos a retomar brevemente, nos proporcionan algunos indicadores.

La gente culpaba directamente al partido de la sumaria destitución del obispo Meiser y del ataque contra la Iglesia luterana de Baviera en el otoño de 1934 —que desató un notable, aunque breve, vendaval de protestas—.[37] La tradicionalmente piadosa población protestante de la campiña de Franconia, que había votado de forma abrumadora en favor del NSDAP en 1932 y 1933, dio salida a su cólera contra el partido en términos nada equívocos. El peligro para la posición del partido y para el mantenimiento de su eficacia en la región se puso de manifiesto en un comunicado enviado al ministro del Interior del Reich por el ministro de la Presidencia bávaro, que había podido tener una impresión de primera mano respecto del explosivo humor de varias delegaciones de furibundos campesinos de Franconia.[38] No obstante, esas delegaciones también mostraron sin lugar a dudas que la imagen del propio Hitler se hallaba com-

35. LBA Obernburg am Main, archivo «Kirche und Nationalsozialismus», BA Obernburg a BPP, 23 de octubre de 1935, informe «Kath. Mission in Mömlingen».

36. *KL*, i. 307.

37. Véase Kershaw, *Popular Opinion*, págs. 170-173.

38. GStA, MA 107291, Siebert a Frick, 20 de octubre de 1934.

pletamente al margen de la negativa imagen del partido. De hecho, el *führer* rara vez era objeto de crítica alguna y se le asociaba directamente con la protección de la religión tradicional frente a los ataques de los radicales del partido. Se cursaron peticiones para que se le informara del verdadero estado de la cuestión, y se le consideraba como la encarnación de la auténtica simbiosis entre la cristiandad y el nacionalsocialismo, simbiosis que los radicales socavaban. El único atisbo de crítica al *führer* estribaba en que permitiera que continuasen esas cosas. Sin embargo, esta aparente distancia respecto del asunto, seguida por su decisiva intervención, que puso fin a la disputa, reintegrando a Meisner en su puesto, pareció confirmar una vez más el punto de vista de que los radicales del partido habían actuado a sus espaldas, y el de que, al descubrir sus fechorías, Hitler había actuado con prontitud para mitigar el desorden. La actitud positiva de Hitler hacia la Iglesia, su postura religiosa y su ubicación en el campo de la «moderación» quedaban aparentemente reafirmadas. Como consecuencia, su posición popular salió más reforzada que debilitada por un asunto que estuvo a punto de echar por tierra la confianza en el partido.

Los efectos que tuvo la tensa y prolongada «lucha contra la Iglesia» católica —cuyo apogeo, antes de la guerra, se alcanzó en los años 1936 y 1937— en las actitudes hacia el partido y el *führer* quedan inmejorablemente ilustradas por medio de un ejemplo local concreto.

Amberg era un distrito bastante característico de la provincia del Alto Palatinado, abrumadoramente católico y compuesto por una población que, en su mayor parte, obtenía su sustento vital de la agricultura o de la industria y el comercio a pequeña escala. Con anterioridad a 1933, los nazis no habían obtenido unos resultados demasiado buenos en la región, y en Amberg sus cifras habían sido algo peores que en la mayoría de los demás lugares. Pese a la mejora de sus resultados en marzo de 1933, una mejora que se produjo tanto aquí como en el resto del país, era evidente que, por la época de la «toma del poder», el NSDAP no había encontrado una amplia y estable base de apoyo en el distrito.[39] Además, con pos-

39. En las elecciones de noviembre de 1932, los nazis habían obtenido únicamente el 10,9 % de los votos en la región de Amberg. En marzo de 1933, la cifra de votos para el NSDAP en la propia ciudad de Amberg (28,2 %) fue algo menor que la media (30,2 %) en las ciudades del Alto Palatinado, mientras que la región de Amber (26,2 %) seguía encontrándose a buena distancia de la media (35,1 %) registrada en los distritos rurales de la zona; Hagmann, págs. 14-15, 23.

terioridad, y en un corto número de años, iba a ponerse de manifiesto un significativo debilitamiento de la posición del partido en la localidad y, tras la «lucha contra la Iglesia», iba a producirse una indudable socava de cualquier confianza que hubiera podido existir.

En fecha tan temprana como la del verano de 1934, quedó claro que la campaña de propaganda contra los «quejosos» y los «tristes» —un desafortunado intento de combatir la creciente ola de desencanto que había venido gestándose en los primeros meses del año— había disipado gran parte de la buena voluntad que hubiese podido existir entre la población católica. Y sin que resulte sorprendente, su paciencia para soportar que se les etiquetase constantemente como «escoria» o como «traidores», debido a su anterior apoyo al Partido Católico del Pueblo Bávaro, no era ilimitada. Dado que no disponían de grandes posibilidades de recurrir a cualquier tipo de defensa propia en la prensa, o por medio de mítines públicos, no era mucho lo que podían hacer, excepto soportar los insultos y refugiarse en sí mismos. No obstante, la administración local percibía que la amargura resultante de dicha situación era un motivo de preocupación, y por tanto adoptaron la resolución de que, si los métodos propagandísticos no producían una significativa alteración, las antiguas divisiones entre los partidos políticos se verían sustituidas por una nueva «división de la nación en ilotas y espartanos».[40] Los informes provenientes de las localidades subrayaban que la gente se había mostrado mucho más entusiasta con el régimen en los momentos inmediatamente posteriores a la «toma del poder» que ahora, tras dos años de gobierno nazi. Esos mismos informes expresaban la clara convicción de que la actitud del clero, cuya influencia era grande, había constituido un factor decisivo.[41]

A medida que iba intensificándose la «lucha contra la Iglesia», la población local se encontró sometida a una presión cada vez mayor que la instaba a salir en defensa de las prácticas religiosas, y, por consiguiente, a enfrentarse a los radicales del partido. Ni siquiera era inaudito que se produjeran actos de violencia física contra los funcionarios locales del partido. En uno de los incidentes, el cabecilla de un «grupo» del partido en el distrito, una persona que se había enfrentado en gran medida a la población de dos pueblos al difamar al clero sin tacto alguno, recibió una

---

40. StAA, BA Amberg 2399, BA Amberg, 30 de agosto de 1934, y véase también *KL*, iv. 30-31.

41. StAA, BA Amberg 2398, GS Freudenberg, 21 de diciembre de 1934.

paliza en una reyerta de cervecería. El informe mencionaba de forma expresa que en el momento de la paliza el cabecilla llevaba el uniforme de «dirigente del grupo local» del partido, y añadía que podía ser objeto del mismo trato en otros pueblos cercanos tan pronto como se corriera la voz, y que, por consiguiente, era probable que hubiese que dar por terminada su carrera como autoridad del partido.[42] Si otros dos funcionarios del partido consiguieron evitar la agresión, tras haber realizado observaciones despectivas sobre la población católica de la vecindad, fue únicamente gracias a una oportuna huida del vestíbulo en el que habían estado pronunciando un discurso público.[43] El encargado de la administración del distrito señaló, en un comentario transmitido literalmente al ministro del Interior bávaro, que «esos incidentes demolían en unos días una mayor cantidad de buena voluntad y confianza de la que es posible construir en años», añadiendo: «Como consecuencia de estos sucesos, la idea, repetidamente escuchada, de que el *führer* quiere lo mejor, pero que sus subordinados hacen lo que les parece, adquiere una fatídica apariencia de realidad».[44] La misma inmunidad del *führer* respecto de la culpa, así como la presunción de que ignoraba los acontecimientos, se expresa en las amargas quejas por la injerencia del partido en la celebración de la tradicional procesión del Día del Corpus Christi.[45] Y cuando se produjeron dimisiones en la Organización Nazi para el Bienestar del Pueblo y en la Organización Femenina, cuando el nuevo esfuerzo de captación de militantes para el partido topó con negativas a formar parte de una organización que quería abolir la religión, los informes volvieron a registrar la reiteración de afirmaciones que sostenían que la gente estaba «a favor del *führer*, pero, por regla general, contra sus subordinados».[46] Se

---

42. StAA, BA Amberg 2399, GS Freihung, 26 de enero de 1937; véanse también los informes del 25 de marzo de 1937, y, para los prolegómenos del incidente, el 26 de mayo de 1936. El incidente fue mencionado por separado en el informe del presidente del gobierno de la Baja Baviera y el Alto Palatinado; *KL*, iv. 113.

43. *Ibíd.*, GS Freihung, 26 de enero de 1937, y «Sonderbericht», 14 de febrero de 1937.

44. *KL*, iv. 113.

45. StAA, BA Amberg 2398, GHS Amberg, 13 de junio de 1936.

46. *Ibíd.*, BA Amberg 2398, GS Schnaittenbach, 24 de agosto de 1936. Pueden encontrarse comentarios similares en GHS Amberg, 13 de junio de 1936 y en StAA, BA Amberg 2399, GS Freudenberg, 28 de mayo de 1936. Para las dimisiones entre los afiliados del partido y las dificultades para la incorporación de nuevos miembros en este distrito, véase StAA, BA Amberg 2399, GS Freudenberg, 22 de julio de 1936, 22 de enero de 1937.

oía decir a los practicantes lo siguiente: «Reconocemos nuestra gratitud hacia el *führer* y hacia las instituciones del Tercer Reich, y obedecemos las órdenes con sumo gusto. Se trata únicamente de que la Iglesia no debe verse arrastrada a un conflicto».[47]

Tal como muestra claramente el ejemplo de Amberg —al que podrían buscarse paralelismos en casos similares sucedidos en otras regiones católicas—, el aborrecimiento que inspiraban los anticlericales del partido y los radicales anticristianos era compatible con una actitud esencialmente positiva hacia Hitler, hacia la autoridad del Estado, y hacia las principales políticas internas y externas que no interfiriesen con la esfera de la Iglesia. Iríamos demasiado lejos si imagináramos que Hitler salió intacto de la animosidad espoleada por la «lucha contra la Iglesia». Por ejemplo, existía una implícita actitud crítica en un informe de 1937 que sugería una bastante poco halagüeña comparación con Mussolini: «En los círculos católicos hay quienes dicen que la política de Mussolini es muy inteligente porque ha hecho lo correcto en relación con la Iglesia católica, mientras que esta cuestión aún no ha sido resuelta en Alemania».[48] La supresión de las estatuas de la Virgen, el Cristo y dos santos de un depósito de cadáveres de la misma zona bastó para impulsar entre la población piadosa la observación de que hasta entonces habían creído en Hitler, «pero si permite esto, dejaremos de creer en él».[49] Un sacerdote de la Baja Baviera estimaba incluso —pese a que a la luz de todo el resto de pruebas este comentario parezca más bien exagerado— que en 1935 se había producido en el seno de su parroquia una caída del 60 % en la confianza en Hitler, ya que no se habían mantenido las promesas realizadas en el Concordato.[50] Y, según un informe del Sopade proveniente de Renania, los católicos criticaban el «doble juego» de Hitler al afirmar que quería proteger a las confesiones religiosas y buscar no obstante barrer la «herencia de los últimos dos mil años». Se preguntaban cómo era posible que pudiese profesar su lealtad a la «cristiandad

---

47. *KL*, iv. 112 (extracto de un informe del burgomaestre del municipio de Regensburgo, fechado en enero de 1937). Para la expresión de similares sentimientos en el distrito de Amberg, véase *ibid.*, iv. 117-118 y StAA, BA Amberg 2398, GHS Amberg, 24 de febrero de 1937; BA Amberg, 1 de marzo de 1937.

48. StAM, LRA 61615, GBF Garmisch, 3 de octubre de 1937.

49. StAM, LRA 61614, GS Mittenwald, 30 de junio de 1936; BA Garmisch, 4 de julio de 1936.

50. *KL*, iv. 356.

positiva» y, pese a ello, «poner a un neopagano como Rosenberg al frente de la cultura de todo el pueblo alemán».[51]

No obstante, aunque es evidente que el nivel de la popularidad de Hitler, en especial en las zonas de fuerte confesión católica, se vio afectado por la «lucha contra la Iglesia», la discrepancia entre la posición persistentemente enaltecida del *führer* y el desprecio y el aborrecimiento que, por lo común, inspiraba su partido, siguen siendo sorprendentes. Dada la postura pública de sus dirigentes eclesiásticos, la dicotomía de la actitud reinante entre los parroquianos corrientes resulta comprensible. Una vez más, la ingenuidad presente en la ampliamente compartida idea de que «el *führer* no está informado de gran parte de lo que pasa, y, [de que] en particular, la política relacionada con la Iglesia se desarrolla a sus espaldas y contra sus deseos»[52] sólo parece explicable si asumimos la existencia de la necesidad psicológica de disponer de un dirigente nacional de talla que se desenvolviese en una elevada esfera, fuera y a buena distancia de la «conflictiva esfera» de la arena política cotidiana. Para los practicantes, la realidad diaria pasaba por la experiencia de los «radicales» locales del partido, que trataban de interferir en la urdimbre de la vida cristiana y de destruirla, sabiendo que tras ellos —destacado como blanco de las críticas por los propios dirigentes eclesiásticos— se encontraba el terrible Rosenberg. Por otra parte, la implicación de Hitler en el ataque a las confesiones religiosas y su responsabilidad última en dicho ataque sólo podía percibirse de modo muy parcial y brumoso a través del miasma de adulación al *führer* que emanaba de la maquinaria propagandística nazi. La escasa disposición a creer que el propio *führer* pudiese estar mintiendo en sus declaraciones de apoyo a las Iglesias, a aceptar que en realidad pudiese estar respaldando a las fuerzas anticristianas del partido, se veía reforzada por el hecho de que interviniera —como sucedió en el «caso Meiser»— para restaurar el orden y refrenar a los radicales del partido. Esto significaba que el mismo Hitler estaba relativamente bien protegido contra cualquier grave pérdida de popularidad como consecuencia de la «lucha contra la Iglesia». Tal como señalara Max Weber, los fundamentos del poder carismático residen principalmente fuera de la esfera de la vida cotidiana.[53]

51. *DBS*, ii. 236-237, 14 de marzo de 1935, informe de Renania-Westfalia.
52. StAM, LRA 47140, BA Bad Aibling, 5 de enero de 1937 (fechado erróneamente como 5 de enero de 1936).
53. Weber, pág. 246.

# Capítulo 5

# Hitler como hombre de Estado: equilibrios entre la guerra y la paz

¿Qué otra cosa podría desear para los demás sino paz y tranquilidad?

HITLER, 1935

La respuesta a la pregunta de cómo ha de resolverse el problema de «Dantzig y el corredor» sigue siendo la misma en opinión del público en general: ¿incorporación al Reich? Sí. ¿Mediante una guerra? No.

Subgobernador de Ebermannstadt, 1940

El agudo contraste entre la imagen del *führer* y la del partido, contraste que hemos documentado en anteriores capítulos en el contexto del desarrollo interno del Tercer Reich hasta mediados de la década de 1930, podría en buena medida ser atribuido, como hemos visto, al hecho de que el partido estuviera inextricablemente implicado en el conflicto político «cotidiano» y hubiera de sobrellevar la responsabilidad (o se viera precisado a aceptar al menos que se le hiciese responsable) de unas medidas que, en ocasiones, eran muy impopulares. El *führer*, por otra parte, parecía encontrarse en un plano más elevado, muy lejos de los rutinarios problemas de la vida diaria, y se le suponía preocupado por las «enormes» cuestiones relacionadas con la nación, sopesando los asuntos de la política exterior y la defensa, la guerra y la paz, sosteniendo en su mano el destino de la nación. Era el suyo un ámbito que, al menos en tiempo de paz, apenas afectaba a los intereses materiales en cualquier forma directa u obvia, pese a ser un ámbito al que podía recurrirse para generar —aunque sólo fuese temporalmente— una gran implicación emocional y un máximo de unidad nacional.

La noción popular de un *führer* que se mantenía al margen y por encima de las disputas de la política cotidiana no era completamente mítica.

Del bienio 1935-1936 en adelante, Hitler se apartó efectivamente, y cada vez más, de su implicación en los asuntos internos del Estado, y fue dejando progresivamente los asuntos ordinarios del gobierno en manos de las cancillerías, ministerios y organizaciones especiales plenipotenciarias como la del «Plan Cuatrienal», instituciones todas ellas superpuestas y en mutua competencia, con lo que el gobierno interno de Alemania quedó convertido en un caos administrativo. Mientras tanto, Hitler se concentraba cada vez más en los asuntos relacionados con la diplomacia y la política exterior.

También en el ámbito de la política exterior pudo apreciarse con claridad la función compensatoria del culto a Hitler. A diferencia del partido, el *führer*, dado que estaba asociado a los espectaculares éxitos de la política exterior y al júbilo por los triunfos nacionales, representaba, podríamos decir, la «vertiente soleada» del régimen. Y para el mantenimiento del mito del *führer* era vital que los éxitos prosiguiesen, que la política «nacional» externa del régimen siguiese estando «soleada», como en efecto sucedió durante un cierto número de años tras los grandes triunfos de 1935 y 1936. Por idénticos motivos, era crucial que no se deslizase hacia la «vertiente en sombra» por efecto de fracasos que podrían tener un peligroso impacto en la vida «cotidiana» y en su esfera de intereses materiales.

Hitler siempre había disfrutado de un particular talento, un talento próximo al de un genio de la demagogia, para apelar a las emociones populistas nacionales, a las esperanzas y a las ofensas sentidas por un creciente número de alemanes ordinarios, explotando en particular los firmemente arraigados resentimientos que evocaba el nombre de «Versalles». No obstante, deliberada, y con toda probabilidad muy inteligentemente, Hitler evitó hablar demasiado en público y con detalle de sus propios objetivos anexionistas e imperialistas vinculados a la noción de *Lebensraum*, objetivos que iban mucho más allá de cualquier revisión del tratado de Versalles.[1] Lo contrario habría sido arriesgado no sólo en tér-

---

1. De hecho, en los discursos públicos de principios de los años veinte, Hitler parece haber utilizado raramente el término, si es que alguna vez lo hizo. La edición de Jäckel y Kuhn de sus discursos comprende, para el período que va de 1919 a 1924, más de 600.000 palabras utilizadas por Hitler, pero hasta donde he podido averiguar, el término «*Lebensraum*» no aparece ni una sola vez. No obstante, el concepto de *Lebensraum* de Hitler se ha fechado, como muy tarde, a finales de 1922; véase Jäckel y Kuhn, pág. 773, nº 452, y G. Stoakes, «The Evolution of Hitler's Ideas on Foreign Policy 1919-1925», en P. D. Stachura (comp.), *The Shaping of the Nazi State*, Londres, 1978, págs. 39-42.

minos diplomáticos, sino también en términos de política interior, y habría lastrado gravemente desde el principio el deseo, políticamente unificador, de restauración del «honor» y la «grandeza» nacionales, ya que habría hecho gravitar sobre él el temor a una nueva guerra y a las miserias que eso acarrearía al pueblo alemán. Y ello porque, a pesar de que la abrumadora mayoría de la población deseaba claramente el «éxito nacional» —la restauración del poder y la gloria de Alemania en Europa—, estaba, con idéntica claridad, muy poco dispuesta a alimentar la idea de tener que realizar sacrificios de gran envergadura para alcanzar dicho «éxito», y mucho menos aún lo estaba a padecer otra guerra —lo que sin duda era tanto más cierto en el caso de la generación de mayor edad, que recordaba el sufrimiento de la contienda de 1914 a 1918—. Esto equivalió a una especie de «base sobre la que poder trabajar» el mito del *führer*, situación que Hitler reconoció y aceptó al emprender una serie de rápidas acciones diplomáticas y de política exterior, y posteriormente, en los dos primeros años de la guerra, al protagonizar una sucesión de victorias relativamente poco costosas mediante los fulminantes ataques militares de la *Blitzkrieg*.

Los informes confidenciales de opinión del régimen que guardan relación con la política exterior de Hitler, así como el reflejo de la opinión en los informes del Sopade, proporcionan claras pruebas para sustentar estas conclusiones. Aunque la propaganda nazi fue ciertamente capaz de generar un clima de furibunda y ciega exaltación nacional tras los éxitos de política exterior del régimen, para la mayoría de quienes se regocijaban resultó incapaz de convertir este estado de cosas en entusiasmo por una nueva guerra. El temor a otra guerra era uno de los elementos que acompañaba constantemente, ya fuera de forma abierta o subliminal, a la euforia nacional que vitoreaba los triunfos de Hitler, un elemento que planteaba ciertos límites al regocijo. Y ello porque a pesar de todo el belicoso chovinismo que era capaz de azuzar el Tercer Reich, en especial entre los alemanes jóvenes, el espanto de la guerra suponía un elemento de sentimiento popular que en la década de los años treinta resultaba aún más imperioso que los deseos revisionistas y expansionistas. Este temor representaba un punto crítico en el moldeado de la opinión popular en una dirección favorable a la política exterior de Hitler.

La positiva imagen de Hitler como hombre de Estado, político nacional y dirigente de Alemania le representaba de hecho como un fanático nacionalista y patriota que resuelta e inquebrantablemente luchaba por erradicar el sentimiento de injusticia y discriminación que aquejaba al pueblo alemán desde la Primera Guerra Mundial. Al mismo tiempo, no obstante, era presentado como un hombre de paz que trataba de alcanzar sus objetivos utilizando la habilidad política en lugar de las armas ofensivas. La robusta Wehrmacht, eso se decía, y así aparecía a los ojos de la mayoría de los alemanes, podía justificarse y resultaba necesaria con el fin de poner a la nación en pie de igualdad con sus antiguos enemigos de guerra, así como con el de disponer de un potente fundamento para la negociación diplomática con las democracias occidentales que, según el sentimiento ampliamente difundido, seguían constituyendo una amenaza para la seguridad nacional. Por muy improbable que parezca, y por mucho que entre en contradicción con la auténtica mentalidad e intenciones de Hitler, la imagen propagandística de hombre de Estado y de *führer* fanáticamente determinado no sólo a recuperar la grandeza de Alemania, sino también a mantener la paz, no resultó ineficaz.

En su secreta circular a los directores de la prensa alemana de noviembre de 1938, Hitler se refirió de modo directo a esta «pacífica imagen» conscientemente urdida y a sus consecuencias, que colocaban al aparato propagandístico frente a un cierto número de problemas en su labor de preparación de la gente para la guerra:

> La circunstancias me han obligado durante décadas a hablar únicamente de paz. Sólo haciendo continuo hincapié en el deseo y las intenciones de paz de Alemania me fue posible [...] proporcionar al pueblo alemán los armamentos que eran necesarios como fundamento para el siguiente paso. No es preciso decir que esa propaganda de paz que se ha venido cultivando durante años plantea también aspectos dudosos. Y ello porque puede conducir con demasiada facilidad al punto de vista ya formado en la mente de muchas personas y según el cual el actual régimen se identifica con la determinación y la voluntad de mantener la paz bajo cualquier circunstancia.[2]

Con este último punto, Hitler aludía de manera superficial a una debilidad existente en la base de su popularidad entre las masas. Avivar periódicos paroxismos de euforia nacional era una cosa. «Adoctrinar» a la gran mayoría del pueblo alemán en la mentalidad bélica del tipo que los nazis concebían como ideal era otra muy distinta. Habría significado la

---

2. W. Treue, «Rede Hitlers vor der deutschen Presse (10 Nov. 1938)», *VfZ*, vi, 1958, 182; Domarus, pág. 974.

conversión de la base psicológica del culto a Hitler —que hasta ese momento sólo había sido probada, y sólo había demostrado su eficacia, en las «buenas condiciones climáticas» de las poco costosas acciones diplomáticas— en una fanática obsesión ideológica únicamente alimentada e inculcada hasta entonces en una minoría relativamente pequeña de la población y que ni siquiera había alcanzado aún a todos los miembros del partido. No obstante, un empeño semejante, consistente en tratar de fanatizar a toda la población, habría exigido un partido con una propensión totalmente diferente a la integración, y, en consecuencia, habría tenido que alterar en lo fundamental las relaciones compensatorias previamente existentes entre las imágenes del partido y el *führer*. Es difícil ver cómo podría haberse logrado este fin, dadas las premisas básicas de las estructuras políticas nazis, incluso en el caso de que se hubiera tenido más tiempo del que, en las condiciones que por entonces prevalecían, se disponía.

Estas reflexiones indican ya la existencia de condiciones subyacentes y de límites para el mito del *führer* condiciones que se ilustrarán plenamente en los siguientes capítulos. Estas condiciones fueron decisivas tanto para el ulterior auge como para la posterior caída del mito de Hitler.

## 5.1. El «triunfo sin derramamiento de sangre»

Las interminables declaraciones de sus pacíficas intenciones acompañaron —o siguieron inmediatamente— a las primeras acciones y éxitos sorpresivos de Hitler en el frente diplomático, desde el abandono de la Liga de las Naciones en 1933 a la reimplantación del servicio militar o el tratado naval con Gran Bretaña de 1935. Hitler caracterizó el estilo de su propaganda de paz, dirigida tanto al exterior como al interior, en un importante discurso pronunciado el 17 de mayo de 1933, en el que declaraba efusivamente que «sólo podía haber una gran tarea» ante él mismo y ante los líderes de Alemania: «Garantizar la paz del mundo». Como con tanta frecuencia y aparente sinceridad habría de proclamar en posteriores ocasiones, el objetivo de restaurar el honor alemán se basaba, según sus afirmaciones, en el profundo respeto a los derechos de las demás naciones, con las que la Alemania nacionalsocialista deseaba, «desde lo más profundo de su corazón, vivir en paz y amistad».[3] Dos años después,

3. Domarus, págs. 273 y 277.

Hitler repetía, casi palabra por palabra: «La Alemania nacionalsocialista desea la paz desde lo más profundo de sus convicciones ideológicas. [...] Alemania necesita la paz y desea la paz».[4] Se dice que este importante discurso de política exterior —pronunciado muy poco tiempo después de que se produjera un nuevo cerco a Alemania tras los acuerdos franco-soviéticos y checo-soviéticos, cerco que era percibido como una amenaza en Alemania— causó una profunda impresión a los millones de alemanes que se apiñaron en torno de los aparatos de radio y de los altavoces para escucharlo. Según un informe procedente de la Baja Baviera y el Alto Palatinado, las esperanzas de destruir la «red de tratados» francesa se vio reavivada, la «fe en la vocación del *führer* quedó nuevamente reforzada», y los temores de una guerra se disiparon, temores que habían existido sobre todo en las zonas fronterizas.[5] En el distrito del Ruhr se informó de un «completo cambio del estado de ánimo» a raíz del discurso, y se decía que este cambio había puesto fin al sentimiento de que el gobierno nacionalsocialista estaba abocado a mostrar su incompetencia en el frente de la política exterior, así como a las preocupaciones sobre los peligros de la alianza franco-soviética.[6] Se afirmaba que el «gran discurso de política exterior» de Hitler —que se decía había suscitado la «unánime aprobación y la general aclamación de todos los camaradas del pueblo», lo que había acercado aún más al *führer* y al pueblo— era «una nueva prueba de que el pueblo alemán, superando todas las pequeñas cuestiones cotidianas, forma un organismo único y unido cuando están en juego los asuntos de la vida de la nación». Se añadía, no obstante, que incluso este discurso era incapaz de producir una duradera modificación del bajo estado de ánimo que predominaba en amplios sectores de la población.[7] Entre las gentes de la zona de Aquisgrán, en la zona aún desmilitarizada, se dijo que el «manifiesto de paz» de Hitler —que había sido aguardado con «enfebrecida tensión», y también el inesperado eco favorable que dicho discurso encontró en el extranjero— había disipado «una pesadilla» de los corazones de la población, ya que había puesto fin a las preocupacio-

---

4. *Ibid.*, pág. 506.

5. GStA, MA 106672, RPvNB/OP, 7 de junio de 1935. Véase también Shirer, págs. 37-39. El texto del discurso se encuentra en Domarus, págs. 505 y sigs.

6. IML/ZPA, St.3/38/II, Fo. 198, Stapo für den Regierungsbezirk Arnsberg en Dortmund, LB de mayo de 1935.

7. IML/ZPA, St.3/38/IV, Fo. 695, Stapo für den Regierungsbezirk Münster en Recklinghausen, LB del 6 de junio de 1935.

nes sobre la «insostenible situación de constante amenaza para Alemania, así como, por otra parte, a las permanentes habladurías sobre la amenaza que Alemania representaba para otros estados». El discurso de Hitler, se decía, «no había dejado espacio para la duda respecto del deseo de paz de Alemania», y podía observarse, una vez más, se añadía, en un distrito en el que los desacuerdos relacionados con la política seguida con las Iglesias habían generado un considerable alejamiento del partido y del Estado al que éste representaba, que esos mismos sectores alejados de la población «se mostraban, casi sin excepción, de acuerdo con el *führer* en las cuestiones de política exterior».[8]

En un capítulo anterior vimos el impacto positivo que habían tenido en la popularidad de Hitler y en la integración política los primeros triunfos importantes en política exterior —triunfos como el plebiscito del Saar o la recuperación del servicio militar obligatorio en 1935—. Vimos también cómo fue explotado, un año después, el siguiente golpe: la reocupación militar de Renania en marzo de 1936, por la propaganda nazi, que logró que la admiración hacia el estadista Hitler se elevase hasta alcanzar un nuevo paroxismo.[9] Tal como había sucedido con los anteriores éxitos de política exterior, la marcha sobre Renania produjo al principio reacciones ansiosas y preocupadas por la posibilidad de que estallase una nueva guerra. La ansiedad duró aproximadamente una semana: «Fue preciso que pasaran varios días para que [...] la gente se calmara».[10] El alivio, a medida que iba quedando claro que las potencias occidentales no pasarían de las protestas verbales, contribuyó sin duda al posterior júbilo sin límites por la «liberadora gesta»[11] del *führer* al quebrar «las últimas ataduras del mandato de Versalles», júbilo que se convirtió en una oleada de entusiasmo comparable, a los ojos de algunos observadores, con la de agosto de 1914.[12]

8. *Volksopposition im Polizeistaat*, págs. 211-212.

9. Véase más arriba, capítulo 2.

10. StAM, LRA, 99532, GHS Aichach, 29 de marzo de 1936. Véase también GStA, MA 106670, RPvOB, 8 de abril de 1936, y *Volksopposition im Polizeistaat*, págs. 370-371. Los angustiosos temores que inspiraba la guerra quedan subrayados en la mayoría de los informes del Sopade: *DBS*, iii. 300 y sigs., 2 de abril de 1936.

11. GStA, MA 106697, LB de Pd Augsburgo, 3 de abril de 1936.

12. GStA, MA 106677, RPvOF/MF, 7 de abril de 1936. Véase también GStA, MA 106670, RPvOB, 8 de abril de 1936; MA 106682, RPvS, 6 de abril de 1936; MA 106672, RPvNB/OP, 7 de abril de 1936; MA 106680, RPvUF, 7 de abril de 1936; MA 106687, BPP, 1 de abril de 1936; y Shirer, págs. 47-51.

El impacto interno del triunfo quedó inmediatamente claro para los observadores. En la zona fronteriza de Aquisgrán, en la que tanto la población inquebrantablemente católica como la clase trabajadora se habían mostrado hasta el momento menos seducidas por el nazismo que prácticamente cualquier otra región del país, la Gestapo informó de muestras de entusiasmo sin precedentes, incluyendo la espontánea colocación de la bandera con la esvástica en una casa tras otra, sin esperar la orden del partido o de las autoridades, así como una participación mucho más alta que en cualquier momento anterior en los innumerables desfiles y procesiones con antorchas. Los acontecimientos habían elevado aún más la posición del *führer*, se añadía, «y aquellos que aún planteaban objeciones a la persona del *führer* o a su política exterior habían visto menguar su número hasta quedar reducidos a un grupo insignificante».[13] El Sopade se mostraba de acuerdo con estas apreciaciones. La ausencia de cualquier medida para contrarrestar la acción por parte de las potencias occidentales había provocado un profundo pesimismo en las filas de la oposición: «Simplemente Hitler tiene éxito en todo, se dice, y las esperanzas, que aún no han sido completamente enterradas, de una caída del régimen provocada desde el exterior, se ven de nuevo seriamente defraudadas».[14]

En Alemania, las frenéticas aclamaciones que recibían a Hitler cada vez que hacía su aparición en la campaña «electoral» de marzo de 1936, mezclaban el júbilo por el triunfo nacional con el alivio de que hubiera sido obtenido sin derramamiento de sangre. Cientos de miles de alemanes invadían las calles de las grandes ciudades —aplaudiendo y cantando al escuchar las emisiones radiofónicas de los discursos de Hitler— o acudían a sus mítines de campaña acompañados por desfiles de antorchas y exhibiciones de fuegos artificiales.[15] Se celebraban gigantescos mítines, como en Munich, donde se dice que Hitler habló ante una multitud de 300.000 personas en el Theresienwiese, acompañados por fuegos artificiales y un «mar de llamas» producido por cientos de miles de antorchas —aunque los observadores del Sopade, presentes entre la multitud,

13. *Volksopposition im Polizeistaat*, págs. 370-372.
14. *DBS*, iii. 460, 4 de mayo de 1936. Véanse también los informes del mes anterior en *ibid.*, págs. 300-320.
15. Para informes sobre estos mítines en Baviera, véase GStA, MA 106697, LB de Pd Augsburgo, 3 de abril de 1936; MA 106687, BPP, 1 de abril de 1936; MA 106685, Pd Munich, 5 de abril de 1936.

afirmaron que el espectáculo salió mal, ya que las impacientes y ateridas masas ¡habían prendido sus antorchas demasiado pronto para tratar de mantenerse calientes!—.[16] En el Ruhr, un deprimido observador del Sopade habló de que para estos mítines se captaban a «ciudadanos corrientes», a «histéricas mujeres pertenecientes a la clase trabajadora» y a «personas de inteligencia limitada para quienes el Tercer Reich no plantea problemas». «Si su número es lo suficientemente elevado», añadió, «¡el *führer* aparece ante ellos!».[17] Los informes internos hablaban de una transformación del menguado estado de ánimo —como consecuencia de los bajos salarios y de la escasez de productos alimenticios— en que se hallaban sumidos los trabajadores y los consumidores de los sectores más pobres de la sociedad.[18] Eran optimistas, pues esperaban un cambio a largo plazo. Tras la breve oleada de euforia nacional, las preocupaciones y cuitas de la vida diaria volvieron a dominar rápidamente las actitudes populares, y pronto volvieron a escucharse las demandas de mejoras sociales.[19] No obstante, volvía a estar claro que los éxitos de la política exterior de Hitler eran un instrumento extraordinariamente eficaz para la integración política, al menos de manera temporal y artificial, ya que estimulaban la creación de una atmósfera de éxtasis nacional que trascendía las divisiones sociales, los conflictos de interés, y otras zonas de tensión existentes en la sociedad alemana. Y fuesen cuales fuesen los sentimientos negativos que aún subsistiesen respecto de muchos de los aspectos desagradables del gobierno nazi, la admiración hacia Hitler como responsable de la nueva posición mundial de Alemania, así como la confianza y la esperanza «simplemente asombrosas» que se habían depositado en él, confianza y esperanza en que «conseguiría llevar todo a feliz término para Alemania»,[20] ya no conocía límites.

Los observadores del Sopade aceptaban resignadamente las consecuencias de la acción de Hitler. Las «voces de los dubitativos» habían

16. *Münchner Neueste Nachrichten*, 16 de marzo de 1936; ASD, ES/M64, informe del mes de marzo de 1936, pág. 9.

17. *DBS*, iii. 304, 2 de abril de 1936.

18. GStA, MA 106687, BPP, 1 de abril de 1936; MA 106670, RPvOB, 8 de mayo de 1936. Los informadores del Sopade reconocían el efecto de distracción que tuvo la acción sobre Renania; AdSD, ES/M33, 18 de marzo de 1936; ES/M64, informe del mes de abril de 1936.

19. Véase GStA, MA 106686, LB de Pd Augsburgo, 30 de abril de 1936.

20. StAM, LRA 47140, BA Bad Aibling, 6 de abril de 1936, y véase también GStA, MA 106687, BPP, 1 de mayo de 1936.

quedado reducidas a la nada. El *führer* había mostrado ser una vez más «el supremo maestro de la política de los hechos consumados».[21] Un concienzudo estudio realizado en Munich señalaba el clima de opinión en el que se había desarrollado el triunfo en Renania. Los muchos y entusiastas «adoradores de Hitler» estaban plenamente convencidos de que Hitler quería la paz, y no veían alternativa alguna a su inquebrantable política consistente en defender los derechos de Alemania frente a un círculo de naciones hostiles que pretendía negar esos derechos. Las «indiferentes masas» —la mayoría de la población— estaban horrorizadas ante la idea de otra guerra, pero se sentían impotentes, y no hubo ninguna condena de Hitler. El hecho de que hubiera conducido a Alemania a un «fatal aislamiento» apenas cruzaba la mente de la generalidad de la población: «Casi todos, pese a estar dispuestos a la crítica en los demás asuntos, aceptan que el gobierno hace lo correcto al adoptar las medidas de política exterior que está adoptando». Según se afirmaba, podía darse por sentado que la mayoría de los trabajadores tomaba esta actitud, y por mucho que se quejaran por los asuntos económicos y otras cuestiones, aceptaban que Hitler había hecho muchas cosas bien. Los católicos veían a Hitler como a un mal menor si lo comparaban con el bolchevismo. Quienes rechazaban el régimen —«llamarles oposición sería demasiado decir»— no tenían las ideas claras, excepto por el hecho de que contaban cada vez más con la inevitable perspectiva de la guerra. Y la juventud tenía su lugar propio en este escenario, debido a que se iba volviendo cada vez menos crítica, a que veía el mundo únicamente a través de los ojos del nacionalsocialismo, y a que estaba empezando a aceptar, cada vez en mayor medida, la «gran ideología de poder» que se le inyectaba diariamente. En este clima de opinión, el golpe sorpresa de Hitler en Renania, así como la enérgica defensa que hizo de su acción, «impresionó a todos, pese a que, por lo demás, fueran menos entusiastas respecto a su figura. [...] Todo el mundo sintió que había un elemento de justificación en las exigencias de Hitler. El espíritu de Versalles es algo que odian todos los alemanes. Ahora, Hitler había anulado ese maldito tratado y lo había arrojado a los pies de los franceses». «"Menudo tío, este Hitler. Ha tenido el valor de arriesgar algo"»: tal era una de las expresiones que podían escucharse con frecuencia, pero parece difícil pensar que «haya surgido

---

21. *DBS*, iii. 304, 2 de abril de 1936, informe del distrito del Ruhr.

alguna vez en la conciencia de alguien [la idea de que] esta nueva hazaña de Hitler [pudiera ser] un jalón más en el camino a las infernales fauces de la destrucción».[22]

Durante los dos años que siguieron, la política exterior dejó en parte de constituir un factor dominante en la configuración de la opinión popular. En este período no se produjeron nuevos triunfos nacionales capaces de cortar la respiración de la gente, pese a que el comienzo de la guerra civil española, el despliegue de la «Legión Cóndor» alemana, la recrudecida campaña contra los bolcheviques, y la visita de Estado de Mussolini en septiembre de 1937 —como parte de las celebraciones por el «eje» germano italiano— proporcionaran nuevas ocasiones para reforzar los sentimientos de identidad de corte nacional chovinista y el culto a Hitler, íntimamente vinculado a dichos sentimientos. Entre la minoría antinazi, por supuesto, estos mismos acontecimientos supusieron un inquietante presagio de la creciente certeza de una nueva conflagración generalizada. La población en general, no obstante, no sabía nada de los verdaderos planes que urdían Hitler y la cúpula dirigente sobre las futuras agresiones que habría de realizar Alemania, y desconocía igualmente sus intenciones imperialistas, como se revela en el memorándum de Hossbach de noviembre de 1937, así como en los diarios de Goebbels relativos a esta época.[23] Sin embargo, se filtraron rumores sobre la existencia de confrontaciones entre Hitler y los cabecillas de las fuerzas armadas, confrontaciones relativas a los objetivos de la guerra y surgidas tras la crisis de Blomberg-Fritsch y la reorganización de la cúpula dirigente de la Wehrmacht de febrero de 1938. Se decía, por ejemplo, que Hitler había querido enviar 20.000 soldados a España o a Austria, o que se habían trazado los planes de una guerra que los generales destituidos habían desaconsejado enérgicamente.[24] Sin embargo, gracias a un eficaz discurso pronunciado el 20 de febrero

22. *Ibid.*, págs. 306-308, tomado de AdSD, ES/M64, informe del mes de marzo de 1936.

23. El memorándum Hossbach se encuentra en Noakes y Pridham, págs. 521 y sigs.; pueden encontrarse algunos extractos relevantes de las notas del diario de Goebbels en I. Kershaw, *The Nazi Dictatorship*, Londres, 1985, pág. 123.

24. GStA, MA 106673, RPvNB/OP, 8 de marzo de 1938; véase también StAA Amberg, BA Amberg 2398, GS Schnaittenbach, 24 de febrero de 1938; StAM, NSDAP 983, NSLB Kreis Erding, 8 de febrero de 1938; LRA 61616, GBF Garmisch, 2 de marzo de 1938; GS Mittenwald, 26 de febrero de 1938.

de 1938, Hitler consiguió calmar rápidamente el malestar,[25] y además, la marcha sobre Austria, junto con el *Anschluss* de la «*Ostmark*», que tuvo lugar tres semanas después, elevaron a un nuevo plano la admiración por el *führer*. Es probable que este nuevo triunfo señalase el punto más alto del prestigio y la popularidad de Hitler, así como el vértice superior del consenso y la aprobación de sus acciones que él mismo había logrado erigir en los años anteriores.

No obstante, y al igual que con la ocupación de Renania, la primera, y predominante, oleada de sentimientos fue la de un intenso miedo al estallido de una nueva guerra. Los informes internos, y las observaciones del Sopade en todos los lugares de Alemania, subrayaban la difundida angustia, particularmente palpable en las zonas fronterizas, que siguió a la parcial movilización de las tropas de los días 10 y 11 de marzo de 1938. La prensa recibió la orden de no mencionar bajo ningún concepto, ya fuera en sentido positivo o negativo, la palabra «guerra», así como la de no informar de ninguna «situación de pánico» ni sugerir que las relaciones germano-británicas peligraban como consecuencia de la acción.[26] Sólo cuando quedó claro que las potencias occidentales estaban nuevamente dispuestas a esperar y no hacer nada, y que Hitler había logrado una vez más, y sin derramamiento de sangre, una acción de gran envergadura —la unificación de Alemania y Austria, así como la concreción de una «Gran Alemania» que, desde el siglo XIX, había conservado siempre cierto atractivo, en especial en la católica Alemania meridional—, pudo la inicial psicosis de guerra dar paso a un tumultuoso júbilo. El alivio fue

25. El texto del discurso se encuentra en Domarus, págs. 792-804. Para las reacciones, véase GStA, MA 106671, RPvOB, 10 de marzo de 1938; MA 106673, RPvNB/OP, 8 de marzo de 1938; MA 106678, RPvOP/MF, 9 de marzo de 1938. No todo el mundo estaba preocupado por las aclaraciones dadas por Hitler respecto a los cambios en el gobierno y la cúpula del ejército. En la zona de Berchtesgaden, 300 visitantes de Düsseldorf y Berlín pertenecientes a la organización Gemeinschaft Kraft durch Freude [Fuerza mediante la alegría: una división del Frente de Trabajo dedicada a subvencionar desde actividades deportivas a la adquisición de un Volkswagen a todo «ario» con bajos ingresos. Era una de las pocas organizaciones nazis que por sus objetivos económicos puede enmarcarse, según la *Enciclopedia Británica* (artículo «Fascism»), entre los «movimientos de izquierda o centro-izquierda». *(N. del t.)*] explicaron que estaban demasiado ocupados practicando su deporte de invierno como para detenerse y escuchar el discurso del *führer*; StAM, LRA, 29654, GS Markt Schellenberg, 28 de febrero de 1938.

26. H. Auerbach, «Volksstimmung und veröffentlichte Meinung in Deutschland zwischen März und November 1938», en F. Knipping y K.-J. Müller (comps.), *Machtbewusstsein in Deutschland am Vorabend des Zweiten Weltkrieges*, Paderborn, 1984, pág. 278.

manifiesto si observamos la opinión que registran los informes de las localidades bávaras fronterizas con Austria, donde el temor a la guerra había sido especialmente agudo. Desde la zona de Berchtesgaden se informaba de la existencia de un «sentido júbilo en todas partes, sobre todo porque nuestro *führer* ha conseguido un éxito sin derramamiento de sangre».[27] De manera similar, en el distrito de Garmisch-Partenkirchen se señalaba que muchos de los que anteriormente no habían apoyado al nazismo estaban ahora completamente a favor del Estado nacionalsocialista «porque el *führer* ha conseguido unir a Austria y a Alemania sin derramamiento de sangre», informándose asimismo de que la gente «tiene una ilimitada confianza en nuestro *führer*» debido a que el *Anschluss* se ha producido «de forma tan apacible y sin derramamiento de sangre», lo que muestra, prosigue el texto, que «el asunto» no tenía por qué haberse tomado «tan en serio».[28]

Una vez que el peligro de la guerra hubo pasado, la realización «del milagro alemán» por parte de Hitler desató, y de manera particularmente acusada en las mencionadas zonas fronterizas, lo que las instancias gubernamentales, que hacían grandes esfuerzos para encontrar nuevos superlativos, describieron como «un elemental paroxismo de entusiasmo».[29] En el distrito de Berchtesgaden, justo al lado de la frontera austríaca, las multitudes permanecieron de pie en la carretera durante horas saludando alborozados el paso de las tropas.[30] En otros lugares, por ejemplo en las zonas protestantes de la Baviera septentrional, donde no habían existido estrechos vínculos históricos o religiosos con Austria, los sentimientos relacionados con el *Anschluss* parece que se amortiguaron parcialmente. Un informe de esa zona afirmaba lacónicamente que «no podía señalarse la existencia de ningún especial entusiasmo» y que «aquí y allá se han escuchado tontos comentarios respecto a que Austria es un país pobre y que sus gentes no son de fiar».[31]

27. StAM, LRA, 30678, GS Anger, 31 de marzo de 1938.
28. StAM, LRA, 61616, GS Mittenwald, 29 de marzo de 1938; GS Wallgau, 30 de marzo de 1938.
29. GStA, MA 106683, RPvS, 8 de abril de 1938.
30. StAM, LRA, 30678, GS Anger, 31 de marzo de 1938.
31. StAB, K8/III, 18473, GS Unterweilersbach, 26 de marzo de 1938; véase también GBF Ebermannstadt, 29 de marzo de 1938; BA Ebermannstadt, 1 de abril de 1938; GS Heiligenstadt, 25 de marzo de 1938; GS Waischenfeld, 25 de marzo de 1938; y GStA, MA 106678, RPvOF/MF, 8 de abril de 1938.

También se percibió una falta de interés y de entusiasmo en algunos de los informes regionales del Sopade, pese a que algunos de estos informes tienen el tono de las ilusiones más que el de la cruda realidad, y a que en muchos casos representan de forma claramente desproporcionada los sentimientos de los opositores al régimen.[32] Junto a la profunda depresión reinante en estos círculos por la debilidad e inactividad de las democracias occidentales, los informes del Sopade reconocían no obstante que la popularidad de Hitler —y con ella, la principal base política del régimen nazi— se había robustecido aún más. Los seguidores nazis en Baviera proclamaban que Hitler era más grande que Napoleón: a diferencia del emperador francés, él conquistaba el mundo sin guerrear. Incluso entre los menos exultantes había gran admiración por Hitler: «¡Qué hombre!» era el sentimiento que se escuchaba comúnmente.[33] En Westfalia, donde el triunfo en Austria era interpretado como una necesaria distracción de las crecientes tensiones internas y donde se consideraba que suponía el «mayor éxito» de Hitler hasta la fecha, se estimaba que dicho triunfo significaba que en adelante no habría de producirse ya «ninguna ulterior oposición digna de mención a nuevas aventuras», ya que «el país está ahora plenamente preparado para el hecho de que el *führer* puede hacer todo lo que quiera».[34] En el Ruhr, cuyo informe ofrecía, de forma algo simplista, una división por clases de las reacciones al *Anschluss*, se decía que los trabajadores se habían enfurecido ante la no intervención de las democracias occidentales, mientras que el chovinismo —«un infantil orgullo depositado en el ejército»—, y el sentimiento de que Hitler era «un tipo de todos los demonios que controlaba Europa y que ahora no se detendría en Checoslovaquia», resultaban dominantes entre la burguesía.[35]

Un concienzudo informe proveniente de Sajonia distinguía asimismo una primera fase de psicosis de guerra, seguida por una alegría sin límites al percibirse que no la habría. El júbilo de la segunda fase, se decía, emanaba en parte del alivio sentido por el pacífico desenlace del asunto; pero, sin duda, este alivio también se entremezclaba con «una buena dosis de admiración y de agradecimiento por el éxito de Hitler». Incluso

32. *DBS*, v. 256 y sigs., 9 de abril de 1938.
33. *Ibid.*, pág. 260.
34. *Ibid.*, págs. 267-268.
35. *Ibid.*, págs. 268-269.

los sectores de la población que con anterioridad se habían mostrado fríos hacia Hitler, o que le rechazaban por completo, se sentían ahora lo suficientemente entusiasmados para admitir que «Hitler es un inteligente y gran hombre de Estado que levantará a Alemania tras la derrota de 1918, confiriéndole de nuevo grandeza y posición». Más adelante, el informe de Sajonia señalaba una tercera fase de la formación de la opinión, fase surgida después de que, transcurridas unas dos semanas, el interés por Austria declinase a pesar del inminente plebiscito.[36] Pese a ser correctamente considerado como una conclusión inevitable, este plebiscito representó, de manera incuestionable —a pesar de la grotesca naturaleza de los resultados oficiales, superiores al 99 %, lo que excedía todas las marcas anteriores—, un generalizado consenso de aprobación a los «logros» de Hitler en el ámbito de la política exterior.[37]

## 5.2. La tensión

El *Anschluss* fue el último de los grandes éxitos de política exterior que Hitler pudo obtener casi sin esfuerzo, sin que interviniesen las potencias occidentales. La espectacular y fulminante acción que había demostrado tener tanto éxito en los casos de Renania y Austria, y que había colocado tanto al pueblo alemán como a las potencias extranjeras ante un hecho consumado, apenas había dejado tiempo para que realmente cuajase una «psicosis de guerra». Pese a que, como hemos visto, la angustia ante la idea de una nueva guerra fuera el sentimiento dominante cuando irrumpían en Alemania las noticias de los sucesivos acontecimientos, la crisis, en todos los casos, pasaba rápidamente, dejando paso a una alegría sin límites no sólo por el triunfo en sí, sino por el hecho de que hubiese sido alcanzado de forma pacífica. En la crisis de los Sudetes de 1938 se produjo por primera vez una diferencia. La población había estado sometida durante el verano de ese año a una guerra de nervios que se había prolongado varias semanas, y se vio inmersa en una campaña de prensa cada vez más estridente que denunciaba las supuestas atrocidades perpetradas por los checos contra los alemanes de los Sudetes. Los indicios señalan que la propaganda anticheca no dejó de producir efecto, y que

36. *Ibid.*, págs. 263-264.
37. Sobre el plebiscito, véase Auerbach, «Voklksstimmung», pág. 279.

existía la difundida percepción de que estaba justificado que Alemania ayudase a la «reprimida» población de los Sudetes. Al menos al principio parece que existió también cierto optimismo en relación con el hecho de que la región de los Sudetes se convirtiese en breve en «territorio nacional del Reich», y con la idea de que esto se consiguiese sin tener que recurrir a las armas. No obstante, cuanto más duraba la crisis, más predominante se volvía la angustia de que la consecuencia fuera una guerra. Sin duda, este sentimiento de espanto ante la idea de la guerra, que en ocasiones alcanzaba grado de pánico, fue la característica central de la opinión de la mayoría de la población, superando con mucho las aspiraciones anexionistas y amenazando con arrojar, por vez primera, una importante sombra sobre la propia popularidad de Hitler.

En su informe anual del año 1938, el SD habló de una «psicosis de guerra» que se había iniciado en mayo con la movilización checa y que había durado hasta el acuerdo de Munich alcanzado a finales de septiembre. Este informe describía el estado de ánimo de la población como «grave y depresivo», además de marcadamente pesimista.[38] Los informes del Sopade para toda Alemania y los informes internos de la administración nazi (que en todo lo relacionado con estas fechas proporcionan datos más copiosos de Baviera que de cualquier otro lugar del Reich) nos suministran una más que adecuada ampliación de las generalizaciones del SD.

Los informes de las autoridades bávaras hablaban de «una verdadera psicosis de guerra», sobre todo en las ciudades de las zonas fronterizas con Checoslovaquia, es decir, en la Baja Baviera y el Alto Palatinado, en la parte oriental de la provincia.[39] Un *Landrat* informaba incluso de la existencia de «pánico» entre la población de su localidad.[40] Sobre todo entre la generación de más edad, una generación que aún conservaba vívidamente la memoria de la Primera Guerra Mundial, parece claro que el pavor ante un nuevo conflicto superaba al fervor nacionalista y a la determinación de seguir ciegamente al *führer*. En el verano de 1938, y en especial en la fase aguda de septiembre, numerosos informes indicaban la existencia de significativas diferencias de actitud, principalmente en relación con la generación a la que se pertenecía por edad y con el partido al que se estaba afiliado. Un observador se creyó capacitado, por

38. *MadR*, ii. 72-73.
39. GStA, MA 106673, RPvNB/OP, 8 de septiembre de 1938.
40. StAA, BA Amberg 2399, GS Hahnbach, 21 de septiembre de 1938.

ejemplo, para distinguir tres corrientes de opinión fundamentales. En primer lugar, temerarios «buscavidas» preguntaban de qué servía tener un ejército fuerte si no se planeaba utilizarlo, y pensaban que no bastaba con hablar, así que era preciso liberar inmediatamente a los Sudetes de su «angustia y su sometimiento». Por otra parte, el grupo de los «angustiados» estaba seguro de que habría una guerra que Alemania, debido a su debilidad económica, sería incapaz de ganar, una guerra que la enfrentaría al poder del resto del mundo. El resultado sería que Rusia reduciría a Europa, como había hecho con España, a cenizas. Desde su punto de vista, los Sudetes deberían haber sido entregados a los checos, y preguntaban cómo podía el *führer* considerar la idea de sumirles en otra guerra. El tercer grupo, no obstante, el de los miembros del partido y sus seguidores, optaba por confiar en que «el *führer* siempre tiene razón», siempre había demostrado tenerla hasta entonces, y volvería a hacerlo, a lo que añadían que también en este caso era posible confiar ciegamente en él y estar seguro de que lograría conducir el asunto a un desenlace favorable para Alemania.[41]

Pese a ser toscos, estos pareceres citados en éste y otros informes sugieren que, en considerables sectores de la población, la confianza en Hitler descansaba sobre todo en la esperanza de que también ahora fuera capaz de resolver el problema de los Sudetes sin provocar una guerra. Por supuesto, queda claro en esos informes que la chovinista agresión que promovía la propaganda nazi también había dejado su huella en la opinión y provocado una situación de impaciente expectativa respecto de un primera acción contra los checos, como también queda reflejado en la expresión de admiración por la paciencia del *führer*, que, según los informes, se producía en ciertos sectores de la población.[42] Estos sentimientos eran particularmente marcados entre los alemanes más jóvenes, que no habían conocido la guerra y que habían visto coincidir los años formativos de su «socialización» con el propio período de vigencia del Tercer Reich. Un informe sobre la «moral de la juventud en los días críticos», redactado por un dirigente local de las Juventudes Hitlerianas en la Alta Baviera, afirmaba que entre los jóvenes, a diferencia de lo que sucedía con la generación de más edad, no había dudas respecto al resultado

---

41. StAM, NSDAP 983, NSLB Kreis Weilheim, Abschnitt Peissenberg, 3 de octubre de 1938.
42. *Ibid.*, informe al NSLB, Kreis Traunstein, 23 de septiembre de 1938.

de una posible guerra. Todos creían de manera inconmovible en la victoria, y sólo lamentaban no poder participar en ella, aunque esperaban no obstante poder servir en cierta medida al *führer*. Del mismo modo, respecto de su propio grupo de edad, el de quienes tenían entre 16 y 20 años, el autor del informe no podía señalar «sino lo mejor». Pese a ser conscientes de las consecuencias de una guerra, «cerraban filas con el *führer* —pese a que algunos fuesen menos entusiastas— y estaban dispuestos a hacer todo lo posible por el *führer*». Este informe llegaba a la conclusión de que «el *führer* puede confiar en la juventud» de Alemania, y sostenía que, si le era posible contar en la misma medida con todos los «camaradas del pueblo», «la victoria será nuestra nada más comenzar la guerra».[43]

Sin embargo, incluso estos comentarios pro nazis de un joven dirigente fanático ilustran que la mayoría de la población pensaba de modo diferente. Por primera vez en el Tercer Reich surgían serias dudas respecto a la política de Hitler. Es posible reconocer los signos de una potencial crisis de confianza en Hitler, pese a que sea preciso leerlos entre líneas en los informes oficiales. Las angustiadas reacciones a la crisis de los Sudetes demuestran lo superficial que era la creencia en Hitler en amplios sectores de la población, y hasta qué punto dependía de los continuos éxitos la popularidad del *führer*. Incluso los funcionarios del partido estaban dispuestos a admitirlo, como sucedió en el caso de uno de los dirigentes de distrito del NSDAP, que confesó que, al aparecer con fuerza el peligro de la guerra durante los críticos días de septiembre, «faltaba en muchos de los miembros del partido la necesaria confianza incondicional en el *führer*, de modo que no podía contarse con ellos en caso de que las cosas se pusieran serias».[44] En un sentido similar, la dirigente en una localidad bávara de la Organización Femenina nazi, el NS-Frauenschaft, afirmaba que algunas mujeres «no tenían confianza en nuestro *führer* cuando se vio que la suerte estaba echada», mientras que, por su parte, un dirigente de barrio del mismo distrito informó de que algunos ponían sus esperanzas de paz en Mussolini y en los estadistas occidentales, y de que dos reservistas que regresaban a casa le habían dicho que

43. StAM, NSDAP 440, «Bericht über die Stimmung der Jugend in den kritischen Tagen», s. f., presumiblemente octubre de 1938.

44. StAM, NSDAP 126, KL Erding, informe de octubre-diciembre de 1938. Alguien tachó el comentario citado, que fue sustituido, en el informe final, por una fórmula más neutra.

podía darse las gracias a Inglaterra y a Francia por el hecho de que se hubiese evitado la guerra.[45] Podemos encontrar pistas de la fragilidad de la confianza en el *führer* en el caso de que estallase una guerra por el control de los Sudetes en un cierto número de informes provenientes de otros distritos bávaros.[46] Otros informes sugerían que la población, en especial los antiguos soldados que habían participado en la guerra, «no estaban, en su fuero interno, preparados» para luchar, que faltaba la «disposición psicológica» para la guerra, que «no debía sacrificarse ni un solo hombre en defensa de los alemanes de los Sudetes», y que, a pesar de que las gentes respaldaban firmemente al *führer*, «preferían que se mantuviera la paz».[47]

Los observadores del Sopade referían un estado de ánimo similar entre la población en el verano de 1938. Un informe del noroeste de Alemania sostenía que incluso la mayor parte de los fanáticos seguidores de Hitler estaban contra la guerra, creían en las protestas de paz de Hitler y pensaban que su actitud en la cuestión de los Sudetes era un farol. El informe de Sajonia distinguía entre el ánimo de victoria del sector nazi de la población, el miedo a la guerra presente de manera especial en quienes habían combatido en la contienda de 1914 a 1918, y el sentimiento que tenían los opositores al régimen de que sólo una guerra podría liberar a Alemania del fascismo. Existía además, según se añadía, la convicción general de que Alemania no sería capaz de ganar una guerra larga. El informador bávaro especulaba —muy equivocadamente, como habría de revelar el curso de los acontecimientos— con la posibilidad de que el régimen sufriera una potencial pérdida de prestigio si se hacía patente que Hitler se había visto forzado a renunciar al verse al borde de un conflicto que habría equivalido al estallido de una guerra mundial.[48] Resu-

45. StAM, NSDAP 440, NS-Frauenschaft Ebersberg, 31 de octubre de 1938, así como el no fechado *Blockwart's* «Stimmungsbericht über die ereignisreichen Tage im September 1938 vor dem Einmarsch ins Sudetenland». En otros informes de este archivo, desde el titulado «Reichsbund der Deutschen Beamten» al denominado «Ortsgruppe Ebersberg», del 29 de octubre de 1938, se menciona la existencia de comentarios derrotistas y críticos en la clase media, así como las quejas de los campesinos por la requisa de sus caballos.

46. StAM, LRA 59595, BA Schrobenhausen, 4 de noviembre de 1938; LRA 47140, GS Feilnbach, 18 de julio de 1938; LRA 134059, BA Bad Tölz, 2 de septiembre de 1938.

47. StAA, BA Amberg 2398, GS Hirschau, 22 de agosto de 1938; StAM, LRA 99497, BA Aichach, 1 de septiembre de 1938; GStA, MA 106681, RPvUF, 7 de septiembre de 1938.

48. DBS, v. 685-689, 24 de agosto de 1938.

miendo lo esencial de los informes provenientes de todos los lugares del Reich, el cuartel general del Sopade en Praga calculaba que, en términos de moral, el «potencial bélico» del pueblo alemán era mucho menor que en 1914. En lo que concierne a la actitud general de la población hacia la guerra, podría afirmarse que la gran mayoría temía una contienda, y que nadie pensaba que Alemania pudiese ganar. Sin embargo, también se creía que la mayoría de los jóvenes había sido puesta a favor de la idea de una guerra por la propaganda, y que muchos de los opositores al régimen veían con buenos ojos una guerra por considerarla un medio para poner fin a la dictadura.[49]

Los informes de las autoridades del régimen, así como los archivos de los «tribunales especiales» de carácter político, muestran que durante esas críticas semanas hubo también un notable incremento del número de casos en que se criticaba abiertamente a Hitler y se le atribuía toda la responsabilidad por el estallido de cualquier guerra que pudiese producirse como consecuencia de la cuestión de los Sudetes. Algunos de los comentarios negativos provenían de antiguos simpatizantes del KPD o el SPD, pero las actas del «Tribunal Especial» de Munich no proporcionan ninguna indicación que permita afirmar que la mayoría de los acusados procediera de estos entornos.[50]

El entusiástico recibimiento concedido en septiembre de 1938 al primer ministro británico, Neville Chamberlain, durante su visita a Bad Godesberg y Munich en el apogeo de la crisis, nos revela hasta qué punto se hallaba extendido el malestar por la política de Hitler entre quienes

49. *Ibid.*, págs. 684-685; véanse también las págs. 913-939, 10 de octubre de 1938.
50. *Grosso modo*, Hitler era el blanco directo de las críticas en 81 de los 448 casos (18,1 %) de «prácticas delictivas» (*Heimtücke*) registrados en 1937 en el «Tribunal Especial» de Munich, aunque habría de serlo en 297 de los 1.302 casos (22,8 %) contabilizados en 1938, en 290 de los 1.269 casos (22,9 %) juzgados en 1939, y en 234 de los 812 casos (28,8 %) referidos en 1940. Mientras que los comentarios que se escuchaban sobre Hitler en los primeros años de la dictadura tendían a consistir en insultos inespecíficos, entre los que cabe incluir una significativa minoría de observaciones sobre su sexualidad —en especial en torno a la época de la «conjura Röhm»—, los consignados entre los años 1938 y 1940 se ocupaban mucho más de la responsabilidad de Hitler en cuestiones internacionales concretas: el *Anschluss*, los Sudetes y el comienzo de la guerra. Los chistes y comentarios sobre su sexualidad desaparecieron casi por completo, y el porcentaje de insultos inespecíficos disminuyó. En relación directa con sus comentarios contra el régimen por la cuestión de los Sudetes, 79 personas —en su mayoría labriegos no cualificados, trabajadores especializados, artesanos y granjeros— fueron arrestadas y llevadas a juicio ante el «Tribunal Especial» de Munich; consúltese el material SGM en StAM.

no obstante se mordían la lengua.[51] También queda gráficamente ilustrado por la malhumorada respuesta de la población de Berlín a un desfile militar celebrado el 27 de septiembre en esa ciudad. Según los relatos de los testigos oculares, en vez de un entusiasmado aplauso a la enorme procesión motorizada que descendía por la Wilhelmstrasse, y que había sido programada deliberadamente para coincidir con los miles de berlineses que salían a esa misma hora de sus oficinas, la mayor parte de la gente «se zambulló en las bocas de metro, se negó a echar un vistazo, y el puñado de personas que de hecho contemplaron el desfile permaneció en pie junto a las vallas, en completo silencio, incapaz de encontrar una palabra de regocijo que dirigir a la flor de una juventud que partía hacia la gloriosa guerra». Se dijo que Hitler, que observaba el desfile desde un balcón, se mostró «disgustado por la apatía de la multitud».[52]

Sin duda, sería ir demasiado lejos afirmar que se estaba produciendo un espectacular derrumbe del mito del *führer*, un mito que había sido construido durante años por la propaganda nazi y que, evidentemente, tenía sólidos fundamentos psicológicos en amplios sectores de la población. Incluso asumiendo que la mayoría de los alemanes hubiesen estado dispuestos a olvidar sus pretensiones en los Sudetes con el fin de preservar la paz, esto no habría significado por sí mismo un vuelco de la opinión contrario a Hitler, ya que eran muchos los que consideraban que el *führer* se había aventurado a tirarse un farol y a emprender una política arriesgada, pero que no estaba dispuesto a llevar a Alemania a la guerra por este asunto. Y parece que la mayoría, influenciada por la campaña de propaganda, estaba convencida de que Alemania tenía la razón de su parte en su defensa de los alemanes de los Sudetes.

A pesar de eso, tras la crisis de los Sudetes, la popularidad de Hitler se vio por primera vez amenazada. En caso de que estallase una guerra, la posibilidad de un golpe militar, que se barajaba durante el verano de 1938, habría tenido una probabilidad clara de obtener el respaldo popular. En este sentido, también el acuerdo de Munich, por el que las potencias occidentales cedían los Sudetes a Alemania, supuso un paso fatídico. No sólo se hurtaba toda esperanza de éxito a cualquier posible golpe de mano contra Hitler, sino que se permitía, además, que el prestigio del

---

51. N. Henderson, *Failure of a Mission*, Londres, 1940, págs. 154, 161 y 166.
52. Shirer, pág. 117; Stokes, *SD*, pág. 272; R. Andreas-Friedrich, *Schauplatz Berlin. Ein deutsches Tagebuch*, Munich, 1962, págs. 5-6; véase también Steinert, págs. 77-79.

*führer* quedase más que recuperado: el acuerdo le proporcionó una «posición casi legendaria»[53] entre los alemanes. Y por si fuera poco, todos los opositores al régimen quedaron desarmados, y se eliminó todo fundamento para la crítica. Todos los informes de los días que siguieron al acuerdo de Munich reflejaron la nueva oleada de alivio, admiración y gratitud que ahora brotaba a borbotones en favor de Hitler. De un solo golpe, el *führer* había disipado todas las dudas y establecido una nueva base de confianza en su genio como estadista que triunfaba una vez más gracias a sus nervios templados mientras todos a su alrededor desfallecían.

La euforia surgió en primer lugar del alivio subsiguiente a unas semanas de gran tensión. Era tal la alegría por el mantenimiento de la paz que, por un lado, en ocasiones llegó casi a olvidarse la «incorporación» de los Sudetes alemanes, y, por otro, «no se comprendió por entero el significado que tenía, en la historia del mundo, el éxito alemán».[54] La prensa alemana recibió instrucciones explícitas no sólo para que pusiese especial énfasis en la solidaridad del pueblo alemán con el *führer* durante los días de mayor crisis, sino para que evitase también, al mencionar las expresiones de gratitud, elogio y ciega obediencia al *führer*, la sensación de que éstas se producían por efecto del puro alivio.[55]

Es difícil que alguien pudiese imaginar entonces que Hitler, en este instante de triunfo por los Sudetes, estuviese en realidad furioso por haber sido objeto de una maniobra que le obligaba a zanjar la cuestión con un acuerdo diplomático.[56] Una vez más, la imagen popular de Hitler se hallaba muy lejos de la realidad. Pese a que censuraba el anhelo de paz de la población, su propio prestigio estaba alcanzando nuevas cotas mediante la obtención de otro triunfo logrado sin derramamiento de sangre. Como señalaba un informe, «los camaradas del pueblo que hasta la fecha no habían sido aún plenamente convencidos por el nacionalsocialismo ven ahora que ningún otro líder de Estado habría tenido posibilidad de alcanzar este éxito». En medio del júbilo político general, la gente se estremecía ante la «habilidad política de nuestro *führer*».[57] Sus

53. Steinert, pág. 79.

54. GStA, MA 106671, RPvOB, 10 de octubre de 1938. Véase también Stokes, *SD*, págs. 270 y 273; Steinert, págs. 78-79; Shirer, pág. 122.

55. Auerbach, *Volksstimmung*, pág. 285.

56. Véase Henderson, págs. 175 y 179.

57. GStA, MA 106671, RPvOB, 10 de noviembre de 1938. Véase también MA 106681, RPvUF, 10 de noviembre de 1938.

brillantes éxitos diplomáticos en Munich tuvieron el efecto secundario de dejar en calma chicha a sus opositores internos. El profundo disgusto, el enfado y la depresión por la conducta de las democracias occidentales son unas características que destacan en todos los informes del Sopade pertenecientes al período posterior al acuerdo de Munich.[58] Incluso en las más críticas condiciones —eso debió de parecerles a muchos—, podía confiarse en que el supremo genio del *führer* lograse lo mejor para Alemania. Este incremento de la confianza en las capacidades de la habilidad política de Hitler constituyó sin duda un factor de gran importancia en la relativa serenidad del estado de ánimo popular durante la crisis polaca del siguiente año, crisis en la que los temores de que pudiese conducir a una guerra no estuvieron tan extendidos en parte alguna como lo habían estado en 1938. Evidentemente, la imagen del *führer* había alcanzado, tras los anteriores éxitos, y sobre todo tras el triunfo derivado de la crisis de los Sudetes, una nueva dimensión de legendaria infalibilidad en la esfera de la actividad diplomática. A principios de octubre de 1938, y con gran perspicacia, el Sopade comentó: «Una vez más, Hitler ha alcanzado sus objetivos sin una guerra. Tampoco este éxito carecerá de efectos sobre la mentalidad del pueblo alemán. Hasta época reciente, el temor de la guerra iba en aumento en muy amplios sectores de la población. ¿Esa angustia no terminará por conducirnos, tras esta nueva victoria sin sangre de Hitler, a la convicción de que éste puede exigir lo que quiera, porque los demás habrán siempre de ceder? ¿No acabará extendiéndose la megalomanía del *führer* a sectores aún más amplios de la población?».[59]

## 5.3. La guerra

Los últimos éxitos de política exterior de Hitler antes de la guerra, la marcha sobre Praga del 15 de marzo de 1939 y, una semana más tarde, la incorporación del distrito de Memel al Reich, se produjeron con tanta rapidez que hubo poco tiempo para que pudiera desarrollarse cualquier tipo de angustia en la población alemana respecto a un posible comienzo

58. *DBS*, v. 939-947, 10 de octubre de 1938.
59. *Ibid.*, pág. 940.

de las hostilidades. La primera reacción fue de sorpresa,[60] seguida de una renovada admiración por el genio de la habilidad política del *führer*, admiración en la que no era lo menos importante el hecho de que hubiese logrado otro triunfo sin derramamiento de sangre.[61] No obstante, estos nuevos éxitos alemanes apenas desencadenaron una oleada de euforia comparable a la que siguió al *Anschluss* y al acuerdo de Munich del año anterior. Tal como afirmaba un dirigente de un distrito bávaro del NSDAP, «la gente está encantada con las grandes hazañas del *führer* y le mira con plena confianza, pero las necesidades y las preocupaciones de la vida diaria son tan grandes que el estado de ánimo se vuelve de nuevo rápidamente pesimista».[62] Pese a que, según se decía, incluso muchos antiguos partidarios del SPD aceptaran como justificación para la incorporación del distrito de Memel al Reich el hecho de que la mayoría de su población hablase el alemán, la ocupación de Checoslovaquia, donde, por vez primera, no se trataba de ninguna «incorporación» de tierras alemanas, suscitó algunas críticas, junto con reacciones de perplejidad y escepticismo, y naturalmente, tocó poco el sentido de identidad que había acompañado antes a la expansión del Reich a territorios que compartían la lengua y la cultura alemanas.[63] Pese a todo, tal como señalaba un informe del Sopade procedente de Renania-Westfalia, la marcha alemana sobre Praga fue sobre todo un nuevo éxito de prestigio para Hitler, y, en vista de los triunfos que Hitler podía enumerar, el argumento de que no existía justificación moral para la ocupación de Checoslovaquia tenía poco peso.[64] El resumen de los analistas del Sopade, que tuvieron que trasladar rápidamente su cuartel general de Praga a París, aceptaba que el impacto predominante de la destrucción de Checoslovaquia era el

60. Véase *DBS*, vi. 281, 14 de abril de 1939, informe procedente del suroeste de Alemania; StAM, NSDAP 126, KL Wasserburg, informe correspondiente a enero-marzo de 1939. Véase también LRA 29654, GS Bad Reichenhall, 28 marzo de 1939, y StAB, K8/III, 18473, GS Königsfeld, 27 de marzo de 1939.

61. Expresamente señalado en StAB, K8/III, 18473, GS Waischenfeld, 26 de marzo de 1939. Véanse también los informes del Sopade en *DBS*, vi. 278 y sigs., 14 de abril de 1939.

62. StAM, NSDAP 126, KL Aichach, 31 de marzo de 1939. Véase también GStA, MA 106683, RPvS, 7 de abril de 1939; MA 106678, RPvOF/MF, 10 de abril de 1939; MA 106673, RPvNB/OP, 11 de abril de 1939; MA 106681, RPvUF, 11 de abril de 1939; MA 106671, RPvOB, 12 de abril de 1939, para las reacciones de que informa la presidencia del gobierno bávaro.

63. Véase *DBS*, vi. 282, informe del suroeste de Alemania.

de un nuevo incremento del prestigio de Hitler, un impacto acompañado por el sentimiento de que el *führer* obtenía el éxito en todas sus empresas, mientras que los «otros» estaban dispuestos, al verse confrontados a la pujanza de Alemania, a ceder sin lucha a cualquier demanda.[65]

Cuando, unas pocas semanas más tarde, el 20 de abril de 1939, se celebró en Berlín el cincuenta cumpleaños de Hitler con un orgulloso despliegue de la Wehrmacht en un espectacular desfile militar, se aprovechó esta ocasión especial para promover manifestaciones de ilimitada devoción al *führer*. Al margen de aquellos grupos de población que aún se aferraban con firmeza a sus antiguas creencias socialistas y comunistas, y al margen también de todas las personas fundamentalmente alejadas del régimen nazi como consecuencia de la «lucha contra la Iglesia», no sería exagerado sugerir que en esta fecha la gran mayoría de alemanes encontraba algún punto de identificación con Hitler y sus «logros». Una valoración del culto al *führer* hecha por el Sopade tras las celebraciones del cumpleaños señalaba que pese a que las nociones relacionadas con un liderazgo «heroico» tenían en Alemania una larga tradición, Hitler era único no sólo por proceder de los estratos más humildes de la sociedad y por sus talentos como demagogo populista, sino también por la fortaleza de la fe que había sabido estimular hacia su persona. Y pese a que cualquiera que conociese Alemania era consciente de que, durante el ascenso de Hitler a la categoría de «figura mítica», un amplio sector de la población había permanecido frío y escéptico, el terror interno que suprimía cualquier acción crítica, así como la política exterior de las democracias occidentales, «que había puesto en manos del *führer* un éxito tras otro», habían socavado esta reserva. Pese al extendido temor a una guerra, la creencia en el *führer* se encontraba aún presente, y con toda vitalidad, en amplios sectores de la población. Para demostrarlo, el informe incluía una sustancial selección de cartas, poemas y efusiones adulatorias compuestos por ciudadanos «ordinarios» y publicados en los periódicos alemanes con ocasión del cumpleaños de Hitler, escritos todos ellos que expresaban —a menudo con el más extraordinario lenguaje— devoción al *führer*. Los analistas del Sopade añadieron que semejantes muestras de

65. *Ibid.*, pág. 275. Las otras reacciones generales que se señalaron (pág. 276) fueron una «apagada indiferencia», la crítica del imperialismo alemán —imperialismo que ahora, por vez primera, iba más allá de cualquier pretensión de liberar a las «minorías alemanas reprimidas»—, y la preocupación de que la guerra se encontrase ahora un punto más próxima.

devoción no podían ser simplemente atribuidas a la propaganda, sino que «sin duda surgían en parte de una ingenua fe que no queda fácilmente destruida».[66]

A pesar de la creciente tensión asociada con la «cuestión de Dantzig» en el verano de 1939, el estado de ánimo básico de la población alemana mostraba mucho menos nerviosismo y angustia ante la amenaza de una guerra que durante la crisis de los Sudetes del verano anterior. Desde el acuerdo de Munich había, al parecer, poco espacio para las dudas sobre la diplomacia de Hitler, y sus discursos de la primavera y el verano de 1939 —en especial su muy efectivo desaire al presidente Roosevelt del 28 de abril—[67] tuvieron un considerable impacto y parecieron confirmar a muchos alemanes que su objetivo fundamental era el mantenimiento de la paz, no la preparación de la guerra. Además, muy pocos pensaban que, habiendo sacrificado los Sudetes y el resto de Checoslovaquia sin disparar un solo tiro, las potencias occidentales estarían ahora dispuestas a correr el riesgo de que se produjera una guerra por la cuestión de Dantzig. El ánimo, por consiguiente, y a diferencia de lo sucedido el año anterior, era, en conjunto, un ánimo de confianza. Muchos pensaron que también en esta ocasión Hitler obtendría lo que quería sin derramamiento de sangre.[68] Una chica alemana de 17 años, que creía que «Hitler era un gran hombre, un genio, una persona que nos ha enviado el cielo», reflejaba sin sospecharlo el punto de vista de muchos durante ese verano: «Los rumores que hablaban de una guerra inminente se difundían sin parar, pero nosotros no nos preocupábamos en exceso. Estábamos convencidos de que Hitler era un hombre de paz y de que haría todo lo que pudiese para resolver pacíficamente las cosas».[69]

A pesar de todo, los temores de un nuevo e inminente conflicto estaban lejos de hallarse ausentes, y seguían constituyendo uno de los elementos centrales de la opinión popular, tal como indica con claridad la

66. *Ibid.*, págs. 435-454, 10 de mayo de 1939.
67. Véase el texto en Domarus, págs. 1.148 y sigs. Algunos observadores pensaron que la respuesta a Roosevelt constituía el logro retórico «más brillante» de Hitler; véase Fest, págs. 795-798.
68. GStA, MA 106673, RPvNB/OP, 7 de agosto de 1939; y véase también MA 106671, RPvOB, 10 de agosto de 1939, y Steinert, págs. 84-85.
69. I. McKee, *Tomorrow the World*, Londres, 1960, pág. 27.

práctica totalidad de los informes emitidos durante el verano de 1939
—ya fueran de orden interno o pertenecientes al Sopade—. En la Alta
Franconia, los informes del *Landrat* de Ebermannstadt, persona particularmente clara en su expresión, proporcionan un buen ejemplo del estado de ánimo que prevalecía. A finales de junio de 1939, señalaba: «El deseo de paz es mayor que el anhelo de guerra. Por lo tanto, en la que es,
con abrumadora diferencia, la proporción mayoritaria de la población,
sólo existe acuerdo con la solución de la cuestión de Dantzig si ésta se
produce con la misma rapidez y ausencia de efusión de sangre que carac-
terizaron a las anteriores anexiones del Este. [...] Hoy en día no es posible contar con un entusiasmo como el que se produjo en 1914».[70] Un
mes después, este mismo *Landrat* captaba en pocas palabras los sentimientos que suscitaba en millones de alemanes la creciente crisis polaca: «La respuesta a la pregunta de cómo ha de resolverse el problema de
"Dantzig y el corredor" sigue siendo la misma en opinión del público
en general: ¿incorporación al Reich? Sí. ¿Mediante una guerra? No».[71]
A medida que la guerra se volvía inminente, y al comenzar ésta, el 1 de
septiembre, con la invasión de Polonia, estos sentimientos se vieron
confirmados en todas las valoraciones contemporáneas de la opinión y
el estado de ánimo. Al compararlos con los agitados días de agosto de
1914, todos los observadores coincidieron en señalar únicamente angustia y falta de entusiasmo.[72] Pese a las semanas de implacable propaganda,
mucha gente, según algunos informes, no estaba aún segura de las razones de la guerra. Faltaba una «comprensión más profunda de la necesidad de la guerra», y eran muchos los que no tenían claro el «pleno significado de la acción contra Polonia».[73] Otro informe procedente de
Ebermannstadt, fechado el último día de paz, subrayaba una vez más que
la confianza en el *führer* dependía en considerable medida de si iba a ser o
no capaz de evitar una guerra: «Probablemente, la confianza en el *führer*
va a verse ahora sujeta a su más exigente y corrosiva prueba. La abrumadora mayoría de los camaradas del pueblo espera de él que evite la gue-

70. StAB, K8/III, 18473, LR Ebermannstadt, 30 de junio de 1939; y véase también
GI Ebermannstadt, 29 de julio de 1939.

71. StAB, K8/III, 18473, LR Ebermannstadt, s. f. (finales de junio de 1939).

72. Véase, por ejemplo, Shirer, págs. 152 y 158-159; Steinert, págs. 91-92; Stokes,
*SD*, pág. 471; Fest, pág. 849.

73. GStA, MA 106671, RPvS, 11 de septiembre de 1939. Véase también MA 106678,
RPvOF/MF, 7 de septiembre de 1939 y MA 106683, RPvS, 8 de septiembre de 1939.

rra, incluso a costa, si de otro modo fuera imposible, de Dantzig y del corredor».[74]

Según esto, la popularidad de Hitler aún descansaba en su capacidad para preservar la paz. Y sin embargo, lo que esperaba a los alemanes en el otoño de 1939 era la guerra. Pese a la inconfundible existencia de un pavor a otra conflagración, un pavor claramente mostrado en los años anteriores y, sobre todo, entre 1938 y 1939, los alemanes siguieron a su *führer* a una nueva guerra. Sin entusiasmo, pero también sin protestas ni oposición. Y lejos de encaminarse a su declive, la popularidad de Hitler tenía, a finales de año, tras cuatro meses de guerra, una base tan sólida como siempre. Había sobrevivido intacta tanto al sorprendente vuelco que supuso el pacto con el enemigo ideológico, el bolchevismo soviético, como al comienzo de las hostilidades con el Oeste.[75] Pese a que los años de terror y represión explican en buena medida la falta de toda oposición abierta a la guerra de Hitler, sólo pueden contribuir a explicar en pequeño grado por qué el mito del *führer* pudo permanecer indemne. Los principales factores han de buscarse en otro lugar. En primer término, parece claro que a pesar de que la propaganda nazi no había tenido éxito en la creación de un patente entusiasmo por la guerra —al margen de la juventud fanatizada y de los sectores más fieles del partido y sus seguidores—, sí demostró tener mucho más éxito en cuanto a la denigración de los sentimientos antibelicistas, tildándolos de antipatrióticos y derrotistas, con lo que logró su efectiva desaparición del discurso público. Y a pesar de que existía temor a una guerra, había una generalizada disposición a luchar, tal como había sucedido en 1938, si llegaba a ocurrir lo peor. Esta disposición se vio reforzada por el éxito de la propaganda en cuanto a la difusión de la convicción de que la guerra contra Polonia estaba justificada y resultaba necesaria en un conflicto en el que Alemania se había visto obligada a participar. Se daba un generalizado crédito, y no sólo en los círculos del partido, a los informes de la propaganda que hablaban de una persecución de la minoría alemana en Polo-

---

74.  StAB, K8/III, 18473, LR Ebermannstadt, 31 de agosto de 1939.
75.  Véase *DBS*, vi. 985-989, para las reacciones al Pacto de No Agresión con la Unión Soviética; y véase también *ibid.*, págs. 975-983, para las primeras reacciones a la guerra. El informe se completó el 24 de octubre de 1939.

nia.[76] Para la propaganda alemana era un asunto sencillo explotar los profundamente arraigados prejuicios contra Polonia y convencer al pueblo de que la intervención armada alemana había sido la única opción que quedaba para poner fin a la provocación de los polacos.[77] Además, la propaganda nazi había apelado repetidamente a las viejas angustias relacionadas con el peligro de quedar «cercados» y con la necesidad de impedir esa amenaza —un elemento de consenso básico entre el pueblo y el régimen que sin duda era más extenso que el derivado de los específicos dogmas ideológicos del nazismo—. Y una vez que la guerra hubo estallado, se produjo, como sucede en todos los países, un cierto cierre de filas y un respaldo al gobierno. Además, los sentimientos básicos de lealtad reforzaron los lazos entre el pueblo y el *führer*. Durante la guerra, la oposición equivalía a una traición. La guerra de Hitler era la guerra de Alemania, e incluso los oponentes ideológicos al nacionalsocialismo estaban dispuestos, por razones patrióticas y por el «deber para con la patria» —que ahora era difícil de distinguir del deber para con el *führer*—, a seguir a Hitler en su guerra, por muy indeseable que hubiera sido la guerra misma.[78]

Tampoco debe subestimarse la persistente creencia de que Hitler anhelaba una rápida paz. Evidentemente, muchos aún creían que Hitler había hecho todo lo posible para evitar una guerra.[79] La construcción propagandística del deseo de paz de Hitler, que había venido levantándose en los años anteriores, aún ejercía claramente su efecto sobre una población privada de las interpretaciones contrapuestas que podían encontrarse en la prensa extranjera.[80] En privado, Hitler era muy franco

76. Véase, por ejemplo, Shirer, pág. 138.

77. Para estas convicciones, véase, por ejemplo GStA, MA 106673, RPvNB/OP, 9 de octubre de 1939; MA 106681, RPvUF, 10 de febrero de 1940; MA 106678, RPOF/MF, 7 de abril de 1940; StAM, LRA 29655, GS Bad Reichenhall, 29 de diciembre de 1939.

78. Véase, por ejemplo, GStA, MA 106673, RPvNB/OP, 8 de septiembre de 1939: «Ya se ha visto claramente […] en todos los informes, que el pueblo no quiere saber nada de una guerra, pero que, a pesar de la falta de entusiasmo por la guerra, como sucedió en 1914, en caso de que se produzca, la gente afrontará lo que se haya vuelto inevitable con calma y confianza, depositando sus esperanzas en el *führer*». Véase también GStA, MA 106678, RPvOF/MF, 7 de septiembre de 1939; Shirer, págs. 165 y 173; y Steinert, págs. 95-97.

79. GStA, MA 106671, RPvOB, 11 de septiembre de 1939. Véase también Stokes, *SD*, pág. 472: «No hay razón para suponer que el grueso de la población no acepte el retablo que Hitler pinta de sí mismo y que le presenta como un frustrado amante de la paz».

80. Véase Shirer, pág. 138.

respecto al hecho de que había utilizado su «imagen pacifista» como coartada ante el pueblo alemán, «con el fin de mostrarle que había hecho todo lo posible para preservar la paz».[81] Una vez que las hostilidades hubieron comenzado, Hitler trató de conservar esta «imagen pacifista» haciendo hincapié en que le movía el más profundo deseo de un rápido final al conflicto, actitud que culminó en la «oferta de paz» lanzada a las potencias occidentales en su discurso ante el Reichstag del 6 de octubre de 1939, tras el victorioso desenlace de la campaña polaca.[82] Pese a que, sin duda, muchos alemanes eran escépticos respecto de la seriedad del llamamiento a la paz, un llamamiento que en realidad exigía que las potencias occidentales aceptaran un nuevo hecho consumado y establecido en términos alemanes, el rápido rechazo de la «oferta» por parte de Chamberlain y Daladier podía ser explotado por la propaganda para confirmar, aparentemente una vez más, lo que muchos alemanes ya estaban dispuestos a creer: que las potencias occidentales tenían la culpa de que la guerra se prolongase. Entre los muchos informes que destacaban este sentimiento, hay uno que sostiene que, tras rechazar los enemigos de Alemania «la mano [de paz] tendida», el pueblo había reconocido «que Inglaterra deseaba únicamente la destrucción de Alemania» y estaba por tanto «más unido que nunca en su ilimitada confianza en que el *führer* conduciría la lucha impuesta a Alemania a un desenlace victorioso».[83]

Por último, la persistente e ingenua creencia de que Hitler sólo deseaba lo mejor para su pueblo no se vio socavada por los acontecimientos de la propia guerra en sus fases iniciales. Las imágenes que proyectaban los noticiarios cinematográficos de la moderna Wehrmacht alemana en acción y de la brillante estrategia de la *Blitzkrieg*, estrategia que el *führer* supervisaba en persona, incrementaba aún más el prestigio de Alemania, y, dadas las mínimas pérdidas y las rápidas victorias en Polonia, el generalizado pesimismo que se había sentido a comienzos de septiembre pronto desapareció.[84] Una de las percepciones ampliamente difundidas era la de que las potencias occidentales se verían obligadas a negociar la

---

81. P. Schmidt, *Statist auf diplomatischer Bühne*, Bonn, 1953, pág. 469.

82. Texto en Domarus, págs. 1.377 y sigs. Véanse los comentarios al discurso en Shirer, págs. 182-184.

83. GStA, MA 106678, RpvOF/MF, 7 de noviembre de 1939. Véase también Stokes, *SD*, págs. 473-476; Steinert, págs. 108-109.

84. StAB, K8/III, 18473, GKF Ebermannstadt, 29 de septiembre de 1939.

paz, con lo que la guerra terminaría pronto.[85] Además, eran pocos los escrúpulos morales por la brutal devastación de Polonia. William Shirer señaló: «Aún estoy por encontrar a un alemán, incluso entre aquellos que no aprecian el régimen, que vea algo malo en la destrucción alemana de Polonia. [...] Mientras los alemanes tengan éxito y no se vean obligados a apretarse excesivamente el cinturón, ésta no será una guerra impopular».[86]

A fin de cuentas, en el otoño de 1939, y a pesar del hecho de que Alemania se encontrara ahora envuelta en otra guerra, eran pocas las cosas que pudieran conmover la confianza en la capacidad de liderazgo de Hitler. Un joven soldado, recién llegado de Polonia, reflejaba indudablemente las opiniones de muchos alemanes de aquella época. En una conversación transcrita por un simpatizante del grupo socialista Neu Beginnen, que se encontraba de viaje por Alemania en aquellos días, este soldado decía haber tenido una confianza incondicional en el liderazgo militar, una admiración acrítica por la audacia de Hitler, la sólida esperanza de que Inglaterra y Francia no continuarían la guerra, habida cuenta de la superioridad militar alemana, y la convicción de que Hitler se saldría con la suya.[87]

Las reacciones al intento de asesinato contra el *führer* ocurrido en la sala Bürgerbräukeller de Munich el 8 de noviembre de 1939 nos brindan una indicación de que la popularidad de Hitler había sufrido pocos reveses durante los primeros meses de la guerra. En todas partes, incluso en las zonas donde se habían producido anteriormente conflictos entre el partido y la población local como consecuencia de la «lucha contra la Iglesia», los informes de opinión interna señalaban conmoción, rabia y alivio por que hubiera salido ileso.[88] El SD afirmaba que «el intento

85. Véase, por ejemplo, BA/MA, RW20-13/8, «Geschichte der Rüstungs-Inspektion XIII», pág. 35; *Meldungen*, pág. 8.

86. Shirer, pág. 173 (anotación perteneciente al 20 de septiembre de 1939).

87. WL, «Deutsche Inlandsberichte», n° 56, 1 de noviembre de 1939.

88. Para las respuestas que se produjeron en el interior de Baviera, véase, por ejemplo, GStA, MA 106678, RPvOF/MF, 7 de diciembre de 1939; MA 106683, RPvS, 9 de diciembre de 1939; MA 106681, RPvUF, 11 de diciembre de 1939; StAB, K8/III, 18473, GP Waischenfeld, 26 de noviembre de 1939; StAM, LRA 61616, GKF Garmisch, 28 de noviembre de 1939; GP Mittenwald, 24 de noviembre de 1939. Pese a que, naturalmente, los informes fabulan sobre las simpatías que despertaba Hitler, el apunte de un observador contemporáneo —cuyo conservadurismo cristiano le había vuelto un gran antagonista del régimen— que afirmaba que era difícil encontrar a alguien en Munich que no se

de asesinato de Munich ha robustecido grandemente los sentimientos de identidad del pueblo alemán», que la «devoción al *führer* se ha vuelto aún más honda», y que, «asimismo, la actitud hacia la guerra es ahora, a raíz del atentado, más positiva en muchos círculos». Se dijo que lo que prevalecía era un estado de ánimo de gran odio hacia Gran Bretaña, país al que la propaganda nazi acusaba de haber instigado la intentona.[89] Y según un informe del Sopade procedente de Berlín, tras el atentado, la más destacada línea de pensamiento consideraba que su éxito sólo podría haber provocado la confusión interna en Alemania, con el consiguiente beneficio para los enemigos de la nación, y acarreado la pérdida de la guerra, una miseria mayor que la surgida tras el acuerdo de Versalles, y la negación de todos los esfuerzos realizados desde 1933. Por consiguiente, se dio la vuelta al incidente, que quedó transformado en un éxito propagandístico por los nazis: «El resultado político del atentado con bomba, según nuestras observaciones generales, es un robustecimiento de la determinación».[90]

A finales de 1939, el pueblo alemán padeció el primer invierno de la guerra, y con él las primeras dificultades y privaciones. Hacía ya tiempo que el entusiasmo por la victoria en Polonia había desaparecido. Además, el descontento producido por la escasez de algunos artículos, en especial la falta de abastecimiento de carbón durante el invierno más frío de los últimos años, se hizo rápidamente patente en los sectores más pobres de la población, en particular entre aquellos trabajadores cuya actitud hacia la guerra era notablemente pesimista.[91] No obstante, la valoración del propio Hitler, expuesta en un discurso pronunciado ante los dirigentes de la Wehrmacht justo antes del comienzo de la guerra, valoración que justificaba su determinación a actuar, parece tener el mis-

tirara de los pelos por el fracaso del atentado contra la vida de Hitler, ha de ser atribuido a la pura ilusión; F. P. Reck-Malleczewen, *Tagebuch eines Verzweifelten*, Frankfurt del Main-Hamburgo, 1971, pág. 68.

89. *MadR*, iii. 449. El informe, del 13 de noviembre de 1939, añadía que los asistentes a la ceremonia fúnebre por las víctimas de la explosión eran escasos y que sus expresiones de simpatía fueron silenciosas.

90. *DBS*, vi. 1.024-1.025, 2 de diciembre de 1939.

91. *Meldungen*, págs. 34-36; y véase también Stokes, *SD*, págs. 379-395; Steinert, págs. 110-122.

mo buen fundamento cuatro meses después: el de que él había unido al pueblo, era el depositario de su confianza y poseía una autoridad que el pueblo aceptaba en un grado que ningún sucesor sería capaz de lograr. Entre otras razones, Hitler presentó estos argumentos como importantes factores que abogaban en favor de no aguardar más para dar comienzo a la guerra.[92] Muy poco tiempo después, repitió en un discurso ante sus generales que era imposible una revolución interna, y que el pueblo alemán le respaldaba, añadiendo que el momento era propicio para la guerra, ya que la moral de la población «sólo puede ir a peor».[93] Más que ningún otro exponente de la propaganda, Hitler tenía una percepción extremadamente fina del nivel de tolerancia de la masa de la población —respecto de la cual sentía a un tiempo desprecio y desconfianza—.[94] Como muestran sus comentarios, en el otoño de 1939 presentía que, a pesar del nuevo potencial de lealtad patriótica que había creado la guerra, y del vasto aparato para la represión de las actitudes inconformistas, la época de la desahogada popularidad estaba tocando a su fin. No obstante, y en lo tocante al menos al momento que entonces vivía, la autoridad y la inmensa popularidad de Hitler —el reverso del aparato de represión y terror— constituían el principal medio para consolidar e integrar a la sociedad en un generalizado consenso en favor del régimen, aunque fuese un consenso basado, al menos en parte, en conceptos equivocados sobre los objetivos bélicos de Hitler. Tras la triunfal campaña de 1940 en el frente occidental, surgieron nuevos elementos en el culto al *führer* —en particular, el de su imagen como estratega militar de genio sin precedentes—. Sin embargo, cuanto más duraba la guerra, y cuanto mayores eran los sacrificios alemanes, más inexorables se hacían el inevitable, aunque al principio sorprendentemente lento, declive del mito del *führer* y su desaparición final.

92. Domarus, pág. 1.234; Noakes y Pridham, pág. 562.
93. Domarus, pág. 1.426; Noakes y Pridham, pág. 575.
94. Véase A. Speer, *Erinnerungen*, Frankfurt del Main-Berlín, pág. 229, para la preocupación que le producía a Hitler sostener la moral popular, y en particular impedir una caída de su propia popularidad, situación de la que podrían derivarse crisis internas para el régimen.

# Segunda parte

# La quiebra del mito de Hitler, 1940-1945

# Capítulo 6

# El triunfo de la «guerra relámpago»: la cima de la popularidad, 1940-1941

Alemania es Hitler, y Hitler es Alemania.

Consigna de la propaganda nazi, 1939

Puede decirse con seguridad que toda la nación está llena de una devota confianza en el *führer*, una confianza que, hasta ese punto, nunca ha existido con anterioridad.

El dirigente de un distrito de
la ciudad de Augsburgo, 1940

Por la época de los últimos triunfos nacionales de Hitler anteriores al estallido de la guerra, la elaboración del mito del *führer* se había consumado casi por completo. Sólo un atributo de importancia faltaba aún por incorporar: el del genio militar. Sin embargo, incluso antes de que estallara la guerra, los expertos propagandistas del régimen se hallaban ya atareados en ese aspecto de la imagen de Hitler. Los diez mil metros de película que en abril de 1939 registran a Hitler en la grandiosa parada militar y en las celebraciones por su cincuenta cumpleaños intentan conscientemente retratarle no sólo como a un «hombre de Estado», sino también como al «futuro dirigente militar que pasa revista a sus fuerzas armadas».[1] Una vez empezada la guerra, la imagen de Hitler como supremo líder de guerra y estratega militar llegó a dominar todo el resto de componentes del mito del *führer*. Y a pesar de que, como hemos visto, las ansiedades iniciales vinculadas a otra guerra se superaron en gran medida gracias a victorias fáciles e indoloras, puede no obstante entenderse que el comienzo de la guerra señala una inflexión en el desarrollo del mito de Hitler.

---

1.  F. Terveen, «Der Filmbericht über Hitlers 50. Geburtstag. Ein Beispiel national-sozialistischer Selbstdarstellung und Propaganda», *VfZ*, vii, 1959, pág. 82.

Pasadas las primeras semanas, la euforia por la previsión de un éxito militar se disipó rápidamente debido a las restricciones económicas y a la repercusión material que pudo notarse en la vida diaria, pese a que, retrospectivamente, y comparadas con las penalidades de los últimos años de la guerra, éstas pareciesen formas menores de interferencia.[2] No obstante, la base psicológica de la popularidad de Hitler como dirigente nacional situado por encima y al margen de los problemas de la vida cotidiana no se vio sustancialmente afectada por estas preocupaciones materiales. Al contrario: el vínculo emocional con Hitler se basaba en la idea de que él representaba el ideal de comunidad nacional y de grandeza nacional, en la noción de que él estaba conduciendo a Alemania hacia una mayor prosperidad, y en la convicción de que, fueran cuales fuesen los sacrificios inmediatos, se dibujaba inminentemente en el horizonte una bonanza para todos. El modo exacto en que habría de alumbrarse esta tierra de promisión era algo que, por supuesto, rara vez se planteaba sistemáticamente.

Sin embargo, la aureola del genio militar que prepara el camino para una dilatada prosperidad mediante una victoria final sólo podía durar, casi por definición, mientras se siguieran alcanzando, uno tras otro, gloriosos triunfos —y todo ello sin significativos sacrificios ni pérdidas materiales—. Cuando la victoria se convirtió en derrota, cuando las condiciones domésticas se deterioraron y hubo que apretarse los cinturones, cuando aumentaron las privaciones y la visión de la utopía se convirtió en la realidad de una guerra total y de un inminente desastre, la función de la imagen de Hitler como compensación por las crecientes miserias y sacrificios de la existencia cotidiana perdió gradualmente su efectividad, para, posteriormente, derrumbarse casi por completo. Esta segunda parte del libro trata principalmente de las progresivas fases de este declive y caída, fases que se han rastreado en las huellas supervivientes de la cambiante receptividad popular a la imagen propagandística de Hitler durante la guerra. Sin embargo, antes de pasar a ocuparnos del declive del mito de Hitler, es preciso trazar el esbozo de su evolución hasta el cenit absoluto, en los años en que las victorias de la *Blitzkrieg* pusieron a casi toda Europa bajo el mando de Hitler.

2. Véase Stokes, *SD*, págs. 375-395; y Kershaw, *Popular Opinion*, capítulo 7.

La mayoría de los alemanes manifestaba un estado de ánimo expectante, aunque inquieto, durante los primeros meses de 1940. A pesar de la sorprendente facilidad de la victoria sobre los polacos, parecía claro que la verdadera prueba estaba aún por llegar. La vida cotidiana continuó siendo en gran medida normal. Desde luego, fue necesario adoptar algunas medidas nuevas, pero, en general, los cambios que trajo la guerra fueron menos punzantes que los soportados en 1914. Y entre esos cambios, no era lo menos importante que la ausencia de todo grave racionamiento de bienes de consumo y el gran número de exenciones del servicio militar para los obreros especializados y los campesinos diera la impresión de que el régimen controlaba bien el desarrollo de la situación, que no temía una guerra de la magnitud de la de 1914 a 1918, y que era incluso bastante generoso en sus disposiciones de aprovisionamiento. Sin embargo, todo esto no lograba ocultar por completo la tensión. Existía una sensación de que se estaba tramando algo, de que se vivía la calma que antecede a la tormenta.[3] Pocos imaginaban en aquel momento el alcance y la velocidad de las victorias alemanas que habrían de abrumar a Europa occidental en la primavera y las primeras semanas del verano, victorias que culminarían en junio con la completa derrota del viejo enemigo, los franceses, y que provocarían que el servil mariscal de campo Keitel declarase que la brillantez estratégica de Hitler al preparar la campaña le había convertido en «el más grande jefe militar de todos los tiempos».[4]

El propio Hitler contribuyó en no pequeña medida al nuevo realce de su imagen durante estos meses de triunfo. Entre enero de 1940 y junio de 1941, difundió por radio no menos de nueve discursos importantes en los que, tras demostrar su inconmovible confianza y su fortalecida moral, daba nuevas esperanzas para un pronto final de la guerra. En los últimos años, por el contrario, se avino a hablar en público con frecuencia cada vez menor, pese a que Goebbels y otros le instasen repetidamente a que lo hiciera, comprendiendo obviamente demasiado bien lo estrechamente ligada que estaba la eficacia de su retórica a la posibilidad de proclamar éxitos y sostener la esperanza del fin de la guerra.

---

3. Para una comprensión del estado de ánimo general, véase Stokes, *SD*, págs. 284 y sigs., 395 y sigs.; y Steinert, págs. 121 y sigs.

4. Fest, pág. 862.

Ya durante la extraña calma de la «falsa guerra» del invierno de 1939 a 1940, Hitler se refirió indirectamente a un exitoso término del conflicto que debería producirse en el transcurso de 1940, mientras, al mismo tiempo, seguía culpando a Inglaterra y Francia de la deliberada prolongación de la guerra mediante su influencia sobre los países anteriormente neutrales.[5] Esas alegaciones prepararon el camino para la justificación de la ocupación alemana de Dinamarca y Noruega en abril de 1940, una justificación a la que se dio la máxima credibilidad por la aparición, casi exactamente al mismo tiempo que la armada alemana, de buques de guerra británicos en aguas noruegas y por los desembarcos de tropas británicas en Narvik y Trondheim. La explicación alemana de que la arriesgada operación escandinava había sido necesaria debido al planeado desembarco británico y al incumplimiento de la neutralidad tuvo, por consiguiente, una aureola de verosimilitud, y parece haber sido ampliamente aceptada por la población alemana.[6] La ocupación de Dinamarca y de Noruega, sorprendentemente efectuada con pocas pérdidas y considerada como un golpe muy contundente contra Gran Bretaña, fue celebrada como un «gran éxito de la intrépida y resuelta política del *führer*»,[7] cuyo cumpleaños de abril de 1940 tuvo a los propagandistas luchando por encontrar nuevos superlativos con los que expresar la «inquebrantable lealtad» de sus «seguidores».[8] En los últimos informes que fueron capaces de reunir en abril de 1940, los observadores del Sopade aún indicaban que son «muchos los que prefieren mantener a Hitler a imaginar qué podría suceder tras una derrota», que el miedo al caos y a la revolución aún predominaba entre la burguesía, pero que «no existe ninguna duda de que hasta ahora la mayoría de la gente sigue convencida de la victoria alemana».[9] Un informe fechado más o menos por la misma época que llegó a la oficina londinense de la organización Neu Beginnen, informe basado en unas conversaciones con un hombre mayor que había sido miembro activo del SPD y vivía en una ciudad del centro de Alemania, describía en términos parecidos la situación de la

5. Véase Stokes, *SD*, págs. 282-288.
6. La explicación alemana no era infundada. Véase D. Irving, *Hitler's War*, Londres, 1977, págs. 82-86. Véase también Steinert, págs. 123-124; y Stokes, *SD*, págs. 481-482.
7. GStA, MA 106683, RPvS, 7 de mayo de 1940.
8. Por ejemplo, GStA, MA 106678, RPvOF/MF, 8 de mayo de 1940.
9. *DBS*, vii., págs. 221-222, 8 de abril de 1940, informes de Berlín y de Renania-Westfalia.

opinión. Se afirmaba que la mayoría de los obreros pensaban que Alemania lo pasaría mucho peor si perdía la guerra, que sufrirían un Versalles más draconiano que les impondría la desmembración de Alemania, y que la consecuencia sería un desempleo masivo. La juventud alemana se mantenía unida en su apoyo a los nazis, y «creía incondicionalmente en Hitler». Los jóvenes le consideraban un auténtico socialista que se había enfrentado a los capitalistas —algo que el SPD no había hecho—, y tenían esperanzas de conseguir un futuro más brillante cuando se ganara la guerra.[10] Los soldados rasos, por su parte, al escribir a sus familiares desde el frente en abril de 1940, hablaban con ingenuidad, creyendo que «mientras tengamos al soldado del frente Adolf Hitler, sólo existirá lealtad, valentía y justicia para su pueblo», y que «el día más hermoso en la vida de nuestro *führer* está aún por llegar», el día en que «todos los pueblos hayan recuperado su libertad, su paz y su igualdad».[11]

La explicación alemana para la invasión de Bélgica y Holanda el 10 de mayo de 1940 —que había sido necesaria para adelantarse a la violación de la neutralidad por parte del enemigo— se produjo en tonos menos convincentes que los utilizados en la operación escandinava.[12] Por sí mismo, no obstante, esto fue de poca importancia en una atmósfera impregnada de la tensión y la ansiedad que producía el hecho de que no era concebible que la ofensiva del Oeste pudiese desarrollarse con la misma suavidad de las campañas polaca y escandinava.[13] Por consiguiente, apenas podía darse crédito a los «especiales anuncios» que se escuchaban en la radio alemana sobre el rápido avance que, casi sin impedimentos, impulsaba a la Wehrmacht hacia el Oeste. Un mes después de que comenzase la ofensiva, un informe interno bastante característico —del presidente del gobierno de Suabia— se deshacía en elogios: «Todos siguieron el floreciente éxito mundial e histórico con una tensión que les dejaba sin aliento, con una admiración llena de orgullo, y con aplausos para las valientes tropas y el genio del *führer*. Esto se hizo aún más acusado debido a que nuestras pérdidas eran, de nuevo, relativamente pequeñas. El llamamiento del *führer* que nos instaba a izar las banderas el 5 de junio

10. WL, «Deutsche Inlandsberichte», nº 61, 29 de abril de 1940.
11. *Das andere Gesicht des Krieges. Deutsche Feldpostbriefe 1939-1945*, edición de O. Buchbender y R. Sterz, Munich, 1982, pág. 51.
12. Sin embargo, el SD declaró que la propaganda alemana sobre la violación de la neutralidad había resultado efectiva. Véase Steinert, págs. 125-126.
13. *Meldungen*, pág. 66.

de 1940 se encontró con una alborozada respuesta en todas partes. En el repique de las campanas resonaban las plegarias por el *führer* y el ejército, y por un feliz desenlace de la lucha por la libertad y el futuro de Alemania».[14]

Un mes más tarde, en su informe, cuando la entrada de las tropas alemanas en París el 14 de junio y la capitulación oficial francesa en Compiègne el 22 de ese mes —que borraba simbólicamente la humillación de la capitulación alemana de 1918 en el mismo lugar— elevaron el prestigio de Hitler a niveles no superados, el mismo presidente del gobierno de Suabia nos proporciona su propia descripción del estado de ánimo. La «más gloriosa y grandiosa victoria de todos los tiempos» suscitó una oleada de «júbilo, admiración, asombro, orgullo, rivalidad en los éxitos y la devoción, certidumbre de victoria y esperanza de paz» cuando «la totalidad del pueblo, en comunión con el *führer*, se dispuso a agradecer humildemente a Dios Nuestro Señor su bendición». Se decía que todos los ciudadanos «bienintencionados» habían reconocido de una forma «total, alegre y llena de gratitud la sobrehumana grandeza del *führer* y su obra», y que, comparada con esta «grandeza», «toda mezquindad y todo lamento se acallaban».[15] En contraste, los habitualmente sobrios informes del dirigente de distrito de la ciudad de Augsburgo añadían que la fe y la confianza en el *führer* habían alcanzado un nivel sin precedentes, y que «si aún era posible que aumentase el sentimiento favorable a Adolf Hitler, dicho incremento se había hecho realidad en el día del regreso a Berlín» desde el frente occidental.[16]

La función de las victorias en cuanto a proporcionar al régimen un respaldo popular aún mayor y más extenso parece innegable. El SD informó de la existencia de «una solidaridad interna carente de precedentes», así como de los estrechos vínculos que unían al *Front* y a la *Heimat* tras el triunfo, vínculos que «en todas partes habían eliminado la presencia de cualquier terreno abonado para la actividad de los grupos opositores» y generado un clima hostil para cualquier crítica.[17] Los propios opositores al régimen habrían de relatar por escrito más adelante las

14. GStA, MA 106683, RPvS, 10 de junio de 1940.

15. *Ibid.*, 9 de julio de 1940.

16. StANeu, vorl. LO A5, KL Augsburg-Stadt, 10 de julio de 1940.

17. *Meldungen*, págs. 77-78. Véase también GStA, MA 106671, RPvOB, 8 de junio de 1940; MA 106678, RPvOF/MF, 8 de julio de 1940.

dificultades a que hubieron de enfrentarse en este clima de opinión, y algunos admitieron incluso que había sido difícil mantenerse al margen de la atmósfera de júbilo de la victoria.[18] Informes procedentes del «Cuerpo de inspectores» de la Wehrmacht afirmaban que los obreros que ocupaban puestos como reservistas en las fábricas de armamento no querían que se les eximiese del deber militar y presionaban para poder alistarse.[19] También puede considerarse la disminución de los casos que llegaban ante los «tribunales especiales» políticos como un reflejo de la caída de toda expresión de una opinión crítica en el verano de 1940.[20]

Para muchos parecía claro que con la derrota de Francia lo inminente era una paz gloriosa. Una carta dirigida a un soldado del frente por un ciudadano de Görlitz a finales de junio o principios de julio de 1940 expresaba sin duda el parecer de muchos al afirmar que, después de los «inimaginablemente importantes» acontecimientos que se habían visto cada semana en los noticiarios cinematográficos, «nunca podremos agradecer lo suficiente al *führer* y al valiente ejército que nos haya ahorrado en casa los horrores de la guerra», y que aguardaba a Alemania un futuro «inmensamente grande en la construcción de Europa, tras la victoria final».[21] Sólo la derrota de Gran Bretaña —cuestión que, mayoritariamente, se presuponía ahora indudable— obstaculizaba, al parecer, esa victoria final, de modo que la intoxicación del triunfo sobre los franceses se mezclaba con el generalizado deseo, espoleado por la casi histérica propaganda de odio antibritánico, de una total destrucción de Gran Bretaña. Por primera y casi única vez en la Segunda Guerra Mundial se produjo lo que puede describirse sin exageración como un generalizado y popular «ánimo bélico» que desdeñaba cualquier paz prematura y, según se presumía, en exceso generosa con Gran Bretaña, ánimo que incluso se sintió un tanto decepcionado con la nueva y «final» oferta de paz que Hitler, con idea de apaciguar a la opinión mundial, lanzó el 19 de julio. Según un informe, la gente apenas podía esperar a que se iniciara el ataque, y todo el mundo quería asistir a la inminente derrota de Gran Bre-

18. Véanse, por ejemplo, los comentarios de Carl Severing, citados en Stokes, *SD*, pág. 399; y los recuerdos de un capataz en las obras de Messerschmitt en Augsburgo, citados en W. Domarus, *Nationalsozialismus, Krieg und Bevölkerung*, Munich, 1977, pág. 90.

19. BA/MA, RW 20-7/16, «Geschichte der Rüstungsinspektion VII», pág. 105.

20. Steinert, pág. 137; BAK, R22/3379, OLGP Munich, 3 de septiembre de 1940.

21. *Das andere Gesicht des Krieges*, pág. 62.

taña. Y si había existido algún grado de simpatía hacia los otros pueblos derrotados —una afirmación dudosa, hay que decirlo, en particular en lo referente a los polacos—, en este caso «la totalidad de la población opinaba que Inglaterra debía ser destruida a toda costa».[22]

Por supuesto, al final nunca se produjo la gran invasión, y a medida que fue acercándose el segundo invierno de la guerra, el estado de ánimo del otoño de 1940 empezó a decaer. Los informes aún hablaban de la impaciencia con que esperaba el pueblo el ataque final sobre Gran Bretaña. Sin embargo, fuera cual fuese el alcance del sentimiento antibritánico, la impaciencia era, en primer lugar y sobre todo, una señal de que la paz final no mostraba inmediatos signos de convertirse en realidad. La euforia del verano dio poco a poco paso al sentimiento pesimista de que después de todo podría tratarse de una guerra larga. El prestigio de Hitler aún no se había visto afectado. La mayoría confiaba en que su genio militar y político escogería una vez más el momento adecuado para el golpe decisivo contra Gran Bretaña, y no tenía indicio alguno, en el otoño de 1940, de que la Operación León Marino se hubiese pospuesto indefinidamente.

La confianza en el *führer*, que se mantenía intacta a finales de la primavera de 1941, se apoyaba en no pequeña medida en el hecho de que la guerra no provocase graves interferencias en las condiciones de «la vida diaria». Y esta confianza recibió nuevo impulso gracias a una serie de discursos de Hitler pronunciados a finales de 1940 y principios de 1941, discursos que pretendían reforzar la confianza en la victoria final y crear la impresión de que el ataque decisivo que pondría fin a la guerra —la gente aún suponía que iría dirigido contra Gran Bretaña— tendría lugar en el transcurso de los siguientes doce meses.[23]

La función que desempeñaba el mito del *führer*, consistente en desviar la atención de las preocupaciones «cotidianas» y en reforzar la base de apoyo que sustentaba al régimen, se observa claramente en los infor-

22. StANeu, vorl. LO A5, KL Augsburgo-Stadt, 10 de agosto de 1940. También se destaca la existencia de un violento clima antibritánico en los informes de los presidentes del gobierno bávaro: GStA, MA 106678, RPvOF/MF, 7 de agosto de 1940; MA 106681, RPvUF, 10 de agosto de 1940; MA 106683, RPvS, 8 de agosto de 1940; MA 106673, RPvNB/OP, 8 de agosto de 1940.

23. El texto de los discursos de Hitler del 10 diciembre de 1940, y del 30 de enero, el 24 de febrero y el 16 de marzo de 1941 se encuentra en Domarus, págs. 1.626-1.634, 1.667-1.670 y 1.674-1.675.

mes relacionados con el impacto de los discursos de Hitler, un impacto que el SD tenía gran interés en vigilar. En noviembre de 1940, por ejemplo, se decía que «las preocupaciones económicas personales» ante la proximidad del segundo invierno de guerra eran generalizadas, y que habían dado lugar a «pensamientos de escepticismo y descontento». Sin embargo, los informes que llegaban de todas las partes de Alemania indicaban que el discurso de Hitler ante la «vieja guardia» del movimiento el 8 de noviembre habían disipado esos sentimientos e infundido nuevo vigor a «amplios sectores de la población». Un comentario de Schwerin, citado como característico, afirmaba que «[s]iempre que habla el *führer*, desaparecen todas las dudas y uno se avergüenza de haber dudado alguna vez de que el momento idóneo para nuestras acciones haya sido aprovechado».[24] Parecidas reacciones se registraron en las oficinas del SD en la Baja Franconia a principios de 1941. Los pesimistas habían estado diciendo que la guerra podía durar entre cuatro y siete años, y que Gran Bretaña, que nunca había perdido una guerra, tampoco perdería ésta. Tras el discurso de Hitler del 24 de febrero de 1941 se decía que esas opiniones habían desaparecido, y que la opinión dominante era la de que «la guerra acabaría victoriosamente en el verano de 1941». La confianza de Hitler en una inminente victoria produjo una fuerte impresión, y se creía profundamente que el empujón final se iniciaría en marzo o en abril.[25] Se dijo que una mujer que hacía observaciones sobre «lo maravilloso que era, y sobre la confianza con la que había hablado el *führer*», las había realizado en el momento mismo en que Hitler pronunciaba el mencionado discurso, y que lo había hecho así para mostrar «hasta qué punto se había vuelto uno medroso como consecuencia de la rutina de la vida cotidiana», y para hacer ver que ahora le resultaba posible volver a considerar el futuro con confianza.[26] Después de que Hitler sugiriera de nuevo, en un discurso de mediados de marzo de 1941, que Gran Bretaña sería conquistada y que la guerra se inclinaría finalmente a favor de Alemania en el transcurso del siguiente año, se oyó comentar a algunas personas que «el *führer* nunca había dado expectativas de algo que no hubiese sucedido», y que, por lo tanto, uno podía confiar de forma incuestionable en la inminente derrota de Gran

24. *MadR*, v. 1.763, 14 de noviembre de 1940.
25. StAW, SE/13, AS Bad Kissingen, 25 de febrero de 1941.
26. StAW, SD/22, AS Schweinfurt, 4 de marzo de 1941.

Bretaña y en el fin de la guerra.[27] El ingenuo y casi religioso fundamento de la fe en Hitler resulta claramente visible en estos informes, que, sin embargo, muestran también que, por encima de todo, la gente escuchaba los discursos de Hitler para tratar de encontrar indicios de un cercano final de la guerra, y que su prestigio popular dependía en gran medida de que esas esperanzas se cumpliesen. La fiebre bélica del verano de 1940 fue una fase pasajera que para finales de ese mismo año se vio nuevamente sustituida por el dominante tono de impaciente anhelo de ver terminada la guerra.

Cuando el golpe asestado a Yugoslavia en la primavera de 1941 interfirió en los planes que tenía Hitler de atacar a la Unión Soviética (el último aliado potencial de Gran Bretaña en el continente) y se instaló un deterioro del estado de ánimo debido a la amenaza de que la guerra se extendiese a los Balcanes, los sondeos de opinión del SD volvieron a registrar «con qué ingenua confianza las gentes más sencillas en particular miran al *führer* y a la cúpula dirigente de nuestro Estado» convencidos de que «"el *führer* tiene en cuenta esta posibilidad y se enfrentará a ella adecuadamente"».[28] «El *führer*» se había convertido en algo parecido a una droga para el pueblo, en algo necesario para poder recuperar la tranquilidad siempre que las dudas, las preocupaciones y las incertidumbres empezaban a crecer. En marzo de 1941, el SD de la ciudad industrial de Schweinfurt, en la Baja Franconia, informó de que entre los sectores más pobres de la población se estaban produciendo quejas que lamentaban que las insignias decoradas con un retrato del *führer* sólo pudieran obtenerse mediante una considerable contribución a los recaudadores de la ayuda invernal, y que deploraban además el hecho de que hubiese muy pocas existencias para satisfacer la demanda.[29] Había también informes provenientes de muchas partes del Reich en los que se indicaba que «un noticiario que no contuviese imágenes del *führer* no se consideraba satisfactorio». «El público siempre quiere ver qué aspecto tiene el *führer*, si está serio o sonriente», y expresa su decepción porque ni siquiera ha

27. StAW, SD/35, HAS Würzburg, 25 de marzo de 1941; SD/ 23, AS Würzburg, 18 de marzo de 1941; y véase SD/22, AS Schweinfurt, 18 de marzo de 1941; SD/17, AS Kitzingen, 18 de marzo de 1941.
28. StAW, SD/17, AS Kitzingen, 1 de abril de 1941. Véase también *Meldungen*, pág. 129; Steinert, págs. 125-126.
29. StAW, SD/22, AS Schweinfurt, 7 de marzo de 1941.

oído su voz desde hace tiempo en los noticiarios, ya que, como decía un informe, «para el pueblo, las palabras del *führer* son el Evangelio».[30]

A causa de la guerra, se cursaron órdenes que instaban a no realizar más que unas celebraciones simples en el cumpleaños de Hitler el 20 de abril de 1941. Aun así, se reunió tal multitud que en algunas partes de la Baja Baviera y del Alto Palatinado los salones reservados para las ceremonias se desbordaron y la policía tuvo que cerrarlos al público.[31] El tono de los festejos quedó establecido por el elogio público de Goering, que manifestó: «Echamos la vista atrás [...] y vemos una ininterrumpida cadena de gloriosas victorias como únicamente un hombre podía lograr en un solo año de su vida, un hombre que no sólo es un estadista y un jefe militar, sino que es al mismo tiempo dirigente y hombre del pueblo: nuestro *führer*...».[32] Los niños de diez años que ese día prestaban juramento a las Deutsches Jungvolk y a las Deutsche Jungmädelschaft tenían que pronunciar un voto casi religioso: «¡Tú, *führer*, eres para nosotros nuestro jefe! En tu nombre nos levantamos. El Reich es el objetivo de nuestra lucha. Es el principio y el fin».[33]

La confianza en Hitler era ilimitada. Poco después del comienzo de la campaña de los Balcanes, el 6 de abril de 1941, el principal boletín de informes del SD registró «una incondicional confianza» en que la campaña en Yugoslavia y Grecia habría de concluir con una rápida victoria. Algunos pensaban que podría durar muy poco, unas tres semanas, como había sucedido en Noruega. Casi nadie le concedía más de seis u ocho semanas.[34] Y su exitosa conclusión duró de hecho menos de tres semanas. Aunque la campaña apenas absorbió la imaginación, como habían hecho las victorias en el Oeste —algunos informes insinuaban que el significado de la campaña no se había comprendido bien, y que las victorias no habían logrado influir en el estado de ánimo popular más que por un corto espacio de tiempo—, parecía constituir ya otro ejemplo del genio estratégico de Hitler. Sin embargo, tal como habría de revelarse, lo que una vez más había constituido un elemento central en la respuesta popular al éxito obtenido en los Balcanes era este último caso de completo

30. *Meldungen*, págs. 116-117; StAW, SD/17, AS Kitzingen, 21 de marzo de 1941.
31. GStA, MA 106674, RPvNB/OP, 8 de mayo de 1941.
32. *Rheinisch-Westfälische Zeitung*, 20 de abril de 1941.
33. Heyen, pág. 228.
34. *Meldungen*, pág. 133; Steinert, pág. 187; Stokes, *SD*, pág. 334.

«triunfo relámpago» acompañado de mínimas pérdidas.[35] Y de mayor
significación que el júbilo un tanto alicaído por las victorias era también
la «esperanza y el urgente deseo de que la guerra aún pudiese terminar-
se en este año».[36] La ampliación del teatro de la guerra hacia el sudeste
de Europa había conducido, a pesar del triunfo alemán, a una agudizada
preocupación de que la guerra pudiera ahora prolongarse durante largo
tiempo.[37] La sombra de la preocupación se oscurecía aún más con los rumores que hablaban del empeoramiento de las relaciones con la Unión
Soviética, y con las noticias que afirmaban la existencia de movimientos
de tropas en las fronteras orientales del Reich. Y los temores no dismi-
nuyeron con los comentarios que aparecían en los últimos discursos de
Hitler, comentarios que daban a entender que los alemanes tenían un
«duro año de lucha» por delante, y que prometían mejores armas para la
Wehrmacht el «año próximo».[38] Al acercarse el momento de la invasión
de la Unión Soviética, sin embargo, el prestigio popular de Hitler no había disminuido, y la confianza en su liderazgo sobre la inmensa mayoría
de la población permanecía intacta.

No obstante, el abismo entre la inmensa popularidad de Hitler y el, por
lo general, bajo prestigio del partido, se había, en cualquier caso, agran-
dado más aún en los primeros años de la guerra. Pese a que, sin duda, la
guerra había fortalecido las afectivas nociones de la unidad patriótica,
ésta no había alcanzado ni remotamente el ideal de la «comunidad del
pueblo» que el partido proclamaba y predicaba. El color gris tierra de los
uniformes de la Wehrmacht y de una nueva generación de héroes militares hicieron destacar a los funcionarios de parda camisa del partido
con una luz aún menos atractiva que antes de la guerra. El contraste entre el entusiasmo por la Wehrmacht y el desprecio por el partido era pas-

35. GStA, MA 106674, RPvNB/OP, 8 de mayo de 1941; MA 106681, RPvUF, 12 de
mayo de 1941.
36. GStA, MA 106681, RPvUF, 12 de mayo de 1941.
37. GStA, MA 106674, RPvNB/OP, 8 de mayo de 1941.
38. Domarus, págs. 1.692, 1.708 («Aufruf zum 2. Kriegshilfswerk für das Deutsche
Rote Kreuz», 18 de abril de 1941; informe sobre la campaña de los Balcanes al Reichstag,
4 de mayo de 1941). Para las reacciones, véase GStA, MA 106674, RPvNB/OP, 8 de mayo
de 1941; MA 106684, RPvS, 10 de junio de 1941; MA 106671, RPvOB, 10 de junio de
1941; *Meldungen*, pág. 143; Steinert, págs. 188 y sigs; Stokes, *SD*, págs. 337 y 490.

moso. También el *führer* se había puesto con ostentación el uniforme gris tierra al principio de la guerra, con el fin de subrayar su unión con las tropas y su imagen de primer soldado del Reich, mientras que los impopulares «cuadrúpedos» del partido recibían frecuentemente la consideración de gandules que eludían su obligación en el frente. Ya en septiembre de 1939, la queja de los campesinos de un distrito de la Alta Franconia sobre la «vieja guardia» del partido, cuyos miembros «haraganeaban» en casa vistiendo el uniforme del partido y ocupando en él «cargos de poca importancia» cuando en realidad tenían una buena «oportunidad de luchar» por algo, no era la expresión de un sentimiento aislado.[39] A pesar de las frecuentes referencias de la prensa al número de funcionarios del partido que ocupaban puestos destacados en el frente, esas críticas persistían.

Pese a ser unos incansables propagandistas del mito del *führer*, los funcionarios del partido eran incapaces de participar de todo reflejo del resplandor desprendido por la popularidad del propio Hitler. Mientras a él se le consideraba interesado por las grandes cuestiones estratégicas de la jefatura de la guerra, los representantes del partido debían hacer frente a las tediosas, y con frecuencia impopulares, cuestiones de rutina relacionadas con la vida cotidiana en la *Heimat*. Y mientras que el *führer* y su ejército podían aspirar a la gloria por sus éxitos militares, los crecientes —y a menudo voluntarios— esfuerzos que realizaban los afiliados del partido para hacer frente a los problemas sociales de los individuos o de los grupos particularmente afectados por la guerra tendían a ponerles en contacto con los disgustados «camaradas del pueblo», pero les proporcionaban escasos aplausos y muy poco prestigio.[40] La incapacidad del partido para mejorar sustancialmente su imagen a pesar de los sacrificios personales que frecuentemente mostraban, por ejemplo, los individuos pertenecientes a la NSV (la Asociación Nazi para el Bienestar del Pueblo) tenía sus orígenes en la impopularidad de muchas de las manifestaciones del papel social y político desempeñado por el partido durante los años treinta: la alienación producida por los ataques a las iglesias cristianas, la autoritaria arrogancia de los «pequeños hitleres», el gamberrismo y la grosera vulgaridad de las masas organizadas, y la indeleble mancha

---

39. StAB, K8/III, 18473, LR Ebermannstadt, 30 de septiembre de 1939; véase también BAK, R22/3355, OLGP Bamberg, 1 de julio de 1940.

40. Véase Stokes, *SD*, págs. 499 y sigs.

de corrupción y venalidad. Todo esto contrastaba de forma notable, en muchos sentidos, con los sentimientos básicamente conservadores y pseudorreligiosos que con mucha frecuencia subyacían y caracterizaban la fe en Hitler. Por extraño que parezca, la gran popularidad de que disfrutaba Hitler ya antes de la guerra tuvo en su mayor parte poco que ver con la fanática creencia en los principios fundamentales de la «cosmovisión» del imperialismo racial hitleriano, y menos aún con la creencia en el partido del que era líder. Y durante la guerra, mientras que el partido no lograba incrementar su propia popularidad, Hitler pudo en cambio beneficiarse, ya que, entre 1939 y 1941, fue el centro de un extendido consenso que hacía pensar a la inmensa mayoría de la población que el curso de la guerra era exitoso y que las perspectivas para una pronta y gloriosa paz eran favorables.

Aunque en los primeros años de la guerra, el partido redujo sustancialmente el número de reuniones dedicadas a la «formación» en cuestiones ideológicas —que nunca habían disfrutado de mucha popularidad— y se concentró en su habitual trabajo en las localidades destinado a tratar de satisfacer «la demanda popular de una participación más activa en los acontecimientos cotidianos», como decía un informe, fue incapaz de despertar un gran interés en la labor del partido o de aumentar la popularidad de las organizaciones locales del partido. Los miembros del partido y los hombres de las SA, que en 1933 se habían visto en la tesitura de plantear una alternativa radical y populista al conservador Reichswehr, se retraían ahora a un segundo plano y simplemente proporcionaban el marco para la triunfal recepción de los jóvenes oficiales de la Wehrmacht, héroes que regresaban a casa desde el frente y traían el relato de las emocionantes hazañas que les habían hecho merecer la *Ritterkreuz*.[41] Por ejemplo, en una ceremonia organizada por el partido en Schweinfurt en octubre de 1940, la población local asistió en masa para dar la bienvenida a los veteranos de un submarino a una convocatoria de reclutamiento de la armada, pese a que esas mismas personas «desaparecían casi por completo en los demás actos del NSDAP».[42] Los informadores del SD de la

41. GStA, MA 106674, RPvNB/OP, 8 de marzo de 1941.
42. StAW, SD/31, SD-Abschnitt Würzburg, 4 de noviembre de 1940, «Volksleben und Nationalsozialismus».

Baja Franconia se refirieron unos meses más tarde al «cansancio» que generaba la «educación» ideológica tanto en los miembros del partido como en el público en general, y señalaban que aún no se había conseguido atraer a aquellas personas que todavía se mantenían alejadas del partido, y que esto «seguía siendo un problema irresuelto».[43] En términos generales, la gente sólo se interesaba en la Wehrmacht y en «cómo estaban las cosas allá afuera» en el frente.[44]

En la guerra, el partido tuvo que emprender de hecho un cierto número de tareas nuevas, algunas de ellas importantes en el contexto del bienestar social y de la organización, aunque estas tareas no garantizasen necesariamente el incremento de la popularidad de los funcionarios locales. Por ejemplo, los dirigentes del campesinado local o los alcaldes (que con frecuencia eran también funcionarios del partido) tuvieron que asignar a «ocupaciones de reservista» las solicitudes de los campesinos del vecindario. Esto era, desde luego, una invitación abierta a la aparición de formas triviales de corrupción y soborno, y las decisiones, se tomasen como se tomasen, generaban invariablemente mala sangre en las familias de aquellos cuyas solicitudes habían sido rechazadas. El control de la política de cortes de luz era otra de las tareas que recaía en los representantes locales del partido y, en los primeros años de la guerra, cuando los ataques aéreos apenas parecían constituir una amenaza, eran con frecuencia nueva fuente de irritación. La responsabilidad de la asistencia a los hijos ilegítimos de los soldados que habían muerto, la organización del alojamiento y el apoyo a los evacuados de las fronteras occidentales del Reich, a partir del otoño de 1939, o la distribución de los paquetes que debían ser enviados a los familiares que se encontraban en el frente, eran todas tareas que recaían en la Asociación Nazi para el Bienestar del Pueblo, la NSV. Sin embargo, y en el mejor de los casos, estas actividades aportaron cierto crédito a la propia NSV, pero tuvieron poca repercusión en la organización principal, el NSDAP.[45]

Algunos informes del partido interpretaron el aumento de las reclamaciones al mismo como un signo de creciente confianza en sus activi-

43. StAW, SD/10/12, AS Würzburg, 13 de febrero de 1941.
44. StAW, SD/19, AS Lohr, 25 de marzo de 1941.
45. Sobre el NSV y el «bienestar» y la «asistencia social» nazi en tiempo de guerra, véase C. A. A. Smith, «The National Socialist Organisation NSV: "NS-People's Welfare", propaganda and influence, 1933-1945», Universidad de Edimburgo, tesis doctoral de filosofía, 1986, capítulo 7.

dades.[46] Sin embargo, estos informes parecen excesivamente optimistas a la luz de los numerosos informes —provenientes en especial de los distritos rurales— en los que la vasta interferencia del partido en los asuntos cotidianos, sobre todo en las cuestiones relacionadas con el bienestar y la economía, era objeto de una feroz crítica.[47] Y en las grandes ciudades —empezando por los informes relativamente confidenciales y provistos de «conciencia social» del dirigente de distrito de Augsburgo-Stadt—, los viejos reproches sobre la parásita existencia de los funcionarios del partido se vieron robustecidos por las condiciones propias del período bélico; la extravagancia de los edificios del partido destacaba junto a las chabolas en las que se decía que tenía que vivir la gran masa de la población; y «en especial, se toma nota desfavorable de la vida y los domicilios feudales de los dirigentes del partido y del Estado». La misma población que se entregaba al culto al héroe Hitler no toleraría a estos «pequeños dioses de pacotilla (*Nebengötter*) que se adhieren al *führer*», y deseaba que terminase «esta glorificación de personas que, de otro modo, habrían sido prácticamente unos don nadie» y que acabase también la inapropiada vida de lujo de un partido que había llegado al poder afirmando que barrería ese género de corrupción.[48] Estos fuertes sentimientos respecto de los «peces gordos» del partido, cuyo estilo de vida parecía chocar tan vivamente con las austeras condiciones de vida del grueso de la población, eran un lugar común en la Alemania de comienzos de 1941.[49]

Los tormentosos rumores que circulaban de vez en cuando sobre destacadas figuras del NSDAP pueden considerarse un indicador de las

46   Por ejemplo, StANeu, vorl. LO A5, KL Augsburg-Stadt, 9 de marzo, 10 de agosto, 10 de octubre de 1940.

47.   La ayuda económica selectiva que concedía el partido o el NSV a individuos o familias concretos, así como la cuantía de las subvenciones familiares, era un tema que suscitaba envidias y críticas en las zonas rurales. Y las percepciones de algunas ayudas financieras excesivamente generosas para los evacuados, como los de Saarland, que aparentemente mostraban pocas aptitudes para las duras tareas del campo, provocaron que los granjeros amenazaran con poner fin a las contribuciones al NSV. Véase, por ejemplo, StAB, K8/III, 18473, GKF Ebermannstadt, 31 de julio, 30 de agosto de 1940; LR Ebermannstadt, 31 de julio de 1940; GStA, MA 106671, RPvOB, 10 de mayo de 1941.

48.   StANeu, vorl. LO A5, KL Augsburg-Stadt, 10 de agosto, 10 de noviembre de 1940.

49.   Véase Steinert, pág. 174. Una particular denuncia de abusos era el alto nivel de vida de los oficiales del partido, que, en medio de la austeridad general, disfrutaban de hoteles de máxima categoría y provocaban las comparaciones de la gente con la situación vivida durante la Primera Guerra Mundial; StAW, SD/23, AS Würzburg, 8 de abril de 1941; StAM, LRA 61618, GP Mittenwald, 25 de febrero de 1941.

opiniones que suscitaban en la masa popular los dirigentes del partido. Sin duda, estos rumores eran desatados por las emisiones de radio extranjeras o por los opositores al régimen que existían en el interior de Alemania. Sin embargo, es evidente que un gran número de personas les daban crédito. En 1940, por ejemplo, se escuchó el difundido rumor de que Julius Streicher, el detestable azote de judíos de Nuremberg que por aquella época tenía que comparecer ante Goering —nada menos— para hacer frente a las acusaciones de corrupción, había huido cruzando la frontera con 30 millones de marcos del Reich.[50] Y sobre todo, el vuelo de Rudolf Hess a Escocia levantó todos los tipos de especulaciones concebibles, hasta el punto de que un informe de Baviera se refirió a mayo de 1941 como «el mes de los rumores»,[51] ya que por todas partes surgían relatos de deslealtad, corrupción, robo a gran escala y huidas del Reich en avión de notables como Himmler y Ley y varios jefes del Partido Bávaro, entre ellos el jefe cantonal Adolf Wagner, de quien se dijo que había sido atrapado cuando intentaba cruzar la frontera suiza con 22 millones de marcos del Reich que había robado de las propiedades confiscadas a los monasterios clausurados—.[52] Una parecida «avalancha de rumores y especulaciones, de la que difícilmente podía encontrarse precedente alguno tras cualquier otro acontecimiento»,[53] se extendió también como reguero de pólvora por otras partes de Alemania. Según diferentes versiones, el conde Helldorf, jefe de la policía de Berlín y más tarde implicado en la conjura de julio de 1944 contra Hitler, Julius Streicher, Alfred Rosenberg, Adolf Wagner y el gurú de la doctrina de «sangre y tierra» de la política agraria nazi, Walther Darré, habían sido arrestados por complicidad en la «traición» de Hess, y algunos de ellos ya habían sido fusilados. Se rumoreó también que se habían redactado listas con los nombres de los dirigentes «inadmisibles» del partido, del Frente de Trabajo y de la NSV.[54] Estaba claro que la posición pública del partido era

---

50. GStA, MA 106678, RPvOF/MF, 7 de abril de 1940; BAK, R22/3381, OLGP Nuremberg, 8 de marzo, 8 de mayo, 4 de noviembre de 1940; GenStA Nuremberg, 11 de abril de 1940; StAB, K8/III, 18473, GKF Ebermannstadt, 29 de marzo de 1940; LR Ebermannstadt, 30 de marzo de 1940.
51. GStA, MA 106671, RPvOB, 10 de junio de 1941.
52. StANeu, vorl. LO 15, Fo. 168, KL Memmingen, s. f. (finales de mayo de 1941). Estos rumores se mencionaron en casi todos los informes que circulaban por esa época.
53. *Meldungen*, pág. 146.
54. Stokes, *SD*, págs. 511-512.

extraordinariamente baja, incluso en esta victoriosa fase de la guerra. Existía el evidente y difundido sentimiento de que sus representantes eran capaces de cometer prácticamente cualquier forma de fechoría de consideración.

Por el contrario, uno de los componentes fundamentales de la imagen de Hitler era su presunta inocencia respecto a cualquiera de las pruebas de corrupción y egocentrismo que manchaban a sus subalternos. Resulta notable, por ejemplo, que fuera tan raro encontrar alegaciones sobre la corrupción material de Hitler en los aproximadamente 1.400 casos que figuran en los archivos del «Tribunal Especial» de Munich, tribunal ante el que comparecían las personas sobre las que pesaba específicamente una amplia variedad de comentarios insultantes sobre el *führer*.[55] La ininterrumpida fe en el «intachable *führer*», unida a los castigos por la corrupción del partido, impedían ahora, al igual que antes, que el pueblo fuera consciente del fatídico rumbo de destrucción que la institucionalizada socavación de las normas constitucionales y legales del «Estado de Hitler», junto con la procura fanática de los «desinteresados» objetivos del *führer*, había hecho tomar a Alemania. Comparado con tan inexorable marcha hacia el desastre, y aún camuflado por el mito de Hitler, el engrandecimiento egoísta de los jefes del partido, por mucho que ofendiera las sensibilidades sociales y políticas, tenía sólo una importancia marginal.

En medio de la euforia que siguió a la victoria sobre Francia, existió incluso algún rumor que sostenía que, cuando terminase la guerra, la Wehrmacht disolvería el partido y Alemania se convertiría en un «Estado militar puro».[56] Unos meses más tarde, en noviembre de 1940, un informe de la oficina que tenía el SD en Wurtzburgo dedicó frontalmente su atención al impacto de la guerra en la posición del partido. Dicho informe concluía que, a la luz de los principales acontecimientos de la guerra, los asuntos del partido se habían visto necesariamente relegados a un segundo plano, y dividía las reacciones en tres grupos. El primer grupo, el de los soldados rasos, había encontrado una nueva camaradería en el frente, lo que había conducido «a un debilitamiento de los lazos con el partido y con sus afiliados en la retaguardia». Algunos soldados ha-

55. Véanse los archivos SGM en StAM.
56. StAW, SD/31, SD-Abschnitt Würzburg, 13 de junio, 12 de septiembre de 1940, «Volksleben und Nationalsozialismus».

bían manifestado que, al acabar la guerra, no querrían ya aceptar ninguna tarea en el partido: «Muchos de ellos piensan que han hecho bastante con su servicio en el frente, o incluso tras la primera línea, y señalan a quienes, siendo de edad parecida o más jóvenes, no son soldados». El segundo grupo —en el que se incluía a algunos miembros del partido— era el de quienes con anterioridad habían manifestado una disposición apática o negativa hacia el partido. Este grupo pensaba que por fin había llegado el momento de poder airear sus sentimientos. Entre lo que criticaban figuraba el arrogante comportamiento de los dirigentes del partido, el indulgente trato de las fechorías que habían salido a la luz, el hecho de que «la esperada purga del partido no [hubiera] tenido lugar», el que se exprimiese el dinero a la gente mediante constantes colectas, y los «grandes y elegantes coches» en los que se desplazaban los funcionarios del partido para ir y volver del trabajo. El tercer grupo comprendía a los propios activistas y funcionarios del partido, que encontraban cada vez más difícil reclutar a nuevos y bien dispuestos trabajadores para el partido, mientras, al mismo tiempo, aumentaba considerablemente su propia carga de trabajo. «Los dirigentes políticos» de las localidades, y en concreto los dirigentes de los barrios y de las células locales (es decir, aquellos que estaban en contacto más directo con los ciudadanos normales y que con mayor llaneza palpaban el sentimiento popular), decía el informe, sufrían por el hecho de que «ni los camaradas del pueblo ni los cargos superiores del partido apreciasen y reconociesen adecuadamente su trabajo».[57]

Tres meses más tarde, la oficina del SD de Wurtzburgo proporcionó una imagen aún más devastadora de la impopularidad del partido y de muchos de los aspectos del régimen nazi. Según se aducía de forma un tanto pintoresca, parecía que se hallaba en proceso de creación un «nuevo partido ilegal» integrado por todas las fuerzas —es decir, individuos y grupos obviamente dispares— unidas por su oposición al nacionalsocialismo, constituyendo sobre esa base su valoración de la política doméstica y de la situación bélica. Incluso se decía que algunos miembros del partido y de sus organizaciones subsidiarias participaban en la iniciativa. Se informó de que los críticos del régimen estaban aireando abiertamente su disgusto por «las nuevas leyes, los anuncios del gobierno sobre los futuros edificios del partido, los planes de legislación social, la reforma

57. *Ibid.*, 25 de noviembre de 1940.

escolar, etcétera», y se añadía que estos críticos señalaban «la subida de los impuestos, las restricciones impuestas a la libertad personal, la amenaza a la filosofía cristiana», los ascensos del servicio civil decididos casi exclusivamente en función de la actitud y de la pertenencia al partido sin la menor consideración por la capacidad, la actividad de la Gestapo, el «reino del terror» (*Schreckensregiment*), la «corrupción», y la mala administración de los peones y los jefes del partido; y se decía también que los mencionados críticos estaban transmitiendo su descontento y sus dudas «a círculos cada vez más amplios».[58]

Por lo tanto, es evidente que ya era habitual un estado de ánimo decaído y una profunda aversión hacia el partido y sus representantes antes de que el «asunto Hess» produjera su espectacular impacto en mayo de 1941. Sin embargo, cuando surgieron las asombrosas noticias del vuelo de Hess a Escocia, la respuesta popular fue la que cabía esperar: el «caso Hess» resultó catastrófico para la imagen del partido, pero apenas se produjo ninguna repercusión negativa para el prestigio de Hitler. De hecho, se expresó una gran simpatía hacia el *führer*, que tenía que sufrir esto además de todas sus otras preocupaciones.[59]

El principal resumen que hizo el SD de todos los informes regionales que se habían recibido en los cuarteles generales indicaba una «gran consternación» y, en particular entre los miembros del partido, «una profunda depresión».[60] Los informes bávaros hablaban de que se había producido un «horror paralizante» al conocerse las noticias,[61] y —con característica exageración— de un estado de ánimo comparable al de 1917.[62] Por su parte, otros informes comentaban que los trabajadores estaban pensando que se trataba del principio del fin para el partido y para el Tercer Reich, y decían que corrían rumores sobre la existencia de dis-

58.  StAW, SD/23, AS Würzburg, 25 de febrero 1941.

59.  *Meldungen*, págs. 145-146; Steinert, pág. 195; Stokes, *SD*, pág. 511; GStA, MA 106684, RPvS, 10 de junio de 1941; MA 106679, RPvOF/MF, 8 de junio de 1941; StAM, LRA 29655, GP Anger, 29 de mayo de 1941; LRA 135114, LR Mühldorf, 4 de junio de 1941.

60.  *Meldungen*, págs. 145-146.

61.  GStA, MA 106684, RPvS, 10 de junio de 1941.

62  StAM, LRA 61618, GP Mittenwald, 24 de mayo de 1941.

63.  StAM, LRA 135114, GP Kraiburg, 29 de mayo de 1941. Véase también GStA, MA 106674, RPvNB/OP, 8 de junio de 1941; MA 106679, RPvOF/MF, 8 de junio de 1941; MA 106671, RPvOB, 10 de junio de 1941; MA 106681, RPvUF, 11 de junio de 1941; BAK, R22/3355, OLGP Bamberg, 1 de julio de 1941.

turbios en Munich.[63] Según un largo y matizado informe del SD de Leipzig, los miembros del partido estaban «completamente conmocionados» y consideraban el asunto como «una batalla perdida», ya que opinaban que el golpe para el partido era al menos el doble de malo que el de la crisis de las SA de 1934. Los círculos empresariales condenaban la acción de Hess y la consideraban una traición al *führer* y al pueblo, añadiendo que los reportajes de la prensa y la radio —que eran objeto de una universal descalificación— eran una «estafa del partido». Existía simpatía hacia el propio Hitler, que constantemente se estaba viendo abandonado por sus viejos camaradas. Algunos vieron en esto el principio del fin del nazismo, que una vez más estaba a punto de «morir de éxito». Ahora se consideraba urgente el comienzo de la ofensiva contra Gran Bretaña y «la completa destrucción de la isla»: el sentimiento era el de que Alemania podría soportar un tercer invierno de guerra, pero que el sabotaje aumentaría, y que no resultaría sorprendente que el resultado fuese otro «noviembre de 1918». Según se informaba, los comentarios que existían entre los trabajadores de Leipzig también apuntaban a una posible prolongación de la guerra como consecuencia de la entrada de Estados Unidos en el conflicto, y se consideraba vital que el *führer* provocara «una destrucción de Inglaterra rauda como el rayo, con gas si fuera necesario». Por último, se decía que, al condenar a Hess, los círculos de intelectuales y estudiosos —presumiblemente vinculados a la universidad de Leipzig— incluían algunos reproches a Hitler por haber elegido a una «persona mentalmente perturbada como posible sucesor», aunque añadían inmediatamente que la mayoría de los miembros de esos círculos estaban «no obstante convencidos de que el *führer* no recibe ya la menor información sobre el estado de ánimo real ni sobre la situación dentro del propio Reich, y de que se le ocultan la mayoría de las cosas».[64]

Es evidente que el fundamento esencial del mito del *führer* —el hecho de que desconociese la «cara oculta» del nazismo— aún seguía funcionando. «¡El *führer*, sí! ¡El partido, no!»[65] venía a ser la opinión más extendida en los días previos a la invasión de la Unión Soviética. La con-

---

64. IWM, «Aus deutschen Urkunden», documentación inédita, s. f., págs. 243-246. Para la propaganda nazi sobre el «asunto Hess», y su impacto, véase M. Balfour, *Propaganda in War, 1939-1945*, Londres, 1979, págs. 217-221.

65. H. Picker, *Hitlers Tischgespräche im Führerhauptquartier 1941 bis 1942*, Stuttgart, 1963, pág. 132.

fianza en Hitler apenas se vio afectada por los fallos de la moralidad, el bajo estado de ánimo y los cotidianos antagonismos que por regla general configuraban de forma predominante la opinión popular durante la primavera y los primeros compases del verano de 1941. El extraordinario prestigio popular de Hitler, que se había cimentado en los años de paz sobre la base de lo que se consideraban logros personales suyos —es decir, la superación de la crisis económica y política, la desaparición del desempleo en Alemania, y la recuperación de la grandeza de la nación mediante una pasmosa serie de acciones diplomáticas—, se mantuvo durante la primera fase de la guerra; se vio entonces aún más elevado por efecto de la apenas concebible serie de victorias militares conseguidas con unas pérdidas y un sacrificio mínimos y, lo que no es menos importante, a causa de la expectativa de que siguiera resistiendo hasta lograr un inminente y glorioso final para la guerra. Sin embargo, a pesar de los éxitos iniciales de las campañas del Este, los reveses militares del primer invierno en Rusia señalaron el fin del «soleado clima Hitler» —la serie de fáciles triunfos que habían constituido la piedra angular del mito del *führer*—. Se trataba del principio de una espiral descendente en la popularidad de Hitler.

# Capítulo 7

# La guerra se complica: el mito de Hitler comienza a desmoronarse

> Ahora, lo que vamos a llevar especialmente a término es la ocupación de la propia ciudad de Stalingrado... ¡Y podéis estar seguros de que nadie volverá a echarnos de ese lugar!
>
> Hitler, 30 de septiembre de 1942

> El propio *führer* ha hablado también de lo importante que es Stalingrado, y ahora la pierde.
>
> Un comerciante de Augsburgo, 1943

Tras los dieciocho meses que, entre septiembre de 1939 y abril de 1941, esmaltaron de victorias y triunfos alemanes Polonia, Escandinavia y el oeste y el sureste europeos, los siguientes dieciocho meses transcurridos desde el comienzo de la campaña rusa el 22 de junio de 1941 hasta la derrota alemana en Stalingrado a finales de enero de 1943 provocaron un cambio decisivo en el curso de la guerra y marcaron el declive de la ventura militar de Alemania. En otoño de 1941, el avance alemán en Rusia, que había empezado de forma tan espectacular, se detuvo en seco al aproximarse a Moscú, y sólo pudo evitarse la desastrosa retirada a través de los yermos hielos del invierno ruso con grandes dificultades y un alto coste en vidas humanas, permitiendo que un ejército mal equipado soportase las condiciones árticas. El 11 de diciembre de 1941, Alemania declaró la guerra a Estados Unidos. En ese momento resultaba difícil imaginar un rápido final al conflicto. En 1942, las flotillas aéreas aliadas empezaron a efectuar los primeros grandes bombardeos sobre las ciudades alemanas, y cuando la Luftwaffe perdió el control del cielo, muchos alemanes empezaron a sufrir el espantoso tipo de bombardeos de intención aterradora que su propia fuerza aérea había infligido a numerosas ciudades europeas desde 1939 y que los aliados devolvían ahora con una potencia y una concentración inconmensurablemente mayores.

También en esta fase, las obsesiones ideológicas, la inmoralidad y el carácter criminal del régimen, así como —al verse Alemania sometida a presión por primera vez— la draconiana represión de la policía estatal, empezaron a hacerse cada vez más evidentes, y pudieron ser experimentadas con mayor frecuencia por la población civil normal. La información que se filtraba hasta la retaguardia proveniente de los soldados de permiso hablaba de la barbarie sin parangón de la guerra ideológica que se libraba en el frente oriental, donde los comisarios soviéticos eran asesinados nada más ser capturados, y se masacraba a los judíos por millares. En el interior del Reich, se colaban preocupantes noticias sobre los enfermos mentales y los que padecían patologías incurables, porque se los gaseaba en los asilos. La vocación anticristiana del régimen resultaba nuevamente inconfundible en la lucha reabierta, de manera especial, contra la Iglesia católica. Y los ataques contra las fuerzas conservadoras del ejército y el Estado, así como la difamación de los funcionarios y los jueces, empezaron a reflejar la consolidación de las desnudas fuerzas del poder y la represión, ya que los miembros de carrera de la administración y los vestigios del Estado constitucional se iban viendo socavados por la creciente red de la Policía de Seguridad.

Sólo las personas de gran perspicacia, junto con aquellas que disponían de una información transparente y de una amplia perspectiva sobre los acontecimientos, podían aprehender plenamente la interrelación de estas derivas. Y dado el efecto embrutecedor de la guerra misma y el innegable impacto que producían al menos algunas partes del mensaje ideológico que, machaconamente, había sido embutido durante años en la mente de los alemanes, en modo alguno puede decirse que todo lo que estaba ocurriendo e iba a llevar a Alemania al abismo fuese impopular o mal acogido. Sin embargo, y a pesar de que las corrientes de la verdadera opinión popular resultan ahora incluso más difíciles de valorar que antes, dada la intensificación de la persecución que gravitó, a partir de 1942, incluso sobre las «ofensas» relativamente triviales vinculadas a las críticas al régimen o a la «subversión» de las ordenanzas de guerra, todas las señales indican que en este período se produjo un incremento de la «mayoría silenciosa», una mayoría cada vez más crítica con el régimen nazi —pese a que, con frecuencia, la crítica no se expresara sino de manera indirecta—, y cada vez más dispuesta a culparlo de las crecientes miserias de la guerra.

Naturalmente, la sólida red de represión y el creciente cuidado que se ponía en evitar los comentarios «arriesgados» tuvieron un efecto directo en la expresión de las opiniones sobre el propio Hitler. Desde luego, cualquier comentario negativo sobre el *führer* había sido siempre peligroso, pero en este momento equivalía a una alta traición, y el castigo estaba en consonancia con ello. Esto debe tenerse en cuenta al valorar el significado de las actitudes relacionadas con Hitler que nos han llegado a través de los «informes de opinión» de los agentes del régimen. La habitualmente velada crítica que contenía el material de los informes, y los abiertos comentarios que salían a la luz en las denuncias y en los procesos que se tramitaban ante el tribunal, han de considerarse necesariamente como la punta del iceberg. Sin embargo, la impresión dominante que puede entreverse tomando en consideración todas las pruebas disponibles de ese período es que, a pesar de la decisiva transformación en la relación de fuerzas del poderío militar y del enorme empeoramiento del estado de ánimo del grueso de la población alemana, el mito de Hitler —pese a que, de forma incuestionable, estaba empezando a desmoronarse y a perder su intocable aura— aún conservaba mucha intensidad y potencia. Dado que la confianza en Hitler se debía en gran parte a la creencia de que conduciría a Alemania a una rápida y gloriosa paz, dado que la pérdida de la esperanza en un pronto fin de la guerra era la principal razón de que la moral se estuviese esfumando, y dado que el fracaso de la *Blitzkrieg* en la URSS y la declaración de guerra a Estados Unidos hacía lógicamente más difícil no considerar responsable de la prolongación de la guerra a nadie sino a Hitler, vale la pena preguntarse por qué el mito de Hitler no se derrumbó con una rapidez mayor de la que evidentemente mostraba.

La primera parte de la explicación sería el alcance adquirido por la fe en Hitler, una fe cultivada en los años anteriores a 1940. Pese a que los extremismos del culto a la personalidad no habían hecho probablemente mella más que en una minoría de la población, se trataba de una minoría con poder e influencia. Además, algunos «elementos» del culto a la personalidad habían alcanzado una resonancia mucho mayor y, como ya hemos visto en los capítulos anteriores, puede decirse que afectaron a la inmensa mayoría de la población, dejando únicamente intactos por completo a aquellos sectores aún enteramente anclados en lo ideológico en las filosofías izquierdistas de la vida, a las personas que se habían alejado totalmente del régimen como consecuencia de los ataques a las

Iglesias, y a unos cuantos individuos excepcionales entre los intelectuales y los miembros de la alta burguesía, que despreciaban la irracionalidad del culto al *führer*, que se sentían completamente asqueados por la populista vulgaridad del nazismo, y que podían ver dibujarse en el horizonte el desastre nacional. Para la mayor parte de los restantes, Hitler representaba al menos «algunas» de las cosas que admiraban, y para muchos se había convertido en el símbolo y en la encarnación del resurgir nacional que, en muchos aspectos, había realizado, según la percepción general, el Tercer Reich. Hitler había suscitado de una forma desmedida, y centrado en sí mismo, muchos sentimientos irracionales, pero no obstante reales y fuertes de desinteresada devoción, sacrificio y compromiso apasionado con un ideal nacional —emociones que habían adquirido una enorme y elemental fuerza durante y después de la Primera Guerra Mundial—. En este sentido, Hitler se había convertido de algún modo en la proyección de las aspiraciones nacionales de grandeza que provenían de las ambiciones imperiales de la era de los Hohenzollern, unas ambiciones que, con recrecida intensidad bajo el nazismo, habían hallado eco en gran parte de la población alemana, entre cuyos motivos no era el menos importante el de recibir compensación por una realidad mucho más gris. Dadas las dimensiones de la masa de seguidores de Hitler y el nivel de confianza en su liderazgo, un liderazgo que sus «logros» y los excesos propagandísticos habían cultivado, habría sido notable que el mito de Hitler se hubiese derrumbado por completo de la noche a la mañana.

Además, y pese a que «lógicamente» pudiera parecer que, al menos desde el verano de 1941, sólo se podía culpar a Hitler de la ampliación y la prolongación de la guerra, se había alimentado durante años una plataforma propagandística y un adoctrinamiento ideológico lo suficientemente sólidos como para apuntalar la transferencia de culpa a los enemigos externos de Alemania —los bolcheviques, los judíos, los británicos, los estadounidenses—, o a la incompetencia interna, que naturalmente se detenía antes de llegar al *führer*, como sucedió cuando el mariscal de campo Von Brauchitsch se vio transformado en chivo expiatorio por los errores estratégicos y de aprovisionamiento cometidos en el frente oriental durante el invierno de 1941 a 1942.

Más aún, la confianza en Hitler no se basaba simplemente en un rápido final de la guerra, sino en una rápida conclusión *victoriosa*, y todo parece indicar que antes de finales de 1942 y principios de 1943 —debido principalmente a los problemas de Stalingrado, los reveses sufridos en el norte de África y la creciente supremacía aérea de los aliados— sólo una minoría de alemanes (aproximadamente un tercio de la población, según las encuestas realizadas por los estadounidenses en 1945) estaba dispuesta a conceder que la guerra estaba perdida.[1] Según estas mismas encuestas, más o menos la misma proporción de población jamás pensó en no proseguir la lucha hasta el final —o se rehacía tras esas ideas derrotistas— y es justo presumir que, para ellos, Hitler seguía siendo el símbolo de una esperanza y una determinación ininterrumpidas.[2] También aquí, la propaganda nazi había logrado en gran medida inculcar a vastos sectores de la población el miedo a lo que traería una nueva derrota. Sin duda, muchos imaginaron que, tras una derrota, la vida sería sustancialmente peor que bajo el nazismo, y esta idea siguió constituyendo una base negativa para el apoyo a Hitler.

Por último, ha de tenerse en cuenta tanto el aspecto material como el emocional del mito de Hitler. El gobierno de Hitler había generado oportunidades de oro para que ejércitos de oportunistas «mejoraran su posición» enfundándose el uniforme del partido y obteniendo los beneficios y los aderezos de un cargo secundario. Estos mezquinos miembros del aparato habían quemado sus naves con Hitler, y dependían de que se mantuviese su popularidad —basada en la ininterrumpida conservación del mito de Hitler— tanto como las figuras destacadas del partido. Y para la generalidad de la pequeña burguesía, que desde un principio había constituido la columna vertebral del mito de Hitler, la época en que el Tercer Reich se hundió materialmente en un desastre sin paliativos no parece haber comenzado sino a partir de 1942.[3]

Por todas estas razones, el mito del *führer* no pudo quedar instantáneamente desmantelado, sino que sufrió un largo proceso de declive acompañado por una desilusión gradual, aunque llena de altibajos, y por el alejamiento de la masa de la población. En el contexto del rápido deterioro del estado de ánimo popular, visible ya durante el invierno de 1941

1. *USSBS*, iv. 16.
2. Cerca de la mitad de la población alemana no estuvo dispuesta a considerar la rendición incondicional sino hasta el último momento. Y una proporción notablemente alta, incluso después de la guerra, admitía haber confiado en su momento en que los dirigentes alemanes se sentían impulsados en su corazón por el mejor interés de su pueblo, *ibid.*, págs. 14-18.
3. Véase Kershaw, *Popular Opinion*, pág. 329.

a 1942, la lenta decadencia del mito de Hitler, más que su rápida explosión, comienza a resultar francamente patente.

A diferencia de lo que había sucedido en las primeras fases de la guerra, el pueblo alemán no había sido sistemáticamente preparado por la propaganda para una declaración de guerra a la Unión Soviética. De hecho, la campaña rusa empezó en un momento en el que la mayoría de la gente aún esperaba que el enfrentamiento decisivo con Gran Bretaña se habría de producir en el inmediato futuro. La Oficina de Inspección de Armamento en Nuremberg, al comentar la exitosa ocultación de los preparativos para la invasión, advirtió que «la concentración de abundantes tropas en las zonas orientales había permitido que surgiesen especulaciones que sostenían que se estaban tramando acontecimientos importantes en esa zona, pero que, no obstante, era probable que la abrumadora mayoría del pueblo alemán no hubiese pensado en ningún tipo de confrontación bélica con la Unión Soviética».[4] Una mujer, que, el mismo día de la invasión, escribía a un pariente que se encontraba en el frente, dijo que se había quedado «sin habla» cuando, sin sospechar nada en absoluto, encendió la radio y escuchó la proclamación de Hitler sobre la campaña en Oriente. Sin embargo, tras haber reflexionado, se dio cuenta de que nadie se había tomado totalmente en serio la amistad con la URSS, y en ese momento, el hecho de comprender toda la preocupación que debía haber causado al *führer* y «la grandeza de su diplomacia» le hizo sentirse «muy pequeña».[5] Inmediatamente después de la invasión, y basándose en informes provenientes de todo el Reich, el SD señaló que se había producido «la máxima sorpresa» y «una cierta consternación» (aunque no una conmoción capital) al saberse la noticia. La gente era consciente de la dura lucha que quedaba por delante y de su significado, pero en general se encontraba tranquila y confiada, aparte de algunas pequeñas expresiones nerviosas por las dificultades que entrañaba la conquista de «esos vastos espacios».[6]

4. BA/MA, RW 20-13/9, «Geschichte der Rüstungsinspektion XIII», pág. 156.

5. *Das andere Gesicht des Krieges*, pág. 70. Para la proclamación de Hitler el 22 de junio de 1941, en la que anunciaba la invasión de la Unión Soviética, véase Domarus, págs. 1.726-1.732.

6. *Meldungen*, págs. 155-156.

Puede verse lo poco que sintonizaba la apertura de un nuevo frente en el Este con el generalizado deseo de un rápido final para la guerra, y cuán arriesgada se consideraba la expansión del conflicto, en el reconocimiento que en una reunión de funcionarios del partido, y sólo unos pocos meses más tarde, realizó Adolf Wagner, jefe cantonal de Munich y la Alta Baviera, en el sentido de que si Hitler hubiera consultado al pueblo alemán antes del comienzo de la guerra en el Este e indagado su disposición ante la campaña rusa, la inmensa mayoría de la población le habría dicho: «Dios mío, no metas ahí la mano, mi querido Adolf Hitler. Tú eres nuestro amado *führer*, pero, por el amor de Dios, no metas ahí la mano, no emprendas la campaña».[7]

Las primeras preocupaciones relacionadas con la campaña rusa se disiparon pronto debido a la creciente confianza surgida como consecuencia de los rápidos e impresionantes éxitos de la Wehrmacht en los primeros avances. Los primeros «anuncios especiales» sobre el acorralamiento y la captura de una enorme cantidad de prisioneros soviéticos y sobre la incautación de material bélico ruso parecían apoyar la línea propagandística que sostenía que las superlativas tropas alemanas podrían destruir rápidamente al inferior Ejército Rojo, y que una nueva «victoria relámpago» estaba ya a la vista. Parecía que el *führer* tenía razón de nuevo, y que el fin de la campaña rusa se hallaba sólo a pocas semanas de distancia. El propio Hitler contribuía a estimular esa opinión cuando, en un importante discurso pronunciado en el Palacio de los Deportes de Berlín el 3 de octubre de 1941[8] no sólo defendió la invasión de la Unión Soviética al calificarla como una guerra preventiva que se anticipaba en el momento preciso al asalto que los bolcheviques habían planeado contra el Reich,[9] sino que también dio la impresión de que se había hecho ya lo más difícil en cuanto a desbaratar la capacidad de lucha soviética. Cualquiera que tuviese oídos para escuchar debió haber advertido las palabras de Hitler, que afirmó que «no teníamos ni idea de lo gigantescos que eran los preparativos que realizaba este enemigo contra Alemania y

---

7. BDC, Personalakt Adolf Wagner: es la dirección que se daba de Wagner en el «Kreisappell der Ortsgruppenleiter und Bürgermeister» en Rosenheim, 22 de octubre de 1941.

8. Texto que aparece en Domarus, págs. 1.758-1.767.

9. Unos pocos días después del discurso, el presidente del gobierno de Suabia se refirió al «creciente reconocimiento de que la guerra con Rusia era necesaria, y añadió que el bolchevismo estaba dispuesto a invadir toda Europa». GStA, MA 106684, RPvS, 8 de octubre de 1941.

Europa, ni de lo inmensamente grande que era el peligro, o de por cuán escaso margen hemos evitado esta vez la destrucción no sólo de Alemania, sino de toda Europa». Sin embargo, las frases más significativas surgían para indicar que Rusia había sido «ya quebrada» y que «nunca volvería a recuperarse».[10] La conclusión que se extraía era la de que la «guerra en Rusia podía considerarse ya acabada», y que la inminente ofensiva vital, anunciada por Hitler, podía considerarse como el decisivo «golpe que la Wehrmacht alemana asestaba a los últimos ejércitos bolcheviques que aún conservaban capacidad de lucha».[11] El jefe de prensa del Reich, Otto Dietrich, en unos comentarios realizados el 9 de octubre, transmitía igualmente la impresión de que el fin de la campaña rusa era inminente, y los periódicos imprimían grandes titulares como éste: «La campaña del Este está decidida – El bolchevismo está militarmente acabado».[12] Muchos se asombraban de que la guerra contra el bolchevismo estuviera ya más o menos acabada,[13] pero nada menos que el propio *führer* en persona había prestado una vez más apoyo a estas ideas al hablar, en una proclama dirigida el 2 de octubre a los soldados del frente oriental, de que se estaba ante el «último y poderoso golpe destinado a aplastar al enemigo incluso antes de que llegase el invierno».[14] Un suboficial decía en una carta a su casa que era de presumir que, para cuando llegara su carta, «las campanas de toda Alemania estarían anunciando la victoria sobre el más poderoso enemigo de la civilización. Esto no puede durar mucho más, y para nosotros las palabras del *führer* son el Evangelio».[15]

Las prematuras declaraciones de una victoria inminente y la proliferación de vacías esperanzas contenían el germen del inevitable declive que habría de sufrir la confianza en las semanas siguientes, a medida que las noticias provenientes del frente oriental fueran relatando una historia diferente. Ya en noviembre de 1941, el SD constataba «decepción

10. Domarus, págs. 1.762-1763; *Meldungen*, pág. 180.
11. Domarus, pág. 1.758, StANeu, vorl. LO A5, KL Augsburgo-Stadt, 10 de noviembre de 1941; GStA, MA 106674, RPvNB/OP, 8 de noviembre de 1941.
12. *Meldungen*, págs. 182 y 184; GStA, MA 106684, RPvS, 8 de noviembre de 1941.
13. *Meldungen*, págs. 182-183. El informe del SD señalaba el escepticismo y la actitud de «esperar y ver» que había decidido adoptar una población que desconfiaba de la propaganda alemana.
14. Domarus, pág. 1.757.
15. *Das andere Gesicht des Krieges*, pág. 84.

por el hecho de que el apisonamiento final del bolchevismo no esté produciéndose de forma tan rápida como se esperaba y porque no parece hallarse a la vista el final de la campaña del Este», y señalaba que se había diluido el optimismo al conocerse las noticias de las primeras nevadas y que dominaba la sensación de que resultaría muy difícil lograr un nuevo avance. Indicaba también que existía perplejidad por la imposibilidad de seguir avanzando —cuando se suponía que las tropas rusas estaban tan mal y escasamente equipadas—, preocupación por los informes que hablaban de la ininterrumpida y dura resistencia del ejército soviético, y pesimismo ante la idea de que «el camino hacia los Urales resultase aún largo, y que el choque con los partisanos pudiese durar aún bastante tiempo». Según apuntaba el SD, en las discusiones sobre la situación militar en el Este se planteaba constantemente la pregunta de si sería efectivamente posible poner fin a la guerra contra Rusia.[16] Se produjeron quejas por el hecho de que no se emitiera el discurso que dirigió Hitler a la «vieja guardia» del partido el 8 de noviembre en Munich, porque se decía que, tras la decepción por las frustradas expectativas de la campaña rusa, mucha gente «había sentido la necesidad de oír de nuevo la voz del *führer* y de obtener nuevas fuerzas de sus palabras».[17]

La reacción al súbito llamamiento, realizado justo antes de las Navidades de 1941, a entregar ropa de invierno para las tropas alemanas que se encontraban en el Este, fue una reacción de profunda conmoción y amargura. Parecía apenas concebible que la cúpula dirigente no hubiera calculado suficientemente el aprovisionamiento de las tropas que tenían que pasar el invierno en Rusia.[18] Las simultáneas noticias que señalaban que el comandante en jefe del ejército, Von Brauchitsch, había sido relegado de sus obligaciones y de que Hitler en persona había asumido la jefatura militar directa del ejército, unidas al innegable hecho de que el avance alemán se había detenido y de que el contraataque soviético en

16. *Meldungen*, págs. 184-186; Steinert, págs. 234-235; véase también GStA, MA 106671, RPvOB, 10 de noviembre de 1941; MA 106674, RPvNB/OP, 8 de diciembre de 1941; MA 106684, RPvS, 8 de noviembre de 1941; MA 106679, RPvOF/MF, 7 de octubre y 6 de noviembre de 1941; StANeu, vorl. LO A5, KL Augsburgo-Stadt, 10 de noviembre de 1941.

17. *Meldungen*, págs. 191-192.

18. *Ibid.*, pág. 202; GStA, MA 106671, RPvOB, 9 de enero de 1942; MA 106679, RPvOF/MF, 5 de enero de 1942; MA 106681, RPvUF, 12 de enero de 1942; MA 106674, RPvNB/OP, 8 de enero de 1942; BAK, R22/3355, OLGP Bamberg, 1 de enero de 1942; R22/3381, GenStA Nuremberg, 10 de febrero de 1942.

las cercanías de Moscú sólo podría evitarse con retiradas parciales, y al no menos innegable ni menos importante hecho de que Estados Unidos había entrado en la guerra, se fusionaron para producir la primera gran conmoción de la población alemana en la Segunda Guerra Mundial.[19] Un informe hablaba de «la depresión de la opinión pública».[20] Otro, ya en noviembre de 1941, al explicar la caída de la moral, señalaba que «la esperanza de una rápida paz había tenido un carácter demasiado generalizado», y añadía, pocas semanas después, que «se había abandonado la esperanza de un rápido final de la guerra».[21]

Desde luego, el partido pregonaba la postura de que «los generales que combatían en el Este habían informado mal al *führer*».[22] Sin embargo, y a pesar de que rara vez salían a la superficie críticas directas a Hitler, el pretexto debió de haber sonado un tanto a hueco. Apenas pudo evitarse la conclusión de que el *führer*, que sólo unas pocas fechas antes había estado hablando con tanta confianza de la inminente victoria, había cometido un error. Su extraordinaria carrera de éxitos se había detenido, los lazos de su aparente infalibilidad habían quedado rotos por primera vez. No obstante, el reconocimiento de este hecho no fue calando sino muy lentamente en el aún inmenso porcentaje de población que todavía «creía en Hitler». El revés era apenas suficiente para hacer mella en su fe, aunque el número de los que albergaban dudas estaba empezando a crecer.

La hundida moral y el empeoramiento del estado de ánimo en la segunda mitad de 1941 no se hallaba únicamente determinado por los cambios de fortuna del frente oriental. Los acontecimientos domésticos también desempeñaban su papel. La creciente fuerza del preocupante rumor sobre el asesinato en los asilos de los enfermos mentales y los pacientes con patologías incurables era uno de los factores que, de manera especial entre los cristianos practicantes, aunque no solamente entre ellos, estaba haciendo surgir una grave preocupación que amenazaba con alejar los apoyos del régimen.[23] En agosto de 1941, las noticias sobre

19. GStA, MA 106684, RPvS, 12 de enero de 1942; *Meldungen*, pág. 203.
20. StAB, K8/III, 18474, GKF Ebermannstadt, 30 de enero de 1942.
21. GStA, MA 106684, RPvS, 8 de noviembre de 1941, 9 de febrero de 1942. Véase también *Meldungen*, págs. 200-201.
22. StAW, GL Mainfranken II/5, Kreispropagandaleiter Brückenau-Hammelburg, 26 de enero de 1942. Véase también GStA, MA 106679, RPvOF/MF, 5 de enero de 1942; MA 106684, RPvS, 12 de enero de 1942; y Steinert, págs. 264-268.
23. Véase Kershaw, *Popular Opinion*, págs. 334 y sigs.

la valiente y abierta denuncia del obispo Galen de Münster por los «actos de eutanasia» se extendió rápidamente, y parece que convenció a Hitler de que era preciso acabar con los asesinatos, al menos en el interior del propio Reich.[24] Algunos de los informes de las autoridades nazis relacionados con el malestar que había surgido afirmaban que la noticia estaba teniendo un impacto en la confianza que se depositaba en el propio Hitler.[25] Incluso pudo haber sucedido —según una sugerencia que proviene, hay que admitirlo, de un testimonio de posguerra— que el Ministerio de Propaganda del Reich hubiera hecho correr el rumor de que el *führer*, al descubrir lo que estaba ocurriendo (es decir, unos «actos» que, en realidad, él mismo había autorizado por escrito), había dado la orden de detenerlo inmediatamente.[26] Según esta interpretación, el deseo de proteger el mito del *führer* —la leyenda que sostenía que se le ocultaban a Hitler las fechorías del régimen, y que actuaba con toda prontitud al enterarse de ellas— fue un elemento crucial en lo que a poner fin a los «actos de eutanasia» se refiere.

En particular, la opinión en los sectores católicos del Reich se vio muy influenciada por la nueva oleada de ataques a la postura de la Iglesia, una oleada que había comenzado en la primavera de 1941 y que había ganado fuerza durante el verano y el otoño. Parece que dichos ataques habían sido iniciados por el jefe de la cancillería del partido, Martin Bormann, que probablemente obedecía a las presiones de los activistas anticristianos que operaban en el plano cantonal y que consideraban que el aparente fortalecimiento que había experimentado durante la guerra la influencia de la Iglesia sobre la población constituía una notable provocación. Las autoridades habían prometido adoptar nuevas medidas contra la Iglesia —que incluían la confiscación de las propiedades de los monasterios, más restricciones a la difusión de la instrucción religiosa y a las publicaciones, el alejamiento de las últimas monjas de todo tipo de labor social o educativa, y la intromisión en las festividades culturales y en la forma de los rezos escolares— con el fin de espolear el antagonismo y el malestar en las zonas católicas.[27]

24. E. Klee, «*Euthanasie*» *im NS-Staat, Die* «*Vernichtung lebensunwerten Lebens*», Frankfurt del Main, 1983, págs. 333 y sigs.

25. Véase, por ejemplo, Kershaw, *Popular Opinion*, pág. 336.

26. Klee, pág. 341.

27. Véase Conway, págs. 232, 259-260 y 283-286; y Kershaw, *Popular Opinion*, págs. 332 y sigs.

En Baviera, donde la abrumadora mayoría de la población era católica, el peor malestar, con mucho, había sido el provocado por el tosco intento de suprimir los crucifijos de las aulas de los colegios. En respuesta a este muy emocional asunto, una extraordinaria oleada de protestas obligó a retractarse a las autoridades nazis.[28] El episodio arroja una interesante luz sobre el mito de Hitler en una coyuntura en la que el partido se hizo más impopular que nunca.

De ningún modo puede decirse que Hitler quedara completamente al margen de la irritada tormenta de críticas que provocó la «acción contra los crucifijos». Una carta anónima enviada a un dirigente local de grupo del NSDAP, carta que le censuraba a él y a su dirigente de distrito, profería la amenaza de que «si nuestro *führer* permite semejante gobierno de canallas, pronto se acabará todo eso del "Heil Hitler"».[29] Se informó de que algunos campesinos de la Baja Baviera y del Alto Palatinado habían quitado de sus casas los retratos de Hitler como rechazo a la «acción contra los crucifijos».[30] Fuentes de una ciudad de la Alta Baviera hicieron notar que las medidas contra la Iglesia habían provocado «el deseo de que se restaurara la monarquía y se constituyese un Estado que comprendiera Baviera y Austria».[31] También se escucharon sentimientos similares en otros lugares, y en Munich se arrestaba a las personas por decir que preferían a «Guillermo, por la gracia de Dios» que al «idiota de Berchtesgaden».[32]

La «acción contra los crucifijos» fue uno de los primeros indicadores de que la generalizada crítica al partido ya no excluía necesariamente a Hitler. Sin embargo, existen claros signos de que seguía eximiéndose a Hitler de toda culpa, y de que se continuaba creyendo —aunque, en este caso particular, no fuese un juicio completamente inmerecido—[33] que él no había tenido nada que ver con la «acción» y que la hubiera desapro-

28. Véase Kershaw, *Popular Opinion*, págs. 340 y sigs.

29. LRA Neumarkt in der Oberpfalz (Registratur), LRA Parsberg 939, anon. Carta dirigida al Ortsgruppenleiter de Hemau, recibida el 20 de septiembre de 1941.

30. *KL*, iv. 290.

30. *KL*, i. 328.

32. StANeu, vorl. Slg. Schum. Anh. 3, KL Augsburgo-Land, 20 de octubre de 1941; StAM, SGM 5659, 8634. La ofensa fue la repetición del ingenioso pareado rimado: «Lieber Wilhelm von Gottes Gnaden, als den Depp von Berchtesgaden».

33. Según se decía, Hitler estaba furioso con el jefe cantonal Wagner por su estupidez al provocar el malestar; E. N. Peterson, *The Limits of Hitler's Power*, Princeton, 1969, pág. 219.

bado. Por ejemplo, se oyó gritar a una mujer que se hacía notar en una manifestación contra la eliminación de los crucifijos lo siguiente: «Apoyo a Hitler al cien por cien, y he sido nacionalsocialista desde 1923. Pero esto ha ido demasiado lejos. El *führer* no quiere esto, y ciertamente no sabe nada de esta eliminación de las cruces».[34] Al igual que otras muchas personas, esta mujer actuaba basándose simplemente en su ingenua fe en las buenas intenciones de Hitler y en la idea de que éste ignoraba lo que estaba ocurriendo. Otros opinaban incluso que, estando el *führer* lejos, en el frente, y dirigiendo la lucha contra el bolchevismo, el partido estaba explotando deliberadamente la situación con el fin de destruir los fundamentos de la cristiandad en casa y «a sus espaldas». Una mujer católica —y evidentemente fanática seguidora de Hitler—, vecina de Berchtesgaden, escribió, en un dura carta anónima dirigida al alcalde y líder local del partido: «[...] Por fuera, ustedes visten las camisas pardas, pero por dentro son bolcheviques y judíos. De lo contrario no serían capaces de hacer esto a espaldas del *führer*. [...] Porque lo que ustedes están haciendo, héroes cobardes, no es servir a Adolf Hitler. Nuestro *führer* no ordena semejantes cosas. Se preocupa a diario por sus soldados en el campo de batalla y no por las cruces de los colegios. [...] Heil Hitler. [...]».[35] Otra mujer, que reiteraba lo increíble que le parecía que esas cosas pudieran ocurrir mientras el *führer* se hallaba junto a sus soldados en el frente, apoyándoles en la lucha contra el bolchevismo, dijo que de los crucifijos de los colegios saldrían bendiciones «no sólo para los propios niños, sino también para nuestro *führer* y sus soldados, que son nuestros hijos, nuestros padres y nuestros hermanos».[36] Y en un pueblo, una manifestación de protesta integrada por unos 30 o 40 habitantes, acabó en el colegio local, donde, frente al crucifijo y un retrato de Hitler, rezaron por «los soldados, los soldados caídos, y también por el *führer*, por el pueblo y por la patria».[37] El hecho de que Hitler estuviera fuera de Alemania, en sus cuarteles generales del Este, y ocupado dirigiendo la guerra contra el archienemigo bolchevique —una guerra que había profetiza-

---

34. LRA Neumarkt in der Oberpfalz, LRA Parsberg 939, «Durchführung des Kreuzerlasses in Parsberg», 19 de septiembre de 1941.

35. StAM, LRA 31933 GP Ramsau, 9 de octubre de 1941.

36. StAM, LRA 48235, carta dirigida a Bezirksschulrat Pfaffenhofen, 17 de septiembre de 1941.

37. StAL, 164/14, 5731, Pfarramt Ulbering al LR Pfarrkirchen, 3 de septiembre de 1941; GP Triftern, 3 de septiembre de 1941; LR Pfarrkirchen, 26 de septiembre de 1941.

do tiempo antes, tildándola de inevitable si se quería defender la Europa cristiana—, hacía evidentemente impensable para muchos que él pudiera tener algo que ver con el «bolchevismo ateo» de los camisas pardas en casa. El presidente del gobierno de Suabia formuló lo que, en septiembre de 1941, era sin duda un difundido sentimiento, al escribir que «desde aquí, las actuaciones realizadas en la patria presentan sin duda la apariencia de un "bolchevismo", una flagrante contradicción incomprensible; el pueblo no puede creer que el *führer* apruebe estas cosas».[38] La «acción contra los crucifijos» ilustra la fuerza con que aún se mantenía el mito del *führer*. Esto volvió a demostrarse en 1942, al deteriorarse todavía más la suerte de Alemania en la guerra, pese a algunos éxitos en operaciones militares específicas, y al comprobarse que las perspectivas de un pronto final de la guerra retrocedían en lugar de mejorar.

Tras el primer invierno de guerra en el Este, la popularidad de Hitler seguía sin quebrarse, aunque no se hallara completamente indemne. Los «bolcheviques» habían demostrado ser un enemigo mucho más difícil de lo que la propaganda alemana había dejado suponer al pueblo. Las pérdidas germanas habían aumentado de forma alarmante; las restricciones materiales en la retaguardia estaban empezando a hacer mella; y el final de la guerra no se veía por ninguna parte. El fundamento de los fáciles triunfos que habían proporcionado una y otra vez nueva vida al mito de Hitler había desaparecido, pese a que, en términos generales, la confianza en el *führer* fuese aún sólida. Además, la experiencia directa del «contacto» con el *führer* a través de sus principales discursos, un elemento que durante años había servido como una ritual forma de «encuentro» plebiscitario entre el líder y su pueblo, y que se repetía a intervalos regulares, sólo se produjo muy de vez en cuando a partir de 1942. Recluido en el aislamiento de sus cuarteles generales del Este, Hitler se convirtió en una figura cada vez más distante. Carente de nuevos triunfos que proclamar, aparecía cada vez menos en público, y rara vez pronunciaba discursos. El *führer* ya no se hallaba presente entre su pueblo. Desempeñaba cada vez más el papel de un *deus ex machina*, apareciendo de vez en cuando en Berlín o en Munich, pero, haciéndolo, en la mayoría de las ocasiones, como un caudillo distante ocupado en dirigir los asuntos militares en lejanos lu-

38. *KL*, iii. 223.

gares, pero apenas capaz de establecer un nuevo contacto real con el propio pueblo alemán. El pueblo aún quería ese contacto. Un informe del SD de finales de enero de 1942 señalaba que «existía la percepción de que las imágenes de los cuarteles generales del *führer* eran lo más destacado de los noticiarios cinematográficos», y que la gente «no se cansaba de ver los retratos del *führer*». Se decía que, en casi todos los informes recibidos, habían aparecido comentarios que decían: «Una sonrisa del *führer*. Su misma mirada nos vuelve a infundir fuerza y valor».[39] Sin embargo, la antigua imagen propagandística que pintaba un Hitler «humano», incluso «familiar», salido del pueblo, que compartía sus preocupaciones e inquietudes, y que comprendía «al hombre corriente», parecía guardar cada vez menos relación con la realidad. La propaganda tuvo que ajustarse con el fin de que concordase con la nueva y más distante relación con el *führer* que había provocado la campaña rusa. A principios de 1942, y coincidiendo con el estreno de la nueva película *Der grosse König*, Goebbels presentó a Hitler como a un moderno Federico el Grande, que, retraído en una distante majestad, dirigía una heroica —y, una vez más, pese a todas las apariencias, finalmente victoriosa— lucha lejos de casa en nombre de la nación y del pueblo.[40] Esta monumental imagen había sido concebida para provocar emociones de admiración y respeto, pero apenas consiguió evocar sentimientos de calor y afecto. Hitler era, cada vez más, el jefe militar, algo al principio entendido en sentido positivo y «heroi-

---

39. *MadR*, ix. 3.225, 29 de enero de 1942.

40. Véase Bramsted, págs. 222-223. De hecho, la prensa recibió instrucciones en marzo que la instaban a evitar la difusión de comentarios sobre la película, cualquier tipo de comparación de Federico el Grande con el *führer*, y toda analogía con el presente, especialmente en relación con el toque pesimista que dominaba las primeras escenas de la película y que en modo alguno debía identificarse con los padecimientos del pueblo alemán en la guerra real: «*Wollt ihr den totalen Krieg?*» *Die geheimen Goebbels-Konferenzen 1939-1943*, edición de W. A. Boelcke, edición dtv., Munich, 1969, págs. 287 y 298. Sin embargo, el propio Goebbels estableció explícitamente la comparación entre Hitler y Federico en el contexto de la película. Véase *MadR*, x. 3.660-3.662, 23 de abril de 1942. Tal como había tenido que hacer Federico en los más sombríos días de la guerra de los Siete Años, Goebbels hablaba de que el *führer* estaba ahora «soportando en solitario una pesada carga de responsabilidad sobre sus hombros», y los periódicos de provincias se referían a Hitler como al «primer soldado del Reich», en consonancia con su nueva imagen, y afirmaban que «el político, el estadista, se retira ahora, aparentemente, a un segundo plano» como «exigen al soldado y al jefe militar las leyes de hierro»: *Völkischer Beobachter*, edición del norte de Alemania, 20 de abril de 1942; *Rheinisch-Westfälische Zeitung*, 20 de abril de 1942. Para la película *Der grosse König*, véase Welch, págs. 174 y sigs.

co», pero que, más tarde, adquirió cada vez más los tintes de una inflexible y apenas humana severidad que había perdido contacto con los intereses y los problemas de la gente corriente.

Pese a que se informaba que la gente tenía «necesidad de volver a oír la voz del *führer*», el tradicional discurso de Hitler del 30 de enero de 1942, el aniversario de la «toma de poder», dejó un cierto sentimiento de decepción, ya que el pueblo esperaba palabras de consuelo o de ánimo relacionadas con la situación de la guerra en el Este, y no únicamente una nueva repetición estereotipada de la gloriosa historia del Partido Nazi.[41] El SD de una localidad católica del norte de Baviera informó que «la población no [había escuchado] al *führer*, sino que se [había marchado] a la iglesia» y rezado el rosario.[42] Tampoco el discurso de Hitler del Día de la Conmemoración de los Héroes —la rememoración nazi de los muertos de la Primera Guerra Mundial— del 15 de marzo hizo mucho para mejorar la moral. La gente estaba más preocupada por los rumores sobre una inminente y drástica reducción de las raciones de alimentos que por el discurso del *führer*, señalaba el SD.[43] Y debido a las experiencias anteriores, para algunos ya no era posible sentir una fe automática al oír declarar a Hitler que «las hordas bolcheviques […] serán sepultadas en el olvido el próximo verano».[44] También se podían escuchar comentarios más optimistas y menos críticos que decían que el *führer* no iba a decir algo de lo que no estuviera seguro.[45] Sin embargo, sonaban más a hueco que el año anterior, y ciertamente estaban menos difundidos. Los chistes que circulaban por Baviera en esa época relataban una historia diferente. Uno de los chistes hablaba de un candidato de las Waffen-SS a quien, al pasar revista, se le preguntaba si estaba dispuesto a firmar por todo lo que durase la guerra, a lo que él contestaba: «No, en principio sólo por doce años». Otro chiste planteaba la pregunta de cuánto duraría la guerra, a lo que se respondía: «Hasta que los pantalones de Goebbels le queden bien a Goering».[46]

---

41. *Meldungen*, págs. 216-217.
42. StAN, LRA Hilpoltstein 792, SD Schwabach, 2 de marzo de 1942.
43. *Meldungen*, págs. 239-240.
44. Domarus, pág. 1.850; *Meldungen*, pág. 239.
45. StAM, LRA 29656, SD Berchtesgaden, 31 de marzo de 1942. Véase también GStA, MA 106679, RPvOF/MF, 7 de abril de 1942; MA 106674, RPvNB/OP, 10 de abril de 1942; MA 106684, RPvS, 10 de abril de 1942.
46. StAN, LRA Hilpoltstein 792, SD Schwabach, 2 de marzo de 1942.

En 1942, el discurso más dramático de Hitler, tras la sorprendente nueva convocatoria del Reichstag, tuvo lugar el 26 de abril.[47] Después de una prolija descripción del trasfondo histórico de la guerra, y de una visión panorámica de la situación en el Este —en la que insinuaba que la guerra continuaría arrastrándose a lo largo del siguiente invierno—, Hitler, en la parte del discurso que mayor atención suscitó, exigió plenos poderes para actuar inmediata e implacablemente, con «independencia de la persona y de su posición», en caso de que se descubriera que alguien no estaba cumpliendo con sus obligaciones para con la «comunidad del pueblo» y estuviese flaqueando en el esfuerzo bélico, añadiendo que prometía un «inexorable combate contra toda forma de corrupción y omisión del deber». En un asombroso ataque verbal contra la administración de justicia y la administración pública, Hitler —que supuestamente expresaba con exactitud los sentimientos de una gran parte de la población— dejó claro sobre quién pensaba que recaía la principal responsabilidad, y amenazó con quitar a los culpables su privilegiada posición y sus «bien establecidos derechos», destituyendo instantáneamente a los infractores. El discurso provocó reacciones variadas y en parte contradictorias, reacciones que arrojan luz sobre la situación del prestigio y la imagen populares de Hitler a principios de 1942.

Las primeras reacciones, según tuvo que admitir el SD, incluían un sentimiento de disgusto por lo que Hitler había tenido que decir.[48] Abundaban los rumores sobre la nueva convocatoria del Reichstag, y sobre qué dramáticos acontecimientos iban a descubrirse. En vista de las circunstancias, la gente tenía la sensación de que se le habían ocultado las causas de peso para esa inusual decisión, y seguía preocupada por la gravedad de los acontecimientos del Este y por el hecho de que en el propio Reich había «algo que no iba bien», lo que sugería la existencia de un conflicto en las posiciones de liderazgo de la Wehrmacht y de algún tipo de insatisfacción del *führer* con destacadas figuras de la política doméstica cuyo estilo de vida no se adecuaba a la gravedad de los tiempos. También existía disgusto por el hecho de que tan fuertes palabras no se hubiesen visto seguidas de una acción inmediata, y no se lograba comprender que Hitler necesitara que se le concediesen mayores poderes.

47. Texto en Domarus, págs. 1.865-1.877.
48. Para lo siguiente, véase *MadR*, x. 3.671-3.674 y 3.685-3.688, 27 de abril, 30 de abril de 1942.

Fuente de nuevos descontentos fue la afirmación de Hitler en la que prometía represalias por el bombardeo de las ciudades alemanas, ya que en los días posteriores se informó de que sólo las ciudades inglesas de Bath, Norwich y York habían sido bombardeadas. Se esperaban pocos resultados «del bombardeo de este balneario y estas ciudades de provincias británicas», unos objetivos que no se consideraban una represalia adecuada por la destrucción sufrida en Alemania.[49] Por encima de todo, existía descontento por los comentarios que había hecho Hitler, en los que afirmaba que había realizado un completo aprovisionamiento para el próximo invierno —ya que la conclusión lógica a extraer era «que la lucha en el Este, en contraste con las esperanzas que hasta ese momento había venido albergando la abrumadora mayoría de la población, no podría terminar antes del siguiente invierno»—.[50] Incluso los informes del partido tuvieron que aceptar que el discurso, al menos en este punto, «no había encontrado en todas partes la respuesta que merecía». «Las almas descorazonadas», se dijo, «y no son pocas las que existen, parecen haberse dejado impresionar únicamente por una parte del discurso del *führer*: en donde hablaba de los preparativos para la campaña invernal de 1942-1943. Cuanto más consciente se ha vuelto la patria de las crueldades y las privaciones que impone la lucha invernal en el Este, más ha aumentado el anhelo de que termine. Sin embargo, en este momento el final aún no está a la vista. En consecuencia, son muchas las viudas y las madres que sufren».[51]

Las partes más populares del discurso, con mucho, a juzgar por las reacciones de que informaba el SD, eran aquellas en las que Hitler, reclamando nuevos poderes plenipotenciarios, atacaba a los jueces y a los funcionarios del Estado y amenazaba con adoptar medidas draconianas para erradicar la corrupción y los privilegios parasitarios, fuese cual fuese el rango y la posición de los involucrados. La entusiasta respuesta de la «gran masa» de la gente «corriente» a esta retórica populista recuerda en cierto modo a las reacciones populares a los actos de Hitler posteriores a la «conjura Röhm» de 1934. Esta vez, sin embargo, se decía que los círculos conservadores, burgueses e intelectuales sólo prestaban su

---

49. *Ibid.*, pág. 3.687.
50. *Ibid.*, pág. 3.672.
51. StANeu, vorl. LO 30/35, KL Nördlingen, 11 de mayo de 1942. Véase también vorl. Slg. Schum. Anh. 3, KL Augsburg-Land, 23 de mayo de 1942.

voz «a unos temores que, expresados aún con toda cautela, hablaban de una cierta inseguridad legal en el futuro».[52] Y entre quienes se encontraban a la cabeza de las críticas —los funcionarios del Estado, los abogados y los jueces— existía una profunda conmoción y consternación. Y si la vergüenza de la pública difamación percibida por el típico abogado nazi era, supuestamente, casi lo bastante intensa como para conducirle al suicidio, en las respuestas de los jueces y de la administración de justicia es posible leer entre líneas la existencia de reacciones de asombro, incredulidad, ansiedad y crítica, siendo la reacción más franca la que sostenía que el *führer* había sido muy mal informado y que su «totalmente inesperado ataque contra la justicia» había suscitado grandes «discusiones y críticas».[53]

Fue la primera vez en el transcurso del Tercer Reich que un discurso del *führer* había provocado que los altos funcionarios del Estado vertiesen críticas tan directas en sus informes. Al tratar de desviar la opinión de las decepciones del invierno anterior y de la falta de perspectivas de un pronto final de la guerra, y con la intención de renovar la moral culpando a otros de las desgracias de Alemania —de manera muy similar a lo que había hecho durante los años anteriores a 1933—, Hitler había levantado uno de los extremos del velo del mito del *führer* y dejado entrever la arbitraria, dictatorial e irracional forma en que respondía a los primeros reveses que él mismo y la nación habían tenido que sufrir. El discurso del 26 de abril de 1942, pronunciado ante el teatral telón de fondo de la convocatoria del Reichstag, no había estado a la altura de las expectativas. Había ilustrado hasta qué punto disminuía la efectividad de los discursos del *führer* cuando no podía anunciar ningún éxito en ellos. Y demostraba que la instintiva comprensión que tenía Hitler de las «reacciones viscerales» de la población, comprensión sobre la que descansaba gran parte de su eficacia como orador, empezaba también a fallarle como consecuencia del aislamiento en sus lejanos cuarteles generales del frente.

Sin embargo, la base popular del apoyo a Hitler aún era gigantesca. Una carta anónima de un opositor al régimen proveniente de Franconia,

---

52. *MadR*, x. 3.687. Y véase BAK, R22/3355, Fols. 63a-b, OLGP Bamberg, 29 de junio de 1942.

53. *MadR*, x. 3.686. Véase también BAK, R22/3355, Fos. 62c-d, 63a-d, OLGP Bamberg, 30 de abril, 29 de junio de 1942; y Steinert, págs. 289-292, Kershaw, *Popular Opinion*, pág. 327.

que censuraba el «retablo de títeres» del Reichstag y que afirmaba que el 90 % de los alemanes compartía su propio deseo de que Hitler «desaparezca de la faz de la tierra lo más rápido posible», era una absurda exageración.[54] La ofensiva que había empezado durante el verano de 1942 en el ala sur del frente oriental y que condujo a las tropas alemanas hasta Crimea y el Cáucaso, unida a los éxitos de los Áfrika Korps y de los submarinos en el Atlántico, ofreció nuevas oportunidades para admirar las proezas de la Wehrmacht. Muchos esperaban y creían que Hitler demostraría tener razón en sus profecías, y que el golpe decisivo al coloso ruso era inminente. Además, los avances japoneses en el este de Asia alimentaban las esperanzas de que Estados Unidos habría de quedar completamente maniatados en ese escenario bélico.

Sin embargo, los «buenos» tiempos de la guerra habían terminado, y ni siquiera los todavía notables éxitos militares eran ya capaces de evocar un entusiasmo ilimitado. Las pérdidas humanas aumentaban rápidamente, la ampliación del reclutamiento, que comenzó a alcanzar a los chicos de dieciocho años y a los hombres que ya tenían cuarenta y cinco, universalizó las preocupaciones por los seres queridos que se hallaban en el frente a casi todas las familias, mientras que, en la retaguardia, las pérdidas en el campo y la industria debían compensarse, en la medida de lo posible, con más prisioneros de guerra y «trabajadores extranjeros». La escasez de alimentos y de bienes de consumo también les hacía compadecerse de sí mismos, y el bombardeo —que ahora afectaba además a las ciudades del sur de Alemania— estaba causando una generalizada y constante ansiedad. En esta fase inicial del bombardeo aliado, lo que resultaba perjudicial para la moral era menos el daño material que la conmoción psicológica por la impotencia que manifestaba la Luftwaffe, tanto para evitar los ataques como para tomar represalias debidamente. En lo referente a la confianza en el liderazgo, esto tocó una fibra sensible. En particular, la popularidad de Goering se vio perjudicada al hacerse evidente que, fueran cuales fuesen los éxitos que las tropas alemanas estaban obteniendo en lejanos lugares, era incapaz, en su condición de jefe de la Luftwaffe, de garantizar la protección de la patria. Gradualmente, también el inmenso prestigio del propio Hitler empezó a verse afectado por los incesantes bombardeos.

54. StAB, LRA Münchberg, vorl. ohne Signatur. Estoy agradecido al doctor Karl-Heinz Mistele (Staatsarchiv Bamberg) por remitirme a este documento.

Sin embargo, por el momento Hitler aún podía explotar los éxitos de la ofensiva del verano para volver a levantar el ánimo en la retaguardia en su siguiente discurso capital pronunciado en el Palacio de los Deportes de Berlín el 30 de septiembre de 1942. En términos generales, el discurso fue considerado una sorpresa, y muchos supusieron, al anunciarse que Hitler iba a hablar, que se disponía a informar de la toma de Stalingrado. En ausencia de algo tan espectacular, las partes más impresionantes del discurso fueron aquellas en las que se relataba el modo en que Alemania había logrado superar con éxito la más severa prueba durante el invierno anterior, así como las partes en las que se hacía referencia a la explotación de los recursos materiales de los territorios ocupados, lo que hizo crecer las esperanzas de que el abastecimiento de alimentos en la retaguardia mejorase.[55] Dichas esperanzas recibieron un estímulo aún mayor con el discurso de Goering, pronunciado cuatro días más tarde durante el Festival de Acción de Gracias por la Cosecha, ya que en él se prometía que sería más fácil disponer de los productos alimenticios.[56] Dado que la mayoría de la población civil de la retaguardia consideraba que las condiciones materiales poseían una importancia más directa que los lejanos acontecimientos militares, los comentarios de Goering fueron recibidos, según algunos informes, como declaraciones de carácter incluso más significativo que las realizadas por el propio *führer*.[57] De hecho, se informó de que el discurso de Hitler —pese a que un informe local de Baviera dijera que había sido causa «directa [de un] milagro» y de que unos sondeos del SD indicaran que había provocado el generalizado deseo de que el *führer* hablase con mayor frecuencia al pueblo, dado que sus palabras proporcionaban mayor estímulo que cualquier otra cosa— había generado menos debate de lo normal.[58] Tampoco ejerció el menor efecto duradero sobre la moral. Un mes más tarde, su impacto había desaparecido; «la fatiga por la guerra es simplemente demasiado fuerte».[59] La oficina del SD en Wurtzburgo informó incluso de

55. *MadR*, xi. 4.259, 1 de octubre de 1942. El texto del discurso de Hitler en Domarus, págs. 1.913-1.924.

56. *MadR*, xi. 4.291-4.293, 8 de octubre de 1942.

57. Por ejemplo StAM, LRA 61619, SD Garmisch, 27 de octubre de 1942; StAW, SD/36, HAS Würzburg, 8 de octubre de 1942.

58. StAM, LRA 29656, LR Berchtesgaden, 3 de octubre de 1942; *MadR*, xi. 4.279-4.280, 5 de octubre de 1942.

59. StAB, K8/III, 18474, LR Ebermannstadt, 2 de noviembre de 1942.

que se habían producido críticas relacionadas con el fanatismo mostrado por Hitler y Goering, un fanatismo que alejaba toda esperanza de poder alcanzar algún entendimiento con el enemigo y que significaba la continuación de la «guerra de aniquilación» en todos los frentes.[60]

En casi todos los informes de 1942, la «fatiga por la guerra» y el anhelo de paz, sentimientos que, en esos momentos, en modo alguno se hallaban siempre vinculados a las expectativas de una victoria gloriosa y que, con frecuencia, eran de índole muy pesimista, predominaban con una intensidad mucho mayor de la que se había registrado un año antes. Los francos informes de las localidades bávaras, donde las instancias gubernamentales y policiales se hallaban en más estrecho contacto con la realidad que muchas de las instancias superiores, daban una clara impresión del estado de ánimo. La gente se encuentra «especialmente desanimada», decía un informe de principios de 1942. Otro, redactado en junio, afirmaba que nadie creía ya en un pronto final de la guerra en Rusia, y que los soldados de permiso decían que no superarían un segundo invierno allí. En su mayor parte, se añadía, la población se interesaba únicamente en sus problemas cotidianos, relacionados con el trabajo y con la tarea de conseguir las suficientes provisiones, y se hablaba poco de los acontecimientos militares.[61] En la misma zona —de los alrededores de Garmisch-Partenkirchen, en los Alpes bávaros— se decía que el estado de ánimo estaba «empeorando notablemente día a día» por culpa de las dificultades para obtener provisiones.[62] Dos informes procedentes de Oberammergau criticaban duramente el liderazgo alemán, e incluían implícitamente a Hitler en sus críticas, pese a que su nombre no se mencionara directamente. No era posible ganar la guerra porque la cúpula dirigente, poco dispuesta a aceptar un consejo bien fundado, había cometido muchos errores irremediables. Se decía que los últimos decretos, y «muchos discursos», habían contradicho la «verdadera voluntad del pueblo»; y que los dirigentes habían subestimado a Rusia y a otros países.[63] La guerra había sido por completo innecesaria, y se podía haber evitado. Resultaba una pura estupidez que los países se destruyesen mutuamente por causa del puñado de personas responsables de provocar la

60. StAW, SD/36, HAS Würzburg, 8 de octubre de 1942.
61. StAM, LRA 61619, GP Mittenwald, 25 de febrero, 24 de marzo de 1942; GP Kohlgrub, 24 de junio de 1942; GKF Garmisch, 29 de junio de 1942.
62. *Ibid.*, GP Etal, 25 de agosto de 1942.
63. *Ibid.*, GP Oberammergau, 25 de junio de 1942.

guerra; «siempre se había hablado de una larga paz, y en realidad sólo se habían estado produciendo preparativos para esta guerra». El escaso sentimiento pacifista o humanitario que respaldaba estas ideas queda de manifiesto con esta concluyente observación: «Sólo merece la pena hacer la guerra si resulta posible destruir al enemigo con el primer golpe, cosa que nosotros no hemos conseguido».[64] Sin embargo, estos informes y otros similares indicaban que, al menos en estas zonas tradicionalmente católicas y conservadoras en las que el nazismo no había logrado penetrar sino parcialmente en la subcultura existente, y a pesar de ser zonas en las que se había registrado, en la mayoría de los casos, una aprobación prácticamente sin reservas de Hitler en torno a los años 1938 y 1940, el abismo entre la imagen propagandística y la realidad efectiva se estaba volviendo ahora rápida y manifiestamente obvio.

En la primavera y el verano de 1942, el número de casos llevado ante el «Tribunal Especial» de Munich como consecuencia de presuntas observaciones críticas relacionadas con el régimen también aumentó notablemente. Se acusaba a la gente de difundir rumores sobre la presencia de soldados con las armas dispuestas y encargados de labores de vigilancia en las estaciones de Munich y de otras grandes ciudades debido al malestar popular. Otros habían dicho que, en Munich, nadie llevaba ya la insignia del partido, y que «hace mucho tiempo que nadie cree nada de lo que el *führer* dice». Aquí, al igual que en otros lugares, se apodaba a Hitler el «muerdealfombras», debido a los rumores que hablaban de sus ciegos ataques de rabia.[65] De hecho, las murmuraciones que sostenían que estaba física o mentalmente enfermo se extendieron con rapidez durante el verano de 1942. Durante el mes de noviembre anterior, se habían producido incluso rumores aislados de que había sufrido una crisis nerviosa.[66] Y ahora, se difundían rumores sobre los ataques y los paroxismos de ira de Hitler, rumores que sostenían que un médico especialista en enfermedades mentales le tenía que acompañar a todas partes, que Himmler había dado órdenes de no permitir que nadie le viera, y que estaba herido e ingresado en un hospital.[67] Para disipar esos rumores,

64. *Ibid.*, 24 de julio de 1942.
65. StAM, SGM 11316, 12573.
66. Por ejemplo, *ibid.*, 11298.
67. *MadR*, xi. 4.190, 10 de septiembre de 1942; StANeu, vorl. Slg. Schum. Anh. 3, SD Friedberg, 28 de septiembre de 1942; StAM, LRA 29656, LR Berchtesgaden, 28 de septiembre de 1942.

fue preciso que apareciera en público y pronunciara un discurso el 30 de septiembre de 1942,[68] y no consiguió evitar que se reprodujeran durante el invierno de 1942 a 1943, en particular tras del desastre de Stalingrado. Como mínimo, esos rumores sugieren que la gente estaba dispuesta a creer que el más alto mando del Estado y el ejército había perdido —para decirlo suavemente— el control de la situación. El mito del *führer* se hallaba en ese momento claramente a la defensiva.

Otro elemento que nos indica esto mismo —mucho antes de lo de Stalingrado— proviene de una interesante fuente: las esquelas por los «héroes caídos» que, desde el otoño de 1941, se agolpaban en los periódicos alemanes en columnas cada vez más largas. Dentro de ciertos límites, la familia del soldado muerto podía redactar el texto de la esquela sin censura, lo que hacía que las columnas necrológicas (junto con los anuncios) fuesen las únicas partes no «coordinadas» de los periódicos alemanes (pese a que el SD echara un vistazo a la prensa, aparentemente consciente de su potencial como indicativo de opinión).[69] En la práctica, se utilizaban por lo general un cierto número de fórmulas convencionales. Por lo común, y para elogiar y justificar el sacrificio de sus seres queridos, la gente elegía alguna de las dos expresiones que se citaban con mayor frecuencia: «Por el pueblo y la patria» y «Por el *führer*, el pueblo y la patria». Un muestreo de tres destacados periódicos bávaros revela que, entre 1940 y finales de 1942, la mención al *führer* decayó abruptamente en las esquelas privadas. En el *Fränkischer Kurier*, por ejemplo, un periódico de gran tirada en Nuremberg y sus alrededores, así como en Fürth y en Franconia, se mencionaba al *führer* en el 41 % de las esquelas en honor de «los caídos» entre mayo y agosto de 1940, en un 25 % entre julio y diciembre de 1941, y sólo en un 12 % entre julio y diciembre de 1942. En el *Augsburger Nationalzeitung*, el principal órgano del partido en la región de Suabia, el 62 % de las esquelas mencionaban al *führer* en junio de 1940, sólo el 29 % en noviembre y diciembre de 1941, y únicamente el 11,5 % en los dos últimos meses de 1942. Y en el *Münchner*

---

68. *MadR*, 4.259, 1 de octubre de 1942.

69. Una directriz capital, fechada el 19 de junio de 1940 y dirigida por el *Reichssicherheitshauptamt* a todos los *SD-Leitabschnitte*, ordenaba que se echara una ojeada a la redacción de las esquelas de los soldados caídos que publicaban los periódicos; StAW, SD/41/6, RSHA-SD Nr. 17766, 19 de junio de 1940. William Shirer afirmó incluso, ya en época tan temprana como la de la campaña polaca, que el hecho de no mencionar al *führer* en las esquelas tenía connotaciones políticas; Shirer, pág. 176.

*Neueste Nachrichten*, que era, con gran diferencia, el mayor periódico «burgués» de la zona de Munich, y también el que tenía una tirada mucho más elevada, el 44 % registrado entre mayo y junio de 1940 descendió entre junio y julio de 1941 al 29 %, alcanzó el 15 % durante el período que va de octubre a diciembre de 1941, y se hundió hasta el 7 % entre octubre y noviembre de 1942. Pese a que, por supuesto, estas cifras no puedan considerarse indicadores precisos de la opinión, la tendencia a la baja que en todos ellos se pone de manifiesto sugiere que la devoción por el *führer* —o al menos la disposición a declarar en público esa devoción— había descendido rápidamente por la época del desastre de Stalingrado. Con el fin, presumiblemente, de contrarrestar incluso una tan indirecta expresión de la opinión, la libre elección del texto para las esquelas de los soldados caídos terminó bruscamente en septiembre de 1944. Es más, a partir de entonces todas las «esquelas de los héroes» quedaron colocadas en los periódicos bajo un uniforme titular ubicado en la parte superior de las columnas, que decía: «Por el *führer*, el pueblo y el Reich dieron sus vidas...». En las semanas anteriores, el número de los que mencionaban al *führer* en sus esquelas del *Münchner Neueste Nachrichten* se había situado en torno a un 4 %.

Pese a que claramente, fuese cual fuese la lógica de la situación, Hitler todavía podía contar con sustantivos vínculos de imperecedera devoción entre sus más leales partidarios, en especial, por supuesto, entre quienes durante años habían estado expuestos a lo más granado de la organización y el adoctrinamiento del partido, parecen existir pocas dudas de que el fundamento general de la incuestionable confianza en Hitler ya había comenzado a retroceder en 1942. La razón más fundamental era, evidentemente, que Hitler se estaba mostrando incapaz de realizar el ferviente deseo del fin de la guerra, ya fuese de modo triunfal, ya incluso valiéndose de algún laudable compromiso de paz.[70] Como con frecuencia se supone, no fue la catastrófica derrota de Stalingrado la que significó el punto de inflexión en la popularidad de Hitler. Fue más bien su incapacidad para poner fin a la guerra lo que inexorablemente empezó, ya en los primeros meses de la campaña de Rusia, y con mayor fuerza aún durante el año 1942, a socavar la imagen del clarividente, infalible y

---

70. Ya a finales de verano de 1942, los informes bávaros señalaban que, ahora, eran muchas las personas que ansiaban la paz incluso sin victoria; StANeu, vorl. Slg. Schum. Anh.3, SD Friedberg, 14 de septiembre de 1942.

bienintencionado *führer*. La contribución que realizó la generalizada conmoción desencadenada por «Stalingrado», y la provocada por la enorme pérdida de prestigio que, como consecuencia, cosechó Hitler, fue la de abrir las compuertas de unas críticas que ya estaban a punto de aflorar a la superficie y que —a pesar de los obvios riesgos que implicaban— ahora asignaban abiertamente la culpa al propio *führer*.

La pérdida de confianza que se instaló después de Stalingrado tampoco dejó de ser una de las consecuencias de la totalmente engañosa y absolutamente mendaz propaganda alemana que precedió a la catástrofe. Tanto para la propaganda como para el esfuerzo militar, Stalingrado fue un desastre.

Los hechos del drama de Stalingrado son de sobra conocidos.[71] A comienzos de septiembre de 1942, el VI Ejército alemán, bajo el mando del general Paulus, llegó a Stalingrado —una ciudad cuya ocupación habría tenido un significado simbólico—; el 19 de noviembre empezó una importante contraofensiva soviética que, en tan sólo unas pocas semanas, logró cercar a los 250.000 hombres del VI Ejército; para las Navidades de 1942, la situación era tan estable como desesperada; el 10 de enero comenzó el último asalto ruso; el 31 de enero, Paulus —desobedeciendo las órdenes del *führer*, que había dicho que las tropas tenían que luchar hasta el último hombre— se rindió, y de los 90.000 supervivientes que pasaron a convertirse en cautivos de los soviéticos sólo habría de regresar una pequeña minoría.

La historia que contó la propaganda alemana, sin embargo, no dejó traslucir nada de la situación cada vez más desesperada del VI Ejército.[72] De hecho, los primeros reportajes de prensa suscitaban la esperanza de una inminente victoria alemana. El 18 de septiembre de 1942, por ejemplo, los ciudadanos de Augsburgo pudieron leer en la prensa local que la suerte de los rusos, tanto dentro como en los alrededores de Stalingrado, estaba echada; se acercaba la hora «en que la ciudad de Stalin, con

71. Véase, por ejemplo, Gruchmann, *Der Zweite Weltkrieg*, Munich, 4ª edición, 1975, págs. 190-194.

72. Para una buena explicación de la conversión de Stalingrado en mito por la propaganda, véase J. W. Baird, *The Mythical World of Nazi War Propaganda 1939-1945*, Minneapolis, 1974, capítulo 11.

sus grandes ejércitos soviéticos cercados, y con sus enormes cantidades de material bélico, se vería condenada a la destrucción. [...] El episodio final de una de las mayores epopeyas de la historia alemana ha comenzado».[73] No resulta sorprendente que el estado de ánimo en la zona de Augsburgo —como en todas partes— rebosara optimismo. La oficina del SD en la cercana Friedberg señaló que la gente estaba «convencida de que la caída de Stalingrado podría producirse en cualquier momento», pese a que se suponía que habría de pagarse un elevado tributo en vidas alemanas.[74] Como hemos visto anteriormente, el propio Hitler había prestado apoyo a este optimismo en su discurso del 30 de septiembre de 1942, ya que había afirmado enfáticamente que las tropas alemanas «invadirían Stalingrado y la tomarían». «¡Podéis contar con eso!», añadió, «nadie volverá a echarnos de ese lugar».[75]

El 19 de octubre, Goebbels dio instrucciones a los representantes de la prensa alemana, indicándoles que «aún debían transcurrir algunos días antes de que cayera Stalingrado», y les recomendó que fueran cautos en sus reportajes. Era crítico con las «ilusiones» y con el falso optimismo que provocaban los informes de la Wehrmacht. Sólo dos días antes, el mando supremo de la Wehrmacht había sugerido las líneas propagandísticas que deberían seguirse cuando, «en los próximos días», se produjera el esperado triunfo en Stalingrado, y se enorgullecía de la excelente planificación efectuada por los líderes militares del Reich tras los errores cometidos durante el invierno anterior.[76] Sin embargo, al no producirse el anuncio de una victoria concluyente en las siguientes semanas, la gente empezó a expresar —y así lo reflejaban los informes hacia finales de octubre— su impaciencia por el hecho de que el combate por Stalingrado estuviese tardando demasiado y costando demasiadas vidas.[77]

Para los propagandistas, el tema de Stalingrado se estaba convirtiendo rápidamente en la principal situación embarazosa, en especial para aquellos que trabajaban en la Wehrmacht, ya que habían espoleado prematuramente el clima de victoria en septiembre. Desde que se produje-

73. *Augsburger National-Zeitung*, 18 de septiembre de 1942.
74. StANeu, vorl. Slg. Schum. Anh.3, SD Friedberg, 28 de septiembre de 1942.
75. Domarus, pág. 1.914.
76. *«Wollt ihr den totalen Krieg?»*, págs. 383-385.
77. StAM, LRA 61619, SD Garmisch, 27 de octubre de 1942.

ra la contraofensiva rusa a mediados de noviembre de 1942, los informes de la Wehrmacht —examinados y enmendados por el propio Hitler— guardaron en gran medida silencio respecto a Stalingrado, y Goebbels, que probablemente no estaba plenamente informado de la verdadera situación, se limitó a lanzar advertencias sobre la severidad de la lucha y sobre la necesidad de evitar la impresión de que el golpe decisivo era inminente.[78] El contraataque ruso no fue mencionado. Sin embargo, esta mención más «realista» de la dura lucha que se estaba librando aumentó la profunda depresión en noviembre y diciembre, y a pesar del silencio de los medios de comunicación oficiales, a finales de año se escucharon rumores que hablaban del cerco impuesto al VI Ejército.[79] Tras un prolongado silencio, el 16 de enero de 1943 el informe del mando supremo de la Wehrmacht se refirió de forma funesta a la «lucha defensiva que, con heroico valor», libraban las tropas alemanas contra un «enemigo que atacaba por todos los flancos».[80] Goebbels se enteró de la triste verdad de la situación en una visita a los cuarteles generales del *führer* realizada los días 22 y 23 de enero. Y el 23 de enero, el jefe de prensa del Reich, Dietrich, dio instrucciones a la prensa, que habló de pronto, sin ninguna advertencia previa a los lectores, «del grande y conmovedor sacrificio heroico que las tropas cercadas en Stalingrado están realizando por la nación alemana».[81] Un día después, Dietrich habló de la inminente «épica heroica» de Stalingrado.[82] Y por último, el 3 de febrero, acompañado por los compases de apertura de la Quinta Sinfonía de Beethoven, llegó el ya temible «Anuncio especial»: «La lucha de Stalingrado ha llegado a su fin. Leal a su juramento hasta su último aliento, el VI Ejér-

78. *«Wollt ihr den totalen Krieg?»*, págs. 399-400; Balfour, págs. 290 y 305-306; Bramsted, pág. 260.
79. *MadR*, xii. 4.619, 4 de enero de 1943; GStA, MA 106679, RPvOF/MF, 8 de enero de 1943; MA 106681, RPvUF, 9 de enero de 1943; *Das andere Gesicht des Krieges*, pág. 19; y véase también Balfour, pág. 307.
80. *«Wollt ihr den totalen Krieg?»*, pág. 422. La edición que planeaba sacar a la luz las últimas cartas de los héroes de Stalingrado tuvo que ser cancelada, ya que el tono de la mayoría de las cartas apenas se ajustaba al tono de heroico sacrificio que exigía la propaganda nazi; Steinert, pág. 328. Para cartas de los soldados escritas desde Stalingrado, véase *Das andere Gesicht des Krieges*, págs. 95-107, y *True to Type. A Selection of Letters and Diaries of German Soldiers and Civilians collected on the Soviet-German Front*, Londres, s. f., ¿1944?, págs. 71-78 y 109-110.
81. *«Wollt ihr den totalen Krieg?»*, pág. 426.
82. Steinert, pág. 327.

cito, a las órdenes del ejemplar mando del general y mariscal de campo Paulus, ha sucumbido a la superior fuerza del enemigo y a las desfavorables condiciones. [...] Los generales, los oficiales, los suboficiales y los hombres han luchado hombro con hombro hasta el último disparo. Han muerto para que Alemania pudiera vivir...».[83] Incluso en esto tuvo que mentir la propaganda. Las noticias de la rendición de Paulus y de los 90.000 soldados del VI Ejército —que habrían proporcionado cierto alivio a sus consternados familiares— tuvieron que silenciarse para mantener la leyenda del total y desinteresado sacrificio por la nación de la «mayor epopeya de la historia de Alemania». También esto resultó ser un error. Pronto circularon rumores sobre la rendición, y unos días más tarde se anunció que se habían salvado 47.000 heridos.[84]

Stalingrado era el único gran golpe de la guerra. En todas partes se observó una conmoción, una consternación y una depresión profunda. Se consideró con razón como el punto más bajo alcanzado por la moral en tiempo de guerra en la retaguardia. No se lograba comprender cómo había podido ocurrir eso ni por qué no había sido posible socorrer al VI Ejército; y los afligidos familiares recibieron muy poco consuelo de la interpretación oficial del «sacrificio heroico».[85] Tanto desde el punto de vista psicológico como desde la perspectiva militar, Stalingrado fue un punto de inflexión en la guerra. Supuso también un decisivo empuje para el declive del mito del *führer*. Los informes que, en el cambio del año 1942 al 1943, referían en los habituales términos entusiastas la inquebrantable confianza del pueblo en «su amado *führer*», y afirmaban que «la persona del *führer* se hallaba, como siempre, más allá de la crítica», no hacían sino hablar según las convencionales exageraciones propias

83. Domarus, pág. 1.985. Para una interesante relación de un testigo presencial sobre las reacciones de la gente en el centro de la ciudad de Nuremberg ante las asombrosas noticias, véase F. Nadler, *Eine Stadt im Schatten Streichers*, Nuremberg, 1969, págs. 71-76.

84. *«Wollt ihr den totalen Krieg?»*, pág. 437.

85. *MadR*, xii. 4.750-4.751, 4.760-4.761, 4 de febrero, 8 de febrero de 1943; GStA, MA 106684, RPvS, 11 de febrero 1943; MA 106681, RPvUF, 10 de marzo de 1943; MA 106679, RPvOF/MF, 8 de marzo de 1943; MA 106671, RPvOB, 8 de febrero de 1943; MA 106674, RPvNB/OP, 10 de febrero de 1943; StAW, SD/36, HAS Würzburg, 1 de febrero, 8 de febrero de 1943; BAK, R22/3355, OLGP Bamberg, 29 de marzo de 1943; StAM, LRA 29656, LR Berchtesgaden, 1 de febrero de 1943.

de los aparatos del régimen.[86] Pese a todo, parece evidente que antes de Stalingrado era muy raro que se expresaran críticas directas a la persona del *führer* y a su liderazgo. Con la derrota de Stalingrado, esta situación quedó bruscamente alterada.

Si ya a finales de enero, cuando se hizo saber que las tropas alemanas estaban sitiadas en Stalingrado, el malestar registrado en numerosos informes quedó concentrado en algunos comentarios críticos que expresaban dudas fundamentales respecto de la necesidad de la guerra con Rusia, ahora también manifestaban dudas acerca de la veracidad de las explicaciones con las que Hitler había justificado esa guerra.[87] Muchos hablaron con respeto y admiración de los soldados del VI Ejército, pero opinaban que las pérdidas sufridas habían sido en vano. Mientras que en otras ocasiones anteriores en las que se habían producido malas noticias o las cosas habían evolucionado desfavorablemente, la opinión que había prevalecido —al menos en los pronunciamientos públicos— era la de que se había aconsejado mal al *führer*, o la de que se le había mantenido desinformado, en el caso de Stalingrado, Hitler se hallaba directamente implicado en la catástrofe. El anterior embajador en Roma, Ulrich von Hassell, ejecutado en julio de 1944 por su implicación en la conjura para asesinar a Hitler, escribió el 14 de febrero de 1943 sobre la crisis «simbolizada con el nombre de "Stalingrado"»:

> Por primera vez, Hitler no ha sido capaz de zafarse de la responsabilidad; por primera vez, los rumores críticos van dirigidos directamente contra él. La carencia de habilidad militar del «estratega más brillante de todos los tiempos», es decir, nuestro cabo megalómano, ha quedado expuesta a los ojos de todos. Esto había permanecido oculto hasta ahora por efecto de unos cuantos golpes maestros intuitivos, por los afortunados resultados de unos riesgos que en sí mismos estaban injustificados, y por los puntos flacos de nuestros enemigos. Para todos ha quedado claro que se ha derramado, de forma alocada o incluso criminal, una sangre preciosa con el único propósito de obtener prestigio. Dado que en esta ocasión, los asuntos que se han visto involucrados son los estrictamente militares, los ojos de los generales también han quedado abiertos. [...] ¡Resulta significativo

---

86. GStA, MA 106679, RPvOF/MF, 8 de enero de 1943; MA 106684, RPvS, 10 de diciembre de 1942; StANeu, vorl. Slg. Schum. Anh.3, SD Friedberg, 4 de enero de 1943; *MadR*, xii. 4.618, 4 de enero de 1943.

87. StAW, SD/36, HAS Würzburg, 25 de enero de 1943.

que Hitler no se atreviera a hablar el 30 de enero! ¿Quién habría creído esto hace poco...?[88]

Según Albert Speer, por esta época, Goebbels hizo referencia a una crisis no simplemente «de liderazgo», sino a una «crisis de líder».[89] Los informes del partido —por lo general más tendenciosos y «leales» que cualquier otro tipo de informe en su evitación de críticas a la cúpula dirigente— confirmaban en todas las zonas de Alemania los «particularmente peligrosos» signos de que la gente se estaba «atreviendo a expresar [ahora] una abierta crítica a la persona del *führer*, así como a atacarle de un modo odioso y mezquino».[90] El jefe de la administración regional de justicia de Bamberg también había observado «un agudo aumento y una intensificación de las críticas a la dirección política y militar» y, «cada vez en mayor medida, cosa que antes nunca había sucedido, [de las críticas] a la persona del *führer*, a quien se responsabiliza especialmente de los acontecimientos de Stalingrado y del Cáucaso». Los rumores decían que Hitler hacía caso omiso de todas las advertencias, y que existían grandes diferencias entre él y sus asesores militares.[91] Un comerciante de Augsburgo fue llevado ante el «Tribunal Especial» de Munich por haber extendido uno de estos rumores. Se le acusaba de afirmar que Hitler había rechazado las sugerencias del ejército, que habría propuesto realizar la evacuación aérea de las tropas cercadas, y de haber sostenido lo siguiente: «El propio *führer* ha hablado también de lo importante que es Stalingrado, y ahora va y la pierde».[92] Los informes de los funcionarios locales de numerosos distritos no dejan ninguna duda de que se hacía responsable a Hitler de haber puesto en peligro, y más tarde perdido, el VI Ejército. Su antigua y muy legendaria «determinación implacable», así como su fanática firmeza, estaban empezando a considerarse ahora como un gran inconveniente, y se percibía que la exigencia de que el VI Ejército luchara hasta el último hombre era la fatídica demostración de este parecer.[93] Stalingrado empezaba a interpretarse como la consecuencia de la política y el liderazgo catastróficos de Hitler, una ca-

88. U. von Hassell, *The von Hassell Diaries 1938-1944*, Londres, 1948, págs. 255-256.
89. Speer, pág. 271.
90. Citado en Steinert, pág. 348.
91. BAK, R22/3355, OLGP Bamberg, 29 de marzo de 1943.
92. StAM, SGM 12443.
93. StAN, LRA Hilpoltstein 792, SD Schwabach, 6 de marzo de 1943.

lificación que ahora iba difundiéndose cada vez más. El *Landrat* de Ebermannstadt, en la Alta Franconia, sincero como siempre en sus comentarios, informó de que la gente de su zona ponía un cuidado extremo en no decir cosas tales como «Hitler no nos dejará en paz hasta que todo el mundo descanse en paz», sino en sostener en cambio que «no habrá la menor paz hasta que...», aunque queriendo significar lo mismo. Se concluía sin ambages que Hitler, al haber sobrestimado sus propias fuerzas y haber rechazado todas las propuestas de paz de los estados neutrales, «se hace en último término responsable del adverso cariz que se ha instalado ahora en el curso de los acontecimientos».[94]

Los oponentes al régimen cobraron nuevos ánimos tras el desastre de Stalingrado, y su mínimo resurgimiento produjo una profusión de pintadas garabateadas a hurtadillas y de periódicos ilegales en los que se atacaba a Hitler llamándole «el asesino de Stalingrado».[95] En Munich, el desastre de Stalingrado espoleó a un grupo de estudiantes que, inspirados en gran medida por el idealismo moral y religioso, habían constituido el año anterior el movimiento de la «Rosa Blanca» y hacían circular panfletos antinazis en la Universidad de Munich, con el fin de escenificar una pública exteriorización, de valor suicida, de lo mucho que aborrecían a Hitler y al nazismo mediante un desafiante manifiesto expuesto en todos los edificios de la universidad:

> ¡Compañeros estudiantes! La nación está profundamente conmovida por la derrota de nuestras tropas en Stalingrado. Trescientos treinta mil alemanes han sido conducidos descabellada e irresponsablemente a la muerte y a la destrucción gracias a la ingeniosa estrategia de un cabo de la Primera Guerra Mundial. Nuestro *führer*, ¡te damos gracias...!
>
> ¡Compañeros estudiantes! ¡El pueblo alemán cuenta con nosotros! Igual que en 1813 el pueblo contó con nosotros para destruir el terror napoleónico, también hoy en 1943 cuentan con nosotros para destruir el terror del nacionalsocialismo. Beresina y Stalingrado arden en el Este; los muertos de Stalingrado nos conminan...[96]

94. StAB, K8/III, 18475, LR Ebermannstadt, 2 de febrero de 1942.
95. GStA, MA 106671, RPvOB, 10 de marzo de 1943; véase también MA 106684, RPvS, 11 de febrero de 1943; StAM, LRA 29656, LR Berchtesgaden, 1 de febrero de 1943; y Steinert, pág. 347.
96. Noakes y Pridham, págs. 319-320.

Pese a que la abierta oposición, como mostró la «Rosa Blanca», resultaba inútil ante el poder de la Gestapo, y a pesar de que los grupos de la resistencia se veían necesariamente obligados a proseguir su trabajo de forma secreta y aislada, su hostilidad al régimen nazi presentaba ahora una falta de sintonía con el clima de opinión mucho menor que la que había tenido incluso unos pocos meses atrás, antes del desastre de Stalingrado. Ahora estaban llegando al SD informes que decían que la gente —en especial los vinculados a las Iglesias— empezaba a expresar la esperanza de que la Wehrmacht acabaría haciéndose con el control del Estado, y que habría una victoria final para Alemania, pero no para el nacionalsocialismo.[97] La propia «Rosa Blanca», evidentemente, dio pie a rumores —que circularon con profusión por Baviera y otras muchas partes de Alemania— «sobre la existencia de grandes manifestaciones de estudiantes muniqueses», de malestar e incluso de sentimiento revolucionario en Munich. También se decía que «la gente hablaba de las pintadas y de la propaganda aparecida en hojas volanderas de contenido marxista en los edificios públicos de Berlín y de otras ciudades».[98] Un juego de palabras con la designación oficial que daban los nazis a Munich, llamándola «capital del movimiento», la apodaba ahora oficiosamente como la «capital del contramovimiento». Se decía que estaba aumentando la propaganda en favor de la restauración de la monarquía, que había dejado de ser aconsejable utilizar el saludo de «Heil Hitler» o llevar el brazalete con la insignia del partido, y que «antes o después» podría estallar una revolución en Munich.[99] Varios informes confirmaron que, de hecho, el «saludo alemán» rara vez se utilizaba ya en el sur de Baviera, y que a veces era manifiestamente rechazado por los familiares de los soldados «caídos».[100] Proliferaban los chistes y los dichos ingeniosos sobre el *führer*. Un hombre fue conducido ante el «Tribunal Especial» por decir que los alemanes no necesitaban temer a la hambruna en esa guerra, ya que Hitler poseía la mayor granja del mundo, puesto que «le seguían a todas partes 90 millones de borregos y regentaba una gigantesca por-

97. StAW, SD/23, AS Würzburg, 23 de abril de 1943; SD/37, HAS Würzburg, 29 de mayo de 1943.
98. *MadR*, xiii. 4.944, 15 de marzo de 1943.
99. StAW, SD/36, HAS Würzburg, 15 de marzo de 1943; StAM, LRA 29656, SD Berchtesgaden, 25 de febrero de 1943.
100. StAW, SD/37, HAS Würzburg, 8 de mayo de 1943; StANeu, vorl. LO 30/35, KL Nördlingen, 10 de abril de 1943.

queriza».[101] A la popular melodía de éxito cuyo primer verso decía «Todo pasa, todo desaparece», la gente le añadía esta segunda parte: «Hitler caerá en abril, el partido en mayo».[102] Y brotaban de nuevo los rumores sobre la salud de Hitler: se decía que estaba enfermo, loco, ciego, que había sufrido una crisis nerviosa, o que, como consecuencia de una enfermedad mental, se había visto obligado a dejar el liderazgo del Estado en manos de los militares, y que éstos le habían pegado un tiro.[103]

Los rumores sobre la salud de Hitler y su situación mental crecieron todavía más tras el cambio de fecha de su discurso del «Día de la Conmemoración de los Héroes» del 14 de marzo a la siguiente semana, el 21 de marzo. Según el principal resumen del SD, el discurso disipó los rumores sobre su salud.[104] Esta afirmación del SD era exagerada. La oficina del SD de Kitzingen, en la Baja Franconia, por ejemplo, que en su informe especial, directamente relacionado con el discurso, había declarado que «podía presumirse que los rumores sobre el *führer* habían sido despachados», mencionaba en su informe ordinario, redactado unos días más tarde, que se había oído decir a algunos trabajadores que, a juzgar por la velocidad de su discurso y su tono de voz, no había sido el propio *führer*, sino un sustituto, el que había hablado, y que Hitler había sufrido tal conmoción por lo de Stalingrado que había sido preciso mantenerle bajo estricto arresto domiciliario preventivo en Obersalzberg.[105] El discurso, que innegablemente había constituido una decepción, había sido pronunciado de hecho en un inusual tono monocorde y apagado, y a gran velocidad. Recibió críticas que censuraban su pobreza retórica, su tono deprimente, y su falta de sintonía con la ocasión, en especial porque

101. StAM, SGM 12443. Otros chistes sobre Hitler de esa época se mencionan en: StAW, SD/37, HAS Würzburg, 29 de mayo, 15 de junio de 1943; SD/23, AS Würzburg, 22 de mayo de 1943; y Steinert, pág. 348.

102. StAW, SD/22, AS Schweinfurt, 16 de abril de 1943; StAM, SGM 12506, 12513; LRA 135116, GP Neumarkt-St. Veit, 25 de junio de 1943.

103. *MadR*, xiii. 4.944, 15 de marzo de 1943; StAW, SD/14, AS Bad Neustadt, hacia el 21 de marzo de 1943; SD/36, HAS Würzburg, 15 de marzo, 31 de marzo de 1943.

104. *MadR*, xiii. 4.981, 22 de marzo de 1943.

105. StAW, SD/17, AS Kitzingen, hacia el 21 de marzo, y 2 de abril de 1943. La gente afirmó reconocer en el tono del discurso «claros síntomas» de desórdenes nerviosos; StAW, SD/37, HAS Würzburg, s. f., primeros de abril de 1943. Para la persistencia de los rumores sobre la salud de Hitler, véase también: StAW, SD/37, HAS Würzburg, 29 de mayo, 15 de junio de 1943; StAM, LRA 29656, GKF Berchtesgaden, 27 de marzo de 1943; LR Berchtesgaden, 3 de mayo de 1943; SD Berchtesgaden, 27 de abril de 1943; LRA 61619, GKF Garmisch, 30 de marzo, 28 de julio de 1943.

no había hecho ninguna particular referencia a los muertos de Stalingrado.[106] Por encima de todo, existía una patente incredulidad respecto de la cifra de 542.000 muertos que Hitler daba como número total de las pérdidas alemanas en toda la guerra. Algunos pensaban que el *führer* debía referirse únicamente a las pérdidas producidas en el frente oriental, sin incluir ni a Stalingrado ni a los desaparecidos, y consideraban que la cifra real rondaría el millón y medio de bajas.[107] Una carta dirigida al Ministerio de Propaganda del Reich por un antiguo empleado que en ese momento se encontraba en un hospital militar, afirmaba, refiriéndose al estado de ánimo que reinaba entre los soldados, que aún no había conocido a nadie que aceptara las cifras del *führer*. Las experiencias de los soldados en el frente, y el hecho de que en muchos de los pueblos y ciudades de los que provenían se hubiesen registrado ya mayores pérdidas que en la Primera Guerra Mundial, contradecían lo que Hitler se había visto obligado a decir. La carta concluía: «No parecen abundar demasiado los nazis convencidos que en su fuero interno estén verdaderamente seguros de nuestra victoria final, ni siquiera entre la gente que, por lo demás, ha apoyado valientemente a los suyos en el frente. Sus dudas se aprecian una y otra vez en sus palabras».[108]

El hecho de que casi nadie estuviese dispuesto a aceptar la palabra del *führer* en lo relativo a las pérdidas sufridas por Alemania es una clara indicación del grado de deterioro que había alcanzado la confianza en su persona. El estado de ánimo era de desesperación, desaliento y fatiga por la guerra, de apatía más que de rebeldía.[109] Y además, las grandes espe-

---

106. *MadR*, xiii. 4.981-4.982, 22 de marzo de 1943; StAW, SD/36, HAS Würzburg, 22 de marzo de 1943; SD/13, AS Bad Kissingen, hacia el 21 de marzo de 1943. Texto en Domarus, págs. 1.999-2.002.

107. *MadR*, xiii. 4.982. Mientras que el resumen central registraba «sorpresa» y «alivio» por las escasas pérdidas, apuntando más que registrando explícitamente el absoluto escepticismo, los informes locales no se andaban con rodeos en cuanto a la incredulidad. Como decía uno de esos informes, «difícilmente un solo camarada del pueblo creía la cifra de 542.000 bajas, una cifra mencionada sólo de pasada por el *führer*». StAW, SD/13, AS Bad Kissingen, hacia el 21 de marzo de 1943.

108. BAK, R55/583, Fos. 8-8v.

109. Para describir la atmósfera reinante, los informes de esta época utilizaban expresiones como «fatiga de la guerra», «disposición mezquina», «dudas», «apatía», «íntimo rechazo de la guerra», «depresión psicológica» e «indiferencia»; véase, por ejemplo, StAW, SD/37, HAS Würzburg, 5 de junio de 1943; SD/17, AS Kitzingen, 9 de abril de 1943; SD/22, AS Schweinfurt, 7 de mayo de 1943; SD/12, AS Bad Brückenau, 14 de mayo de 1943; *MadR*, xiii. 5.202-5.203, 5.215-5.216 y 5.285-5.286, 3 de mayo, 6 de mayo, 30 de mayo de 1943.

ranzas nacionales levantadas en torno a la figura de Hitler se estaban derrumbando; cada vez eran menos los que contaban con un futuro bajo su liderazgo.

En la apariencia externa, casi todo parecía permanecer igual. El cumpleaños de Hitler fue celebrado con casi todo el usual boato, aunque de un «modo digno y serio», como correspondía a la situación de guerra. Se decía que el festejo había granjeado nuevas expresiones de confianza y de gratitud al *führer*, «el mayor don recibido por el pueblo alemán». Sin embargo, el SD añadía que, en las zonas atormentadas por los bombardeos aliados, la confianza del pueblo se expresaba «con mayores reservas», y que la no asistencia a las celebraciones se excusaba con todo cuidado diciendo «que no se considerase inoportuno si, a pesar de todo nuestro amor hacia el *führer*, no podemos celebrar su cumpleaños en esta ocasión con la habitual alegría».[110]

En los lugares en los que aún resultaba sumamente arriesgado y peligroso hablar de forma negativa sobre el *führer*, era frecuente que la gente descargase su ira sobre el partido y sus representantes. Aquí también, por supuesto, una palabra inoportuna podía acabar en una denuncia y en un draconiano «castigo», pero está claro que el generalizado incremento del número de personas críticas con el partido hizo posible un más amplio abanico de devastadores comentarios. Los grupos sociales relativamente «autosuficientes» y unidos, como los de los campesinos y los de los católicos practicantes, que, por regla general, sabían en quién confiar y entre cuyas filas existía un bajo nivel de organización en el NSDAP, expresaban ahora sus críticas sin reservas. Según se decía en un informe, la esperanza de que al menos la desaparición del partido pudiera ser una de las cosas que surgieran de una guerra perdida, estaba más difundida en las zonas rurales de lo que se dejaba traslucir en la superficie.[111] Conscientes de que su posición era cada vez peor, muchos funcionarios locales no se sentían ya tan seguros de sí mismos y se mostraban menos afanosos en

110. *MadR*, xiii. 5.157-5.158, 22 de abril de 1943. Los informes locales señalaban la baja asistencia a las ceremonias oficiales, la indiferencia reflejada en la pobre exhibición de banderolas y la falta de resonancia del habitual discurso de cumpleaños de Goebbels, StAW, SD/12, AS Bad Brückenau, 22 de abril de 1943; SD/17, AS Kitzingen, 23 de abril de 1943; SD/19, AS Lohr, 23 de abril de 1943.
111. StAB, K8/III, 18475, GKF Ebermannstadt, 22 de marzo de 1943; véase también GP Waischenfeld, 19 de marzo de 1943; GKF Ebermannstadt, 27 de febrero de 1943; LR Ebermannstadt, 2 de febrero de 1943.

el énfasis de sus lealtades al partido.[112] El enardecedor discurso de la «guerra total» pronunciado por Goebbels el 18 de febrero de 1943 despertó de nuevo a los leales del partido durante un corto período de tiempo.[113] Sin embargo, al margen de sus filas, el discurso había sido recibido con una mezcla de sentimientos: se decía que algunos, en los círculos de los intelectuales, consideraban que el discurso era una pieza de «teatro» y una «comedia» concebida para quienes siempre habían gritado «Ja» a todo.[114] Y cualquier impacto que hubiera podido tener quedó pronto disipado cuando se comprendió que la «guerra total» seguía siendo, después de todo, únicamente parcial, y que los acomodados, junto con los encumbrados y los poderosos, continuaban evitando las cargas que recaían sobre las personas corrientes.[115] Algunos ingeniosos sugirieron incluso que la respuesta a la escasez de mano de obra que las medidas de la «guerra total» trataban de combatir se hallaría clausurando el Ministerio de Propaganda y registrando a fondo las oficinas del partido.[116] Para marzo y abril, la moral en el partido había caído de nuevo, y una oleada de reuniones propagandísticas concebidas para contrarrestar el pesimismo que siguió a Stalingrado terminaron en un fracaso prácticamente absoluto. La propaganda era descrita como algo «ridículo», y la asistencia era con frecuencia «catastrófica».[117]

En mayo de 1943, un informe de la ciudad de Kitzingen, en la Baja Franconia, que abordaba en particular la opinión reinante entre los académicos, los comerciantes y la burguesía —grupos que anteriormente

112.  StAM, LRA 29656, GKF Berchtesgaden, 27 de marzo de 1943; StAW, SD/36, HAS Würzburg, 22 de febrero de 1943.

113.  Texto en *Goebbels-Reden*, H. Heiber (comp.), Düsseldorf, 1972, ii. 172-208. Para un análisis del discurso, véase G. Moltmann, «Goebbels' Speech on Total War, February 18, 1943», en H. Holborn (comp.), *Republic to Reich*, Vintage Books, Nueva York, 1972, págs. 298-342. Además, y para la acogida dispensada al discurso, véase *«Wollt ihr den totalen Krieg?»*, págs. 23-24 y 444-446; *MadR*, xii. 4.831, 22 de febrero de 1943; Steinert, págs. 331-337; Balfour, págs. 322-324.

114.  StAW, SD/36, HAS Würzburg, 21 de febrero, 22 de febrero de 1943; SD/17, AS Kitzingen, hacia el 18 de febrero de 1943; SD/23, AS Würzburg, hacia el 18 de febrero, 19 de febrero de 1943.

115.  Véase Steinert, págs. 354-356; Kershaw, *Popular Opinion*, pág. 308.

116.  StAW, SD/23, AS Würzburg, 19 de febrero de 1943; SD/36, HAS Würzburg, 25 de enero, 8 de febrero de 1943.

117.  StANeu, vorl. Slg. Schum. Anh.3, SD Friedberg, 29 de marzo, 23 de abril de 1943; vorl. LO 30/35, KL Neu-Ulm, 2 de abril de 1943; KL Nördlingen, 10 de abril de 1943; StAW, SD/22, AS Schweinfurt, 7 de mayo de 1943.

habían tenido tendencia a manifestar simpatías pro nazis—, afirmaba que «se iba intensificando entre la gente la repulsa del partido, y [que] se estaba incubando una ira que podría estallar un día». El mismo informe, invirtiendo la anterior leyenda que excusaba al *führer* porque sus subordinados en el partido le mantenían en la ignorancia, añadía: «Incluso el *führer* ha perdido muchas simpatías entre el pueblo, porque aparentemente se ha dejado engañar por la gente de su partido y parece no darse cuenta de cómo son ahora las cosas en el Estado».[118]

Las imágenes del *führer* y del partido, que, tras la «toma de poder» y durante casi una década, se habían visto en gran medida separadas y parecían incluso diametralmente opuestas, empezaban ahora a mezclarse borrosamente en la conciencia pública. Sin embargo, una menguante aunque aún poderosa minoría garantizaba que el mito de Hitler permaneciese vivo, y podía incluso revitalizarlo temporalmente de vez en cuando si se producía un transitorio vuelco de la suerte de Alemania o la promesa de una apropiada represalia por las miserias del pueblo. El total derrumbe del mito de Hitler quedaba reservado para la última fase de la guerra.

118. StAW, SD/17, AS Kitzingen, 14 de mayo de 1943.

# Capítulo 8

# Derrota y desastre: el mito de Hitler se derrumba

> El *führer* lo tiene fácil. No tiene que cuidar de una familia. ¡Si la guerra se pone en lo peor, nos dejará a todos en la estacada y se pegará un tiro en la cabeza!
>
> Una mujer en un refugio antiaéreo de Schweinfurt,
> abril de 1944

> Si en 1933 la gente hubiera imaginado que las cosas llegarían a este punto, jamás habría votado a Hitler.
>
> Un alemán anónimo,
> marzo de 1945

Según el «modelo» de Max Weber, el «liderazgo carismático» no puede sobrevivir si carece de éxitos.[1] Y de hecho, como hemos visto, a medida que «su» asombrosa serie de victorias empezó a convertirse, gradual pero inexorablemente, en una calamitosa derrota, la marea de la popularidad de Hitler comenzó a descender, al principio con bastante lentitud. Posteriormente habría de disminuir de forma pronunciada, hasta iniciar un declive que habría de acelerarse decisivamente después de Stalingrado, una vez que la responsabilidad personal de Hitler en la catástrofe empezó a ser ampliamente reconocida. Desde luego, la máquina propagandística alemana, y el propio Hitler en sus discursos, continuaron martilleando en Alemania el tema de que, a diferencia de lo sucedido durante la Primera Guerra Mundial, el *Front* y la *Heimat* se hallaban indivisiblemente unidos, y el de que los lazos existentes entre la cúpula dirigente y el pueblo eran inquebrantables. Sin embargo, los informes relativos a la moral y a la opinión popular que llegaban hasta los dirigentes del régimen componían una imagen muy diferente. Según parece, hasta ese

---

1. Véase Weber, págs. 1.114-1.115.

momento, sólo una minoría de la población consideraba la idea de la capitulación.[2] El miedo a las consecuencias de la derrota y la ausencia de toda alternativa clara que no fuese la de seguir luchando, especialmente tras haber estipulado los aliados la «rendición incondicional» de Alemania, bastaban para asegurar dicha actitud.[3] Sin embargo, como mostró Stalingrado, aún eran menos los alemanes que se sentían motivados por la idea de un heroico sacrificio personal en un glorioso *Götterdämmerung* similar al que Hitler y Goebbels habían elogiado al hablar del destino del VI Ejército. El deseo de paz era un tema constante que dominaba cada vez más la opinión popular. Al verse confrontados a las crecientes derrotas y a las pérdidas personales, a la miseria y al sacrificio, los antiguos éxitos de Hitler comenzaron a verse a una nueva luz, y ahora se le culpaba cada vez más por las políticas que habían conducido a la guerra, y por ser incapaz de acabar con la guerra y producir la deseada paz. Además, se iba agrandando la separación que, hasta cierto punto, había existido desde el principio en la conciencia popular entre «la guerra de Hitler» —que se proponía la consecución de un imperio racial y la expansión territorial— y la fervorosa defensa de la «patria».[4]

Fueran cuales fuesen las angustiosas noticias que pudieran llegar desde puntos distantes, de los campos de batalla de Rusia, del norte de África y de otros lugares, para un creciente número de personas de las ciudades y los pueblos de Alemania, la última mitad de la guerra se estaba viendo cada vez más dominada por la amenaza procedente de los cielos, debido a que las defensas de la Luftwaffe se desmoronaban y a que la supremacía aérea aliada había llegado a ser completa. Anteriormente, uno de los elementos clave de la imagen de Hitler había radicado en la suposición de que el desarrollo del poderío militar de Alemania debía traer el fortalecimiento de la defensa frente a la amenaza exterior: se trataba de

2. Según las encuestas de la posguerra, aproximadamente un tercio de la población no quería continuar con la guerra en la época de los desembarcos de Normandía, y entre un 50 % y un 60 % llegaron a sentirse dispuestos a aceptar una rendición incondicional. *USSBS*, iv. 14-16.

3. Para la explotación propagandística de la exigencia aliada de una «rendición incondicional» y su impacto, véase Balfour, págs. 316-317.

4. Goebbels lo reconoció implícitamente. Véase *ibid.*, pág. 316. Pese a que en los círculos de la inteligencia británica se tenía una noción razonablemente clara de la menguante popularidad de Hitler (véase *ibid.*, pág. 293), la propaganda aliada siguió presentando con éxito la imagen de un pueblo alemán fanáticamente dispuesto a luchar hasta el final por su *führer*; *ibid.*, pág. 320.

seguir una política que procurase la «paz por medio de la fuerza». Ahora, esos enemigos se colaban a través de una defensa inexistente y arrasaban las ciudades del Reich.

En 1942, en vastas zonas de Alemania, el dominio del aire había pasado ya a manos de los aliados, y se habían efectuado intensos bombardeos, sobre todo por parte de la Royal Air Force, en ciudades situadas principalmente en el norte y el noroeste de Alemania (Hamburgo, Lübeck, Rostock, Colonia, Essen, Bremen y algunas otras). Los posteriores bombardeos de menor intensidad sobre las ciudades meridionales alemanas como Munich, Augsburgo y Nuremberg produjeron un desproporcionado efecto psicológico por cuanto lograron demostrar el alcance de la supremacía aérea aliada al hacer patente su capacidad de llegar tan al sur, y por cuanto ilustraban el hecho de que eran pocos los que se podían considerar ahora inmunes a los peligros de los bombardeos.[5] Después de que las directrices emanadas de la Conferencia de Casablanca de enero de 1943 enlazaran el «área de bombardeo» nocturna de los británicos con los «bombardeos de precisión» diurnos de los estadounidenses en una estrategia de «bombardeo ininterrumpido», constituyendo de ese modo la ofensiva aliada de bombardeo combinado, la extensión y la ferocidad de los bombardeos —descritos por la propaganda alemana, en este caso acertadamente, como «bombardeos de intención aterradora»— experimentaron una rápida escalada. En 1942 se lanzaron sobre Alemania un total de 41.440 toneladas de bombas, elevándose esta cifra a 206.000 toneladas en 1943 y a 1.202.000 toneladas en 1944. Los primeros cuatro meses de 1945, que produjeron la devastación total de los centros urbanos de Nuremberg, Wurtzburgo y Dresde, asistieron al lanzamiento de otras 471.000 toneladas.[6] *Grosso modo*, se estima que un tercio de la

---

5. Numerosos informes del SD indicaban las reacciones a la cada vez más intensa campaña de bombardeos aliada a partir de marzo de 1942. Véase por ejemplo *MadR*, ix. 3.506, 23 de marzo de 1942; *ibid.*, x. 3.544-3.545, 3.567, 3.597-3.598, 3.615, 3.687, 3.697, 3.708, los informes del 31 de marzo, 2, 9, 13, 20, 30 de abril, 4, 7, de mayo de 1942; y para las reacciones sobre los bombardeos de 1942 en el sur de Alemania, véase *ibid.*, x. 3.640-3.641, 20 de abril de 1942; GStA, MA 106684, RPvS, 9 de mayo de 1942, 10 de octubre de 1942; Reichsstatthalter 694, RPvOB, 5 de septiembre de 1942, y un anónimo dirigido al Reichsstatthalter Epp, fechado el 22 de septiembre de 1942; StANeu, vorl. LO A5, KL Augsburgo-Stadt, 10 de septiembre de 1942; vorl. Slg. Schum. Anh.3, SD Friedberg, 31 de agosto de 1942; W. Domarus, págs. 140-145; F. Nadler, *Ich sah wie Nürnberg unterging*, 2ª edición, Nuremberg, 1959, pág. 270.

6. Gruchmann, págs. 198, 280-281 y 414.

población sufrió directamente los bombardeos: más de una cuarta parte de las casas de Alemania se vieron dañadas de algún modo; 14 millones de personas perdieron alguna propiedad como consecuencia de los bombardeos; entre 17 millones y 20 millones se vieron en algún momento privadas de electricidad, gas o agua; casi cinco millones tuvieron que ser evacuadas debido al «terror aéreo»; murieron 305.000 personas.[7]

Como muestran las cifras anteriores, el año 1943 supuso una importante intensificación de la campaña de bombardeos. Tal como había ocurrido en el pasado, el corazón industrial del área del Rin y el Ruhr, junto con sus alrededores, hubo de soportar lo más recio de los ataques, ya que, entre marzo y julio de 1943, el mando británico de la escuadrilla de bombarderos lanzó una serie de cuarenta y tres intensos bombardeos durante la batalla del Ruhr. Un resumen realizado por el SD de los informes relacionados con los efectos producidos por los bombardeos de finales de mayo y principios de junio de 1943 sobre las ciudades y los pueblos del oeste de Alemania, que culminaron con un devastador ataque incendiario sobre Wuppertal-Barmen el 30 de mayo, proporciona una indicación del impacto que estos sucesos tenían en las actitudes políticas.

Se decía que mucha gente afirmaba haber perdido los nervios en la «catástrofe», y que, en el calor del momento, había expresado «comentarios hostiles hacia el Estado». Se dijo que, en Düsseldorf, un hombre había comentado, a pesar de la presencia de un miembro de las SS, que «hemos de agradecer esto al *führer*». Aquí, tal como sucedía, según los informes, en muchas otras zonas bombardeadas, la gente se creía en la obligación de rechazar o evitar el saludo de «Heil Hitler», que casi había desaparecido.[8] Y aún resultaban más dañinas las muchas historias que circulaban sobre la escasa moral y la «actitud hostil» de la población bombardeada. Entre otras historias, se rumoreaba que se había levantado una horca en Düsseldorf y que se había colgado de ella un retrato del *führer*. Y uno de los chistes que recorría varias zonas del Reich hablaba de un berlinés que se quejaba de la severidad de un bombardeo que había hecho que los cristales saltaran de los marcos de las ventanas incluso cinco horas después del ataque, a lo que una persona de Essen le replica-

7. *USSB*, iv. págs. 7-10.
8. *MadR*, xiv. 5.356, 5.427, 17 de junio, 2 de julio de 1943; y véase G. Kirwan, «Allied Bombing and Nazi Domestic Propaganda», *European History Quarterly*, xv, 1985, 351.

ba que eso no era nada: que los retratos del *führer* todavía salían volando por las ventanas catorce días después del último bombardeo sobre Essen.[9]

Cuando, a finales de julio y principios de agosto de 1943, cuatro incursiones de la RAF borraron prácticamente el centro de Hamburgo —la segunda ciudad de Alemania— con sus devastadores ataques, matando a unas 40.000 personas,[10] se extendieron rumores de que la policía y las SA o la Wehrmacht habían tenido que sofocar los disturbios, y que existía en el Reich un «estado de ánimo similar al de noviembre» —en alusión al clima revolucionario reinante en noviembre de 1918—, un estado de ánimo que acabaría sublevándose contra los insostenibles bombardeos aéreos. A la luz de estos datos que eran reflejo de la opinión, surgieron informes estereotipados que sonaban a huecas declaraciones, ya que sostenían que la gente «perspicaz» decía que el *führer* no podía ser consciente del alcance de los daños, pues de otro modo se habrían organizado unas operaciones de rescate más amplias, o que la gente miraba al *führer* «llena de confianza» y expresaba el deseo de que él estimulase y fortaleciese su fe.[11]

Pese a que su tono «derrotista» era muy mal recibido por la dirección del régimen, los principales resúmenes del SD eran habitualmente más suaves en sus afirmaciones que muchos de los informes que llegaban a los cuarteles generales de las oficinas provinciales del SD. Los informes de la oficina del SD en Wurtzburgo y de sus dependencias auxiliares en la zona nos brindan la oportunidad de examinar el cambiante estado de ánimo de la población de la Baja Franconia tras los cinco bombardeos aéreos ocurridos entre agosto de 1943 y abril de 1944 en la localidad de Schweinfurt, un importante centro de producción de rodamientos a bolas, sumamente cruciales para la industria armamentística.

Ya después del primer bombardeo, en agosto de 1943, las oficinas del SD de la Baja Franconia informaron de la generalizada conmoción y depresión que se había registrado entre la población, incluso en aquellos sectores que anteriormente se habían considerado «de confianza» y habían sido persuadidos de la victoria alemana. Los propios miembros del partido evitaban ahora el saludo de «Heil Hitler», y la insignia del par-

9. *MadR*, xiv. 5.354-5.357, 17 de junio de 1943.
10. Véase Kirwan, «Allied Bombing», pág. 350.
11. *MadR*, xiv. 5.562-5.563, 2 de agosto de 1943.

tido se llevaba cada vez con menor frecuencia.[12] Más graves que los daños materiales reales registrados en el propio Schweinfurt fueron los
efectos psicológicos de los primeros bombardeos. Estos efectos empeoraron con los relatos y los rumores que habían difundido los evacuados y
que hablaban de la devastación de las ciudades septentrionales de Alemania, especialmente tras la destrucción de Hamburgo.[13] Con el bombardeo estaba quedando completamente al descubierto el «más espantoso» sentimiento, ya que la gente se veía incapaz de hacer nada, y no
existía la menor señal de represalia.[14]

La segunda incursión aérea sobre Schweinfurt, en octubre de 1943,
hizo que muchos habitantes del pueblo se diesen a la fuga y buscasen
alojamiento en las aldeas cercanas. En Wurtzburgo hubo personas que
consideraron que el bombardeo era una venganza por el pogromo contra los judíos de noviembre de 1938, y se decía que los «círculos intelectuales» opinaban que Alemania «debería parar la guerra, si realmente no
se hallaba en situación de evitar los ataques contra los pueblos y los centros industriales». Se decía que la gente del mismo Schweinfurt que había padecido directamente el bombardeo se encontraba completamente
desmoralizada, y que muchos habían declarado que no aguantarían mucho más «esos angustiosos días».[15] Las mujeres de las «clases más bajas»
pedían que se pusiera fin a los ataques, y decían que «1918 no había sido
tan malo, y [que], seguramente, ahora las cosas tampoco serían tan malas». El SD consideraba «los aterradores bombardeos» y los rumores
que sobre ellos circulaban como «un factor negativo para la moral de primer orden» que, incuestionablemente, había puesto «en peligro la voluntad de resistir», en especial entre las mujeres.[16] El miedo y el pánico
se apoderaron también de la gente del campo y de los pueblecitos cer-

12. StAW, SD/37, HAS Würzburg, 17 de agosto de 1943, y también 20 de julio de 1943;
SD/17, AS Kitzingen, 2 de agosto de 1943; SD/20, AS Lohr/Marktheidenfeld, 2 de agosto de 1943.

13. StAW, SD/37, HAS Würzburg, 15 de junio, 19 de junio, 22 de junio de 1943. Y véase, con datos que, en parte, hacen referencia a Franconia, Kirwan, «Allied Bombing»,
págs. 350-352.

14. StAW, SD/37, HAS Würzburg, 17 de agosto de 1943.

15. StAW, SD/37, HAS Würzburg, 24 de agosto de 1943. Véase también *ibid.*, 7 de
septiembre de 1943; SD/22, AS Schweinfurt, 6 de septiembre de 1943; SD/23, AS Würzburg, 24 de agosto de 1943; BAK, R22/3355, OLGP Bamberg, 27 de noviembre de 1943.

16. StAW, SD/37, HAS Würzburg, 31 de agosto de 1943.

canos, y eran muchos los que huían a los labrantíos y a los bosques al escuchar la alarma aérea.[17] En una aldea, se tenía la impresión de que en todas partes se prestaba oídos a las emisoras de radio extranjeras, y se decía que los «textos de las octavillas, que acusaban a Hitler de haber declarado la guerra a todos los países, eran objeto de aprobación, mientras que se maldecía y se condenaba al *führer*». Desde que los aviones enemigos habían empezado a sobrevolar la aldea, «todos habían perdido la cabeza».[18]

Según los rumores que circulaban en Wurtzburgo, los representantes del partido en Nuremberg estaban empezando a encontrar difícil llevar a cabo sus funciones tras las recientes incursiones aéreas sobre la ciudad. Su uniforme «ejercía [sobre la población] el efecto de un trapo rojo ante un toro». La gente les había perdido todo respeto, les responsabilizaba de su difícil situación, y vertía sobre ellos su rabia.[19] A comienzos de septiembre, la oficina del SD en Kitzingen percibió que la falta de confianza en el partido y en la dirección del régimen avanzaba rápidamente, elevándose hasta niveles peligrosos. Goering, en particular, era una de las dianas del descontento popular, ya que se suponía que había descuidado el desarrollo de la Luftwaffe, pero las críticas se extendían a la propia «persona del *führer*».[20] Lo mismo ocurría en Frankfurt tras el intenso bombardeo de octubre de 1943. Los habitantes de la ciudad atacada se refugiaron en zonas vecinas de la Baja Franconia, donde muchos de ellos tenían parientes, y preguntaban: «¿Cómo es posible que el *führer* permita la sistemática destrucción de nuestra patria alemana?». Debe saber, añadían, que la industria alemana quedará completamente aniquilada si

17. StAW, SD/13, AS Bad Kissingen, 29 de agosto de 1943.

18. StAW, SD/37, HAS Würzburg, 24 de agosto de 1943; y véase SD/23, AS Würzburg, 24 de agosto de 1943; SD/17, AS Kitzingen, 1 de septiembre, 13 de septiembre de 1943; SD/12, AS Bad Brückenau, 20 de septiembre de 1943; SD/19, AS Lohr, 29 de agosto de 1943.

19. StAW, SD/23, AS Würzburg, 24 de agosto de 1943. Compárese esto con la valoración de D. Orlow, *The History of the Nazi Party, 1933-1945*, Pittsburgh, 1973, págs. 438 y sigs.: «Apenas existen dudas de que el bombardeo de las ciudades alemanas tuviese para los aliados la consecuencia de una contraproducente propaganda. El conjunto de la población no culpaba al partido por las bombas, sino a los pilotos aliados, y los Hoheitsträger podían reforzar su prestigio popular con las impresionantes proezas de Betreuung tras un intenso bombardeo».

20. StAW, SD/17, AS Kitzingen, 6 de septiembre de 1943; SD/37, HAS Würzburg, 31 de agosto de 1943.

los bombardeos prosiguen sin oposición. Si se disponía de las armas para asestar un golpe de represalia, entonces era «el maldito momento» de responder a los ataques. Pero si —y éste era el temor general— no era ése el caso, entonces había llegado el momento de acabar con la fútil cháchara de una próxima represalia y de poner fin a la guerra lo más pronto posible.[21]

Tras el cuarto y quinto bombardeo sobre Schweinfurt, el 24 y el 25 de febrero de 1944, surgió una nueva oleada de críticas contra los funcionarios del partido. El hecho de que no se dejaran ver por los barrios bombardeados se consideraba una gran ofensa.[22] A mediados de abril, el SD de Schweinfurt informó de lo siguiente: «La gente maldice abiertamente. Si no pueden hacer pedazos al dirigente del distrito y al *Landrat* o al alcalde, dirigen sus iras contra la dirección del Estado y contra el propio *führer*. En este clima, se dijo que una mujer con dos niños pequeños que se hallaba en un refugio antiaéreo había comentado: «El *führer* lo tiene fácil. No tiene que cuidar de una familia. ¡Si la guerra se pone en lo peor, nos dejará a todos en la estacada y se pegará un tiro en la cabeza! ¡Él mismo ha dicho siempre que no conocerá la derrota!». Esta interpretación de las palabras del *führer* se expresaba con frecuencia.[23]

Uno de los últimos informes existentes de la oficina del SD de Schweinfurt, fechado en mayo de 1944, atribuía directamente a los efectos de los bombardeos la actitud derrotista de la población, sobre todo entre los trabajadores. Se informaba de que los trabajadores decían: «Dado que, de todas formas, no podemos hacer nada al respecto, nuestro gobierno debería firmar la paz antes de que todos nuestros pueblos y aldeas terminen destruidos».[24] Por esta época, según las averiguaciones de la Encuesta Estratégica de Estados Unidos sobre los bombardeos, más de las tres cuartas partes del pueblo alemán consideraba que la guerra estaba perdida, y, entre ellos, una gran mayoría opinaba que los bom-

---

21. StAW, SD/12, AS Bad Brückenau, 11 de octubre de 1943. Para la propaganda sobre las «represalias», así como para las respuestas populares a ellas, véase G. Kirwan, «Waiting for Retaliation: A Study in Nazi Propaganda Behaviour and German Civilian Morale», *Journal of Contemporary History*, xvi, 1981, págs. 565-583.

22. StAW, SD/22, AS Schweinfurt, entre el 28 de febrero y el 8 de abril de 1944. La visita relámpago del jefe del Frente de Trabajo, Robert Ley, a las afectadas fábricas de Schweinfurt fue una de las principales dianas de la crítica.

23. *Ibid.*, informe compilado entre el 11 y el 22 de abril de 1944.

24. *Ibid.*, 27 de mayo de 1944.

bardeos habían sido el elemento que más les había inducido a perder la esperanza.[25]

Habitualmente se asume que la estrategia de realizar «bombardeos por zonas» —ataques indiscriminados que tenían como objetivo la destrucción de «zonas» fundamentalmente civiles, por lo general en el centro de las ciudades— fracasó en su explícito objetivo de socavar y destruir la moral y la voluntad de resistencia del pueblo alemán, y que, en vez de eso, simplemente estimuló un odio hacia el enemigo tan intenso que los lazos existentes entre el régimen y el pueblo se fortalecieron en lugar de debilitarse.[26] Desde luego, la propaganda alemana estuvo más que dispuesta a resaltar que «los bandidos del cielo» sólo habían conseguido que la determinación y la unidad del pueblo se vieran más fortalecidas que nunca, un argumento subrayado de hecho en algunos de los informes del SD.[27] Y sin duda, sí que la intensificación de los sentimientos de odio hacia los pilotos aliados, y en especial la sed de represalias contra Gran Bretaña, estimularon una cierta «cohesión interna» de la «comunidad de destino».[28] Sin embargo, la mayoría de las conclusiones de los informes de opinión del SD y de otras instancias del régimen que llegaban hasta la dirección nazi señalan que el impacto sobre la moral tuvo un carácter similar al que hemos observado en el área de Schweinfurt.[29] Y las propias anotaciones del diario de Goebbels dejan pocas dudas de que él mismo pensaba que la moral se había visto gravemente sacudida por el bombardeo, y de que la voluntad de resistir se encontraba potencialmente debilitada.[30]

Las entrevistas de posguerra contenidas en la Encuesta Estratégica de Estados Unidos sobre los bombardeos confirman estas impresiones: uno de cada tres alemanes indicaba que su moral se había visto más afectada por los bombardeos que por cualquier otro factor; nueve de cada diez de

---

25. *USSBS*, iv. 1, 16-17.

26. Véase Steinert, págs. 317-434.

27. *Ibid.*, pág. 434; Kirwan, «Allied Bombing», págs. 343-344.

28. Véase Kirwan, «Waiting for Retaliation»; y Balfour, págs. 339 y sigs.

29. Por ejemplo *MadR*, xii. 4.652, 4.761, 5.277-5.278, 11 de enero, 8 de febrero, 24 de mayo de 1943; y especialmente *ibid.*, xiv. 5.426-5.434, 2 de julio de 1943. Véase también Steinert, págs. 362 y sigs.; Kirwan, «Allied Bombing», págs. 350-351 y 355-357; y H. Schnatz, *Der Luftkrieg im Raum Koblenz 1944/45*, Boppard a. R., 1981, págs. 324-325, 479-482 y 515-518.

30. Véase Balfour, págs. 340-341.

los entrevistados mencionaban que el bombardeo había sido la mayor penalidad que habían tenido que sufrir durante la guerra; tres de cada cinco admitieron haber sentido fatiga por la guerra como consecuencia del bombardeo, y el porcentaje de los que no querían continuar con la guerra era significativamente más elevado en las ciudades que habían padecido intensos bombardeos que en las que no habían sufrido ninguno; más de dos quintos dijeron haber perdido la esperanza en la victoria alemana cuando vieron que los bombardeos no cesaban; y el porcentaje de personas que aún conservaba alguna confianza en la cúpula dirigente era un 14 % más bajo en las ciudades muy bombardeadas que en las no bombardeadas. En un 12 % de los casos, la gente hacía por propia iniciativa comentarios de este tipo: «En el búnker, la gente debe maldecir al *führer*». La conclusión general sostenía que el bombardeo no había robustecido la moral, sino que la había deprimido gravemente: el fatalismo, la apatía, el derrotismo y otros efectos psicológicos se observaban con mucha mayor crudeza en los sectores de la población que habían padecido el efecto de los bombardeos que en los que no los habían sufrido. Y gran parte del odio y de la rabia espoleados por el bombardeo fue dirigida contra el régimen nazi, al que se culpaba por haber sido incapaz de repeler los ataques.[31]

Por consiguiente, parece claro que la desmoralización causada por los bombardeos fue considerable, y sustancial el daño infligido a la posición de la cúpula dirigente alemana. El error de los estrategas aliados consistió en imaginar que era posible forzar el derrumbe de semejante régimen mediante el deterioro de la moral popular. Lo que caracterizaba el estado de ánimo de la aplastante mayoría era más la apatía y el «retiro a la esfera privada» que una creciente oposición al régimen. Y la escalada represiva del Estado nazi —según un cálculo, en 1944,[32] aproximadamente uno de cada 1.200 alemanes fue arrestado por la Gestapo por haber cometido algún «delito» político o religioso— era un argumento profundamente disuasorio para cualquier actividad «desviada». En su mayor parte, la integración política que aún pudiese quedar tenía ya poco que ver con el idealismo nazi o con la fe en el genio del *führer*, y mucho más con el ordinario temor a las consecuencias de la derrota y con un odio al enemigo asociado a las reservas nacidas del desafío patriótico.

31. *USSBS*, iv. 1, 7, 13-18.
32. *Ibid.*, pág. 2.

No obstante, el mito del *führer* seguía siendo desproporcionadamente fuerte en tres importantes —y parcialmente solapados— grupos, aunque aquí también existieran claros signos de decaimiento.

Una gran parte de la generación joven, que había crecido durante la época nazi y resultaba muy impresionable, se había visto totalmente expuesta a la perturbadora fuerza de la propaganda y había sucumbido de manera menos crítica que cualquier otro sector de la población al atractivo emocional del mito del *führer*. La «socialización» en las escuelas y en el movimiento de las juventudes nazis —a los chicos y chicas de once años se les decía en su iniciación en el Jungvolk que «de hoy en adelante, vuestra vida pertenece al führer»—[33] mantuvo viva la imagen heroica del *führer* en muchos jóvenes alemanes, incluso en aquellos casos en que sus padres se iban volviendo cada vez más críticos con Hitler. En agosto de 1943, un informe del SD sobre la juventud sugiere que en ella triunfaba una prolongación de la antigua noción que separaba a Hitler del partido. El informe pintaba un retablo desolador de las actitudes hacia el Partido Nazi. Según se decía, los miembros de las propias Juventudes Hitlerianas veían ya al partido como un dato histórico, no manifestaban sentimientos de lealtad hacia él, y no tenían reparo en criticarlo. Sin embargo, la imagen de Hitler se mantenía al margen: «Para muchos de estos jóvenes, el *führer* no es el representante del partido, sino, antes que nada, el *führer* del Estado y, sobre todo, el comandante supremo de la Wehrmacht».[34]

Pese a todo, apenas puede dudarse de que, mediada la guerra, el arraigo del mito de Hitler se encontraba, también entre la juventud alemana, en proceso de desintegración. Pese a que la mayoría de los jóvenes seguía aparentando al exterior un comportamiento conformista, el crecimiento registrado en numerosas grandes ciudades de grupos de jóvenes deliberadamente no conformistas y a veces activamente opuestos que se deleitaban con ataques tanto físicos como verbales contra las brigadas de las Juventudes Hitlerianas, que vestían ropas «occidentales», remedaban los modales ingleses, y escuchaban jazz, mostraba que el nazismo empezaba a perder terreno en lo que había constituido su más fuerte área de respaldo. Estas camarillas de jóvenes, con nombres pintorescos como *Edelweisspiraten* o *Swing* —debido a su gusto por este tipo de

33. Heyen, pág. 228.
34. *MadR*, xiv. 5.603-5.607, y aquí sobre todo la pág. 5.606, 12 de agosto de 1943. Véase también Steinert, págs. 400 y sigs.

música—, eran consideradas por el régimen como una amenaza política, y en la mayoría de los casos, su comportamiento contenía efectivamente una clara dimensión política —rechazo del partido, de las Juventudes Hitlerianas, del régimen y del propio Hitler, así como de la falta de libertad y de la insípida uniformidad que representaba su gobierno—.[35]

Incluso entre la gran mayoría de jóvenes que se plegaba de buena gana (o con forzada conformidad) a las exigencias que les eran impuestas por efecto de las circunstancias bélicas, el mito del *führer* estaba perdiendo su vigor. Las averiguaciones de un estudio sociológico basado en las reflexiones retrospectivas de los miembros de la antigua «tropa de baterías antiaéreas», que por aquella época tenían de quince a dieciséis años y habían sido, nada más comenzar el año 1943, sacados de sus colegios y llamados a filas con el fin de que ayudasen a guarnecer las defensas antiaéreas, sugieren que, a partir de los años 1942-1943, el mito de Hitler había entrado en un proceso de rápido deterioro. Los miembros de la «tropa de baterías antiaéreas» eran prácticamente unos niños en la época de los grandes «triunfos» de Hitler, y con la tormenta de bombas, la destrucción y los ejércitos en retirada, lo que quedaba de la imagen del *führer* como genio militar guardaba escasa relación con su cotidiana experiencia de la realidad.[36]

El mito del *führer* seguía siendo relativamente fuerte en un segundo grupo importante: el de los soldados rasos del frente. Basándose en cartas llegadas desde el frente, la oficina del SD de Halle informó en junio de 1943 de que la moral que reinaba entre los soldados era muy sólida si se la comparaba con la existente en la retaguardia, señalando asimismo la crítica actitud de muchos soldados hacia la débil moral que se observaba en la *Heimat*.[37] Estas afirmaciones han de contemplarse con cierto escepticismo. Debido a la censura, y a la obvia necesidad de evitar comen-

---

35. Véase L. Gruchmann, «Jugendopposition und Justiz im Dritten Reich», en W. Benz (comp.), *Miscellania. Festschrift für Helmut Krauscick*, Stuttgart, 1980, págs. 103-130; M. von Hellfeld, *Edelweisspiraten in Köln*, Colonia, 1981; A. Klönne, *Jugend im Dritten Reich. Die Hitler-Jugend und ihre Gegner*, Düsseldorf, 1982; H. Muth, «Jugendopposition im Dritten Reich», *VfZ*, xxx, 1982, págs. 369-417; D. Peukert, «Edelweisspiraten, Meuten, Swing. Jugendsubkulturen im Dritten Reich», en G. Huck (comp.), *Sozialgeschichte der Freizeit*, Wuppertal, 1980, págs. 307-327; y también Steinert, págs. 402-403.

36. R. Schörken, *Luftwaffenhelfer und Drittes Reich. Entstehung eines politischen Bewusstseins*, Stuttgart, 1984, págs. 202-204.

37. Steinert, págs. 388-389.

tarios peligrosamente críticos sobre el régimen y la guerra, la correspondencia enviada al frente y recibida de él no nos proporciona una orientación fácil sobre las actitudes políticas. Sin embargo, no era necesario mostrarse efusivamente positivo sobre Hitler o el régimen para escapar de la ira del censor, y por tanto, parece significativo que muchas de las cartas enviadas a casa siguieran subrayando la confianza en el *führer*, una confianza a menudo acompañada de rotundos sentimientos nazis.[38] Sorprendentemente, los interrogatorios a los prisioneros de guerra alemanes capturados en 1944 y 1945 en el frente occidental también revelan altos niveles de ininterrumpida confianza en el *führer*, incluso al aproximarnos casi al final de la guerra.[39] Por otra parte, la correspondencia de los soldados demuestra también, a pesar de la conocida censura, algunos comentarios altamente críticos sobre Hitler. En junio de 1943, un soldado hablaba de una creciente indiferencia entre sus camaradas. En una reciente inspección, decía, más de la mitad de los hombres ignoraba cuándo había llegado Hitler al poder, y añadía que «ya nadie se preocupa de esas cosas». Entre los soldados rasos, continuaba, se podía hablar de todo: «La época del fanatismo y de la intolerancia respecto de las opiniones de los otros ha pasado, y poco a poco empieza uno a pensar de manera más clara y fría».[40] Otra carta, fechada en febrero de 1944, se preguntaba cuántos quedarían vivos para disfrutar del día que el *führer* les había prometido siempre, del día en que «el sol habrá de brillar de nuevo».[41] Para mediados de 1944, una quinta o una cuarta parte de la «correspondencia del frente» tenía un tono negativo.[42]

El tercer grupo, y se trataba del grupo en el que el mito del *führer* prevalecía con mayor fuerza, era el de los propios activistas del partido. Para los miembros de la «vieja guardia» que habían sido entusiastas partidarios de Hitler incluso antes del fenecimiento de la República de Weimar, para los directos beneficiarios del nazismo —los arribistas, los sedientos de poder y los burócratas que tenían que agradecer al Tercer Reich sus cargos y sus carreras en el partido y el Estado, así como para

---

38. Por ejemplo, *Das andere Gesicht des Krieges*, págs. 112-114, 126 y 154.

39. I. M. Gurfein y M. Janowitz, «Trends in Wehrmacht Morale», *Public Opinion Quarterly*, x, 1946, págs. 81-83.

40. *Das andere Gesicht des Krieges*, pág. 117.

41. *Ibid.*, pág. 153.

42. *Ibid.*, págs. 22-23.

los ideológicamente comprometidos, que habían «quemado sus naves» con el régimen nazi—, la fe en que el *führer* tenía el poder de realizar un milagro y conseguir finalmente la victoria a pesar de tener todas las probabilidades en contra era una fe ciega arraigada en el egoísmo y en el miedo al futuro. La moral entre los leales al partido declinó con mayor lentitud que entre el resto de la población.[43] El proceso que condujo a los seguidores del *führer* a quedar desencantados con él también se produjo de forma gradual, y se vio sujeto a reflujos temporales cuando la situación de la guerra pareció adquirir momentáneamente cierto brillo y como consecuencia de algunas pertinaces muestras de una fe tan completamente irracional como inquebrantable, incluso cuando las posibilidades eran nulas.

En los seis meses que siguieron a Stalingrado, la fortuna de Alemania empeoró aún más como resultado de los reveses sufridos en el Este, del desembarco aliado en Sicilia y Calabria, y de la caída del régimen de Mussolini en Italia. Estos dos últimos acontecimientos en particular produjeron ondas de choque que sacudieron a quienes aún se mantenían leales al nazismo, generaron nuevas esperanzas entre los grupos de la oposición ilegal en Alemania, y espolearon la difusión del sentimiento de que el aparentemente invulnerable régimen nazi podría, a fin de cuentas, ser derribado. «El argumento de que en ciertas circunstancias podría producirse en Alemania un desenlace parecido se oye constantemente», informaba el SD en agosto de 1943, y la «idea de que también en Alemania la forma de gobierno que el Reich consideraba inexpugnable podría verse súbitamente alterada se encuentra muy extendida». Como siempre, se señalaba con el dedo la existencia de casos de corrupción entre las figuras destacadas del partido, el Estado y la economía. Y surgieron nuevos chistes sobre Hitler: en uno de ellos, el *führer* se había retirado para escribir un nuevo libro titulado *Mi error*; en otro, el hundimiento de un submarino en el que viajaban el *führer* y el doctor Goebbels no ponía en marcha su rescate, sino el rescate de todo el pueblo alemán.[44]

---

43. *USSB*, iv. 33-44.
44. *MadR*, xiv. 5.560-5.562, 2 de agosto de 1943.

Sin embargo, según los informes del SD, la acogida dispensada a los discursos pronunciados por Hitler el 10 de septiembre y el 8 de noviembre de 1943 resultó mucho más positiva que la obtenida por su discurso del anterior mes de marzo. Como era habitual, el principal resumen del SD registraba comentarios tras el discurso de septiembre que indicaban que Hitler había reanimado la moral y la confianza en la victoria. El punto más llamativo era el anuncio de una inminente represalia contra Gran Bretaña por las incursiones aéreas. Después de oírselo decir al propio *führer*, se dijo que muchos lo creyeron por primera vez. Su comentario de que el partido tenía que ser un «modelo» en todo provocó las habituales observaciones ingenuas de que las cosas marcharían de otra manera si todos fuesen como el *führer*, y de que se habría avanzado mucho si los dirigentes del partido se tomaran sus palabras en serio.[45]

En apariencia, el impacto del discurso de noviembre en Munich ante la «vieja guardia» del partido en el aniversario del fallido golpe de 1923 fue incluso mayor. Los informes afirmaban que se estaba otra vez ante «el antiguo» *führer*, lo que contrastaba con los rumores que circulaban sobre su estado de salud, y que Hitler había recuperado la forma de hablar que tenía durante el *Kampfzeit*, el «tiempo de lucha» anterior a 1933.[46] Se decía que los principales efectos del discurso habían sido el restablecimiento de la voluntad de resistir y el fortalecimiento de la moral general de combate.[47] De nuevo, la parte del discurso que verdaderamente había tocado la fibra sensible era el inequívoco anuncio de una inminente represalia. Se decía que una promesa del *führer* tenía más valor que todas las declaraciones de la prensa, la radio y las reuniones del partido. Los informes dijeron que su promesa de que las ciudades destruidas serían reconstruidas en el plazo de tres años también había sido bien recibida en las zonas bombardeadas. Sin embargo, existía una cierta ambivalencia, ya que se produjeron comentarios que aseguraban que todas

45. *Ibid.*, xv. 5.753-5.754, 13 de septiembre de 1943; véase también StAW, SD/37, HAS Würzburg, 11 de septiembre, 14 de septiembre de 1943; SD/20, AS Lohr-Marktheidenfeld, 13 de septiembre de 1943. El texto del discurso se encuentra en Domarus, págs. 2.305-2.309.

46. *MadR*, xv. 5.987-5.989, 11 de noviembre de 1943; StAW, SD/37, HAS Würzburg, 9 de noviembre de 1943; SD/23, AS Würzburg, 9 de noviembre de 1943; SD/22, AS Schweinfurt, 10 de noviembre de 1943. El texto del discurso se encuentra en Domarus, págs. 2.050-2.059.

47. *MadR*, xv. 5.988-5.989, 6.022-6.023, 11 de noviembre, 18 de noviembre de 1943.

esas garantías no merecerían crédito si no las hubiera anunciado el propio *führer*.[48]

Las reacciones al discurso constituyeron una indicación de que Hitler aún poseía una reserva de «carisma». Un artesano de Kitzingen (Baja Franconia) comentaba: «Es notable el poder que tiene el *führer*. Las mismas personas que el martes por la mañana decían que Alemania estaba derrotada no quieren saber ya nada de eso el martes por la tarde».[49] Sin embargo, parece justificado mantener la fuerte sospecha de que este discurso, al igual que el anterior, pronunciado en septiembre, solazaba fundamentalmente los corazones de los deprimidos fieles del partido, y que lo que básicamente registraban los principales resúmenes del SD eran las reacciones del menguante número de los más acérrimos seguidores del partido. La tosquedad de las preguntas de las «encuestas de opinión» que realizaban algunos de los agentes del SD no estaba pensada para poner de manifiesto los comentarios críticos. En un caso registrado, el agente abordó a un campesino (y miembro del partido) y le preguntó: «Bueno, ¿qué? ¿No ha hablado bien el *führer*?», y obtuvo como respuesta: «Las cosas deben de estar difíciles en el Este».[50] Y habida cuenta del difundido miedo a las denuncias por los comentarios críticos o derrotistas, apenas puede sorprendernos que las observaciones negativas relacionadas con los discursos rara vez salieran a la luz. Un informe local del SD afirmaba con franqueza que, tras el discurso de noviembre, apenas era posible registrar la existencia de opiniones hostiles debido al miedo «a sufrir un ajuste de cuentas».[51] La conclusión de que, en la mayoría de los casos, los discursos resultaban atractivos para las personas que ya eran víctimas antiguas del mito del *führer* también parece poder justificarse sobre la base de un examen de los más matizados informes emitidos por las oficinas locales del SD, que, pese a ser generalmente positivos, proporcionan un panorama de las reacciones algo más variado.

Se decía que el discurso de septiembre había disgustado a muchos de los habitantes de la zona de Wurtzburgo porque no contenía palabras

48. *Ibid.*, pág. 5.988.
49. StAW, SD/17, AS Kitzingen, 15 de noviembre de 1943; SD/37, HAS Würzburg, 16 de noviembre de 1943.
50. StAW, SD/13, AS Bad Kissingen, 13 de noviembre de 1943.
51. StAW, SD/23, AS Würzburg, 9 de noviembre de 1943.

reconfortantes sobre la situación del frente oriental.[52] Una considerable proporción de la población ni siquiera había escuchado el discurso. Las personas de Schweinfurt que habían sufrido el bombardeo no acudieron al discurso, y afirmaron, dice el informe, que «no querían saber nada más de la guerra» y que «el *führer* está mentalmente perturbado y es un megalómano».[53] Los vinculados a las Iglesias también boicotearon el discurso.[54] Este mismo sector de la población comentó en noviembre «que el *führer* había hablado de Dios más de lo normal», que «según parece, incluso los antiguos nazis piensan que no hay nada que hacer sin contar con Dios», lo que, no obstante, concordaba mal con la forma en que el partido estaba tratando a la Iglesia.[55] Los comentarios de Hitler que resaltaban la obra de la «Providencia», que estaba del lado de Alemania, sólo provocaron un balanceo de cabeza entre los «académicos» y los «círculos más elevados» de la sociedad.[56] Otros interpretaron que la retirada de tropas en el Este no era una maniobra táctica ideada por Hitler, sino un movimiento «dictado» por los rusos, y eran muchos los que estaban molestos porque no se daban detalles precisos sobre la represalia.[57] En cualquier caso, se decía que apenas había nadie en el campo que creyera en la «supuesta represalia contra Inglaterra».[58]

Pese a que la moral de los leales al partido se había visto temporalmente reanimada por la retórica de Hitler, está claro que, por sí sola, la retórica no bastaba ya para restaurar la confianza de los amplios sectores de la población que sólo habían sido superficialmente ganados para la

52. StAW, SD/37, HAS Würzburg, 11 de septiembre de 1943; SD/20, AS Lohr-Marktheidenfeld, 13 de septiembre de 1943; SD/17, AS Kitzingen, hacia el 10 de septiembre de 1943; SD/12, AS Bad Brückenau, hacia el 10 de septiembre de 1943; AS Schweinfurt, 12 de septiembre de 1943; SD/14, AS Bad Neustadt, hacia el 10 de septiembre, 12 de septiembre de 1943; SD/13, AS Bad Kissingen, hacia el 10 de septiembre de 1943.

53. StAW, SD/22, AS Schweinfurt, 20 de septiembre de 1943.

54. StAW, SD/13, AS Bad Kissingen, hacia el 10 de septiembre de 1943; SD/13, AS Bad Neustadt, hacia el 10 de septiembre de 1943.

55. StAW, SD/22, AS Schweinfurt, 10 de noviembre de 1943. El pasaje logró llegar, a través del informe de HAS Würzburg (SD/37, 9 de noviembre de 1943), a la central del «SD-Bericht zu Inlandsfragen» el 11 de noviembre de 1943 (*MadR*, xv. 5.989). Para la parte relevante del discurso de Hitler, véase Domarus, pág. 2.057.

56. StAW, SD/12, AS Bad Brückenau, 9 de noviembre de 1943.

57. *Ibid.*, 9 de noviembre de 1943.

58. StAW, SD/13, AS Bad Kissingen, 13 de noviembre de 1943. Por otra parte, se dijo que los habitantes de las ciudades habían recibido particularmente bien el pasaje sobre las represalias, sobre todo los trabajadores.

causa en los años anteriores como consecuencia de los aparentemente innegables «logros» de Hitler, sectores que venían sufriendo una irreversible desilusión desde los años 1941-1942. Para ellos, las palabras de Hitler aportaban muy poco consuelo para el cada vez más deprimente cariz que adquiría la guerra para Alemania. Sólo una fundamental mejoría de la situación militar, la puesta en práctica de una drástica represalia contra Gran Bretaña, y la creación de una eficaz defensa contra los bombardeos aliados —en otras palabras, una decisiva transformación de los avatares de la guerra— podían haber restaurado la deslucida popularidad del *führer*.

Sin embargo, las confiadas promesas de Hitler suscitaron de hecho nuevos descontentos: los bombardeos, prácticamente sin impedimentos por parte de las defensas alemanas, se intensificaron; la situación en el frente oriental empeoraba casi a diario; y en el Oeste se esperaba una invasión en cualquier momento. Por consiguiente, la credibilidad de Hitler sufrió aún más. No se compilaron informes importantes del SD sobre las celebraciones por el cumpleaños del *führer* del 20 de abril de 1944. Sin embargo, los informes locales de Baviera, en especial en las zonas rurales, mencionaban que el flamear de banderolas había sido muy escaso. Llamaba particularmente la atención el hecho de que no se vieran estandartes con la esvástica en las casas en las que se había recibido la noticia de que algún familiar había caído.[59] La retórica de Goebbels —que sostenía que «el pueblo alemán nunca había mirado a su *führer* tan lleno de fe como en los días y horas en los que tomó conciencia de todo lo que suponía esta lucha por nuestra vida», y que, lejos de desanimarse, «había apoyado aún con mayor firmeza y nitidez sus grandes objetivos»— sonaba incluso más vacua de lo habitual.[60]

En cualquier caso, a esas alturas la propaganda de Goebbels había perdido prácticamente toda credibilidad. Incluso se oyó decir a algunos funcionarios del partido que sería mejor que Goebbels abandonara por completo sus escritos y discursos.[61] La abrumadora mayoría de la población aceptaba ahora que la guerra estaba irremediablemente perdida, y algunos expresaban el sentimiento de que su prolongación, inevitablemente acompañada de grandes pérdidas, sólo favorecería los intereses de

59. StAW, SD/12, AS Bad Brückenau, 24 de abril de 1944.
60. *Völkischer Beobachter*, 20 de abril de 1944.
61. StAW, SD/23, AS Würzburg, 6 de junio de 1944; véase también SD/22, AS Schweinfurt, 22 de abril de 1944.

la dirección del Reich, ya que resultaba obvio que la inminente catástrofe sólo podría significar su propia destrucción.[62]

En mayo de 1944, el estado de ánimo se hallaba condicionado sobre todo por las expectativas de la invasión por el Oeste. Todo el mundo era consciente de que la guerra estaba ahora a punto de entrar en su fase decisiva. Finalmente, cuando el 6 de junio comenzó la operación aliada «Overlord», se produjo una notable y efímera fase de alivio semieufórico, tras la tensión de las semanas anteriores.[63] Y una nueva esperanza —de «utópicas expectativas», según un informe—[64] surgió una vez más tras los anuncios de que, el 16 de junio, se había iniciado la largamente esperada represalia con el lanzamiento de los primeros misiles V-1 sobre Londres y otras partes del sur de Inglaterra.[65]

Se trataba de la última elevación temporal que habría de experimentar la moral en las fases finales de la guerra. Tan sólo después de unos días se vio claro que las tropas alemanas no habían logrado rechazar el desembarco de Normandía, y que el despliegue de los V-1 —rápidamente motejados *Versager 1* («Fracaso número 1»)—[66] no había estado a la altura de las elevadas expectativas generadas por la propaganda alemana.[67] El estado de ánimo volvió a sumirse inmediatamente en una profunda depresión, sobre todo al iniciarse en el verano la ofensiva soviética, que consiguió avanzar hasta más allá del Vístula, y comenzar, en agosto, el acelerado avance de los aliados occidentales a través de Francia. El avance aliado en Italia, junto con una nueva oleada de bombardeos aéreos generalizados contra las ciudades alemanas en junio y julio, aumentaron la desmoralización.

En estas circunstancias, explotó la bomba colocada por Oberst Claus Graf Schenk von Stauffenberg en los cuarteles generales del *führer*, cerca

62. StAW, SD/22, AS Schweinfurt, 22 de abril de 1944.

63. *MadR*, xvii. 6.576-6.580; GStA, MA 106696, RPvNB/OP, 10 de julio de 1944; MA 106695, RPvS, 15 de julio de 1944; MA 106695, RPvOF/MF, 9 de junio, 6 de julio de 1944; MA 106696, RPvUF, 7 de julio de 1944.

64. GStA, MA 106696, RPvUF, 7 de julio de 1944.

65. Steinert, págs. 459-460.

66. GStA, MA 106695, RPvOB, 7 de agosto de 1944.

67. Véase Balfour, págs. 377-383; y Kirwan, «Waiting for Retaliation», para el fracaso de la propaganda. En total, se lanzaron unos 9.300 misiles V-1 sobre Inglaterra, y, de ellos, el 29 % alcanzó su objetivo. Se infligieron pocos daños significativos desde el punto de vista militar, el número de vidas segadas —murieron 6.184 personas en los bombardeos— fue relativamente bajo, el impacto psicológico se hizo notar durante la conmoción inicial, pero no tuvo un efecto serio sobre la moral; cifras de Gruchmann, pág. 284.

de Rastenburg, en el este de Prusia, a las 12.45 del mediodía del 20 de julio de 1944. Las reacciones ante el atentado contra la vida de Hitler nos proporcionan un velado reflejo de la posición popular del *führer* en este grave hundimiento de la fortuna de Alemania.

En vista de la rápida caída de la moral durante la primera mitad de 1944 —con una breve interrupción en la primera quincena de junio— y del evidente crecimiento de la impopularidad del régimen nazi, la respuesta popular registrada como resultado de las noticias de la trama contra Hitler parece sorprendente. Basados en la observación de las reacciones producidas inmediatamente después del atentado en todas las partes del Reich, los dos principales informes de conjunto compilados por el SD nos brindan una imagen más o menos uniforme de la profunda conmoción, consternación, ira y sentimiento de ultraje que produjo, junto con un inmenso alivio por el desenlace, el atentado contra la vida de Hitler. «Son muchos los camaradas del pueblo», continuaba el resumen del SD, «que asocian directamente ideas místicas y religiosas con la persona del *führer*». En los primeros sondeos de las reacciones no fue posible registrar el menor comentario «que proporcionara siquiera la más leve insinuación de que uno u otro camarada del pueblo estuviese de acuerdo con el intento de asesinato». Se decía que incluso aquellos sectores de la población que eran conocidos por no mostrar buena disposición hacia el régimen, como los trabajadores de los distritos del norte de Berlín, se habían sentido horrorizados con el atentado. El odio hacia la «camarilla de oficiales» responsable y la conmoción por el hecho de que pudiese producirse una traición semejante fueron respuestas igualmente comunes. Tres días después, en un tono ligeramente más moderado, se dijo que «tan sólo en algunos casos absolutamente aislados» existía alguna constancia de que el atentado no hubiese sido condenado a grandes voces. En varias ciudades —se mencionaban en concreto las de Berlín y Königsberg— se había visto a algunas mujeres estallar en lágrimas en plena calle por efecto de la alegría que les producía que el *führer* estuviese a salvo. «A Dios gracias, el *führer* está vivo», fue el suspiro de alivio que pudo escucharse en todas partes.[68] Este mismo panorama es respal-

68. Lo anteriormente mencionado tiene su base en los informes del *Spiegelbild einer Verschwörung*, edición Archiv Peter, Stuttgart, 1961, págs. 1-10. Para una revisión crítica de esta edición de los informes enviados de Kaltenbrunner a Bormann, véase H. Rothfels, «Zerrspiegel des 20. Juli», *VfZ*, x, 1962, págs. 62-67; y Steinert, págs. 475-479.

dado por una gran masa de informes procedentes de muchas localidades diferentes, en las que, en el plazo de pocos días, el Ministerio de Propaganda había organizado nutridas manifestaciones como «espontánea expresión del juicio que merece a nuestro pueblo el sucio atentado contra la vida del *führer*».[69] Se dijo que los lazos con el *führer* se habían vuelto más estrechos, y que la confianza en la cúpula dirigente se había visto fortalecida.[70]

Dado el estado de la guerra, la innegable progresión del sentimiento antinazi y las crecientes críticas contra el propio Hitler que hemos podido documentar durante los años 1942 a 1944, es difícil considerar que esos informes hayan podido ser un fiel reflejo de las actitudes existentes. Desde luego, la intimidación se hallaba en su punto culminante en lo referente a los comentarios sobre el atentado contra Hitler, comentarios que conllevaban, para los implicados y sus familias, el cargo de «alta traición» y el padecimiento de las más draconianas represalias. Por consiguiente, la conformidad de los comentarios que llegaban a los oídos de los agentes del SD era, en gran medida, resultado de una previa selección. De hecho, mucho antes del intento de asesinato, los informes del SD y de otras instancias habían señalado que la gente se estaba volviendo más cauta al expresar su opinión en público.[71] Y en relación con los acontecimientos del 20 de julio de 1944, los silencios eran con frecuencia más evocadores que los comentarios que se permitía captar a los informadores. Por último, sin duda, era frecuente que los agentes del régimen añadieran su propia glosa zalamera al estado de ánimo popular del que informaban, deseosos, en vista de la conspiración contra el *führer*, de presentar como incuestionable su recta lealtad personal. Dadas estas reservas sobre la naturaleza y el valor de los informes, no resulta sorprendente que cualquier opinión discrepante tuviera que leerse «entre

69. BAK, R55/614, R55/678, «"Treukundgebungen" nach dem 20.7.44»; IWM, «Aus deutschen Urkunden», págs. 289-292; *MadR*, xvii. 6.684-6.686; GStA, 28 de julio de 1944; Steinert, págs. 475 y sigs.; Balfour, pág. 388.

70. *MadR*, xvii. 6.684, 28 de julio de 1944; GStA, MA 106696, RPvOF/MF, 8 de agosto de 1944.

71. Por ejemplo, StAB, K8/III, 18475, GP Heiligenstadt, 26 de noviembre de 1943; BAK, R22/3355, OLGP Bamberg, 27 de noviembre de 1943; R22/3379, OLGP Munich, 28 de marzo de 1944; StAM, LRA 113813, LR Bad Aibling, 1 de diciembre de 1943, 31 de enero de 1944; GP Feldkirchen, 24 de noviembre de 1943; StAW, SD/23, AS Würzburg, 24 de abril de 1944.

líneas». Los informes locales de Baviera, sin embargo, además de registrar la existencia de una opinión «leal», sí que proporcionan algunos signos indicativos de que las reacciones reflejadas en los principales informes del SD no eran las únicas que podían observarse.

Incluso el presidente del gobierno de la Alta Baviera se sintió obligado a admitir que el alivio por la supervivencia de Hitler no era unánime, sino que «en un primer momento, una parte de la población habría visto con buenos ojos que el atentado hubiese tenido éxito porque habría esperado que la consecuencia fuese un más rápido final de la guerra». Esa gente, añadía, estaba dominada por la preferencia de «un fin con horror a un horror sin fin».[72] Este mismo informe sostenía que la opinión de que el asesinato de Hitler habría significado el final de la guerra era la opinión de muchos de los habitantes de la pequeña ciudad de Bad Aibling y su región administrativa.[73] Otros informes de este distrito hablaban de que la población se mostraba reticente a expresar cualquier opinión; en otra localidad, al oír la noticia del atentado en un bar, los campesinos se sentaron «mudos a la mesa» y «nadie se atrevió a decir nada».[74] Un informe de la policía de un pueblo de la zona de Garmisch-Partenkirchen afirmaba: «Pese a que el fracaso del intento de asesinato ha desencadenado el entusiasmo entre los camaradas del partido y entre aquellos sectores de la población que simpatizan con el partido y con el Estado nacionalsocialista, el otro sector de la población se abstiene de hacer cualquier comentario o de expresar su opinión. La manifestación del deseo de un rápido final de la guerra tiene carácter general».[75] En el distrito de Berchtesgaden, la mayoría de los comentarios registrados —como en todas partes— conservaban un tono de lealtad, pero existían dificultades para hacer hablar a la población rural. Se decía que la opinión de que «la guerra ya debería haber terminado» era corriente entre las mujeres de las localidades rurales. Y el informe incluía una observación directa-

---

72. GStA, MA 106695, RPvOB, 7 de agosto de 1944.
73. StAM, LRA 113813, Schupo Bad Aibling, 23 de julio de 1944.
74. *Ibid.*, LR Bad Aibling, 31 de julio de 1944; GP Feldkirchen, 24 de julio de 1944; GP Ostermünchen, 24 de julio de 1944; GP Bad Aibling, 25 de julio de 1944; GP Feilnbach, 23 de julio de 1944.
75. StAM, LRA 61619, GP Kohlgrub, 25 de julio de 1944; véase también GP Garmisch, 26 de julio de 1944; GKF Garmisch, 28 de julio de 1944; y GStA, MA 106695, RPvOB, 7 de agosto de 1944.

mente negativa. En la oscuridad de un refugio antiaéreo se oyó una voz de mujer que decía: «Si al menos le hubieran cogido».[76]

Las dificultades para alcanzar una valoración inequívoca del impacto que había tenido el atentado con bomba en las actitudes hacia Hitler también pueden percibirse al revisar las cartas que enviaban desde el frente los soldados de tropa, cartas en las que pueden encontrarse pruebas tanto del resurgimiento, aunque temporal, de la fe en Hitler, como de los más extremados sentimientos contrarios a él, expresados a pesar de la censura. El informe emitido por el censor para el mes de agosto de 1944, basado en el examen de 45.000 cartas, decía:

> El elevado número de expresiones jubilosas por la salvación del *führer*, que se subraya como un auténtico golpe de suerte para el pueblo alemán, no sólo prueba la devoción y la lealtad de los soldados hacia el *führer*, sino la firme determinación que impulsa a los soldados a luchar y a conquistar en su nombre, cosa que también se destaca en las cartas. [...] La traición de la camarilla de conspiradores es objeto de repulsa general, ya que se la considera un crimen gravísimo contra el pueblo alemán. [...] Las cartas de todos los buenos soldados muestran que los deberes militares del soldado y su buena conducta militar se hallan indivisiblemente vinculados a la lealtad al *führer*, y por consiguiente, y en términos generales, a una verdadera actitud nacionalsocialista...[77]

Las cartas que se conservan proporcionan abundantes pruebas de que los oficiales y los demás hombres mostraban sentimientos nazis plenamente leales.[78] Pese a que las observaciones antinazis resultaban obviamente peligrosas, no era en absoluto necesario escribir encendidos elogios de su persona, como tampoco lo era mencionarle o referirse al atentado contra su vida. Por consiguiente, los ejemplos de un fuerte sentimiento favorable a Hitler no pueden simplemente atribuirse a la necesidad de mostrar conformidad ni al control de la censura. De hecho, otras pruebas señalan también que entre los soldados se estaba produciendo un resurgimiento de la fe en Hitler tras la trama del atentado con bomba. Por ejemplo, la fe en Hitler que mostraron los prisioneros de

76. StAM, LRA 29656, SD Berchtesgaden, 3 de agosto de 1944.
77. *Das andere Gesicht des Krieges*, págs. 21-22. El número de cartas revisadas por el censor indicaron un enorme aumento sobre las 17.332 cartas examinadas el mes anterior.
78. Véase *ibid.*, págs. 142-148.

guerra alemanes capturados en Francia aumentó del 57 % al 68 % entre mediados de julio y principios de agosto de 1944.[79]

Sin embargo, la tendencia no se orienta en todos los casos en la misma dirección. La censura registró un aumento de los comentarios negativos en las cartas de los soldados, que, entre julio y agosto, pasaron del 20 % al 25 %.[80] Y a pesar de la censura, algunas cartas eran osadas hasta rozar la temeridad. Un soldado raso, en una carta enviada a su casa el 4 de agosto, decía lo siguiente: «Me preguntas en tu carta por el atentado contra el *führer*. Sí, oímos hablar de eso incluso el mismo día de la intentona. Por desgracia, estos señores han tenido mala suerte. De lo contrario, ya habría habido una tregua, y nos habríamos librado de este desastre».[81] Esta carta pasó la censura sin ser notada. El cabo interino que escribió la siguiente carta tuvo menos suerte: «El domingo pasado, cuando estaba en la iglesia, el cura agradecía incluso a Dios la gracia de haber protegido y amparado al *führer*. Me entraron unas ganas locas de cerrarle el pico. Nuestro pueblo no se da cuenta de que está siendo gobernado por un poder satánico». La carta fue marcada para que se le hiciera un seguimiento; el resultado más probable debió ser la sentencia de muerte.[82]

Partiendo de las pruebas disponibles, podemos inferir, pese a que en muchos aspectos resulten poco satisfactorias, que, tal como sucediera en 1939, el atentado contra la vida de Hitler polarizó los sentimientos. También parece justificable la inferencia de que, aún más que en 1939, una considerable proporción de la población no se habría entristecido por el asesinato de Hitler, así como la de que esa población veía su supervivencia como un obstáculo para el fin de la guerra. A pesar de todo, las pruebas son compatibles con una breve, pero todavía fuerte, reacción de apoyo a Hitler, en especial, aunque no únicamente, entre los leales al partido. Aún quedaban considerables reservas de apoyo a Hitler. Dadas las circunstancias, el mito de Hitler aún conservaba una energía importante. Antes de su intentona, los propios integrantes de la conspiración eran perfectamente conscientes de que su atentado tendría escaso respaldo popular.[83] Muchos aceptaban claramente la versión que daba de los

79. Gurfein y Janowitz, pág. 81; Balfour, pág. 389.
80. *Das andere Gesicht des Krieges*, págs. 22-23.
81. *Ibid.*, pág. 146.
82. *Ibid.*, págs. 24 y 147-148.
83. H. Mommsen, «Social Views and Constitutional Plans of the Resistance», en H. Graml y otros, *The German Resistance to Hitler*, Londres, 1970, págs. 59 y 63.

acontecimientos la propaganda y, pese a que empezasen a tener sus dudas sobre Hitler, consideraban el atentado como un sacrílego acto de traición contra el jefe del Estado y como un frustrado intento de sabotaje del esfuerzo bélico. Sin duda, de haber tenido éxito, el golpe habría constituido un terreno potencialmente abonado para una peligrosa nueva versión de la leyenda de la «puñalada en la espalda».[84] Así las cosas, la función objetiva de las generalizadas muestras de lealtad a Hitler, por muy artificiales que fuesen, consistía en revelar a los indecisos que el mito del *führer* se encontraba aún en plena forma, que el régimen disfrutaba aún de un formidable grado de apoyo, y que, como siempre, seguía centrado en torno a los vínculos con el *führer*. Unido al drástico incremento registrado en los niveles de control y represión, el tamaño de la masa de seguidores del *führer* seguía actuando como un elemento disuasorio para nuevos vislumbres de resistencia activa.

Tras el atentado del 20 de julio de 1944, Hitler fue el centro de la atención pública durante un tiempo, pero ya nunca volvería a serlo en la misma medida. En los meses siguientes, desapareció casi por completo de la escena. En la mayoría de los informes de opinión de los últimos meses de la guerra existe poca o ninguna mención del *führer* y de las actitudes de la población hacia él. Para la mayoría de la gente se había convertido en un personaje distante, oscuro, al que ahora sólo se veía raras veces en los noticiarios cinematográficos, que casi nunca se dirigía a la nación, y que ya no aparecía en público. Las quejas de las oficinas regionales de propaganda, que protestaban porque ni la prensa ni la radio ni los noticiarios daban ya la menor información sobre el *führer*, no sirvieron para nada.[85] El ininterrumpido silencio sobre su persona hizo correr nuevos rumores sobre su salud y su condición mental, afirmándose que había sido relevado de sus obligaciones por Himmler y Goebbels.[86] Algunos seguían sosteniendo que los que rodeaban al *führer* no le contaban la

84. Véase la conclusión, más adelante, para el nivel de condena relativamente alto del intento de asesinato y la positiva opinión que se tenía de Hitler incluso en la década de los cincuenta.

85. BAK, R55/601, Fos. 212-213.

86. V. Berghahn, «Meinungsforschung im "Dritten Reich": Die Mundpropaganda-Aktion der Wehrmacht im letzten Kriegshalbjahr», *Militärgeschichtliche Mitteilungen*; i, 1967, pág. 99.

verdad, y que se le ofrecía una imagen excesivamente amable de la situación. Sin embargo, incluso los profundamente sesgados informes de las oficinas de propaganda se veían obligados a admitir que las críticas a Hitler y las graves dudas sobre su presunto «genio estratégico» estaban creciendo de forma muy marcada, y aceptaban que, quienes aún creían su afirmación de que el año 1945 conocería un «histórico punto de inflexión» en la suerte de Alemania, tenían grandes dificultades para contradecir a los que mostraban dudas.[87] Y a pesar de que algunos informes, en particular los redactados por los oficiales de mayor graduación, seguían afirmando absurdamente que la fe en el *führer*, pese a todos los reveses, no habían disminuido,[88] los informes locales y regionales del SD brindaban una impresión mucho más devastadoramente realista de la imagen que correspondía a Hitler durante la última fase de la guerra.

Un cierto número de informes de la oficina del SD de Stuttgart proporciona un resumen particularmente sincero sobre la posición de Hitler durante el período comprendido entre agosto de 1944 y enero de 1945.

El informe del 8 de agosto de 1944 señalaba lisa y llanamente que, al margen de un minúsculo sector de la población y de los activistas del partido, nadie creía en la victoria. Sólo un milagro podía salvar a Alemania, y creer en milagros era cosa del pasado. El discurso de Hitler del 20 de julio, tras el atentado contra su vida, se convirtió en motivo de críticas contra su persona y contra el régimen. La pretensión del *führer*, que afirmaba que su trabajo se había visto saboteado durante años, y que la maquinaria bélica alemana podía funcionar a toda marcha ahora que había sido desbaratada la última conjura, se comprendió como una demostración de que con anterioridad, y durante mucho tiempo, se había estado mintiendo a la gente cuando se le decía que los meses corrían a favor de Alemania y que la producción bélica crecía. Según continuaba diciendo el informe, o bien la afirmación del *führer* significaba que había permitido que le engañaran gravemente, y, por lo tanto, no era el genio que siempre había pretendido ser, o bien había mentido intencionadamente al pueblo al hablar del aumento de la producción bélica pese a saber, en todo momento, que los saboteadores proseguían con su trama. «El aspecto más preocupante de todo el asunto», concluía el informe, «es pro-

87. BAK, R55/601, Fos. 123-124, 295-296. El importante pasaje de la proclamación realizada por Hitler el 24 de febrero de 1945 se encuentra en Domarus, pág. 2.205.
88. GStA, MA 106695, RPvOB, 7 de diciembre de 1944, 9 de enero de 1945.

bablemente el de que la mayoría de los camaradas del pueblo, incluso los que hasta ahora habían venido creyendo firmemente en él, han podido perder la fe en el *führer*».[89]

Dos meses después, el creciente reconocimiento del terrible precio que el pueblo estaba pagando por su fe en Hitler —el reconocimiento de que la «esperanza de millones de personas» se había convertido en la ruina de Alemania— se reflejaba en amargas alusiones a la «misión del *führer*». En Stuttgart, el SD registró un comentario que, según se afirma, se observaba con frecuencia en distintas variantes: «Siempre se ha afirmado que el *führer* nos fue enviado por Dios. No lo dudo. El *führer* nos fue enviado por Dios, pero no para salvar a Alemania, sino para derruirla. La Providencia ha determinado la destrucción del pueblo alemán, y Hitler es el ejecutor de esa voluntad».[90]

A principios de enero de 1945, los observadores de la zona de Stuttgart señalaban que se empezaba a citar el *Mein Kampf* —de forma más bien tardía— con el fin de probar que la propia Alemania era responsable de la guerra, que los objetivos expansionistas de Hitler, cimentados por él veinte años antes, habían sido la causa de la conflagración, y que, por consiguiente, estaba claro que «el *führer* había propugnado la guerra desde sus mismos comienzos».[91] Se dijo que el elogio dedicado por Goebbels a Hitler en un artículo aparecido en *Das Reich* el 31 de diciembre sólo había sido bien recibido «por unos cuantos camaradas del pueblo y, naturalmente, por los ex combatientes leales». «Difícilmente podrá encontrarse un artículo de Goebbels que, como éste, haya atraído a tal punto la atención del público», añadía el informe, «pero es también probable que ninguno de sus artículos haya recibido tantas críticas». Las virtudes «humanas» de Hitler, una faceta del mito del *führer* que Goebbels había destacado siempre de modo particular, eran ahora objeto de desdén. El elogio de la modestia de Hitler se comparaba con el tono autolaudatorio que había utilizado al referirse a su propio trabajo y esfuerzo, tono que había caracterizado su discurso de Año Nuevo. Lo que ahora constituía una gran excepción era que las críticas se extendían también al aspecto místico de la imagen de Hitler. Se afirmaba que Goebbels había elevado al *führer* a la categoría de «deidad alemana». La afirma-

89. IWM, «Aus deutschen Urkunden», pág. 264.
90. *Ibid.*, pág. 276.
91. *Ibid.*, págs. 276-278.

ción por la que el ministro de Propaganda sostenía que Hitler poseía un «sexto sentido» para ver lo que permanecía oculto al común de los mortales explicaba, según la sarcástica observación de un joven secretario, que hubiese elegido a Italia como aliado. Y con respecto a la guerra en sí, el «sexto sentido» de Hitler debió haberle permitido prever que el resto de países no iba a inclinarse sin más ante la expansión alemana. Por consiguiente, no era el genio que pintaba Goebbels, y había «desencadenado intencionadamente esta conflagración mundial con el fin de que se le proclamase el mayor "transformador de la humanidad"».[92]

Los informes especiales de las oficinas regionales de propaganda relativos al eco despertado por el discurso de Año Nuevo de Hitler admitían la existencia de un pequeño malestar relacionado con la falta de detalles sobre el despliegue del armamento destinado a las represalias o sobre las medidas adoptadas para combatir los bombardeos, pero, por lo demás, recurrían una vez más a los huecos clichés de siempre sobre la restaurada moral. Se decía que mucha gente había terminado con lágrimas en los ojos al volver a oír la voz del *führer*. El comentario no tenía intención sarcástica.[93] Una vez más, el cuadro descrito por los informes locales del SD contiene elementos contrapuestos. En Berchtesgaden, donde Hitler tenía su casa de Obersalzberg, y donde había disfrutado de una especial veneración en el pasado, el SD informó de que su discurso de la víspera de Año Nuevo había suscitado, por toda respuesta, el comentario de que «no decía nada nuevo»,[94] y añadía que también era muy difícil hallar «alguna afirmación cuya credibilidad fuese digna de mención» en su último discurso radiofónico, transmitido el 30 de enero de 1945.[95] La última declaración pública ante el pueblo, el 24 de febrero de 1945, aniversario de la promulgación del programa del partido, no la realizó el propio Hitler, sino que fue leída como proclamación del *führer* por Hermann Esser, su viejo camarada de Munich.[96] Con sus diatribas contra la «antinatural alianza» entre el capitalismo y el bolchevismo, hacía un llamamiento a la última esperanza existente: la de la fe en el mila-

92. *Ibid.*, págs. 66-67.
93   BAK, R55/612, Fos. 19-21. Véase también Berghahn, pág. 101.
94. StAM, LRA 29656, SD Berchtesgaden, 5 de enero de 1945; el texto del discurso de Hitler se encuentra en Domarus, págs. 2.179-2.185.
95. StANeu, vorl. Slg. Schum. Anh.3, SD Friedberg, 3 de febrero de 1945. El texto en Domarus, págs. 2.195-2.198.
96. El texto en Domarus, págs. 2.203-2.207.

gro de una ruptura entre los aliados del Este y del Oeste, junto con una nueva alianza entre el Reich y el Oeste en contra del bolchevismo. Sin embargo, ahora se oía decir a la gente que sólo el propio *führer* creía en el milagro.[97] «Para la abrumadora mayoría de los camaradas del pueblo», informaba el SD de Berchtesgaden, «el contenido de la proclamación fue como el silbido del viento entre las ramas desnudas».[98] El mayor demagogo de la historia había dejado de tener audiencia.

Son numerosos los informes que, procedentes de toda Alemania, dejan claro la poca sintonía que, en los últimos meses de la guerra, mostraba el pueblo alemán con los heroicos acentos de los mensajes que se predicaban, sobre todo con los de Goebbels. «El pueblo ha perdido los nervios por completo y está terriblemente tenso y asustado», decía en marzo de 1945 un informe de la Alta Baviera, ya que, una vez más, una «flotilla aérea enemiga», en perfecta formación de combate, ha cruzado los cielos sin topar con el más mínimo impedimento.[99] Otros informes hablaban de «aletargamiento» y de un «estado de ánimo desconsolado, que roza la apatía».[100] Incluso los muy tendenciosos informes que en marzo de 1945 se hacían llegar al Ministerio de Propaganda tuvieron que aceptar que la crisis de confianza en la cúpula dirigente no se detenía en Hitler.[101] En los últimos informes de la oficina de «investigaciones de opinión» del SD, la cuestión se destacaba con una energía mucho mayor aún.[102]

Desde principios de año, los enemigos de Alemania habían cruzado las fronteras del Reich por el Este y el Oeste. Para muchos, las peores agonías de la guerra acababan de comenzar. Los horrorosos relatos que difundían los miles de refugiados del Este sobre el Ejército Rojo espolearon nuevas ansiedades. «Con tal de que los rusos no lleguen hasta aquí,

97. Berghahn, pág. 105.
98. StAM, LRA 29656, SD Berchtesgaden, 7 de marzo de 1945. Véase también GStA, MA 106695, RPvOB, 7 de marzo, 7 de abril de 1945.
99. StAM, LRA 113813, LR Bad Aibling, 1 de marzo de 1945; y véase Schupo Bad Aibling, 24 de enero de 1945.
100. StAM, LRA 61620, GP Oberammergau, 24 de febrero de 1945; LRA 113813, Schupo Bad Aibling, 24 de enero de 1945; LR Bad Aibling, 31 de enero, 1 de marzo, 31 de marzo de 1945; LRA 29656, SD Berchtesgaden, 7 de marzo de 1945; GStA, MA 106695, RPvS, 9 de abril de 1945. Y véase Steinert, págs. 554-555.
101. *MadR*, xvii. 6.732, 28 de marzo de 1945.
102. *Ibid.*, xvii. 6.734-6.740, finales de marzo de 1945; Steinert, págs. 572-577.

nos sentiríamos capaces de soportar cualquier cosa»: tal era el sentimiento generalizado que podía escucharse.[103] Sin embargo, unos cuantos estaban dispuestos a implicarse hasta el final en una heroica resistencia. Un artículo de Goebbels publicado a principios de marzo en *Das Reich*, en el que enfatizaba «el gran honor que correspondía a las víctimas y el hecho de que estuviesen resistiendo en nombre de la nueva Europa», razón por la que merecía la pena «luchar hasta el último hombre con el fin de entrar en la historia», fue objeto de fuertes críticas. Un informe del SD de Berchtesgaden señalaba: «El interés del grueso de la población por el aspecto que pueda tener la futura Europa no puede ser menor. Todas las conversaciones sugieren la conclusión de que los camaradas del pueblo de todas las clases sociales quieren recuperar lo más pronto posible el nivel de vida que tenían en la época anterior a la guerra, y la de que no conceden el menor valor al hecho de entrar en la historia».[104] El intento de «instruir» al pueblo en el heroico sacrificio personal en nombre de históricas hazañas y de objetivos ideológicos había conducido en último término a un anhelo aún más fuerte de satisfacción material y de felicidad personal. Lo que decía un habitante de Berchtesgaden en marzo de 1945 era, sin duda, un sentimiento profundamente arraigado en el corazón de la mayoría de los alemanes de la época: «Si en 1933 hubiéramos imaginado el cariz que iban a tomar las cosas, nunca hubiéramos votado a Hitler».[105]

En su mayor parte, la condena moral al Tercer Reich no habría de surgir más que una vez acabada la guerra, cuando los más bárbaros crímenes del régimen quedaron plenamente expuestos. En los primeros meses de 1945, el pueblo alemán consideraba que él mismo había sido la principal víctima de Hitler.

La fuerza del mito de Hitler se había desvanecido. Una callada amargura había sustituido a la antigua adulación al *führer*. Un informe que da cuenta de una ceremonia conmemorativa celebrada el 11 de marzo de 1945 en el monumento a los caídos de la pequeña ciudad de los Alpes bávaros de Markt Schellenberg nos brinda un elocuente testimonio:

Cuando, al final de su discurso conmemorativo, el jefe de la unidad de la

103. StAM, LRA 113813, GP Brückmühl, 24 de febrero de 1945; véase también GStA, MA 106695, RPvS, 9 de marzo de 1945; MA 106695, RPvOB, 7 de abril de 1945; StAM, LRA 29656, SD Berchtesgaden, 7 de marzo de 1945.
104. StAM, LRA 29656, SD Berchtesgaden, 7 de marzo de 1945.
105. *Ibid.*, 7 de marzo de 1945.

Wehrmacht pidió a la audiencia un «Sieg Heil» por el *führer*, nadie le secundó: ni los miembros presentes de la Wehrmacht, ni el Volkssturm, ni los miembros de la población civil que asistían como espectadores. Este silencio de las masas tuvo un efecto deprimente, y probablemente refleja mejor que cualquier otra cosa las actitudes de la población.[106]

Cualquiera que fuese más allá de las formas silenciosas del descontento aún debería estar dispuesto a esperar lo peor de los servidores y los partidarios de un régimen que en ese momento se hallaba *in extremis*. A esas alturas, los auténticos «creyentes» en el *führer* debían ser pocos, pero resultaba peligroso omitir su presencia. Un tendero de Nuremberg le había dicho a un cliente algo que «en esos días era cosa sabida para casi todos en Nuremberg»: que Hitler azuzaba la continuación de la guerra y que trataba de engañar a la gente, haciéndole creer que aún podía disponer de un arma milagrosa, y que por ello consideraban que no era «más que un criminal». El tendero fue denunciado por el cliente, detenido por la policía y fusilado por «subversión del poder militar».[107]

Debido a la ausencia de todo «informe de situación» para un país que ahora se hallaba casi enteramente ocupado por el enemigo, no existen indicios de las reacciones populares a la noticia de la muerte de Hitler el 30 de abril de 1945. Es difícil imaginar que produjera una gran tristeza. Con la muerte de Hitler, los signos externos del nacionalsocialismo también desaparecieron de la faz de la tierra, aparentemente de la noche a la mañana. Los retratos del *führer* y los emblemas del partido, los uniformes y la literatura nazi fueron arrojados a la basura o quemados antes de que llegasen las tropas rusas, estadounidenses y británicas. Incluso antes de que terminase el Tercer Reich, todos estos elementos habían sobrevivido a su propósito, y en este momento, al igual que el mito del *führer*, constituían un problema. En agosto de 1945, el nuevo *Landrat* de Gunzenhausen, un antiguo bastión del nacionalsocialismo en Franconia, escribió en su primer informe mensual tras el fin del Tercer Reich: «Aunque sólo hace unos pocos meses que la guerra ha terminado, apenas se

---

106. *Ibid.*, LR Berchtesgaden, 4 de abril de 1945, que cita el informe de GP Markt Schellenberg. El incidente se mencionaba en el informe del presidente del gobierno de la Alta Baviera; GStA, MA 106695, RPvOB, 7 de abril de 1945.

107. Nadler, *Ich sah wie Nürnberg unterging*, pág. 110. En esta época, pueden encontrarse comentarios similares en StAM, archivos de SGM.

habla ya del nacionalsocialismo, y cuando se habla de él, se hace sólo en sentido negativo. No existe, en forma alguna, el menor signo de la presencia de ningún emblema del Estado nacionalsocialista entre las personas que los habían exhibido en sus casas».[108]

108.  StAN, BA Gunzenhausen 4346, GKF Gunzenhausen, 25 de agosto de 1945.

# TERCERA PARTE

# El mito de Hitler y la senda del genocidio

# Capítulo 9

# La imagen popular de Hitler
# y la «cuestión judía»

Se reconoce universalmente que las dos obsesiones ideológicas de Hitler eran la cuestión del *Lebensraum* y el antisemitismo. La tendencia dominante era la de un odio paranoide a los judíos, aunque ambos temas se fundían en la mente de Hitler, configurando la visión de una Rusia bolchevique infestada de judíos y lista para la expansión alemana. En los capítulos precedentes hemos visto que había una notable disparidad entre los reales objetivos expansionistas de Hitler y lo que su imagen pública sugería que eran sus propósitos. Sin duda, existían afinidades entre las aspiraciones populares que favorecían el crecimiento del prestigio y el poder nacionales de Alemania y los objetivos raciales e imperialistas de Hitler. La expansión de las fronteras alemanas, en especial la incorporación al Reich de los territorios que desde el punto de vista «étnico» se consideraban alemanes, era tremendamente popular, con tal de que se lograse sin derramamiento de sangre. Sin embargo, fuera de los círculos de la juventud de ideología nazi, las SS y los fanáticos del partido, era difícil suscitar entusiasmo hacia la guerra en sí o en favor de una apocalíptica lucha por el «espacio vital». Y una vez declarada la guerra, el sentimiento principal era el deseo de una rápida paz, pese a que la población estuviese dispuesta a obtener, de todas las formas posibles, beneficios por la adquisición y la explotación de los territorios ocupados. Existían afinidades, por tanto, pero nada similar a una total identidad entre la versión que tenía Hitler del *Lebensraum* —expansionista— y las esperanzas y expectativas del grueso de la población alemana.

Puede señalarse una divergencia paralela con respecto al antisemitismo. Sin duda, el sentimiento de desagrado o de sospecha hacia los judíos estaba ya muy difundido incluso antes de que Hitler tomase el poder. Los judíos tuvieron que sufrir formas de discriminación en muchos aspectos sociales. Y para una parte minoritaria de la población no judía, una parte no obstante cada vez mayor y que, después de 1933, había pasado a ocupar posiciones de poder, el sentimiento de desagrado hacia los judíos se convirtió en un atroz y violento odio. No es preciso decir que, en el clima reinante en el Tercer Reich, el bombardeo de la propaganda nazi no podía dejar de ejercer su efecto en la difusión y el ahondamiento de las actitudes antisemitas previamente existentes. Hacia 1939, si no antes, eran muchos, probablemente la gran mayoría de la población, los que estaban convencidos de que los judíos habían sido una influencia perjudicial en la sociedad alemana, y esa misma mayoría pensaba también que sería mejor que los que aún quedaban se marchasen (o fueran obligados a irse) lo más pronto posible. No obstante, las actitudes hacia los judíos que predominaban en aquella época en la totalidad de la población —salvo en un reducido grupo—, pese a ser discriminatorias en diferentes grados, no se acercaban ni remotamente a la paranoia antijudía de Hitler y de los elementos activistas que, presentes en el seno del movimiento nazi, hostigaban a los judíos. De hecho, son muchas las cosas que apuntan a la conclusión de que, pese a ocupar un lugar central en el pensamiento del propio Hitler, el antisemitismo era, en la mayor parte de los casos, un elemento de importancia secundaria como factor con el que moldear la opinión popular en el Tercer Reich.[1]

Esto plantea un difícil interrogante relacionado con el lugar que ocupaba el antisemitismo en la imagen popular de Hitler. ¿Pudo el antisemitismo, tan fundamental en la «cosmovisión» de Hitler, haber tenido únicamente una relevancia menor en el establecimiento de los vínculos que unían al *führer* con el pueblo y que conferían al Tercer Reich su legitimación popular y su base de aclamación plebiscitaria? ¿Estaba una vez más la imagen de Hitler, en este aspecto de capital importancia, distanciada en gran medida de la realidad? ¿Y qué función hemos de con-

---

1. Hoy en día esto es algo ampliamente aceptado en la literatura: véase Steinert, pág. 263; I. Kershaw, "The Persecution of the Jews and German Popular Opinion in the Third Reich», *Yearbook of the Leo Baeck Institute*, xxvi, 1981, págs. 281 y 287; W. S. Allen, «Die deutsche Öffentlichkeit und die "Reichskristallnacht" —Konflikte zwischen Werthierarchie und Propaganda im Dritten Reich—», en Peukert y Reulecke, págs. 401-402; D. Bankier, «German Society and National Socialist Antisemitism, 1933-1938», tesis doctoral leída en la Universidad Hebrea de Jerusalén, 1983, resumen en inglés, pág. xi; O. D. Kulka y A. Rodrigue, «The German Population and the Jews in the Third Reich», *Yad Vashem Studies*, xvi, 1984, pág. 435.

ceder entonces a la persona pública de Hitler en lo que a la explicación del proceso que condujo a Auschwitz se refiere? Debe admitirse que las pruebas disponibles para tratar de responder a estas cuestiones son difíciles de reunir, y aún más difíciles de interpretar. Por consiguiente, las conclusiones a las que llegamos en el breve análisis que sigue han de ser consideradas simplemente como deducciones provisionales y dubitativas.

La reciente publicación de todos los discursos y escritos conocidos de Hitler pertenecientes al período que va de 1919 a 1924 nos brinda por primera vez la oportunidad de observar el perfil de la imagen que el *führer* trazaba de sí mismo en sus afirmaciones públicas. En el presente contexto, lo que resulta significativo, cuando no completamente sorprendente, es que sea difícil encontrar un discurso o una publicación difundidos entre 1920 y 1922 que no vierta el más virulento veneno sobre los judíos. En los primeros discursos, los judíos figuraban sobre todo en el centro de los feroces ataques emprendidos por Hitler contra quienes, en las guerras, se comportaban como «aprovechados», «chantajistas» y «parásitos» —una expresión de anticapitalismo populista acuñada por él—. A partir de mediados de los años veinte, y posiblemente influenciado por Rosenberg, Hitler empezó a preocuparse en sus discursos por la Rusia bolchevique. La imagen de un brutal mandato de los judíos, cuyo camino en Alemania se decía que estaba siendo desbrozado por la socialdemocracia, supuso el catalizador que se necesitaba para unir el antisemitismo con el antimarxismo. En febrero de 1922, Hitler dijo a sus SA que la «cuestión judía» era lo único que importaba, y unos cuantos meses después resumió la totalidad del programa del partido en un punto: que ningún judío podía ser un «camarada del pueblo».[2] En esa época, la ubicuidad del tema judío en sus discursos públicos hace imposible imaginar que los primeros conversos al nazismo pudiesen dejar de considerar que el violento antisemitismo era una de las características más destacadas de la imagen de Hitler.

A partir de los últimos meses de 1922, sin embargo, un extremado antimarxismo —mencionado ahora sin vinculación explícita a los judíos— empezó a convertirse en el tema dominante de sus discursos. Ahora de-

2. Jäckel y Kuhn, págs. 568 y 727, nᵒˢ 357, 421.

claraba que el objetivo del NSDAP era simplemente la «aniquilación y la extirpación de la cosmovisión marxista»,[3] y durante el año 1923, a medida que la noción de una heroica lucha final entre dos *Weltanschauungen* opuestas parecía crecer en su mente, los judíos desempeñaron un papel menos manifiesto en las afirmaciones públicas de Hitler, ya que ahora se proclamaba que el único y mortal enemigo del movimiento nazi era el marxismo.[4] Cuando la prensa señaló el cambio de tono, Hitler reconoció que había modificado su postura, pero sólo en la medida, dijo, en que antes había sido demasiado benigno, y en que había percibido mientras trabajaba en el *Mein Kampf* que la «cuestión judía» no sólo constituía un problema para el pueblo alemán, sino para todos los pueblos, «ya que Judá es la plaga del mundo».[5] Por consiguiente, no se había producido ningún cambio fundamental de pensamiento, sino un mero ajuste de énfasis. Pero incluso en esta fecha, la modificación del énfasis no podía ser más que, por un lado, un esfuerzo consciente encaminado a sintonizar con una audiencia creciente, aunque, en esta época el incremento se diera aún principalmente en Baviera —una región que en 1923 ya estaba empezando a mostrar interés en Hitler—, y, por otro, una toma de conciencia de que el antimarxismo tenía en potencia un poder de convocatoria mayor que el de la mera repetición de los paroxismos de odio antijudío.

Con anterioridad a la intentona golpista, es muy poco lo que sabemos de manera un tanto sistemática sobre las motivaciones ideológicas de los militantes de base del movimiento nazi (aproximadamente unos 55.000 en noviembre de 1923). Dado que el antisemitismo era una característica tan destacada tanto de la imagen pública del partido como de la de su líder, a quien muchos debieron oír hablar en persona en las cervecerías de Munich, parece indudable que, en estas fechas, la «cuestión judía» ejercía un gran influjo como factor de motivación para las personas que se incorporaban al movimiento, personas que con frecuencia llegaban al NSDAP provenientes de otras organizaciones antisemitas y grupos *völkisch*. En un buen número de estudios sobre los comienzos de los movimientos nazis, existen impresionantes pruebas que respaldan la sugerencia de que eran mayores las probabilidades de que fueran más arre-

3. *Ibid.*, pág. 704, nº 411.
4. *Ibid.*, por ejemplo, págs. 1.210, 1.226 y 1.232, nᵒˢ 625, 626, 636.
5. *Ibid.*, pág. 1.242, nº 654.

batadamente antisemitas quienes primero se afiliaron al partido que quienes se enrolaron después.[6]

Es improbable que el antisemitismo fuera una poderosa motivación para impulsar las incorporaciones al partido durante la «fase de masas», producida con posterioridad a los años 1929 y 1930, como había sucedido con el núcleo principal de los activistas del NSDAP. En realidad, una sorprendente característica del material Abel —y más de la mitad de la muestra es obra de miembros del partido que se habían afiliado a él antes de que se produjera el «despegue» de 1930— es el hecho de que, incluso entre los miembros de la «vieja guardia» del movimiento —según la clasificación establecida por Merkl en función del «tema ideológico dominante»—, sólo una octava parte, aproximadamente, considerara el antisemitismo como su más destacada preocupación, mientras que lo que Merkl llama «antisemitas ideológicamente furibundos» representaba únicamente el 8,5 % de la muestra total.[7] Merkl resumía sus hallazgos del siguiente modo: «Un desglose realizado en función del tema ideológico dominante [...] muestra que aproximadamente un tercio estaba preocupado sobre todo por la solidaridad con el *Volksgemeinschaft*, y más de un quinto con el hecho de ser extraordinariamente patriotas. Aproximadamente la misma cantidad son devotos admiradores del carisma personal de Hitler. Cerca de un séptimo parece estar fundamentalmente motivado por su antisemitismo. [...] Si los clasificamos según el principal objeto de su hostilidad, dos tercios de los primeros nazis del material Abel resultan ser antimarxistas».[8] Merkl señala, por supuesto, que estas otras categorías no excluyen en modo alguno la existencia de sentimientos antisemitas, unos sentimientos que se observan aproximadamente en

6. Por ejemplo, Noakes, capítulo 1; R. Hambrecht, *Der Aufstieg der NSDAP in Mittel-und Oberfranken, 1925-1933*, Nuremberg, 1976, capítulo 2. Puede hacerse la misma deducción si nos fundamos en el «material Abel» —las 581 «autobiografías» de militantes de base nazis estudiadas por Peter Merkl—, a pesar de que sólo contenga las vidas de 20 miembros del partido afiliados antes de 1923 y de que la muestra presente un sesgo en el que prepondera la información sobre Berlín más que la relacionada con los primeros feudos nazis de los alrededores de Munich y de la región de Franconia. En esta muestra, la guerra, y en especial la revolución, habían desempeñado un papel en el desarrollo de los prejuicios de un porcentaje relativamente alto de los antisemitas más extremistas; véase Merkl, págs. 498 y sigs., 556-557; y Gordon, págs. 57-65.
7. Merkl, págs. 33, 453 y 566-567.
8. *Ibid.*, pág. 33. Véanse también págs. 453 y 522-523.

dos tercios de las «biografías».[9] De hecho, es posible ir más lejos y afirmar que la imagen negativa de los judíos constituye un común denominador que permite combinar y proporcionar justificación a todos esos temas ideológicos. No obstante, las cifras son lo suficientemente contundentes como para sugerir que eran otras características, distintas a las del antisemitismo, las que predominaban en la imagen que se hacían los miembros del Partido Nazi afiliados a él con anterioridad a 1933. Si aceptamos que Hitler era considerado, si no por todos, sí por la mayoría, como la encarnación del partido, da la impresión de que, para la mayoría de los nuevos afiliados al movimiento nazi que se incorporaron a él durante su ascenso al poder, el indudable antisemitismo del *führer* constituía un elemento más secundario que primario de su imagen y su atractivo.

Dado que carecemos de las modernas encuestas de opinión, sólo nos es posible inferir la motivación de los votantes nazis. Pero si ampliamos el argumento antedicho, extraído de la motivación de los miembros de la «vieja guardia» del partido, y lo extrapolamos a la generalidad del electorado, deberemos concluir que aquí —y probablemente en un grado aún mayor— la imagen de Hitler no quedaba dominada por su obsesión con la «cuestión judía». Esta inferencia adquiere cierto respaldo si comparamos el contenido de los discursos pronunciados por Hitler —y que revelan su perfil personal— a principios de los años treinta, cuando el movimiento nazi empezaba a obtener un enorme respaldo electoral, con el de los discursos de principios de los años veinte, cuando era una secta *völkisch* marginal. El examen de la propaganda electoral anterior a la «irrupción» en las urnas de 1930 indica que los ataques a los judíos constituían más una melodía de fondo que un tema principal, y da la impresión de que los discursos de Hitler tendieron a no abordar la «cuestión judía», especialmente si iban dirigidos a una audiencia de clase media-alta.[10] Hacia 1932, cuando Hitler se presentaba como candidato a la presidencia del Reich y en un momento en que el movimiento nazi estaba granjeándose el apoyo de más de un tercio de la población, la «cuestión judía» apenas aparecía en los discursos públicos de Hitler. Los judíos y la «cuestión judía», en tanto tales, no fueron mencionados ni en la exhortación que a principios de 1932 daba Hitler a su partido con moti-

9. *Ibid.*, págs. 33 y 499. Véase también Gordon, págs. 55 y sigs.
10. Gordon, pág. 68.

vo del Año Nuevo, ni en su notable discurso de enero ante el círculo de industriales de Düsseldorf, ni en su «Llamamiento a la nación», vendido en julio en forma de disco y representativo de las soflamas electorales pronunciadas por él durante la primera mitad del año.[11] El principal objetivo era claramente el «marxismo» y el «sistema» de Weimar, y el mensaje fundamental que se transmitía era el de que únicamente él y su movimiento ofrecían una esperanza de salvación respecto de ambas cosas, así como en relación con el desastre que uno y otro habían traído a Alemania. Desde luego, para el propio Hitler —y para algunos de sus más antiguos y fanáticos seguidores— todos estos males podían reducirse simplemente a la «cuestión judía», un punto de dogma que constituía una premisa fundamental en el seno del movimiento nazi. Sin embargo, la imagen pública de Hitler en esta época no refleja el predominio que tenía la «cuestión judía» en su propio pensamiento. Pese a que, indudablemente, esta imagen popular encarnaba los extendidos prejuicios ideológicos y las aspiraciones de las masas —incluyendo el antisemitismo—, parece difícil argumentar que en la época en que Hitler obtenía su más amplio apoyo electoral la «cuestión judía» fuese el elemento decisivo de su creciente atractivo.

La ausencia de violentos ataques verbales contra los judíos constituye también una sorprendente característica de los discursos públicos de Hitler de los años 1933 y 1934. La «cuestión judía» no es tratada superficialmente en una sola de las alocuciones públicas de cierta relevancia dadas por Hitler en esta época de la «toma» y la consolidación del poder —una época, como vimos anteriormente, en la que su popularidad se extendió mucho y en la que el mito del *führer* se incrementó enormemente.[12]

Únicamente la exhortación dirigida a «todas las organizaciones del partido» el 28 de marzo de 1933, instándolas a declarar, a partir del 1 de abril, un boicot nacional contra todos los negocios, artículos, médicos y abogados judíos, se centró explícitamente en la «cuestión judía».[13] Las proclamas dirigidas al partido tras la «toma del poder» se publicaban,

11. Domarus, págs. 59-117.
12. La «cuestión judía» tampoco figuraba en los *Sieg des Glaubens* o en *Triumph des Willens*, las películas sobre las dos primeras reuniones del partido tras la «toma del poder», películas en las que el culto al *führer* quedaba destacado de forma tan manifiesta.
13. Domarus, págs. 248-251.

por lo general, en nombre de Hitler. En este caso, no obstante, y a pesar de que es posible reconocer el estilo de Hitler (dejando a un lado las instrucciones específicas que lo acompañaban, y que ilustraban cómo había de llevarse a la práctica el boicot, instrucciones que parecen haber sido redactadas por Goebbels), el «llamamiento» estaba firmado de forma colectiva por «los líderes del partido».[14] Por supuesto, nadie podía haber imaginado que el boicot pudiera proseguir sin el respaldo expreso de Hitler. Sin embargo, la redacción del «llamamiento» sólo planteaba la acción en términos de represalia justificable por la «campaña de agitación» y las «mentiras» aparecidas en la prensa extranjera y que, supuestamente, habrían sido iniciadas por los emigrantes judíos, y, además, la afirmación de que «apenas se había tocado un solo pelo» de la cabeza de los judíos durante la «revolución nacional» pretendía sugerir que los líderes del partido (incluyendo a Hitler) ignoraban el maltrato diario dado a los judíos por parte de los militantes de base del partido. Por consiguiente, era posible, en la medida en que Hitler estaba específicamente relacionado con el boicot, considerarle vinculado sólo con acciones supuestamente justificables y al margen de los «desafortunados excesos» de los activistas del partido.

Como es bien conocido, el boicot no fue precisamente un clamoroso éxito en términos de reacciones populares, y, en tanto que asunto organizado con alcance nacional, fue cancelado tras un solo día de vigencia. La relativa falta de repercusión del boicot sólo pudo servir para indicar a Hitler que había tenido razón al mantener un bajo nivel de exposición pública de la «cuestión judía». En este sentido, la falta de una abierta referencia a la «cuestión judía» en sus principales discursos, así como la omisión de su nombre como firmante del «llamamiento» al boicot, sólo pueden considerarse como una deliberada política encaminada a separar la imagen pública del propio *führer* de la violenta retórica y de las no menos violentas acciones antijudías que aprobaba en privado. Como hemos visto, parece que, pese a sus propias obsesiones, y desde el punto de vista político, Hitler fue consciente desde época muy temprana —quizá tan temprana como la del año 1923— de que, con el fin de ampliar el atractivo del partido, así como con el de realizar un serio intento de alcanzar el poder, se necesitaban argumentos de más peso que los del antisemitismo para distinguir al NSDAP de la política puramente sectaria

14. *Ibid.*, pág. 251.

de otros grupos *völkisch*. Cuanto más cerca estaba de obtener el poder, tanto más —por motivos de pura presentación— había de subordinarse o subsumirse el antisemitismo en otros elementos de la imagen de Hitler. Y una vez que se hubo convertido en jefe de gobierno, la obligación de separar en público su propia persona de las desagradables tácticas de barrio bajo que practicaban sus activistas antisemitas vino determinada sobre todo por consideraciones de política exterior, así como por la necesidad de evitar el gratuito alejamiento de la conservadora clase dirigente alemana que rodeaba a Hindenburg, cuyo propio antisemitismo no llegaba, no obstante, a defender una abierta violencia arbitraria. Además, hacia 1935, si no antes, quedó manifiestamente claro que los ultrajes antisemitas y el vandalismo terrorista dirigido contra los judíos por los activistas del partido resultaban, por lo general, impopulares entre el conjunto del público. Sin embargo, para esta época, la violencia provocada por la nueva oleada de antisemitismo y azuzada por la propaganda había vuelto a colocar a la «cuestión judía» en un lugar destacado del orden del día, ya que, por un lado, había presiones provenientes del seno del partido que reclamaban una legislación antisemita que pudiera satisfacer los objetivos de su programa, y, por otro, las había también por parte del público en demanda de una normativa que pusiese fin a las «acciones individuales» que habían caracterizado el violento verano.[15] Hitler no podía seguir al margen de la «cuestión judía».

Al tomar la palabra el 15 de septiembre de 1935 ante la asamblea del Reichstag, en la reunión del partido en Nuremberg, Hitler examinó por primera vez la «cuestión judía» en un discurso público importante desde que se había convertido en canciller del Reich, y recomendaba que se acataran las tres leyes concebidas para atajarla: la «ley de la bandera», y las dos manifiestamente antijudías «leyes de Nuremberg» (la ley de ciudadanía del Reich, que impedía que los judíos fueran ciudadanos del Reich, y la ley para la protección de la sangre y el honor alemanes, que prohibía el matrimonio y las relaciones sexuales entre judíos y «arios»). Como en 1933, acusó a los judíos del extranjero de provocar la agitación y el boicot contra Alemania, y afirmó que esto había causado un impacto en los judíos que vivían en el interior de la propia Alemania, quienes, por su parte, habían generado con su conducta provocativa incontables quejas y llamamientos a la acción del gobierno. Hitler justificó la «regu-

---

15. Véase Kulka, «Die Nürnberger Rassengesetze», págs. 608-624.

lación legal del problema» por considerarla el único modo de reducir la probabilidad de que surgieran espontáneas «acciones defensivas por parte de la enrabietada población», y afirmó que el gobierno alemán se había visto impulsado «por la idea de ser capaz, mediante una definitiva solución secular, de crear tal vez las bases para que el pueblo alemán pudiese lograr, acaso propiciar, una relación tolerable con el pueblo judío». Si esta esperanza no se veía cumplida, y en caso de proseguir la agitación internacional, amenazaba Hitler, sería necesario replantearse la situación.[16] En ulteriores discursos pronunciados ese mismo día, Hitler exhortaba al partido y a la nación a mantener la disciplina y a no apartarse de la senda legal en este asunto. Destacó que las leyes abrían a los judíos la posibilidad de una existencia separada en el interior de Alemania y en todas sus esferas vitales, y reiteró la orden que prohibía cualquier «acción individual» contra los judíos.[17]

No es preciso hacer hincapié en la hipocresía de los sentimientos expresados por Hitler. Pero en términos de su imagen pública, tal y como se la percibía en la época, había tenido buen cuidado de distanciarse del terror antijudío, impopular entre las masas nazis, y se había situado del lado de la legalidad. Las reacciones entre los miembros del partido fueron diversas. Algunos activistas se sintieron molestos por el énfasis que había puesto en las medidas legales y por el hecho de que hubiese desalentado la «acción directa». Estos activistas sentían que la legislación no iba lo suficientemente lejos en cuanto a abordar la «cuestión judía».[18] Otros sospechaban la verdad: que la posición pública de Hitler no era representativa de sus auténticos sentimientos sobre el asunto. Un informe de situación redactado en Hesse en marzo de 1936 mencionaba expresamente la opinión, supuestamente muy difundida entre la población de la zona —aunque no hay duda de que reflejaba sobre todo los puntos de vista de los activistas del partido—, «de que el *führer* había tenido que prohibir, para mantener las apariencias, las acciones individuales contra

---

16. Domarus, pág. 537. Hitler utilizó los mismos argumentos y justificaciones, y defendió en sustancia las mismas cuestiones, en una entrevista con un representante de la prensa estadounidense a finales de noviembre de 1935; *ibid.*, págs. 557-558.

17. *Ibid.*, págs. 538-539.

18. Kulka, «Die Nürnberger Rassengesetze», pág. 623; Kulka y Rodrigue, pág. 426; H. Mommsen, en «Die Realisierung des Utopischen: Die "Endlösung der Judenfrage" im "Dritten Reich"», *Geschichte und Gesellschaft*, ix, 1983, págs. 388-389, n. 20, habla de una «seria derrota» para el partido.

los judíos relacionadas con la política exterior, aunque en realidad está totalmente de acuerdo con que cada individuo prosiga por propia iniciativa la lucha contra el pueblo judío del modo más riguroso y radical».[19] Al margen de las filas de los activistas del partido, las respuestas positivas a la promulgación de las leyes de Nuremberg que más comúnmente figuraban en los informes eran las de aprobación del marco legal formal que segregaba a los judíos de los alemanes y regulaba la forma de abordar la «cuestión judía». Las reacciones negativas se registraban en los círculos eclesiásticos, entre los opositores ideológicos al régimen, entre los intelectuales liberales, y entre algunos hombres de negocios que temían las consecuencias económicas de esas leyes.[20] La imagen que Hitler pintó de sí mismo en la reunión de Nuremberg se hallaba claramente en consonancia con la amplia aceptación de los principios generales de la discriminación legal y la segregación racial, así como con la difundida satisfacción que se sentía por el fin de la abierta brutalidad y los disturbios antijudíos que, provocados por vulgares antisemitas, recordaban a las de los pogromos.

Durante los dos años inmediatamente posteriores a la reunión del partido de 1935, Hitler apenas volvió a tratar, siquiera fuese de forma superficial, la «cuestión judía» en sus principales discursos. Incluso tras el asesinato en febrero del destacado funcionario nazi en Suiza Wilhelm Gustloff, a manos de un joven judío, la proximidad de los Juegos Olímpicos de invierno y las consideraciones de política exterior le obligaron a mantener un único y, desde su punto de vista, relativamente «moderado» discurso en el funeral, acusando en términos generales al pueblo judío de ser el estímulo perceptible detrás de prácticamente todos los «martirios» políticos de la derecha desde la revolución de 1918.[21] En su discurso del 1 de mayo de 1936, simplemente habló de la existencia de «elementos» que sembraban las semillas del malestar internacional, pero sus alusiones fueron inmediatamente reconocidas por la audiencia, que aulló: «¡Los judíos!». Las palabras que Hitler pronunció a continuación —«Lo sé»— fueron seguidas por un aplauso que duró varios minu-

19. ZStA Potsdam, RMdI, 27079/71, Fo. 52, LB de RP en Kassel, 4 de marzo de 1936.
20. Kulka, «Die Nürnberger Rassengesetze», págs. 622-623; O. D. Kulka, «"Public Opinion" in Nazi Germany and the "Jewish Question"», *Jerusalem Quarterly*, xxv, 1982, págs. 124-125.
21. Domarus, págs. 573-575.

tos.[22] Unos cuantos meses después, el 30 de enero de 1937, se refirió brevemente a los beneficiosos efectos que se habían derivado para la cultura alemana de la eliminación de la influencia judía,[23] y en la inauguración de la «Casa del Arte Alemán» en Munich en el siguiente mes de julio volvió a despreciar la contribución de los judíos a las artes.[24] No obstante, no fue sino hasta septiembre de 1937, en la reunión del partido, cuando emprendió un nuevo ataque frontal contra los judíos, un ataque construido, en términos generales, en función de su principal arremetida, la que dirigía contra el bolchevismo, al que explícitamente tildó de ser obra judía. Con su característica fraseología, alegó que el 80 % de los dirigentes soviéticos eran judíos, que los antiguos cabecillas de la *Räterepublik* bávara, la Liga de Espartaco y el Partido Comunista habían sido judíos, y que los judíos se hallaban en ese momento conjurados para sumir a toda Europa en el «caos bolchevique».[25]

Pese a este vislumbre de arraigada paranoia antisemita, paranoia que habría de sentar las bases de la nueva oleada de acciones y de propaganda antijudía que comenzó en los últimos meses de 1937 y que prosiguió a lo largo de todo el siguiente año, la «cuestión judía» apenas fue mencionada en los discursos que Hitler pronunció durante el crítico año de 1938. En septiembre de 1938, una vez más, ante sus leales del partido en Nuremberg, su proclama contenía el habitual estereotipo sobre el naciente Partido Nazi que iniciaba la lucha contra el mayor enemigo que amenazaba al pueblo alemán, la internacional judía, y unos días más tarde, aún en la reunión del partido, Hitler trató de justificar los intentos que hacía Alemania por librarse de sus judíos recurriendo a la manida referencia del país superpoblado.[26] Aparte de esto, apenas mencionó a los judíos en sus alocuciones públicas de 1938. Sus discursos estaban, por supuesto, dominados por las grandes cuestiones de política exterior del año, pero no cabe ninguna duda de que Hitler estaba tratando de evitar deliberadamente la «cuestión judía», y de que existía un pertinaz empeño consciente de disociar su imagen pública de la vertiente más sórdida

22. Cuando el tumulto cedió, Hitler repitió las palabras «Lo sé», pero en esta ocasión como preámbulo a una frase tópica en la que, de nuevo, no se mencionaba a los judíos; *ibid.*, pág. 621, n. 121.
23. *Ibid.*, pág. 666.
24. *Ibid.*, pág. 708.
25. *Ibid.*, págs. 727-732.
26. *Ibid.*, págs. 890 y 899.

del antisemitismo, una vertiente que se ponía de manifiesto en la renovada y creciente violencia practicada por los activistas del partido.

En 1938, las directrices impuestas a la prensa prohibían la discusión de la «cuestión judía» en los periódicos tras las visitas de Hitler a varios lugares de Alemania.[27] Por encima de todo, queda demostrado, por la total ausencia de toda afirmación pública relacionada con el pogromo de los judíos producido en la *Reichskristallnacht* del 9 al 10 de noviembre de 1938, que Hitler adoptaba un tono deliberadamente circunspecto en relación con la acción contra los judíos. Pese a que el ataque realizado por un joven judío contra el consejero de la embajada alemana en París, Erns vom Rath, se había producido justamente el día anterior a su habitual discurso en Munich del 8 de noviembre de 1938 ante la «vieja guardia» del partido, Hitler evitó toda mención del suceso en su alocución.[28] Tampoco se refirió a él en su arenga a los nuevos reclutas de las SS en la medianoche del 9 de noviembre, y su disertación confidencial ante los directivos de la prensa alemana en la tarde del 10 de noviembre, menos de veinticuatro horas después del incendio de las sinagogas y de la destrucción de las propiedades de los judíos a lo largo y ancho de Alemania —disertación que no estaba pensada para el consumo público—, no contenía una sola palabra relacionada con el pogromo.[29] La violencia y la destrucción de la matanza generó muchas críticas,[30] pero la impopularidad recayó principalmente en Goebbels y en el partido más que en Hitler, a pesar de que, según un informador del Sopade en Sajonia, el propio Hitler, «cuyo nombre antes apenas se mencionaba en estos debates», era, «cada vez más, objeto de reproches por hacerse acreedor a la máxima responsabilidad debido a su silencio, su tolerancia, o incluso su patente respaldo a todos los acontecimientos».[31]

Durante los años treinta, en una época en que su popularidad subía hasta alturas de vértigo, los pronunciamientos públicos de Hitler sobre la «cuestión judía» eran menos numerosos de lo que cabría imaginar, y, pese a estar ciertamente repletos de odio, lo habitual era que se expresa-

27. Gordon, pág. 153.

28. Texto en Domarus, págs. 966-999.

29. *Ibid.*, págs. 970-973.

30. Véase Steinert, págs. 74-76; Kershaw, «The Persecution of the Jews», págs. 275 y sigs.; Allen, «Die deutsche Öffentlichkeit», págs. 398 y sigs.; Kulka, «"Public Opinion" in Nazi Germany and the "Jewish Question"», págs. 138 y sigs.

31. *DBS*, vi. 10, 9 de febrero de 1939.

ran mediante generalidades abstractas relacionadas con la plutocracia occidental o el bolchevismo. Cuando intervenía en público era, por lo general, para apoyar las medidas «legales» de discriminación —que en su mayoría eran populares y disfrutaban de una amplia aprobación—, unas medidas que excluían a los judíos de la sociedad y de la economía alemanas. Sin embargo, como hemos visto, ponía extremo cuidado en evitar la pública asociación con los ultrajes antisemitas del tipo de los pogromos, que, por regla general, resultaban impopulares. Aunque predominaban las consideraciones de la diplomacia vinculada a los asuntos exteriores, incuestionablemente influenciada por sus temores personales al poder internacional de la comunidad judía mundial, la protección de su prestigio y de su posición en la vida pública alemana era también una clara preocupación de Hitler.

En los años de paz del Tercer Reich, la «cuestión judía» no figuró en un lugar destacado en la escala de prioridades de la mayor parte de la población alemana. En ciertas épocas, particularmente durante la primavera de 1933, el verano de 1935 y, sobre todo, el otoño de 1938, la «cuestión judía» tuvo una gran presencia. Sin embargo, en la mayoría de los casos, el interés que suscitaba era relativamente escaso —excepto entre los activistas del partido— y estaba subordinado a otros asuntos mucho más acuciantes de la configuración de la opinión popular. No hay duda de que el antisemitismo de Hitler, que era principalmente percibido en relación con la discriminación legal de los judíos, resultaba aceptable para millones de admiradores suyos. Sin embargo, es sorprendente la muy escasa presencia, tanto en los informes internos como en los del Sopade, que tiene la «cuestión judía» en las observaciones relacionadas con la posición popular de Hitler, y parece poco probable que constituyese, para la mayoría de los alemanes «corrientes», la principal razón de su adulación al *führer*.

Entre el pogromo y el comienzo de la guerra, Hitler abordó la «cuestión judía» únicamente en un discurso. No obstante, se trató de su notable discurso ante el Reichstag del 30 de enero de 1939, discurso en el que, de un modo más inquietante que nunca, Hitler profirió una «profética» amenaza en la que sostenía que una nueva guerra provocaría «la destrucción de la raza judía en Europa».[32] Fue la primera de la serie de brutales

32. Domarus, pág. 1.058, y véanse también las págs. 1.055 y sigs.

referencias a la «cuestión judía» que habría de hacer Hitler durante los años siguientes. El discurso de Hitler tenía su trasfondo en la robustecida posición de Alemania desde el acuerdo de Munich, en la determinación que Hitler tenía en 1939, una determinación encaminada a forzar la marcha de los acontecimientos en política exterior, y —por el tono de recrecida agresión a los judíos— en la rabia que sentía el *führer* por el creciente sentimiento antialemán observable en Estados Unidos y en Gran Bretaña, sentimiento que el pogromo de la *Reichskristallnacht* había avivado en gran medida. Las amenazas dirigidas por Hitler contra los judíos, cuya mano veía desde luego tras el discurso de los «belicistas» británicos y estadounidenses, constituían un intento de toma de represalias por lo que él consideraba una maniobra judía, a quienes atribuía el hecho de que la opinión pública de esos países se hubiese puesto en contra de los alemanes, y también —mediante el expediente de presentar a los judíos como rehenes en caso de que se produjera una nueva guerra, ya que ellos serían sus seguras víctimas— eran un intento encaminado a ejercer presión sobre Gran Bretaña y Estados Unidos con el fin de que dejasen a Alemania las manos libres en Europa.[33]

La «profecía» de Hitler, una breve pincelada en sus dos horas de discurso, fue destacada el 3 de febrero como el punto central de la información por los noticiarios cinematográficos. Es notable, no obstante, que ni los informes de opinión interna ni los informes del Sopade mencionasen el párrafo alusivo a los judíos en sus comentarios sobre el impacto del discurso de Hitler. El informe del SD relativo al primer trimestre de 1939 sólo mencionaba el discurso en el contexto de los factores que inducían a la prensa alemana a fijar firmemente la atención en la evolución de la política exterior, y hacía una breve referencia a las observaciones de Hitler sobre el «problema de la Iglesia».[34] Los informes de los presidentes del gobierno bávaro reflejaban todos el resonante impacto del discurso —uno lo calificaba de «extraordinario», otro afirmaba que «haría

33. Mommsen, "Die Realisierung des Utopischen», pág. 396, y véase también la pág. 392, n. 36.
34. MadR, ii. 28, 287, "SD-Vierteljahresbericht 1939». Hitler había dicho que protegería a los sacerdotes alemanes en tanto que servidores de Dios, pero que destruiría a los que actuasen como enemigos políticos del Reich, arremetiendo también contra las simpatías que se observaban en el extranjero hacia los miembros del clero que habían «tenido conflictos con la ley» en Alemania; Domarus, pág. 1.061.

época»—, pero lo interpretaban únicamente en función de la tranquilidad que había aportado el énfasis puesto por Hitler en sus deseos de paz a quienes sentían ansiedad ante la inminencia de una guerra.[35]

Los informes del Sopade también se centraban en las implicaciones del discurso para la paz o la guerra, pero, a diferencia de los informes internos, sostenían que en Alemania se había incrementado sustancialmente el temor a una conflagración en el inmediato futuro. Según un observador de Silesia, el discurso había centrado las discusiones que en general sostenía la población, incluso en los círculos nazis, casi exclusivamente en la inminente contienda.[36] Sin embargo, una vez más, no se mencionaba el párrafo que aludía a los judíos. La larga sección que, en este mismo informe, hablaba de la persecución de los judíos en Alemania comenzaba afirmando que lo que estaba sucediendo en esos momentos era el «irresistible exterminio de una minoría», un exterminio comparable al genocidio de los armenios a manos de los turcos durante la Primera Guerra Mundial, aunque efectuado en Alemania contra los judíos de manera «más lenta y de forma mejor planeada». Dicha sección añadía con razón que «en realidad, hace tiempo que prevalece una situación de desgobierno a cuyo amparo todo acto de fuerza contra la minoría judía queda convalidado». De nuevo, no hay aquí referencia directa a la «profecía» de Hitler sobre la destrucción de los judíos de Europa, pese a que toda esta sección del informe viniese a renglón seguido de una cita del discurso que desembocaba en el párrafo sobre los judíos, la que, en vista del sufrimiento que padecían los alemanes a manos de otros, decía: «Que no nos venga [la gente] con su humanitarismo».[37]

Las reacciones que han quedado registradas sugieren que el público alemán no estaba preocupado por las observaciones de Hitler sobre la «cuestión judía», sino por las implicaciones que contenía su discurso respecto de la guerra y la paz. Las amenazas contra los judíos fueron sin duda «leídas» correctamente en el gobierno y en los círculos del partido, que las interpretaron como una indicación de que una guerra podría

---

35. GStA, MA 106671, RPvOB, 8 de febrero de 1939; MA 106673, RPvNB/OP, 9 de febrero de 1939; MA 106683, RPvS, 7 de febrero de 1939; MA 106678, RPvOF/MF, 8 de febrero de 1939; MA 106681, RPvUF/MF, 10 de febrero de 1939. Véase también Steinert, pág. 80, para los encendidos elogios concedidos a Hitler tras su discurso, pero, una vez más, sin hacer referencia a la «cuestión judía».

36. *DBS*, vi. 123, 10 de marzo de 1939.

37. *Ibíd.*, vi. 201 y sigs., 10 de marzo de 1939.

traer, de algún modo, una decisiva hora de la verdad para los judíos. Sin embargo, la profecía de Hitler, por muy altamente significativa que parezca retrospectivamente, era, en aquella época, algo que probablemente la mayoría de los alemanes «corrientes» daba por supuesto en el contexto de la política antijudía del régimen, cada vez más abiertamente radical —es decir, era una «profecía» que resultaba un lugar común tan grande en relación con sus sentimientos que apenas podía suscitar la necesidad de exultantes expresiones de elogio, del mismo modo que tampoco provocaba la menor animosidad o repulsión—.[38] Lo que está, no obstante, completamente claro es que, a diferencia de lo que sucedía en los años treinta, Hitler estaba dispuesto a —y de hecho ansioso por— quedar públicamente asociado durante la guerra a la adopción de las más radicales medidas en relación con la «cuestión judía», a pesar de que, por supuesto, sus horrendas afirmaciones siguieran expresándose mediante ruines generalidades, evitando toda referencia específica a los detalles de la «solución final», que se pretendía que permaneciesen enteramente en secreto.

La nauseabunda película «documental» *Der ewige Jude* (El eterno judío), estrenada en noviembre de 1940 —un año que conoció también la producción de otras dos películas antisemitas, *Jud Süss* y *Die Rothschilds*, en un intento de «educar» a la opinión alemana y de endurecer las actitudes vinculadas a la «cuestión judía»—, proporciona un ejemplo del modo en que la propaganda unía, ahora de forma directa, al propio Hitler con la necesidad de una «solución» completamente radical al «problema judío». La película revela igualmente algunas de las dificultades que existen para relacionar este asunto con la recepción popular de la imagen de Hitler.

La cinta, que se concentraba en pintar la «realidad» del gueto judío, penetrando bajo la «máscara de la asimilación», y que, utilizando trucajes fotográficos, comparaba las migraciones de los judíos con la diseminación de una plaga de ratas portadoras de bacilos, terminaba, en «brillante contraste», según rezaba el programa de la obra, con un fragmento del

---

38. Los casos presentados ante el «Tribunal Especial» de Munich muestran que se produjo un aumento de las críticas a la política antijudía nazi a finales de 1938 y principios de 1939, principalmente en relación con el pogromo de la *Reichskristallnacht*, pero el número total de tales críticas era extremadamente reducido; véanse los archivos SGM en StAM.

discurso dado por Hitler en el Reichstag el 30 de enero de 1939, fragmento en el que «profetizaba» la aniquilación de los judíos. El propósito buscado era «imbuir en el espectador un sentimiento de profunda gratitud por pertenecer a una raza cuyo *führer* está resolviendo fundamentalmente el problema judío».[39] La película fue exhibida en todas las grandes ciudades alemanas a finales de 1940 y principios de 1941, y, simultáneamente, en no menos de 66 cines de Berlín.[40] Un informe del SD, que resumía las reacciones que había suscitado la obra en numerosas ciudades, señalaba que se le había brindado una acogida abrumadoramente positiva. Según el informe de Munich, estalló un aplauso entusiasta en la escena que mostraba el discurso ante el Reichstag de Hitler. Es interesante, sin embargo, que el SD señalara a continuación que, tras haberse observado al principio que la película registraba una afluencia de público inusualmente grande, debida a la intensa propaganda, el número de espectadores había decaído rápidamente y se habían producido comentarios que indicaban que la cinta no decía nada nuevo, a lo que añadía que la gente estaba harta del tema judío, y que muchos se habían sentido asqueados por las escenas que mostraban imágenes de sangrientas matanzas rituales, mareándose algunos y otros abandonando disgustados la sala. El informe proseguía diciendo que «el público característicamente cinéfilo» rehuía la obra e incluso hacía «propaganda verbal» en su contra, mientras que en un cierto número de ciudades —entre las que se contaba Munich— se afirmaba expresamente «que, con frecuencia, sólo asistía a la proyección de la película documental el sector políticamente más activo».[41] Da la impresión, según estos comentarios, de que la asociación de Hitler con la solución del «problema judío» era principalmente considerada como un atributo positivo por parte de la población «políticamente activa» que constituía el grueso de los espectadores, mientras que entre los alemanes «corrientes» existía también un considerable grado de desinterés por la «cuestión judía».

De 1941 en adelante, y particularmente en 1942, cuando la «solución final» se hallaba en pleno apogeo, Hitler habría de recordar repetidamente su «profecía» de 1939, a la que él, de forma persistente, adjudi-

39. Welch, *Propaganda and the German Cinema*, págs. 293 y 299.

40.  D. Sington y A. Weidenfeld, *The Goebbels Experiment*, Londres, 1942, pág. 213.

41.  MadR, vi. 1.917-1.919, 20 de enero de 1941. Le estoy agradecido al profesor O. D. Kulka (Jerusalén) por haber llamado mi atención sobre este reportaje.

caba erróneamente la fecha del día en que estalló la guerra, el 1 de septiembre, y no el 30 de enero. Es difícil que esto haya sido accidental, y refleja la identificación que realizaba Hitler entre la guerra y la destrucción de los judíos.[42] Hitler recordó por primera vez a su audiencia la macabra «profecía» en su discurso ante el Reichstag del 30 de enero de 1941, y en 1942 volvió a hacerlo en no menos de cuatro discursos de importancia, el 30 de enero, el 24 de febrero, el 30 de septiembre y el 8 de noviembre, aludiendo asimismo a la destrucción de los judíos en la guerra en su «Discurso de Año Nuevo».[43] En su más terrible referencia «al extermino de los judíos en Europa», pronunciada en su discurso de noviembre ante la «vieja guardia» del partido, afirmó: «Siempre se me ha ridiculizado como profeta. De aquellos que entonces se reían, un incontable número no ríe ya a día de hoy, y los que aún ríen ahora, quizá no sigan haciéndolo en el tiempo venidero».[44] Dos veces más, el 24 de febrero y el 21 de marzo de 1943, Hitler repitió su amenaza de que la guerra traería el exterminio de los judíos, y volvió a aludir nuevamente a ella en una referencia final —que levantó «animados aplausos»— realizada durante un discurso a los generales y oficiales de Berchtesgaden el 26 de mayo de 1944.[45]

Se ha dicho acertadamente que estas singulares afirmaciones sólo pueden ser consideradas a la luz del deseo que tenía Hitler de que su obra quedara patente en el registro de la historia.[46] No obstante, y al mismo tiempo, a finales de 1941 se mostró de acuerdo con Rosenberg en

42. Véase Domarus, págs. 1.058, n. 119, 1.663, n. 54; H.-H. Wilhelm, "The Holocaust in National Socialist Rhetoric and Writings», *Yad Vashem Studies*, xvi, 1984, pág. 102, n. 8; E. Jäckel, «"Hitler und der Mord an europäischen Juden», en P. Märthesheimer and I. Frenzel (comps.), *Im Kreuzfeuer: Der Fernsehfilm "Holocaust"*, Frankfurt del Main, 1979, págs. 161-162; E. Jäckel, *Hitler in History*, Hannover/Londres, 1984, pág. 56. A diferencia de Hitler, Goebbels fechó correctamente la «profecía»; véase Wilhelm, pág. 105, que hace referencia a un editorial de Goebbels del 16 de noviembre de 1941.

43. Domarus, págs. 1.663, 1.821, 1.828-1.829, 1.844, 1.920 y 1.937; Jäckel, «Hitler und der Mord an europäischen Juden», págs. 160-161.

44. Domarus, pág. 1.937. Véase también Wilhelm, pág. 111, n. 23.

45. Domarus, págs. 1.99 y 2.001; Wilhelm, pág. 102. Goebbels se refirió también explícitamente a la «profecía» al menos en dos «destacados artículos» (de 16 de noviembre de 1941 y 9 de mayo de 1943) en *Das Reich* —considerado como un «periódico de calidad» que tenía una tirada, a principios de 1944, de un millón y medio de ejemplares—, *ibid.*, págs. 104-105 y 111.

46. Jäckel, «Hitler und der Mord an europäischen Juden», pág. 161.

que resultaba inadecuado hablar de exterminio en público.[47] Y hacia finales de 1942, Bormann aparecía deseoso de poner fin a los rumores que circulaban sobre la «solución final» en el Este del país.[48] El sorprendente contraste entre, por un lado, las deliberadas y ostentosas alusiones de Hitler —bárbaras, aunque no obstante generalizadas y abstractas— a los espantosos acontecimientos que se estaban produciendo en el Este y, por otro, la supresión de la información «pura y dura» sobre la verdadera mecánica de los asesinatos en masa, refleja el modo en que Hitler, como fuerza impulsora del genocidio, mezclaba, incluso en privado, las amenazas generalizadas a los judíos con un tabú sobre los detalles del exterminio.[49]

Desde luego, las reacciones provocadas por las heladoras afirmaciones públicas de Hitler sobre el inminente fin de la nación judía no pueden establecerse con precisión. Unos cuantos días después del 30 de enero de 1942, día en el que Hitler había repetido su «profecía», el SD informó de que se había interpretado que sus palabras «significaban que la batalla del *führer* contra los judíos habría de proseguirse hasta el final con despiadada congruencia, y que muy pronto desaparecería el último judío de suelo europeo».[50] Sin embargo, parece probable que la desinhibida expresión de la opinión que, en estas materias, llegaba a oídos de los informantes del SD representase de forma muy particular al sector de la población abiertamente nazi. Además, las atroces pero inconcretas observaciones de Hitler sobre los judíos no constituían, para la mayoría de la gente, el punto central del discurso. Según el propio informe del SD,[51] el principal interés de la población en el discurso de Hitler residía en su valoración de la situación militar en el Este, y la generalizada respuesta al párrafo de la «profecía» se resumía en una única frase, citada más arriba. Para la mayoría de la población parece que, tanto hoy como entonces, la «cuestión judía» no tenía más que un interés secundario.

47. Citado en Jäckel, *Hitler in History*, pág. 55.

48. Citado en Steinert, pág. 252.

49. Véase Mommsen, «Die Realisierung des Utopischen», págs. 391-395.

50. *Meldungen*, págs. 218-219; véase también O. D. Kulka, «"Public Opinion" in Nazi Germany: the Final Solution», *Jerusalem Quarterly*, xxvi, 1983, pág. 147; y Kulka y Rodrigue, págs. 433-434.

51. *Meldungen*, págs. 216-220. La respuesta al párrafo sobre la «cuestión judía» ocupa únicamente cinco líneas en un informe de casi cuatro páginas impresas.

Este extremo aparece reforzado por el hecho de que los informes del SD que siguieron a las ulteriores repeticiones de la profecía de Hitler en los discursos del 24 de febrero, el 30 de septiembre y el 8 de noviembre de 1942, así como en los de los días 24 de febrero y 21 de marzo de 1943, no mencionan ninguna reacción al párrafo relativo a los judíos. La declaración que hizo Hitler el 24 de febrero de 1943 apenas fue, de hecho, percibida en modo alguno por la población,[52] mientras que las reacciones al discurso en tono menor del 21 de marzo de 1943 estuvieron dominadas por la especulación relacionada con las cifras sorprendentemente pequeñas que había dado Hitler sobre las bajas de guerra alemanas.[53] La sospecha ha de ser que, pese a su draconiana naturaleza, los comentarios de Hitler sobre los judíos eran considerados como una estereotipada repetición, y que, por comparación con su estimación de la situación bélica, poseían escaso interés.

Hay, no obstante, suficientes indicaciones que sugieren que las actitudes hacia los judíos se endurecieron durante la guerra, y que entre aquellos miembros del partido y demás individuos que compartían los radicales puntos de vista nazis sobre la «cuestión judía» los pronunciamientos de Hitler eran bienvenidos como forma de apoyo a la más despiadada destrucción del «enemigo racial».

El clima había empeorado de manera significativa para los judíos que aún permanecían en Alemania tras la invasión de la Unión Soviética, ya que, en una época de recrecido odio hacia el archienemigo «judeobolchevique» y de enorme tensión, los activistas del partido generaban con renovado ímpetu una mayor agitación en favor de más acción en la «cuestión judía». La introducción en septiembre de 1941 de la «estrella amarilla», que marcaba de forma pública a los judíos como proscritos —resultado directo de esas presiones—, y el comienzo de las deportaciones en el otoño de ese mismo año, pusieron temporalmente la «cuestión judía» en la primera plana de la actualidad. En esta atmósfera, el SD dijo que el ensayo de Goebbels titulado «The Jews are Guilty», en *Das Reich*, que hacía expresa referencia a la «profecía» de Hitler, había «encontrado amplio eco» entre la población, pese a los comentarios críticos

---

52. *MadR*, xiii. 4.869, 1 de marzo de 1943.
53. *Ibid.*, xiii. 4.981-4.983, 22 de marzo de 1943; y véase más arriba el capítulo 7 para el escepticismo respecto de las cifras de bajas alemanas que proporcionaba Hitler.

provenientes de los círculos de cristianos practicantes.[54] Unas cuantas
semanas más tarde, la deportación de los judíos de Minden, en Westfalia,
provocó, según los informes, reacciones mixtas entre la población local, reacciones que iban de la simpatía hacia los judíos a los rotundos
comentarios de los nazis que daban gracias al *führer* por librar al pueblo
de la plaga que representaba la sangre judía, pretendiendo que, de haber
hecho eso mismo un siglo antes, la Primera Guerra Mundial no habría
sido necesaria, y añadiendo el rumor de que para el 15 de enero de 1942
el *führer* quería oír que no quedaban más judíos en Alemania.[55]

Este y otros informes dejan claro que las actitudes sobre la «cuestión
judía» estaban, tanto entonces como ahora, divididas. Ya fuese de un
modo positivo o —entre una minoría de la población— negativo, parece
claro que Hitler se hallaba ahora, en una medida mucho mayor de lo que
lo había estado en el período prebélico, directamente asociado con las
radicales acciones antijudías del régimen. Y a los ojos de quienes, en especial dentro del movimiento nazi, el asunto representaba una cuestión
candente, las palabras de Hitler eran claramente consideradas como una
señal y una autorización para nuevas acciones radicales y eran interpre-
tadas, cada vez más, como una descripción literal de lo que realmente
estaba sucediendo.[56]

Los sentimientos extremadamente contrarios a los judíos que expresaban algunas de las cartas que enviaban los soldados desde el frente,

---

54. *Ibid.*, viii. 3.007, 20 de noviembre de 1941.

55. SD-HAS Bielefeld, 16 de diciembre de 1941; SD-AS Minden, 6 de diciembre,
12 de diciembre de 1941. Le estoy sumamente agradecido al profesor O. D. Kulka (Jerusalén) por su amabilidad al permitirme consultar estos informes antes de que lo publicase
en su *The «Final Solution» and the German People*, Wisconsin University Press.

56. Al día siguiente de que Hitler hubiera repetido su «profecía» en su «mensaje»,
leído (sin estar él presente, cosa que ocurría por primera vez) ante los «leales» reunidos
en Munich el 24 de febrero de 1942 para la celebración anual de la fundación del partido,
el periódico *Niedersächsische Tageszeitung* tituló como sigue el párrafo más relevante de su
reportaje: «Los judíos están siendo exterminados» (*Der Jude wird ausgerottet*). Karl Dürck-
kefälden, un ciudadano corriente contrario al nazismo que vivía cerca de Celle, en la Baja
Sajonia, conservó entre los apuntes de su diario un recorte del periódico, tomando evidentemente en sentido literal la afirmación del titular; H. Obenaus, «Haben sie wirklich
nichts gewusst? Ein Tagebuch zum Alltag von 1933-1945 gibt eine deutliche Antwort»,
*Journal für Geschichte*, ii, 1980, pág. 29; véase también H. y S. Obenaus, *«Schreiben, wie es
wirklich war!» Aufzeichnungen Karl Dürkefäldens aus den Jahren 1933-1945*, Hannover,
1985, págs. 107 y sigs.

pese a ser, evidentemente, una pequeña minoría de la totalidad del volumen de correo, también incluyen a veces referencias directas a la postura de Hitler sobre la «cuestión judía», e interpretan la guerra, según los clásicos términos nazis, como una lucha provocada por los judíos y abocada a acabar con su destrucción. Uno de esos soldados, tras afirmar que «la gran tarea que nos ha sido impuesta en la lucha contra el bolchevismo reside en la aniquilación del eterno judío», proseguía: «Sólo cuando uno ve lo que los judíos han ocasionado aquí en Rusia puede entender realmente por qué el *führer* ha comenzado a luchar contra ellos. ¿Qué clase de sufrimientos no habrían caído sobre nuestra patria si esta bestia humana hubiese conservado su poder?».[57] Otra carta, escrita esta vez por un cabo interino que servía en el frente occidental, y evidentemente de una mentalidad extremadamente nazi, se refiere de forma expresa a la «profecía» de Hitler en un malévolo párrafo en el que da las gracias, entre otros, al *Stürmer* por haber permanecido fiel a sus principios sobre la «cuestión judía», y aplaude la introducción, ahora también en los territorios ocupados del Oeste, de la estrella amarilla: «[...] Las cosas han llegado finalmente al punto que nuestro *führer*, al comienzo de esta guerra, profetizaba al mundo judío en su gran discurso: "[...] Si los judíos tuviesen éxito una vez más en sumir a las naciones en una nueva guerra mundial, sería el fin de esa raza, no de la nuestra". Gradualmente, por tanto, dicha raza tiene cada vez más presentes esas palabras [...]. Todos sus esfuerzos no serán ya capaces de alterar su destino».[58] Otros soldados enviaron cartas en las que dirigían sentimientos similares al *Stürmer*, que, con una tirada cuyo volumen todavía se estimaba, durante la guerra, en más de 300.000 ejemplares, siguió publicando, al igual que antes, una selección de las cartas más repulsivamente antijudías.[59] Cuando, bajo la lluvia de bombas que caía durante la última fase de la guerra, algunos delirantes y fanáticos nazis enviaron cartas al Ministerio de Propaganda —cartas en las que sugerían, en un hecho extraordinario incluso para las profundidades de inhumanidad en que se habían abismado, matar de un tiro o quemar a los judíos como venganza por las incursiones aéreas aliadas—, hubo ocasiones en que se llegó a solicitar explícitamente que se

57. *Das andere Gesicht des Krieges*, pág. 171, nº 351, 18 de julio de 1942.
58. *Ibid.*, pág. 172, nº 352, 22 de julio de 1942.
59. F. Hahn, *Lieber Stürmer. Leserbriefe an das NS-Kampfblatt 1924 bis 1945*, Stuttgart, 1978, págs. 114, 149 y 188-227.

enviasen las «sugerencias» a Hitler. Otros dirigieron sus «sugerencias» propagandísticas directamente al mismo *führer*.[60]

Las pruebas que hemos examinado, pese a estar compuestas por retazos desiguales, sugieren un cierto número de conclusiones generales.

La creciente barbarie de la guerra, sobre todo a partir de la invasión de la Unión Soviética,[61] llevó a una progresiva deshumanización de la abstracta imagen del «judío» y a la correspondiente «interiorización» de la justificación de la necesidad de buscar una solución radical a la «cuestión judía». En tanto que categórico proponente de la «aniquilación de los judíos de Europa», Hitler vio mejorar su imagen entre una minoría —aunque se trataba de una minoría creciente y poderosa— de la población alemana (en especial, aunque en modo alguno exclusivamente, entre quienes se «organizaban» en torno al movimiento nazi y, presumiblemente, entre aquellos que, ya antes de la guerra, habían sido activos y entusiastas nazis además de antisemitas ideológicamente convencidos) como consecuencia de su abierta asociación con las medidas antijudías extremas. Para las personas representativas que estaban comprometidas con el gobierno nazi, las afirmaciones públicas de Hitler sobre la aniquilación de los judíos constituían una anuencia y una legitimación para las «iniciativas privadas» que ellos mismos adoptaban contra los judíos, un respaldo y un apoyo para su propia implicación en el creciente carácter criminal del régimen.

Para otra minoría, más pequeña, y que para esta época se encontraba ya enteramente desprovista de poder, las bárbaras medidas y políticas antijudías eran uno de los aspectos de su crítica o de su completo rechazo al nazismo. Los cristianos practicantes eran el grupo más visible, señalado por muchos informes nazis como autor de objeciones al trato dispensado a los judíos. Sin embargo, muchos individuos anónimos, cuyos rasgos de básica humanidad no habían resultado erradicados, ni siquiera por años de nazismo, revelaron por medio de pequeños actos o gestos de

---

60. BAK, R55/1461, Fos. 38-40, 301; y véase Steinert, págs. 260-261.

61. Véase O. Bartov, «The Barbarisation of Warfare. German Officers and Men on the Eastern Front, 1941-1945», *Jahrbuch des Instituts für Deutsche Geschichte*, Tel Aviv, xiii, 1984, págs. 305-339; y también H. Krausnick y H.-H. Wilhelm, *Die Truppe des Weltanschauungskrieges*, Stuttgart, 1981; C. Streit, *Keine Kameraden. Die Wehrmacht und die sowjetischen Kriegsgefangenen*, Stuttgart, 1978.

amabilidad o simpatía que no participaban de las actitudes que adoptaba la corriente principal nazi respecto de los judíos.[62] Parece obvio que, para ellos, la pública asociación de Hitler con la radical «solución de la cuestión judía», así como la vinculación del *führer* con el difundido conocimiento y los rumores del exterminio de los judíos en el Este, sólo pudieron haber constituido una nueva característica negativa de su imagen. Lo mismo puede afirmarse probablemente de aquellos que, por razones que guardaban poca relación con las preocupaciones humanitarias —como el temor a una venganza judía en caso de que se perdiera la guerra, o como el hecho de que consideraran a Hitler culpable de haber provocado la guerra por su ataque a los judíos, actitudes que en sí mismas dejaban entrever, desde luego, la influencia de la propaganda nazi de la «conspiración judía»—, expresaban críticas sobre la política antijudía nazi.[63]

Con la mayor probabilidad, la identificación de Hitler con la «lucha contra los judíos» era vista a una luz más positiva por los mucho más amplios sectores de la población que, pese a no haber sido nunca rabiosos o violentos antisemitas, habían aceptado las justificaciones básicas que se daban para la discriminación y la expulsión de los judíos, y que estaban en gran medida persuadidos de la responsabilidad que tenían los judíos del mundo en la guerra. Al mismo tiempo, y a pesar de que no hay duda de que los sentimientos hacia los judíos se endurecieron en estos círculos durante los años de la guerra, sería fácil exagerar el significado de la «cuestión judía» en todo lo relacionado con la formación de la opinión popular. Las pruebas sugieren, de hecho, que, tanto durante la guerra como antes de ella, la «cuestión judía» no había contado mucho, si la comparamos con otros factores, en la configuración de la opinión popular.

Parece claro que en la conciencia popular se produjo, en gran parte, una exclusión deliberada o subliminal del trato dispensado a los judíos

---

62. Para notables ejemplos de ayuda a los judíos, véase K. Kwiet y H. Eschwege, *Selbstbehauptung und Widerstand. Deutsche Juden im Kampf um Existenz und Menschenwürde 1933-1945*, Hamburgo, 1984, págs. 159 y sigs.; y también H. D. Leuner, *When Compassion was a Crime*, Londres, 1966; A. M. Keim (comp.), *Yad Washem. Die Judenretter aus Deutschland*, Mainz/Munich, 1983; I. Deutschkron, *Ich trug den gelben Stern*, 4ª edición, Colonia, 1983; y L. Gross, *The Last Jews in Berlin*, Londres, 1983.

63. Véase Kershaw, *Popular Opinion*, págs. 368-370; y SD-AS Minden, 6 de diciembre de 1941 (véase más arriba n. 55).

—una más o menos estudiada falta de interés, o un cultivado desinterés, que iba de la mano de una acentuación del «retiro a la esfera privada» y de un aumento del ensimismamiento por las difíciles y preocupantes condiciones imperantes en época de guerra—. Tal como se ha afirmado acertadamente, el destino de los judíos «era un tema desagradable, y no servía de nada entregarse a las especulaciones, así que nada incentivaba las discusiones sobre el destino de los judíos. El examen de esta cuestión era puesto a un lado, y se lo mantenía oculto mientras durase».[64]

Esta conclusión se ve respaldada por las respuestas que Michael Müller-Claudius, que antes de la guerra era psicólogo, recibió en 1942 a su única, y camuflada, pequeña muestra de la opinión de 61 miembros del partido (todos los cuales se habían incorporado al movimiento —bien al NSDAP, bien a las Juventudes Hitlerianas— antes de 1933). Como réplica a su incitadora observación de que «el problema judío aún no ha sido resuelto» y de que «no sabemos nada en absoluto respecto a qué tipo de solución se ha imaginado», sólo tres de esos afiliados al partido (el 5 %) expresaron, con comentarios como el siguiente, una abierta aprobación del derecho a exterminar a los judíos: «El *führer* ha decidido el exterminio de los judíos y ha prometido hacerlo. Lo llevará a cabo». En el grupo, 13 personas (el 21 %) mostraron algún signo de sentido ético y moral, aunque aceptando gran parte de la pretensión nazi que sostenía que los judíos habían hecho daño a Alemania. Sus respuestas también revelaban actitudes de resignación, actitudes que se lavaban las manos respecto de cualesquiera brutalidades que estuvieran produciéndose. Otras tres personas (el 5 %) revelaron lo que Müller-Claudius denominó un «claro alejamiento del antisemitismo». Y por último, 42 de esos nazis (el 69 % de la «muestra») dieron respuestas que podían clasificarse como de «indiferencia de conciencia» y que señalaban la existencia de un desinterés o una supresión interna de cualquier conocimiento y responsabilidad por el destino de los judíos. Las respuestas más características decían lo siguiente: «No tiene sentido pensar en ello. La decisión sólo está en manos de Hitler». «Prefiero no hablar de ello. Simplemente no es posible hacerse una opinión al respecto.» «Mejor fúmate un cigarrillo. Estoy ocupado doce horas al día y no puedo preocuparme también de eso...» Y «Estoy hasta aquí de la guerra. Quiero

64. W. Laqueur, *The Terrible Secret*, Londres, 1980, pág. 201.

una situación normal. Qué papel desempeñen en eso los judíos no es mi problema».[65]

Pese a que, desde luego, la «muestra» Müller-Claudius difícilmente puede considerarse representativa, las respuestas tienen algo más que una resonancia de verosimilitud, y, viniendo de nazis que habían entrado en el partido antes de que Hitler «tomara el poder», pueden hacerse extensivas *a fortiori* a los alemanes «no adscritos a ninguna organización». Parece justo concluir que, mientras para el grueso de la población la imagen de Hitler se hallaba sin duda abstractamente relacionada con la posibilidad de encontrar una «solución a la cuestión judía», éste era un asunto sobre el que la gente reflexionaba poco o del que apartaba deliberadamente la atención, y que, por consiguiente, los ataques públicos de Hitler a los judíos se absorbían en cierto modo con escasa deliberación y no constituían ningún elemento capital ni de la explicación de los elevados niveles de su popularidad ni del derrumbe del mito del *führer* en los últimos años de la guerra.

Volviendo a las cuestiones que planteábamos al comienzo de esta investigación, tendríamos que concluir, por tanto, que el antisemitismo, a pesar de la posición axial que ocupaba en la «cosmovisión» de Hitler, tenía sólo una importancia secundaria en cuanto a la consolidación de los lazos entre el *führer* y el pueblo, unos lazos que proporcionaban al Tercer Reich su legitimación popular y que constituían la base de su aclamación plebiscitaria. Al mismo tiempo, el principio por el que se excluía a los judíos de la sociedad alemana resultaba a su vez amplia y crecientemente popular, y el odio que manifestaba Hitler hacia los judíos —siniestro en sus amenazas, pero ceñido a la dispensa derivada de la acción legal y «racional», y no a la cruda violencia y brutalidad de los elementos «marginales» del partido— resultaba sin duda un componente aceptable de su imagen popular, a pesar de que fuese un ingrediente «adquirido» y no un factor de motivación central para la mayoría de los alemanes.

Está claro que la imagen de Hitler, en este área de fundamental importancia, se encontraba, una vez más, notablemente alejada de la realidad. Aunque al principio de su «carrera política», Hitler había subrayado la necesidad de que el antisemitismo resultase de la «razón», y no

65. M. Müller-Claudius, *Der Antisemitismus und das deutsche Verhängnis*, Frankfurt del Main, 1949, págs. 166-176.

de la pura «emoción»,[66] para él no existía, en lo relativo a la «cuestión judía» —como es bien sabido—, ninguna medida excesivamente extrema, excepto en aquellas ocasiones en que prevalecían las consideraciones tácticas. Su coherente defensa del antisemitismo de Streicher y del *Stürmer*, junto con su aprobación de la iniciativa de Goebbels, consistente en desatar el pogromo de noviembre de 1938 —una aprobación que nunca admitió en público—, demuestran las dimensiones del abismo existente entre la imagen y la realidad. Además, la sustitución del antisemitismo por el antimarxismo en fecha tan temprana como la de los años 1922-1923 como principal «tema aborrecible» de sus discursos públicos, unida al perfil relativamente poco áspero del antisemitismo en sus discursos durante los años treinta, sólo pueden explicarse, una vez más, en los términos de una decisión conscientemente adoptada y tendente a limitar la expresión pública de sus propias fobias y paranoias con el fin de servir así a sus propósitos políticos y diplomáticos, obtener un mayor eco y evitar un extrañamiento innecesario tanto en su país como en el extranjero. Su discurso ante el Reichstag del 30 de enero de 1939 señala el punto en el que la imagen pública y la realidad comenzaron a aproximarse, aunque también durante la guerra, y por muy violenta que fuese su retórica, Hitler evitó toda vinculación explícita con los procesos de asesinato en masa que en realidad estaban produciéndose.[67]

La tercera cuestión a la que buscábamos una respuesta era la función que, como persona pública, cabe atribuir a Hitler en la explicación de la radicalización de la «cuestión judía» y en la génesis de la «solución final». Aquí parece importante distinguir entre la imagen de Hitler en la doble vertiente de, por un lado, su presentación a la población y el modo en que era percibida por ella, presentación en la que el antisemitismo no era más que un elemento secundario del mito del *führer*, y el modo en que, por otro, era concebida su imagen en el interior del movimiento nazi y en algunos sectores de la burocracia estatal, ámbitos en los que su «misión» de destruir a los judíos operaba como fuerza de motivación simbólica para el partido y las SS, además de como agente de activación y legitimación de las iniciativas gubernamentales que pretendían «apretar el paso» en la búsqueda de una «solución radical» a la «cuestión ju-

66. Noakes y Pridham, págs. 36-37.
67. Véase Mommsen, «Die Realisierung des Utopischen», págs. 391-398.

día».[68] En esta última faceta, la imagen de Hitler que percibían sus leales «seguidores» —y que operaba en el marco de la «política carismática»— desempeñaba un papel crucial, ya que no sólo los líderes del partido y el Estado, sino aquellos que tenían cargos de responsabilidad intermedios —ya fuese por razones ideológicas o por una variada gama de motivos arribistas o de otra índole que, en esencia, guardaban escasa relación con un odio a los judíos movido por principios—, «interpretaban» las vagamente expresadas «intenciones» de Hitler como una luz verde para la comisión de acciones radicales, las cuales fueron desarrollando su propia dinámica e impulso.

Por lo que se refiere a los líderes intermedios y máximos del partido, la imagen de Hitler guardaba, por tanto, una relación mucho más estrecha con la realidad que en el caso de la gran masa de la población. En sus conversaciones privadas o semiprivadas, así como en las arengas «confidenciales» a los leales del partido, Hitler no dejó duda alguna de sus sentimientos sobre la «cuestión judía». En este mismo sentido cabe concebir su discurso pronunciado en Sonthofen en 1937 ante el *Kreisleiter* del partido, el indispensable nexo de unión con las bases activistas del partido en el ámbito propio del distrito, ya que fue un discurso en el que, a diferencia de la imagen cuidadosamente cultivada que presentaba en sus alocuciones públicas, habló abierta y francamente sobre sus métodos y sus objetivos.[69] En referencia directa a la «cuestión judía», y en respuesta a la «demanda» de acciones más radicales, «demanda» que había leído en un periódico, Hitler dejó claro que, por el momento, debía proceder de forma táctica y por etapas, pero que su estrategia consistía en realizar maniobras que arrinconasen a su enemigo antes de destruirle por completo.[70] De este modo, Hitler dejó sentada la atroz pauta de discriminación y persecución, proporcionando la piedra de toque y la legitimación precisas para iniciativas que en su mayor parte emanaban de

68. Véase Broszat, «Soziale Motivation», págs. 402 y sigs., 408; Mommsen, «Die Realisierung des Utopischen», en especial las págs. 389-390 y 399-400; M. Broszat, «Hitler and the Genesis of the "Final Solution"», *Yad Vashem Studies*, xiii, 1979, en especial las págs. 81, 83-85 y 97-98.

69. Texto y comentarios en Von Kotze, págs. 111-177.

70. *Ibid.*, págs. 147-148. Véase también el ejemplo del *Kreisleiter*, quien, tras un juicio ganado por un judío en litigio con un «ario», dijo que tendría dudas sobre la justicia «si no supiera uno que al frente de nuestro pueblo se encuentra un líder que habrá de desecar estas ciénagas cuando tenga tiempo»; Hahn, pág. 193.

otras personas ubicadas en distintos planos jerárquicos del partido, la burocracia estatal y, lo que no es menos importante, el complejo formado por las SS, el SD y la Gestapo, donde la «cuestión judía» desempeñaba un papel funcional.

Por consiguiente, la imagen de Hitler operaba en dos planos diferentes. En el interior del movimiento nazi y del aparato coercitivo del Estado, como símbolo de la lucha desatada para librar a Alemania de sus judíos —y cada vez más como parte de la lucha decidida a destruir de una vez por todas al pueblo judío—, poseía una significación que difícilmente puede sobrestimarse. Pero fuera del movimiento nazi, la función objetiva del mito del *führer* consistía más bien en integrar en el Tercer Reich, mediante la asociación con los más populares y atractivos aspectos del gobierno nazi que Hitler simbolizaba, a la masa de alemanes «corrientes» y «no adscritos a ninguna organización», para quienes la «cuestión judía» tenía únicamente un nivel de importancia relativamente bajo. En sí mismo, esto distraía la atención de la implicación de Hitler en la faceta más «sórdida» de la política nazi. La popularidad personal de Hitler entre las masas aumentaba al mismo tiempo la disposición de la gente a aceptar sin crítica su proclamada lucha contra el inmenso (pero anónimo) poder de la comunidad judía mundial, así como la tendencia a recibir con los brazos abiertos los crecientes niveles de discriminación «legal» contra los judíos que defendía en público. Esto, a su vez, garantizaba al menos una pasiva aquiescencia a la progresiva inhumanidad de las políticas antijudías nazis, cuando no una actitud de completa aprobación de las mismas, y proporcionaba al régimen una amplia esfera de autonomía, libre de cualquier restricción proveniente de la desaprobación popular, en cuanto a la adopción de medidas cada vez más radicales respecto de la aplicación de una «solución final» a la «cuestión judía».

# Conclusión

Hemos explorado los principales elementos de la imagen popular de Hitler y su combinación con un «mito» del liderazgo de notable potencia y persistencia. El abismo entre el personaje ficticio, fabricado por la propaganda sobre la base de unos preexistentes ideales de liderazgo «heroico», y el Hitler auténtico, es sorprendente. Pese a lo difícil que resulta valorarlas, las pruebas de la receptividad al retrato de la imagen de Hitler que hemos examinado han indicado la existencia de siete significativos fundamentos del mito de Hitler. En cada uno de estos siete casos, el contraste entre la imagen y la realidad es absoluto, y el contenido «mítico», inconfundible.

En primer lugar, Hitler era considerado como la personificación de la nación y la unidad de la «comunidad nacional», como alguien situado al margen de los egoístas intereses sectarios y de las preocupaciones materiales que determinaban la normalidad de la «vida cotidiana» y que creaban unas perjudiciales divisiones en la sociedad y en la política —el desinteresado exponente del interés nacional, cuyo incorrupto carácter y desinteresados motivos eran independientes de la escandalosa codicia e hipocresía de los funcionarios del partido—. En segundo lugar, se aceptaba que Hitler era el arquitecto y el creador que, sin ayuda, había alumbrado el «milagro económico» de Alemania en los años treinta, eliminando el azote del desempleo generalizado que seguía constituyendo una plaga en otras naciones europeas, revitalizando la economía, proporcionando un mejor nivel de vida, y generando un fundamento nuevo para una prolongada prosperidad. En tercer lugar, como muestran con la mayor claridad las reacciones populares a la masacre de 1934 de los líderes de las SA, Hitler era considerado como un representante de la «justicia popular», como la voz de los «saludables sentimientos del pueblo», el defensor de la moralidad pública, la encarnación de una contundente, y en caso necesario, despiadada, acción contra los «enemigos del pueblo» con el fin de robustecer «la ley y el orden». En cuarto lugar, tal como ha mostrado el ejemplo de la «lucha contra la Iglesia», Hitler era considerado, por lo general —incluso por destacadas jerarquías de la Iglesia con reputación de ser hostiles al nazismo—, como una persona sincera, y, en las cuestiones que afectaban a las tradiciones y a las instituciones establecidas, como un «moderado» opuesto a los elementos radicales y extremistas del movimiento nazi al que no se tenía al corriente de lo que verdaderamente estaba pasando. En quinto lugar, en el ámbito de los asuntos exteriores, Hitler era considerado por lo común como un partidario y un fanático defensor de los justos derechos de Alemania, un restaurador de la fuerza de la nación, un genial estadista, y, al parecer, según la mayoría de las opiniones, alguien que no era un racial belicista imperialista que trataba de desatar una «guerra de aniquilación» ni de promover ilimitadas conquistas para Alemania. En sexto lugar, durante la primera mitad de la guerra, Hitler parecía ser el incomparable líder militar que, no obstante, siendo un antiguo soldado del frente, un soldado distinguido además por su valor, conocía y comprendía la «psicología» del soldado ordinario. Incluso después de que la guerra se agriase, siguió siendo considerado por muchos como el epítome de la inquebrantable voluntad de Alemania en pos de una victoria cierta. Por último, tenemos la imagen de Hitler como baluarte frente a aquellos que la nación percibía que eran sus poderosos enemigos ideológicos: el marxismo-bolchevismo y, sobre todo, los judíos. Presumiblemente, esta imagen existía con mayor fuerza entre aquellos sectores de la población cuya exposición al «adoctrinamiento» ideológico era mayor —en particular, por tanto, entre los miembros comprometidos del partido y sus afiliados—. El temor al bolchevismo y el predominio del antimarxismo entre las clases medias alemanas, un predominio agudizado más aún como consecuencia de los estridentes tonos de la propaganda nazi, constituyeron incuestionablemente una amplia base negativa sobre la que se asentó la popularidad de Hitler. Sin embargo, y sorprendentemente, la preocupación personal de Hitler por la «lucha contra los judíos» no parece haber figurado como elemento destacado de su imagen para el grueso de la población.

El hecho de que la obtusa inversión de la realidad caricaturizada en estos aspectos de la imagen popular de Hitler fuera en gran medida un producto de las deliberadas distorsiones de la propaganda nazi ha sido profusamente puesto en claro en los capítulos precedentes. Pese a que, en el mejor de los casos, sólo se obtuvo un éxito parcial en la «imposición» de esta imagen a las aún intactas subculturas socialista y comunista, por un lado, y católica, por otro, subculturas en las que habían fuertes elementos ideológicos contrarios a la aceptación del mito de Hitler, y a aquellos sectores de las clases altas cuyo elitismo, sustentado en la conciencia de su posición, constituía una permanente barrera para el atractivo ejercido por las imágenes de un liderazgo populista, no existe ninguna duda de que la penetración del difundido mito de Hitler era profunda, en especial, aunque en modo alguno únicamente, entre las clases medias alemanas. Después de 1933, la propaganda nazi, prácticamente sin contestación ahora que los opositores que permanecían en el interior de Alemania habían sido silenciados, consiguió casi deificar a Hitler. Goebbels, como vimos, consideraba que su creación de la imagen pública de Hitler constituía su mayor triunfo propagandístico. Y sin embargo, pese a lo cínica que había sido su «fabricación», los excesos del culto al *führer* posteriores a 1933, y el alcance de su penetración, resultan inconcebibles si no comprendemos que, en las condiciones de crisis reinantes a principios de los años treinta, dicho culto había tocado y articulado (aunque de un modo extremista y distorsionado) elementos de la cultura política burguesa de gran arraigo y larga tradición en Alemania.

Entre ellos, el más crucial surgió de las disparidades entre, por un lado, el superficial logro de la unidad nacional y las divisiones internas padecidas por el Estado-nación alemán desde su creación en 1871, y, por otro, el abismo que separaba las inmensas aspiraciones de poder mundial de la modestia de los verdaderos logros de Alemania en las relaciones internacionales. Desde la época de Bismarck en adelante, la «unidad nacional» del nuevo Estado-nación no sólo había sido objeto de un exagerado énfasis, sino que se había centrado en el rechazo de los «enemigos internos del Reich» (católicos, socialistas, minorías étnicas), y se hallaba vinculado, de manera creciente bajo el gobierno de Guillermo II, a diversas nociones de expansionismo alemán. No obstante, en vez de desaparecer, las divisiones internas se hicieron más patentes, y se acrecentaron como consecuencia de la política populista seguida desde la década de 1890 en adelante, con lo que las ambiciones imperialistas, pese a ser cada vez más estridentes, se vieron gravemente defraudadas. La base ideológica era aquí la fundamental división que la guerra, la derrota y la revolución habían expuesto abiertamente, y esto hizo que la República de Weimar tuviera, desde sus comienzos, una base de legitimación extremadamente débil, en especial entre la burguesía y las élites. La cada vez más extensa fragmentación de la política de Weimar y su eventual deslizamiento a poco menos que una política de intereses[1] como consecuencia de la creciente crisis interna deslegitimaron por completo al propio sistema estatal, desacreditaron enteramente la política pluralista, y prepararon el camino para la total aceptación —que ya en 1932 congregaba a unos 13 millones de alemanes— de un nuevo fundamento para la unidad, representada ahora en una forma política absolutamente nueva y personalizada en el liderazgo «carismático» de Hitler.

Siendo ésas las condiciones prevalecientes en la última fase de la República de Weimar, las condiciones que precipitaron el total descrédito de un sistema estatal basado en la política pluralista, el liderazgo «funcional» del burócrata y el político de partido en tanto que representantes de la forma impersonal y «legal-racional» de la dominación política, actores ambos que imponen leyes y desempeñan funciones de las que no son personalmente responsables y con las que no pueden ser identificados, perdió credibilidad. La salvación sólo podía buscarse en un líder que poseyese un poder *personal* y estuviera dispuesto a aceptar responsabilidades *personales*, un líder que barriese las causas de la miseria, así como a los políticos y a los burócratas sin rostro que medraban en ella, y que pareciese poder imponer su propio poder personal al empuje de la historia misma.[2] En realidad, por supuesto, la variante fascista del «liderazgo carismático» —existen obvios paralelismos en el culto a Mussolini— no sólo se superponía al poder burocrático ya existente, sino que creaba nuevos y extensos aparatos de administración burocrática, y no sólo no conducía a una menor interferencia burocrática en todas las esferas de la vida, sino que provocaba su generalizado incremento. En esta paradoja, vemos la esencia del recrecido aborrecimiento que inspiraban las nuevas hornadas de «funcionarios» del partido, agentes —junto con los tradicionalmente detestados funcionarios públicos— de este control burocratizado, y también la esencia de la popularidad del *führer*, cuyo

---

1. Véase T. Childers, «Interest and Ideology: Anti-System Politics in the Era of Stabilization 1924-1928», en G. Feldman (comp.), *Die Nachwirkungen der inflation auf die deutsche Geschichte*, Munich, 1985, págs. 1-20.
2. Véase A. Gorz, *Farewell to the Working Class*, Londres, 1982, págs. 58-59 y 62-63.

poder personal era idealizado y elevado a un plano desde el que parecía ejercitarse de forma externa a los ámbitos de la «vida cotidiana».

Un extracto de un discurso ante el Reichstag de abril de 1939 ilustra bien las pretensiones personales que planteaba Hitler respecto de «sus» grandes «logros», y hasta qué punto dichos «logros» descansaban en ideales y aspiraciones «nacionales» más que en proyectos específicamente nazis. Esos «logros» constituían la base sobre la que Hitler, más que cualquier otro político antes que él, había sido capaz de integrar no sólo a las clases medias alemanas, sino a la vasta mayoría de la población que, en determinados aspectos concretos de su política, podía en ocasiones revelar un acalorado antagonismo respecto de las específicas manifestaciones del gobierno nazi que afectaban a su vida diaria. El 28 de abril de 1939, en su discurso, Hitler expuso el siguiente catálogo de logros, un catálogo que, en opinión de la mayoría de los alemanes corrientes, sólo podía considerarse como una impresionante lista de éxitos personales:

> Yo he superado el caos en Alemania, restaurado el orden, incrementado de forma generalizada la producción en todos los sectores de nuestra economía nacional. [...] Yo he logrado reintegrar por completo a la producción útil a los siete millones de desempleados que tan entrañables resultaban a nuestros corazones, he logrado mantener al campesino en su tierra a pesar de todas las dificultades, y también he logrado recuperar tierras para él, he logrado hacer que florezca de nuevo el comercio alemán, y he conseguido promover tremendamente los transportes. No sólo he unido políticamente al pueblo alemán, sino que, desde el punto de vista militar, también lo he rearmado, y además he tratado de romper, página por página, ese tratado que contenía, en sus 448 artículos, las más elementales violaciones jamás impuestas a las naciones y a los seres humanos. He devuelto al Reich las provincias que nos fueron robadas en 1919. He conducido de nuevo a su patria a los millones de alemanes profundamente desdichados que nos habían sido arrancados. He restablecido la milenaria unidad histórica del espacio vital alemán, y he tratado de hacer todo esto sin derramamiento de sangre y sin infligir a mi pueblo o a otros el padecimiento de la guerra. He logrado todo esto por mis propios medios, como alguien que hace veinte años era un trabajador desconocido y un soldado de su pueblo.[3]

3. Domarus, pág. 1.178; véase también Haffner, pág. 44.

Para la gran masa que escuchaba a Hitler, la recuperación política y económica de Alemania, que a bombo y platillo anunciaba el *führer* como logro personal, era un objetivo en sí mismo. Para Hitler y los líderes nazis, no representaba más que la base para la conquista racial e imperialista y para una guerra de aniquilación. A nosotros nos corresponde preguntarnos de qué modo la imagen popular de Hitler que hemos examinado contribuyó a la creciente robustez del régimen y a hacer posible dicha guerra, una guerra que la mayoría de los alemanes, según lo que hemos visto —pese a estar dispuestos a luchar en caso necesario—, no deseaba sino evitar vehementemente.

El mito de Hitler puede considerarse como un mito que nos proporciona el principal motor para la integración, la movilización y la legitimación en el interior del sistema de gobierno nazi. Su significado funcional ha de examinarse en el contexto de su importancia para las masas «no organizadas» —cuya imagen de Hitler ha constituido la principal preocupación de este trabajo—, para los leales al partido, y para las élites nazis y no nazis.

Nadie era más consciente del significado funcional de su popularidad en cuanto a vincular las masas a su persona, y por consiguiente al régimen, que el propio Hitler. Él mismo señaló que la solidez del régimen no podía depender «únicamente de las leyes [!] de la Gestapo», y que «el grueso de la masa [de la población] necesita un ídolo».[4] En otra ocasión, comentó que el gobernante que sólo dependiera del poder ejecutivo pero no lograse hallar el modo de «llegar a la gente» estaba condenado al fracaso.[5] Su bien documentado miedo a la pérdida de la popularidad personal y al correspondiente aumento de la inestabilidad del régimen[6] constituyen un testimonio más de lo consciente que era del carácter central que poseía la fuerza integradora de su papel como *führer*. Esta integración era en gran medida de carácter afectivo, ya que en su mayor parte forjaba lazos psicológicos o emocionales más que materiales. Sin embargo, apenas cabe dudar de su realidad. Y en los momentos de crisis interna —como los de junio de 1934—, el régimen quedó estabilizado y

---

4. Picker, *Hitlers Tischgespräche*, pág. 478; citado en Von Kotze, pág. 46.
5. Citado en Von Kotze, pág. 46.
6. Véase Speer, pág. 229; y también T. W. Mason, «The Legacy of 1918 for National Socialism», en A. Nicholls y E. Matthias (comps.), *German Democracy and the Triumph of Hitler*, Londres, 1971, págs. 215-239.

su cúpula dirigente pudo disponer de un mayor margen de maniobra gracias al incremento de la popularidad de Hitler y al robustecimiento de los lazos de identidad entre la gente y el *führer*. Mediante la imagen pública que transmitía, Hitler consiguió presentarse como un polo positivo en el Tercer Reich, como alguien que trascendía los intereses y las quejas sectarias por medio del preponderante ideal de la unidad nacional, cosa que le fue posible hacer gracias a su necesaria separación respecto de la «conflictiva esfera» de la política cotidiana, lo que le mantenía al margen de los aspectos más impopulares del nazismo.

Hitler reconocía que el entusiasmo y la disposición al sacrificio personal no podían conservarse, y estaban condenados a marchitarse, si debían enfrentarse a la «gris rutina diaria y a las conveniencias de la vida».[7] Comprendió, por tanto, que las masas podían vincularse a él mediante una constante movilización psicológica, lo que exigía una incesante sucesión de éxitos. En tanto no estuvo mediada la guerra, los éxitos se produjeron, y fueron espectaculares, especialmente en el campo de la política exterior y de los asuntos militares, lo que hizo que muchos alemanes que se hallaban alejados de los nazis se sintiesen estrechamente identificados con Hitler, logró que se renovara la decaída moral, forzó una abierta aclamación, estimuló una participación activa —pese a que fuera superficial y en buena medida de carácter ritual— en favor de «sus» logros, desarmó a los potenciales oponentes, e hizo que fuese difícil formular objeciones a la política nazi. Sin ninguna duda, éste fue, por ejemplo, el efecto de los plebiscitos puestos en escena en 1933, 1934, 1936 y 1938, en los que la extendida aclamación, pese a ser producto de la intensa propaganda y de la coerción, y a pesar de no ser, obviamente, en sentido alguno, reflejo fiel del estado de la opinión, sí que traslucía, no obstante, una aprobación y admiración generalizadas hacia los logros de Hitler, además de persuadir a los indecisos a unirse a la pauta marcada.[8]

La aclamación plebiscitaria que siempre podía movilizar Hitler le proporcionaba una inexpugnable base de popularidad, y en tal sentido brindaba legitimación al régimen tanto en el interior de Alemania como a los ojos de las potencias extranjeras, abonando el terreno para nuevas movilizaciones y confiriendo un impulso unificador a la política nazi. La

---

7. *Lagesbesprechungen im Führerhauptquartier*, edición de H. Heiber, Berlín, 1962, pág. 287.

8. Véase Scweitzer, págs. 86-87.

gigantesca popularidad de Hitler, reconocida incluso por los enemigos del régimen, constituía por tanto un elemento decisivo en la estructura del gobierno nazi en Alemania. Contribuye en gran medida a explicar no sólo el elevado y creciente grado de relativa autonomía de que disfrutaban Hitler y los demás líderes nazis respecto de las élites no nazis, sino también —en tanto que contrapeso al terror, la represión y la intimidación— la debilidad de la resistencia al régimen. El mito de Hitler y el terror fueron en este sentido las dos ineludibles caras de una misma moneda, ya que garantizaban el control político y la movilización en favor del régimen. Por consiguiente, no es una coincidencia que, en la fase final del decadente régimen, la represión terrorista experimentara una feroz escalada a medida que la fuerza aglutinante de la popularidad de Hitler iba debilitándose y derrumbándose.

Para la masa de alemanes «no organizados», el mito de Hitler operaba gracias al estímulo de la aclamación popular —recurrente pero siempre temporal— por los hechos consumados, por los golpes de mano que se habían llevado a cabo, y por los éxitos ya alcanzados, más que por un claro conjunto de políticas en curso. Uno de los principales papeles del partido era el de garantizar que se produjera el grado de aclamación adecuado. Sin embargo, para los activistas del partido y sus afiliados, las funciones integradoras y movilizadoras del mito de Hitler no se limitaban a la obtención de apoyo por los logros en curso, sino que descansaban en el hecho de que Hitler encarnase la «idea» del propio nazismo y fuese capaz —además de recordar las pasadas glorias obtenidas— de determinar las futuras utopías que habrían de alcanzarse. Las fuerzas centrífugas del movimiento nazi se mantenían unidas en gran medida por los ideales encarnados en la imagen del *führer*; los disgustos y el desencanto sociales podían trascenderse y superarse si se participaba en la gran «lucha» del *führer* y resultaba posible hallar una satisfacción última en el mundo feliz que se avecinaba. Para el núcleo de los activistas y los «comprometidos» con el movimiento, sobre todo en el caso de los elementos más jóvenes, la imagen que se percibía del *führer* era el símbolo de los preceptos ideológicos —un símbolo que preparaba la confrontación con el bolchevismo, la adquisición de *Lebensraum*, la «remoción de los judíos»—, unos preceptos que constituían «líneas de acción»[9] mucho antes

9. Broszat, «Soziale Motivation», pág. 405. Las siguientes reflexiones deben mucho a este estimulante artículo.

de ser objetivos realizables. Sin estos preceptos ideológicos vinculados a la «representativa figura» del *führer*, el dinamismo implícito en la permanente movilización del partido y sus afiliados resulta en gran medida impensable. Lo que en último término unía a los leales del partido con Hitler no eran los detallados planes de un programa de partido, sino su papel como encarnación de un combate cósmico contra irreconciliables enemigos internos y externos de inmenso poder y magnitud.

Y allí donde el venidero conflicto mortal con el bolchevismo agudizaba entre los activistas nazis la disposición y el gusto por la inflexible y brutal lucha, allí donde la idea del *Lebensraum* y del ilimitado expansionismo alemán se presentaba como la futura panacea para todos los males nacionales y todas las vigentes insatisfacciones personales, la «remoción de los judíos» ofrecía una aceptada y ya existente diana contra la que percutir, pese a que la vía para alcanzar tal objetivo no estuviese clara. Basado como estaba en principios raciales, habiendo colocado a la figura del judío como punto focal de todos los odios, y siendo el *führer* su fundamento ideológico y organizativo, el movimiento nazi no precisaba recibir ningún tipo de órdenes o directrices periódicas de Hitler para acelerar el paso de las acciones y la discriminación contra los judíos, obligar a actuar al gobierno y a la burocracia del Estado, e incrementar constantemente, por tanto, el ímpetu radical de la política racial.

De todas estas formas, y en lo que se refiere a la integración de las fuerzas potencialmente desintegradoras que existían en el seno del movimiento nazi, la imagen del *führer* operaba en un plano entre los «leales» del partido, y en otro diferente, entre la vasta masa de los alemanes «no organizados», movilizando, por un lado, la infatigable energía y el extraviado idealismo de los fanáticos y los activistas mediante la orientación de su actividad hacia objetivos «cósmicos» y «utópicos» a largo plazo, y ofreciendo, por otro, legitimación para una acción dirigida contra quienes, por su ideología y su raza, eran considerados «enemigos del Estado».

Por último, el significado del mito de Hitler ha de verse en un tercer plano que los capítulos precedentes no han tratado de investigar de forma sistemática: el de su función frente a las élites —tanto las élites «nacional-conservadoras» no nazis como los grupos de poder existentes en el seno del propio movimiento nazi—.

Para las élites «nacional-conservadoras» no nazis que poseían el poder en los ámbitos económico y del ejército, el «carisma» de Hitler nunca fue en sí mismo un factor decisivo, a pesar de que a principios de los años treinta parece claro que algunos sectores sustanciales, en especial de la «élite intelectual», sucumbieron en diversos grados al culto al *führer*.[10] Para las élites tradicionales, no era el carisma sino las pragmáticas consideraciones de poder las que les alineaban con Hitler. La erosión de su «base de legitimación» política y social, que había disminuido profundamente en la época anterior a la Primera Guerra Mundial, alcanzó un nivel crítico durante la República de Weimar.[11] Hitler fue capaz de ofrecerles una nueva plataforma de masas que permitía la aparente consolidación de sus posiciones de liderazgo en el marco de un sistema autoritario, junto con la perspectiva de que Alemania pudiese alcanzar una posición de hegemonía en Europa, y obtener incluso una situación de poder en el mundo. Por su parte, Hitler necesitaba su apoyo para adquirir y consolidar su poder. Éste era el bien conocido fundamento de la entente a que llegaron las fuerzas dominantes de las tradicionales «élites del poder» y la cúpula dirigente nazi en enero de 1933.[12]

Por muy escaso que fuese en 1933 el papel desempeñado por el «carisma» en estas consideraciones, parece indudable que el mito de Hitler —o algunos de sus elementos significativos— tuvo, en los años posteriores y al menos de dos maneras, un importante papel en la configuración de la conducta de las élites conservadoras. En primer lugar, los extraviados conceptos existentes entre las élites, según los cuales Hitler era un hombre en quien podían confiar y con el que podrían «trabajar», a diferencia de lo que ocurría con los radicales del partido, unieron a los dispares sectores de las élites y movilizaron su apoyo en favor de los dirigentes nazis en los críticos primeros años, mientras, por otra parte, la popularidad de Hitler proporcionaba al mismo tiempo la base multitudinaria con la que legitimar la presunta reafirmación de sus propias esferas de dominio. Importantes figuras pertenecientes a las élites «nacional-conserva-

10. Véase Struve, pág. 433; Weinstein, págs. 66-67; H. Mommsen, «Zur Verschränkung traditioneller und faschistischer Führungsgruppen in Deutschland beim Übergang von der Bewegungs-zur Systemphase», en Schieder, pág. 165; y Mommsen, «Der Mythos des nationalen Aufbruchs und die Haltung der deutschen Intellektuellen und funktionalen Eliten», en *1933 in Gesellschaft und Wissenschaft*, editado por Pressestelle der Universität Hamburg, Hamburgo, 1983, pág. 134.
11. Véase K.-J. Müller, «Nationalkonservative Eliten zwischen Kooperation und Widerstand», en Schmädeke y Steinbach, págs. 25-26; R. Baum, *The Holocaust and the German Elite*, Londres, 1981, págs. 52-53, 178 y sigs., 183 y sigs.
12. Véase Müller, «Nationalkonservative Eliten...», *op. cit.*, págs. 25-26.

doras» que más tarde habrían de desempeñar destacados papeles en la resistencia al nazismo —como Ernst von Weizsäcker en la burocracia, Carl Goerdeler en la economía y Henning von Tresckow en el ejército— estuvieron de acuerdo en distanciar a Hitler, en los primeros años, de las crecientes críticas que ellos mismos dirigían a los radicales del movimiento.[13] Su paso a una decidida oposición fue, en parte por esta razón, titubeante, y sus objeciones al régimen dejaron de destacar, durante largo tiempo, lo fundamental.[14]

En segundo lugar, el hecho de que subestimasen los elementos de «cesarismo» presentes en la carismática base multitudinaria de Hitler significó que, lejos de representar un nuevo fundamento para el poder de las élites tradicionales, como habían esperado, la aclamación plebiscitaria del *führer* iba a permitir que el poder personal de Hitler se desembarazase de sus probables trabas y desarrollase un alto grado de autonomía relativa, haciendo al mismo tiempo que los antiguos grupos dominantes, como el ejército, pasasen a ser, de «élites del poder» propiamente dichas, simples «élites funcionales»[15] incapaces de controlar a Hitler y a los «hombres violentos» del movimiento nazi, incluso en aquellos casos en que hubieran deseado hacerlo. Al consolidar el fundamento de la axial posición del *führer*, el mito de Hitler actuó como un instrumento que establecía una situación en la que las élites tradicionales podían ser rebasadas por las élites específicamente nazis. Por consiguiente, y a diferencia de la posición que sostiene la clásica teoría «bonapartista», el dictador y su entorno no pudieron ser paulatinamente flanqueados por la tradicional «clase dirigente» una vez que la economía se hubo estabilizado. De hecho, la dinámica fuerza impulsora del mito de Hitler no permitía la estabilización ni la «normalización», sino que más bien condicionaba las circunstancias en las que la tradicional «clase dirigente» habría de verse

13. *Ibid.*, págs. 28-30.
14. Hace unos años, y en relación con la «cuestión judía», se puso de manifiesto los modos en que los grupos conservadores de la oposición, incluso en los casos en que conspiraban activamente para destruir el régimen, podían acomodar —sin, desde luego, identificarse con ellas— partes fundamentales de la ideología nazi en su «cosmovisión». Véase C. Dipper, «The German Resistance and the Jews», *Yad Vashem Studies*, xvi, 1984, págs. 51-93.
15. Véase K.-J. Müller, *Armee, Politik und Gesellschaft in Deutschland 1933-1945*, Paderborn, 1979, págs. 39-47.
16. Véase F. Neumann, *Behemoth. The Structure and Practice of National Socialism*, Londres, 1942.

aún más supeditada y dependiente, tanto del «Behemot»[16] del Estado nazi que ya no era capaz de controlar, como de su loca carrera hacia la destrucción.

Desde principios de los años veinte en adelante, Hitler empezó a levantar los fundamentos de su poder en el partido, cimentándolo sobre todo en la fuerza de los vínculos de lealtad personal que mantenía con sus «paladines», los líderes nazis de segunda fila y los jefes cantonales. El magnetismo personal de Hitler, sus inigualables talentos para la demagogia, su fuerza de voluntad, su aparente confianza en sí mismo y su seguridad en la acción, junto con el hecho de que fuera indispensable para el movimiento (que se había fracturado al verse sin su liderazgo tras el fracasado golpe de 1923), todo ello sentó las bases de una autoridad carismática con extraordinaria fuerza en el interior de su propio entorno, una autoridad que descansaba en los lazos de la lealtad personal. Por su parte, Hitler siempre se sintió más cómodo en compañía de su grupo más íntimo, el de los «camaradas combatientes» de los «tiempos de lucha». Comprendió que su lealtad era la más firme base para su propio poder personal, y que él les necesitaba tanto como ellos a él. Su aborrecimiento hacia quienes se le oponían después de haber compartido en el pasado los lazos de la mutua lealtad no conocía límites, pero, del mismo modo, nunca olvidaba los antiguos servicios prestados, y, dejando a un lado «la noche de los cuchillos largos» de junio de 1934, no recurrió a las purgas internas del partido.[17]

La institucionalización del liderazgo carismático de Hitler, primero en el interior del partido durante los años veinte, y más tarde, después de 1933, en el seno del Estado, desempeñó una función crucial en lo referente a sellar los vínculos existentes entre Hitler y los líderes subalternos del partido. Aquí, la función integradora resultaba decisiva. La fragmentación de los grupos de la «élite» nazi ya se había manifestado con toda claridad en 1924, y a principios de los años treinta sólo había sido posible contrarrestar la acción, tanto de las facciones internas del partido como de la oposición, gracias a la solidez de la posición personal de Hitler. Después de 1933, además, las feroces enemistades personales y los conflictos políticos surgidos en el seno de la élite nazi, que en otras circunstancias habrían desgarrado el sistema, fueron solventados recurriendo únicamente a la autoridad carismática de Hitler, dada su indiscutible po-

17. Véase Kater, «Hitler in a Social Context», págs. 257-260; Schweitzer, págs. 66 y sigs.

sición como base de la legitimidad popular del nazismo y encarnación de la «idea» nazi.

Desde luego, estos líderes del partido estaban más cerca del Hitler real que las masas de alemanes corrientes, o incluso que la masa de los activistas del partido. Por lo tanto, lo que resulta sorprendente, además de importante para el empuje y el dinamismo del régimen, es que el mito de Hitler en estado puro —el culto, en toda su magnificencia, a un líder que era al mismo tiempo un «superhombre»— se extendiese a la práctica totalidad de la élite nazi, y no fuera simple y cínicamente considerado como un artificio funcional de la propaganda. Si, durante el Tercer Reich,[18] los discursos y escritos de glorificación de los líderes subordinados no proporcionan la menor prueba de que eso se hubiera producido, el comportamiento de los líderes nazis acusados en Nuremberg, y las memorias de posguerra (pese a toda su obvia retórica exculpatoria), demuestran de forma concluyente que no se verificó.[19]

Incluso después de la guerra y de las revelaciones de Nuremberg, Alfred Rosenberg dijo que Hitler era la «fuerza impulsora y el infatigable motor de los grandes logros del Estado nacionalsocialista».[20] Para Hans Frank, el *führer* había sido «una especie de superhombre» en el que había creído «sin reservas» y que, según le había parecido, estaba en lo cierto «en todas las cuestiones decisivas».[21] Albert Speer, el técnico ambicioso, calculador y racional que se había aupado hasta llegar a lo más alto del escalafón, y que se distanció de Hitler con toda claridad, tanto en Nuremberg como en sus memorias, admitió que había visto en el *führer* algo que se aproximaba al «héroe de una antigua saga», y que, después de la victoria en Francia, le había considerado como «una de las más grandes figuras de la historia de Alemania».[22] Por su parte, el antiguo cabecilla de las Juventudes Hitlerianas, Baldur von Schirach, que conservaba, incluso en Nuremberg, un ingenuo apego a Hitler, indicó en sus memorias el efecto que sobre el propio Hitler producía la cons-

18. Véase Schweitzer, pág. 82.
19. Véase, por ejemplo, G. M. Gilbert, *Nuremberg Diary*, Londres, 1948, págs. 186-196; y D. Jahr, «Die Einstellung der engeren NS-Elite zur Persönlichkeit und politischen Strategie Adolf Hitlers», Universidad del Ruhr Bochum, tesis de licenciatura, 1984.
20. A. Rosenberg, *Letzte Aufzeichnungen. Ideale und Idole der nationalsozialistischen Revolution*, Gotinga, 1955, pág. 328.
21. H. Frank, *Im Angesicht des Galgens*, Munich, 1953, págs. 139 y 322.
22. Speer, págs. 177 y 184.

tante adulación y el servilismo que le rodeaba y que le hacía impermeable a la crítica racional o a un veraz debate, y que reforzaba su creciente alejamiento de la realidad. Von Schirach señaló que «esta ilimitada y casi religiosa veneración, a la que yo contribuí, al igual que Goebbels, Goering, Hess, Ley, y muchos otros, fortaleció en el propio Hitler la creencia de que contaba con la protección de la Providencia».[23]

Tal como sugieren claramente estas memorias (en las que el elemento autoexculpatorio basado en una completa sumisión al *führer* no contradice la sincera creencia en el poder de Hitler que muestran quienes así se disculpaban ni la extrema devoción que le profesaban), la persona de Hitler se volvió gradualmente inseparable del mito del *führer*. Hitler tuvo que representar cada vez más su artificiosa imagen de omnipotencia y omnisciencia. Y cuanto más sucumbía al atractivo de su propio culto al *führer*, cuanto más llegaba a creer en su propio mito, tanto más deteriorado quedaba su juicio como consecuencia de la fe en su propia infalibilidad,[24] hasta perder la comprensión de lo que podía y no podía lograrse mediante la sola fuerza de su «voluntad». La capacidad que tenía Hitler para engañarse a sí mismo fue profunda desde mediados de los años veinte, si no antes, y fue vital para convencer a sus más próximos allegados de la grandeza de su causa y de la rectitud de la vía emprendida para materializarla. Sin embargo, a medida que fue creciendo, hasta no conocer límites, su éxito en el movimiento, en el Estado alemán y en la escena internacional, se acentuó también el engaño de la «convicción» ideológica hasta el punto de que, en último término, llegó a consumir todo lo que pudiese quedar del político calculador y oportunista, dejando en su lugar únicamente un voraz apetito de destrucción (y, en última instancia, de autodestrucción). En este sentido, el mito de Hitler fue un componente fundamental de la subyacente inestabilidad del régimen nazi y de su desbocada dinámica de destrucción.

23. B. von Schirach, *Ich glaubte an Hitler*, Hamburgo, 1967, pág. 160.

24. Según Otto Dietrich, hacia los años 1935-1936, Hitler comenzó a «odiar las objeciones dirigidas contra sus puntos de vista y las dudas sobre su infalibilidad», mostrando deseo «de hablar pero no de escuchar» (Dietrich, págs. 44-45). Y Fritz Wiedemann sostenía que hubiera sido imposible contradecir a un líder «que inmediatamente se volvía agresivo si los hechos no se ajustaban a su concepción»; Wiedemann, pág. 90, y véanse también las págs. 73-74 y 89.

Habría sido una expectativa excesiva imaginar que lo que un día fuera el poderoso mito de Hitler pudiese desaparecer de la noche a la mañana en 1945, desintegrándose junto con los restos mortales del propio *führer* y dispersándose con las cenizas del Tercer Reich. Su implantación no sólo había sido demasiado fuerte entre un considerable número de sectores de la población, sino que las condiciones del inmediato período de posguerra eran para muchos lo suficientemente miserables como para que, de su comparación con las vividas en la época de paz del nazismo, no saliese ésta pintada con tintes favorables.

Una encuesta de opinión de los primeros tiempos de la posguerra, llevada a cabo por las fuerzas de ocupación estadounidenses en octubre de 1945 en una muestra representativa de la población de Darmstadt, sugiere diferencias de actitud hacia el nazismo entre los alemanes que tenían menos de 19 años y los de más edad. Hasta un 42 % de la juventud, al que hay que contraponer el 22 % de los adultos, pensaba que la reconstrucción de Alemania se efectuaría mejor si la llevaba a cabo «un nuevo *führer* fuerte». Según el informe, «[...] se aprecia una notable diferencia en cuanto a la actitud hacia Hitler, ya que la mayoría de la juventud muestra una opinión que está dispuesta a excusar a Hitler por considerarle un hombre bueno rodeado de malos consejeros, mientras que la mayoría de las personas mayores condena a Hitler y le tiene por un individuo malvado».[25] Los juicios de Nuremberg hicieron que cayesen las escamas de los ojos de muchos alemanes, y posteriormente las encuestas de la OMGUS indicaron que únicamente uno de cada ocho encuestados en la zona estadounidense (el 12 %) recordaba haber confiado en Hitler como líder hasta el fin de la guerra, mientras que un 35 % afirmaba no haberle creído nunca y otro 16 % sostenía haber tenido fe en él sólo hasta el estallido de la guerra.[26] No obstante, aproximadamente uno de cada dos alemanes, tanto en la zona estadounidense como en la británica —y se trataba de un porcentaje creciente— pensaba que el nacionalsocialismo había sido básicamente una buena idea mal llevada a la práctica, y estaba, con mucho, más favorablemente dispuesto a ella que a la del comunismo.[27] Las bue-

25. IfZ, OMGUS-Akten, 5/234-232/2, 13 de octubre de 1945.
26. A. J. y R. L. Merritt (comp.), *Public Opinion in Occupied Germany. The OMGUS Surveys, 1945-1949*, Urbana, 1970, págs. 30-31.
27. *Ibid.*, págs. 32-33; A. J. y R. L. Merritt (comp.), *Public Opinion in Semisovereign Germany. The HICOG Surveys, 1949-1955*, Urbana, 1980, pág. 7; IfZ, OMGUS-Akten, 5/233-233/2, informes del 11 de junio de 1948, 5 de enero de 1949, 11 de febrero de 1949 provenientes de la Oficina de Investigación sobre la Opinión Pública en la Zona Británica, Bielefeld.

nas circunstancias sociales, las ventajosas condiciones de vida, el pleno empleo, un Estado y un gobierno unidos, así como el orden y la seguridad, eran los atributos señalados, en ese orden, como lo mejor del nacional-socialismo.[28] En fecha tan tardía como la de 1950, el 10 % de la opinión de la muestra de una encuesta de ámbito nacional efectuada en Alemania Occidental consideraba que Hitler era el estadista que había conseguido más cosas para Alemania —cediendo únicamente ante Bismarck—.[29] En el verano de 1952, alrededor de una cuarta parte de la población tenía «buena opinión» de Hitler.[30] Una décima parte de los encuestados pensaba que Hitler era el hombre de mayor talla del siglo, y que su auténtica grandeza sólo sería reconocida con el tiempo, mientras que otro 22 % pensaba que, a pesar de haber cometido «algunos errores», había sido no obstante un excelente jefe de Estado.[31] Alrededor de un tercio de los encuestados aún seguía oponiéndose al atentado contra la vida de Hitler del 20 de julio de 1944.[32] En 1953, cerca de un 14 % aún manifestaba estar dispuesto a volver a votar a un hombre como Hitler.[33]

Una muestra de población juvenil del norte de Alemania encuestada a finales de los años cincuenta todavía revelaba la presencia de significativos restos del mito de Hitler: había hecho mucho bien al acabar con el desempleo, castigar a los delincuentes sexuales, construir autopistas, generalizar el uso de aparatos de radio baratos, establecer el Servicio de Trabajo, y rehabilitar a Alemania en la estima del mundo. Al principio había sido un idealista con muchas buenas ideas, y sólo más tarde cometió errores y terminó convirtiéndose en alguien básicamente malo, hasta que se volvió loco y se convirtió en un asesino en masa.[34]

28.  IfZ, OMGUS-Akten, 5/233-233/2, 11 de febrero de 1949.

29.  *Jahrbuch der öffentlichen Meinung 1947-1955*, edición de E. Noelle y E. P. Neumann, Allensbach, 1956, pág. 132. K. D. Bracher, *The German Dictatorship*, Hardmonsworth, 1973, pág. 589, afirma que, en 1953, la proporción de alemanes occidentales que pensaban que Hitler había sido posiblemente el mayor estadista de su siglo se elevaba al 32 %, pero esta afirmación parece provenir de una lectura errónea de la cifra de las encuestas de opinión, que arrojan estos valores al referirse a Bismarck, no a Hitler.

30.  *Jahrbuch der öffentlichen Meinung 1947-1955*, pág. 135.

31.  *Ibid.*, pág. 136.

32.  *Ibid.*, pág. 138.

33.  Merritt y Merritt, *Public Opinion in Occupied Germany*, pág. 62, n. 17.

34.  W. Jaide, «Not interested in Politics?», en W. Stahl (comp.), *The Politics of Postwar Germany*, Nueva York, 1963, págs. 368-369.

La caída decisiva en el nivel de popularidad póstuma de Hitler llegó durante la era del «milagro económico», con Adenauer y Erhard. A mediados de los años sesenta, sólo el 4 % manifestaba que podría estar dispuesto a votar otra vez por alguien como Hitler.[35] Para esta época, sólo un 2 % o un 3 % pensaba que Hitler había logrado más cosas para Alemania que cualquier otro líder. (En esos años, Adenauer había dejado muy atrás a Bismarck como favorito en este tipo de valoraciones.)[36] A pesar de todo, el número de los que creían que Hitler habría sido uno de los más grandes estadistas alemanes de todos los tiempos de no haber sido por la guerra seguía siendo relativamente alto, aunque también esta cifra había caído de forma drástica (del 48 % en 1955 al 32 % en 1967).[37]

A mediados de los años sesenta, la admiración por Hitler estaba casi enteramente confinada en la residual extrema derecha radical, los neonazis. Durante los primeros años de la República Federal, de 1949 a 1953, cuando la derecha estaba escenificando algo parecido a una recuperación, se realizaron intentos de distinguir entre el «insensato hitlerismo» y los aspectos positivos del nacionalsocialismo.[38] Sin embargo, y dado que esta fase del optimismo de derechas desapareció a partir de 1953, estas distinciones fueron sustituidas en el núcleo duro por una adhesión declarada al pasado nazi y por una absoluta glorificación de Hitler.[39] El tono fundamental de las publicaciones de extrema derecha apenas se ha modificado desde esa fecha. La breve revitalización de la derecha neonazi, que conoció el temporal ascenso a posiciones destacadas del NPD entre los años 1966 y 1968, trajo una reactivación de carácter francamente menor de los puntos de vista positivos sobre Hitler y el nazismo. En 1968, el 6 % de la población de Alemania Occidental (en contraste con el 4 % de 1965 y 1967) manifestaba estar dispuesto a votar de nuevo por un hombre como Hitler.[40] La «oleada de publicaciones

35. Merritt y Merritt, *Public Opinion in Occupied Germany*, pág. 62, n. 17.

36. *Jahrbuch der öffentlichen Meinung 1965-1967*, edición de E. Noelle y E. P. Neumann, Allensbach, 1974, pág. 201.

37. *Jahrbuch der öffentlichen Meinung 1965-1967*, pág. 144.

38. H.-H. Knuetter, «Ideologies of Extreme Rightists in Postwar Germany», en Stahl, pág. 224.

39. *Ibid.*, págs. 224-226.

40. Merritt y Merritt, *Public Opinion in Occupied Germany*, pág. 62. Presumiblemente, y por muchas razones de orden táctico, sólo un tercio de los seguidores del NPD encuestados admitieron estar dispuestos a votar de nuevo por un hombre como Hitler.

sobre Hitler» registrada durante la década de los setenta parece haber contribuido a una renovada y abierta glorificación de Hitler en la extrema derecha.[41] Aún actualmente, Hitler es descrito con tintes «heroicos» en estos círculos, que lo consideran un «gran estadista» y una «significativa personalidad», cuya política exterior logró poder y autonomía para Alemania, mientras que su fracaso y la pérdida de la guerra son atribuidos a un sabotaje interno, y la guerra misma imputada no a Hitler sino a la intromisión de las potencias occidentales en el conflicto germano-polaco.[42] Los muestreos sistemáticos realizados entre los votantes de Alemania Occidental entre los años 1979-1980 indican que el 13 % de los votantes de la República Federal tenía una firme «cosmovisión» de extrema derecha, y que el 14 % respondía positivamente a la afirmación de que «deberíamos volver a tener un líder que gobierne Alemania con mano de hierro en bien de todos».[43]

Pese a que estas cifras resultan chocantes, es preciso ponerlas en perspectiva. Desde 1945, Alemania Occidental se convirtió en una democracia liberal «normal», con estrechas afinidades con los sistemas políticos de otros países occidentales. También esos países tenían (y tienen) sus fascistas y nazis desorganizados, su franja residual de lunáticos de extrema derecha, y sus amplios sectores de personas que simpatizan con varios aspectos del pensamiento extremista. Y al margen de las peculiaridades de las relaciones con la República Democrática Alemana, los problemas estructurales del Estado germano-occidental eran, en lo fundamental, aquellos que resultaban comunes a la mayoría de las sociedades industriales capitalistas (y menos pronunciados que en muchas de ellas): los problemas de la igualdad social y la distribución de la riqueza, en una época de recesión mundial, del crecimiento económico que tan central resulta para la legitimidad de las democracias liberales de la posguerra; los problemas de la explotación (y con frecuencia, el agotamiento) de los recursos naturales en interés de la economía; los problemas de la defensa nacional en una era nuclear; y los correspondientes

41. Para la «comercialización» de Hitler durante la década de los setenta, véase C. H. Meyer, «Die Veredelung Hitlers. Das Dritte Reich als Markenartikel», en W. Benz (comp.), *Rechtsextremismus in der Bundesrepublik*, Frankfurt del Main, 1984, págs. 45-67.

42. *5 Millionen Deutsche: «Wir sollten wieder einen Führer haben…» Die SINUS-Studie über rechtsextremistische Einstellungen bei den Deutschen*, Reinbeck bei Hamburg, 1981, págs. 54-55.

43. *Ibid.*, págs. 78-79.

problemas derivados de la contención y la absorción de una protesta social y política con frecuencia justificada, sin destruir por ello las libertades civiles ni socavar la propia esencia del Estado liberal democrático.

Los problemas socioeconómicos en Alemania Occidental, al igual que en todas partes, dieron lugar a un inevitable rebrote de la hostilidad hacia las minorías étnicas y de otra índole, y ejercieron cierta presión sobre el propio sistema político (situación que se refleja en la protesta social, en parte ecológica, en parte antinuclear, y en parte general, del Partido Verde). Sin embargo, las características específicas y estructurales de la cultura sociopolítica alemana existente en el efímero y desdichado Estado-nación, características que condicionaron la elaboración y el atractivo del extraordinario mito de Hitler, fueron en gran medida barridas en el torbellino de cambios que siguió a la derrota total, y se desvanecieron por completo en el proceso de transformaciones a largo plazo que se derivó de la reconstrucción de la posguerra. A diferencia de lo sucedido durante los años veinte y treinta, los problemas socioeconómicos vigentes, pese a ser agudos, no han determinado una notable mejora de la fortuna política de la extrema derecha. Y lo que es del todo crucial, no han producido, y tampoco parece probable que vayan a hacerlo, una dañina crisis de la legitimidad del Estado.

Sólo una crisis de este tipo, de proporciones inconcebiblemente devastadoras —como las que pueden seguir a una gran guerra—, podría minar y destruir las estructuras políticas plurales que ahora existen hasta el punto de propiciar la aparición de una nueva forma de liderazgo carismático de corte fascista en proporciones lo suficientemente considerables de la población como para constituir una solución viable y atractiva. Sin querer parecer excesivamente optimista, y sin trivializar el persistente fenómeno del extremismo de derechas ni la necesidad de mantener la vigilancia a este respecto, la plena comprensión de la responsabilidad de Hitler en los indecibles padecimientos que debieron soportar millones de personas ha desacreditado hasta tal punto todo lo que él defendió a los ojos de las gentes sensatas de todo el mundo que, excepto en circunstancias que rebasan el alcance de nuestra imaginación realista, es difícil ver la posibilidad de una resurrección o de una nueva variante del que un día fuera el poderoso mito de Hitler, un mito dotado con la capacidad de atrapar la imaginación de millones de personas.

Los viejos mitos son, no obstante, sustituidos por los nuevos a medida que la combinación de la moderna tecnología y las avanzadas técnicas de comercialización van generando ejemplos cada vez más elaborados y sofisticados de construcción de una imagen política en torno a cultos a la personalidad de orden menor, incluso en las democracias occidentales —cultos destinados a generar una realidad ofuscadora entre los ignorantes y los crédulos—. El precio de abdicar de las responsabilidades democráticas y de depositar una confianza acrítica en el «firme liderazgo» de una autoridad política aparentemente bien intencionada resultó muy caro para los alemanes que conocieron el período que va de 1933 a 1945. Y a pesar de que la recaída en nuevas formas de fascismo es intrínsecamente improbable en cualquier democracia occidental, la generalizada extensión del poder que tiene el Estado moderno sobre sus ciudadanos es en sí misma causa más que suficiente para desarrollar el más elevado nivel posible de escepticismo informado y de conciencia crítica como única protección frente a las imágenes comercializadas de los presentes y futuros aspirantes al «liderazgo» político.

# Lista de abreviaturas
## Glosario de voces y nombres alemanes utilizados en el texto y las notas

| | |
|---|---|
| AA | *Arbeitsamt* (Oficina de Empleo). |
| *Abschnitt* | Oficina administrativa regional del SD, cuya posición jerárquica es equivalente al *Hauptaussenstelle*. |
| AS | *Aussenstelle* (oficina local del SD). |
| ASD | Archivos de la socialdemocracia, Bonn. |
| BA | *Bezirksamt, Bezirksamtvorstand* (Negociado del Distrito, jefe del Negociado del Distrito, unidad administrativa del gobierno local, llamada *Landratsamt* a partir de 1939). |
| BAK | Bundesarchiv Koblenz. |
| BA/MA | Bundesarchiv/Militärarchiv, Freiburg im Breisgau. |
| *Bayern I-VI* | *Bayern in der NS-Zeit*, edición de M. Broszat y otros, 6 vols., Munich/Viena, 1977-1983. |
| BDC | Centro Documental de Berlín. |
| *Blockleiter, Blockwart* | Dirigente de barrio, funcionario del partido nazi responsable del control político de una manzana de viviendas. |
| BPP | *Bayerische Politische Polizei* (policía política bávara, llamada, después de 1936, Gestapo). |
| *DBS* | *Deutschland-Berichte der Sozialdemokratischen Partei Deutschlands 1934-1940 (Germany Reports of the Social Democratic Party of Germany 1934-1940)*, 7 vols., Frankfurt del Main, 1980. |
| ES | *Emigration Sopade* (nombre de la colección de archivos que contienen los informes de los secretarios de fronteras del *Sopade*, en el Archiv der sozialen Demokratie, Bonn). |
| *Gau* | Región administrativa del Partido Nazi, cantón. |
| *Gauleiter* | Jefe cantonal, dirigente (o dirigentes) de la administración regional del partido. |
| GBF | *Gendarmerie-Bezirksführer* (jefe de la policía de distrito). |
| *Gendarmerie* | Cuartel de la policía en las zonas no urbanas. |

| | |
|---|---|
| GenStA | *Generalstaatsanwalt* (procurador del Estado en una región con un Tribunal Superior, OLG). |
| Gestapo | *Geheime Staatspolizei* (policía secreta estatal). |
| GHS | *Gendarmerie-Hauptstation* (en un distrito, cuartel central de la policía). |
| GI | *Gendarmerie-Inspektion* (Departamento de inspectores de la policía en un distrito). |
| GKF | *Gendarmerie-Kreisführer* (jefe de la policía de un distrito; es un cambio de denominación introducido en 1939 respecto del anterior GBF). |
| GP | *Gendarmerie-Posten* (cuartel local de la policía; es un cambio de denominación introducido en 1939 respecto del anterior GS). |
| GS | *Gendarmerie-Station* (cuartel local de la policía; en 1939 cambió su denominación a GP). |
| GStA | Bayerisches Hauptstaatsarchiv, Abteilung II, Geheimes Staatsarchiv, Munich. |
| HAS | *Hauptaussenstelle* (principal oficina del SD en una región). |
| HICOG | Alto Comisionado de Estados Unidos para Alemania. |
| IfZ | Institut für Zeitgeschichte, Munich. |
| IML/ZPA | Institut für Marxismus-Leninismus, Zentrales Parteiarchiv, Berlín Este. |
| IWM | Museo Imperial de la Guerra, Londres. |
| *KL* | *Die kirchliche Lage in Bayern nach den Regierungspräsidentenberichten 1933-1943*, 4 vols., edición de H. Witetschek y (para el vol. iv) W. Ziegler, Mainz, 1966, 1967, 1971, 1973. |
| KL | *Kreisleiter* (dirigente de distrito del Partido Nazi). |
| KPD | *Kommunistische Partei Deutschlands* (Partido Comunista alemán). |
| *Landrat* | Jefe de la administración del Estado en el ámbito propio del distrito (conocido antes de 1939 como *Bezirksamtsvorstand*). |
| LB | *Lagebericht* (informe de situación). |
| LK | *Landkreis* (nombre del distrito administrativo del gobierno a partir de 1939; anteriormente se lo denominaba *Amtsbezirk*). |
| LR | *Landrat* (véase más arriba). |
| LRA | *Landsratsamt* (oficina de distrito del gobierno; antes de 1939 se la conocía como *Bezirksamt*). |
| *MadR* | *Meldungen aus dem Reich. Die geheimen Lageberichte des* |

|  |  |
|---|---|
|  | *Sicherheitsdienstes der SS 1938-45*, 17 vols., edición de H. Boberach, Herrsching, 1984. |
| *Meldungen* | *Meldungen aus dem Reich*, edición de H. Boberach, Neuwied, 1965. |
| MF | Mittelfranken (Franconia Central). |
| NB | Niederbayern (Baja Baviera). |
| NS | *Nationalsozialismus, nationalsozialistisch* (nazismo, nazi). |
| NSDAP | *Nationalsozialistische Deutsche Arbeiterpartei* (Partido Obrero Nacionalsocialista alemán, o Partido Nazi). |
| NSLB | *Nationalsozialistischer Lehrerbund* (Asociación de Maestros Nazis). |
| NSV | *Nationalsozialistische Volkswohlfahrt* (Asociación Nazi para el Bienestar del Pueblo). |
| OB | Oberbayern (Alta Baviera). |
| OF | Oberfranken (Alta Franconia). |
| OLG | *Oberlandesgericht* (Tribunal Superior Regional). |
| OLGP | *Oberlandesgerichtspräsident* (presidente de un Tribunal Superior Regional). |
| OMGUS | Oficina del Gobierno Militar de Estados Unidos para Alemania. |
| OP | Oberpfalz (Alto Palatinado). |
| *Ortsgruppenleiter* | Líder de un grupo local del Partido Nazi. |
| Pd | *Polizeidirektion* (Administración de la policía urbana). |
| Pg | *Parteigenosse* (nazi, «camarada del partido»). |
| PLG | *Präsident des Landesgerichts* (presidente de un Tribunal Regional). |
| *Reichskristallnacht* | «Noche de los cristales rotos» (literalmente, «noche de los cristales del Reich»), término sarcástico nazi adoptado tras la constatación de la cantidad de cristales rotos en las tiendas y propiedades judías dañadas y destruidas en el pogromo que se llevó a cabo en toda la nación en la noche del 9 al 10 de noviembre de 1938. |
| *Reichssicherheitshauptamt* | Oficina Central de Seguridad del Reich. |
| RI | *Rüstungsinspektion* (Oficina de Inspección de Armamento). |
| RMdI | *Reichsministerium des Innern* (Ministerio de Asuntos Exteriores del Reich). |
| RP | *Regierungspräsident* (presidente del gobierno, jefe de la administración regional del Estado que controla una región gubernamental [*Regierungsbezirk*]). |
| RSHA | *Reichssicherheitshauptamt* (véase más arriba). |
| S | Schwaben (Suabia). |

| | |
|---|---|
| SA | *Sturmabteilung* (Tropas de Asalto nazis, organización paramilitar). |
| *Schupo* | *Schutzpolizei* (cuartel de la policía municipal). |
| *Schutzhaft* | «Custodia protectora», eufemismo para el arresto sumario y el internamiento, habitualmente en un campo de concentración. |
| SD | *Sicherheitsdients* (Servicio de Seguridad, parte de la organización de las SS, responsable de la vigilancia interna y del control de la opinión). |
| SGM | *Sondergericht München* («Tribunal Especial» de Munich, encargado de sancionar las ofensas políticas). |
| *Sopade* | *Sozialdemokratische Partei Deutschlands* (SPD en el exilio con base en Praga [1933-1938], París, [1938-1940], y finalmente, a partir de 1940, Londres). |
| SPD | *Sozialdemokratische Partei Deutschlands* (Partido Socialdemócrata alemán). |
| SS | *Schutzstaffeln* (organización de policía y seguridad dirigida por Himmler). |
| StAA | Staatsarchiv Amberg. |
| StAB | Staatsarchiv Bamberg. |
| StAL | Staatsarchiv Landshut. |
| StAM | Staatsarchiv München. |
| StANeu | Staatsarchiv Neuburg an der Donau. |
| StAN | Staatsarchiv Nürnberg. |
| Stapo | *Staatspolizei* (policía estatal = Gestapo) |
| StAW | Staatsarchiv Würzburg. |
| *Stützpunkleiter* | Líder de una sede local del Partido Nazi. |
| UF | Unterfranken (Baja Franconia). |
| USSBS | *United States Strategic Bombing Survey*, reimpresión, Nueva York, Londres, 1976, vol. 4 («The Effects of Strategic Bombing on German Morale»). |
| *VfZ* | *Vierteljahreshefte für Zeitgeschichte.* |
| *Völkisch* | Nacionalista racial. |
| *Volksgemeinschaft* | «Comunidad del pueblo», concepto social nazi que implicaba una sociedad étnicamente pura y armoniosa, libre de conflictos de clases y de divisiones internas. |
| WL | Wiener Library (Biblioteca Wiener), Londres (posteriormente trasladada a Tel Aviv, aunque conservando en Londres las copias en microfilm del fondo de archivos). |
| WWI | *Wehrwirtschaftsinspektion* (Cuerpo de inspectores económicos del ejército). |
| ZStA | Zentrales Staatsarchiv, Potsdam. |

# Fuentes de archivos
# y periódicos consultados

1. *Archiv der sozialen Demokratie (Friedrich-Ebert-Stiftung)*, Bonn ES 31-34, 63-66, 147.

2 *Bayerisches Hauptstaatsarchiv, Abt. II, Geheimes Staatsarchiv, Munich*
i. *Informes de los presidentes del gobierno y la policía*
MA 101241/1-2, MA 102138, MA 101241, MA 102141, MA 102144, MA 102149, MA 102151, MA 102154, MA 102155/3, MA 106670-4, MA 106677-91, MA 106693-7.
ii. *Otros archivos*
MA 102257, MA 106457, MA 106468, MA 106765, MA 106767, MA 107257, MA 107291; Reichsstatthalter 39-40, 112-113, 157, 694.

3. *Centro de documentación de Berlín*
Archivo personal del SS-Oberf. Hermann von Schade (re. Adolf Wagner).

4. *Bundesarchiv Koblenz*
NL118/62-66, 87, 102-103; NS6/129, 406-407; NS10/154-155, 157-160; NS29/71; R18/5038, 5350, 5355; R22/3355, 3379, 3381; R43II/315a, 318, 318a, 528, 533, 972, 991, 1263-1264; R55/vorl. 443, vorl. 445, 571, 580, 583-584, 601-603, 612, 622-623, 1461; R58/81, 100, 144-194, 381, 386, 432, 535, 548, 552, 566-568, 570-571, 582, 584, 604, 656, 663-664, 666, 672, 681, 717, 1094-1096, 1127-1128, 1145; Zsg. 101/27-29, 33; Zsg. 102/1-3, 13; Zsg. 110/1-3.

5. *Bundesarchiv/Militärarchiv, Freiburg im Breisgau*
RW19/9-34, 38, 41, 48, 57, 67-78; RW20/7/16-17; RW20/13/8-9.

6. *Museo Imperial de la Guerra, Londres*
«Aus deutschen Urkunden», documentación inédita, s. f. (? *c.* 1945-1946).

7. *Institut für Marxismus-Leninismus, Zentrales Parteiarchiv, Berlín Este*
PSt.3/100, 152; St.3/38/I-IV, 39/I-III, 44/I-III, 47, 54-55, 64; St.3/936.

8. *Institut für Zeitgeschichte, Munich*
MA 441/1-9, 731, 738, 1217, 1226; OMGUS-Atken, 5/233-3/2, 5/234-2/2.

9. *Landratsamt Neumarkt in der Oberpfalz (Registratur)*
LRA Parsberg 939.

10. *Landratsamt Obernburg am Main (Registratur)*
Sammelakt «Kirche und Nationalsozialismus».

11. *Staatsarchiv Amberg*
BA Amberg 2397-2399, 2859; BA Vohenstrauss 4674.

12. *Staatsarchiv Bamberg*
K8/III, 18470-18475; M33/153-155, 175, 410.

13. *Staatsarchiv Landshut*
164/10, 5094-5095; 164/14, 5731; 164/19, 3681.

14. *Staatsarchiv München*
LRA 28340, 29130, 29654-29656, 30676-30678, 31933, 47140, 48235, 59595, 61611-61620, 79887-79888, 99497, 99532, 112209, 113813, 116116, 134055-134060, 135112-135117; NSDAP 126-127, 249, 256, 285, 318, 349, 375-378, 440, 447, 494, 654-655, 980, 983; OLG 127; SGM (registro que contiene unos 10.000 documentos del *Sondergericht München*).

15. *Staatsarchiv Neuburg an der Donau*
NSDAP Mischbestand, Gau Schwaben: Sammlung Schumacher LO 47, 51-52, 60 Anhang Nr. 3; LO A5, 15, 18, 30/35, 53, 66.

16. *Staatsarchiv Nürnberg*
212/1/III, 2145; 212/8/V, 4237, 4241, 4266, 4346; 212/2/VI, 1530, 1792; 212/12/V, 99; 212/13/II, 654; 212/17/III, 8444; 212/18/VIII, 661; 218/1/I, 357-359; 218/1/I, 431.

17. *Staatsarchiv Würzburg*
Gauleitung Mainfranken II/5; IV/9; Sammlung Schumacher 29; SD-Hauptaussenstelle Würzburg 1-59; sin catalogar, números provisionales de documento facilitados: BA Alzenau 1936-1940; BA Bad Neustadt 125/1-7.

18. *Wiener Library Londres*
«Deutsche Inlandsberichte», 1939-1941.

19. *Zentrales Staatsarchiv, Potsdam*
RMdI, 25721, 25732/1-2, 25736, 26058-26060, 26186/1, 27079/28-71.

20. *Periódicos*
*Augsburger National-Zeitung; Bayerischer Kurier; Bayerische Volkszeitung; Fränkischer Kurier; Fränkische Tagespost; Miesbacher Anzeiger; Münchner Neueste Nachrichten; Münchner Post; Regensburger Anzeiger; Rheinisch-Westfälische Zeitung; Stürmer; Völkischer Beobachter.*

# Bibliografía

Ake, C., «Charismatic Legitimation and Political Integration», *Comparative Studies in Society and History*, vol. ix, 1966-1967.

Allen, W. S., *The Nazi Seizure of Power: The Experience of a Single German Town* (1922-1945), 2ª ed., Nueva York, 1984.

——, «The Appeal of Fascism and the Problem of National Disintegration», en H. A. Turner (comp.), *Reappraisals of Fascism*, Nueva York, 1975.

——, «Die deutsche Öffentlichkeit und die "Reichskristallnacht": Konflikte zwischen Werthierarchie und Propaganda im Dritten Reich», en Peukert y Reulecke (comps.), *Die Reihen fast geschlossen*.

Andreas-Friedrich, R., *Schauplatz Berlin: Ein deutsches Tagebuch*, Munich, 1962.

Aretin, E. von, *Krone und Ketten: Erinnerungen eines bayerischen Edelmannes*, Munich, 1955.

Auerbach, H., «Hitlers politische Lehrjahre und die Münchener Gesellschaft 1919-1923», *VfZ*, vol. xxv, 1977.

——, «Volksstimmung und veröffentlichte Meinung in Deutschland Zwischen März und November 1938», en F. Knipping y K. J. Müller (comps.), *Machtbewußtsein in Deutschland am Vorabend des Zweiten Weltkrieges*, Paderborn, 1984.

Bahne, S., «Die Kommunistische Partei Deutschlands», en Matthias y Morsey (comps.), *Das Ende der Parteien*.

Baird, J. W., *The Mythical World of Nazi War Propaganda 1939-1945*, Minneapolis, 1974.

Balfour, M., *Propaganda in War, 1939-1945*, Londres, 1979.

Bankier, D., «German Society and National Socialist Antisemitism, 1933-1938», tesis doctoral, Universidad Hebrea de Jerusalén, 1983 (resumen en inglés del texto en hebreo).

Bartov, O., «The Barbarisation of Warfare: German Officers and Men on the Eastern Front, 1941-1945», *Jahrbuch des Instituts für Deutsche Geschichte*, Tel Aviv, vol. xiii, 1984.

Baum, R., *The Holocaust and the German Elite*, Londres, 1981.

*Bayern in der NS-Zeit*, edición a cargo de M. Broszat y otros, 6 vols., Munich/Viena, 1977-1983 (citados en el texto como *Bayern I*, etc.).

Berghahn, V., «Meinungsforschung im "Dritten Reich": Die Mundpropaganda-Aktion der Wehrmacht im letzten Kriegshalbjahr», *Militärgeschichtliche Mitteilungen*, vol. i, 1967.

Berning, C., *Vom «Abstammungsnachweis» zum «Zuchtwart»: Vokabular des Nationalsozialismus*, Berlín, 1964.

Bessel, R., «The Rise of the NSDAP and the Myth of Nazi Propaganda», *Wiener Library Bulletin*, vol. xxxiii, 1980.

——, *Political Violence and the Rise of Nazism*, New Haven y Londres, 1984.

Beuth, W., *Der deutsche Hitler-Frühling: Die Wiederaufrichtung Deutschlands durch den Volkskanzler des Deutschen Reiches Adolf Hitler*, Frankfurt, 1933.

Binion, R., *Hitler among the Germans*, Nueva York, 1976.

Blessing, W. K., «The Cult of Monarchy, Political Loyalty, and the Workers' Movement in Imperial Germany», *Journal of Contemporary History*, vol. xiii, 1978.

Bohrer, K. H. (comp.), *Mythos und Moderne*, Frankfurt, 1983.

Bracher, K. D., *The German Dictatorship*, Harmondsworth, 1973 (trad. cast.: *La dictadura alemana*, 2 vols., Madrid, Alianza, 1974).

Bracher, K. D., G. Schultz y W. Sauer, *Die nationalsozialistische Machtergreifung*, 3 vols., Frankfurt, Ullstein, 1974.

Bramsted, E. K., *Goebbels and National Socialist Propaganda 1925-1945*, Michigan, 1965.

Bretschneider, H., *Der Widerstand gegen den Nationalsozialismus in München 1933 bis 1945*, Munich, 1968.

Broszat, M., *The Hitler State*, Londres, 1981.

——, «Soziale Motivation und Führer-Bindung des Nationalsozialismus», *VfZ*, vol. xviii, 1970.

——, «Politische Denunziationen in der NS-Zeit», *Archivalische Zeitschrift*, vol. lxxiii, 1977.

——, «Hitler and the Genesis of the "Final Solution"», *Yad Vashem Studies*, vol. xiii, 1979.

Bullock, A., *Hitler: A Study in Tyranny*, Harmondsworth, Pelican, 1962; ed. rev., Londres, 1964 (trad. cast.: *Hitler*, 2 vols., Barcelona, Grijalbo-Mondadori, 1984).

Carr, W., *Hitler: A Study in Personality and Politics*, Londres, 1978.

Chickering, R., *We Men Who Feel Most German: A Cultural Study of the Pan German League, 1886-1914*, Londres, 1984.

Childers, T., *The Nazi Voter: The Social Foundations of Fascism in Germany, 1919-1933*, Chapel Hill y Londres, 1983.

——, «Interest and Ideology: Anti-System Politics in the Era of Stabilization 1924-1928», en G. Feldman (comp.), *Die Nachwirkungen der Inflation auf die deutsche Geschichte*, Munich, *1985*.

Conway, J., *The Nazi Persecution of the Churches, 1933-1945*, Londres, 1968 (trad. cast.: *La persecución religiosa de los nazis*, Barcelona, Plaza y Janés, 1973).

——, «National Socialism and the Churches during the Weimar Republic», en Stachura (comp.), *The Nazi Machtergreifung*.

*Das andere Gesicht des Krieges Deutsche Feldpostbriefe 1939-1945*, edición a cargo de O. Buchbender y R. Sterz, Munich, 1982.

*Der italienische Faschismus: Probleme und Forschungstendenzen*, Kolloquien des Instituts für Zeitgeschichte, Munich, 1983.

*Der Nationalsozialismus: Dokumente 1933-1945*, edición a cargo de W. Hofer, Frankfurt, 1957.

Deuerlein, E. (comp.), *Der Aufstieg der NSDAP in Augenzeugenberichten*, Düsseldorf, 1968.

Deutschkron, I., *Ich trug den gelben Stern*, 4ª ed., Colonia, 1983.

*Deutschland-Berichte der Sozialdemokratischen Partei Deutschlands 1934-1940*, 7 vols., Frankfurt, 1980 (citados en el texto como *DBS*).

Diels, R., *Lucifer ante Portas: Zwischen Severing und Heydrich*, Zurich, [1949].

Diephouse, D. J., «The Triumph of Hitler's Will», en J. Held (comp.), *The Cult of Power: Dictators in the Twentieth Century*, Nueva York, 1983.

Dietrich, O., *Zwölf Jahre mit Hitler*, Colonia y Munich, [1955].

Dipper, C., «The German Resistance and the Jews», *Yad Vashem Studies*, vol. xvi, 1984.

Domarus, M. (comp.), *Hitler: Reden und Proklamationen 1932-1945*, Wiesbaden, 1973 (citado como Domarus).

Domarus, W., *Nationalsozialismus, Krieg und Bevölkerung*, Munich, 1977.

Eiber, L., *Arbeiter unter der NS-Herrschaft: Textil- und Porzellanarbeiter im nordöstlichen Oberfranken 1933-1939*, Munich, 1979.

Eley, G., *Reshaping the German Right*, New Haven y Londres, 1980.

Ericksen, R. P., *Theologians under Hitler*, New Haven y Londres, 1985.

Eschenburg, T., «Streiflichter zur Geschichte der Wahlen im Dritten Reich», *VfZ*, vol. iii, 1955.

Fabry, P., *Mutmaßungen über Hitler: Urteile von Zeitgenossen*, Düsseldorf, 1969.

Fehrenbach, E., *Wandlungen des deutschen Kaisergedankens 1871-1918*, Munich y Viena, 1969.

——, «Images of Kaiserdom: German attitudes to Kaiser Wilhelm II», en J. C. G. Röhl y N. Sombart (comps.), *Kaiser Wilhelm II: New Interpretations*, Cambridge, 1982.

Fest, J. C., *Hitler: Eine Biographie*, Frankfurt, 1973 (trad. cast.: *Hitler*, 2 vols., Barcelona, Noguer y Caralt, 1974).

Flechtheim, O., *Die KPD in der Weimarer Republik*, Frankfurt, 1969.

Frank, H., *Im Angesicht des Galgens*, Munich, 1953.

Friedrich, C. J., «Political Leadership and the Problem of Charismatic Power», *Journal of Politics*, vol. xxiii, 1961.

Fröhlich, E., «Die Partei auf lokaler Ebene: Zwischen gesellschaftlicher Assimilation und Veränderungsdynamik», en Hirschfeld y Kettenacker (comps.), *Der «Führerstaat»*.

Fröhlich, E. y M. Broszat, «Politische und soziale Macht auf dem Lande: Die Durchsetzung der NSDAP im Kreis Memmingen», *VfZ*, vol. xxv, 1977.

Fryman, D. (= H. Class), *Wenn ich der Kaiser wär*, 5ª ed., Leipzig, 1914.

*Fünf Millionen Deutsche: «Wir sollten wieder einen Führer haben...». Die SINUS-Studie über rechtsextremistische Einstellungen bei den Deutschen*, Reinbek bei Hamburg, 1981.

Funke, M., «7. März 1936: Fallstudie zum außenpolitischen Führungsstil Hitlers», en W. Michalka (comp.), *Nationalsozialistische Außenpolitik*, Darmstadt, 1978.

Gilbert, G. M., *Nuremberg Diary*, Londres, 1948.

Goebbels, J., *Vom Kaiserhof zur Reichskanzlei*, 21ª ed., Munich, 1937.

——, *Tagebücher 1945: Die letzten Aufzeichnungen*, Hamburgo, 1977 (trad. cast.: *Diario: las últimas anotaciones*, Barcelona, Plaza y Janés, 1979).

*Goebbels-Reden*, edición a cargo de H. Heiber, 2 vols., Düsseldorf, 1972.

Gordon, S., *Hitler, Germans, and the «Jewish Question»*, Princeton, 1984.

Gorz, A., *Farewell to the Working Class*, Londres, 1982 (trad. cast.: *Adiós al proletariado*, Barcelona, Ediciones 2001, 1982).

Gottschling, E., «Der faschistische Staat», en D. Eichholtz y K. Gossweiler (comps.), *Faschismusforschung: Positionen, Probleme, Polemik*, Berlín Este, 1980.

Graml, H., «Probleme einer Hitler-Biographie: Kritische Bemerkungen zu Joachim C. Fest», *VfZ*, vol. xxii, 1974.

Gross, L., *The Last Jews in Berlin*, Londres, 1983.

Gruchmann, L., *Der Zweite Weltkrieg*, 4ª ed., Munich, 1975.

——, «Jugendopposition und Justiz im Dritten Reich», en W. Benz (comp.), *Miscellanea: Festschrift für Helmut Krausnick*, Stuttgart, 1980.

Grunfeld, F. V., *The Hitler File*, Londres, 1974.

Gurfein, I. M. y M. Janowitz, «Trends in Wehrmacht Morale», *Public Opinion Quarterly*, vol. x, 1946.

Hafner, S., *Anmerkungen zu Hitler*, Munich, 1978.

Hagmann, M., *Der Weg ins Verhängnis*, Munich, 1946.

Hahn, F., *Lieber Stürmer: Leserbriefe an das NS-Kampfblatt 1924 bis 1945*, Stuttgart, 1978.

Hambrecht, R., *Der Aufstieg der NSDAP in Mittel- und Oberfranken, 1925-1933*, Nuremberg, 1976.

Hamilton, R., *Who voted for Hitler?*, Princeton, 1982.

Hassell, U. von, *The von Hassell Diaries 1938-1944*, Londres, 1948.

Heer, F., *Der Glaube des Adolf Hitler: Anatomie einer politischen Religiosität*, Munich, 1966.

Hehl, U. von, *Priester unter Hitlers Terror: Eine biographische und statistische Erhebung*, Mainz, 1984.

Heimann, H., «Die Entwicklung des Automobils zum Massenkonsumartikel in Deutschland», tesis doctoral, Bochum, Universidad de Ruhr Bochum, 1985.

Hellfeld, M. von, *Edelweißpiraten in Köln*, Colonia, 1981.

Henderson, N., *Failure of a Mission*, Londres, 1940.

Heyen, F. J. (comp.), *Nationalsozialismus im Alltag*, Boppard, 1967.

Hirschfeld, G. y L. Kettenacker (comps.), *Der Führerstaat: Mythos und Realität*, Stuttgart, 1981.

Hoffman, H., «"Victory of Faith" (1933) by Leni Riefenstahl», documento inédito, 1986.

Horn, W., *Führerideologie und Parteiorganisation in der NSDAP, 1919-1933*, Düsseldorf, 1972.

Huber, H. y A. Müller (comps.), *Das Dritte Reich: Seine Geschichte in Texten, Bildern und Dokumenten*, 2 vols., Munich, Viena y Basilea, 1964.

Irving, D., *Hitler's War*, Londres, 1977 (trad. cast.: *La guerra de Hitler*, Barcelona, Planeta, 1989).

Jäckel, E., *Hitler in History*, Hannover y Londres, 1984.

——, «Hitler und der Mord an europäischen Juden», en P. Märthesheimer e I. Frenzel (comps.), *Im Kreuzfeuer: Der Fernsehfilm «Holocaust»*, Frankfurt, 1979.

Jäckel, E. y A. Kuhn (comps.), *Hitler: Sämtliche Aufzeichnungen 1905-1924*, Stuttgart, 1980.

Jahr, D., «Die Einstellung der engeren NS-Elite zur Persönlichkeit und politischen Strategie Adolf Hitlers», tesis doctoral, Bochum, Universidad Ruhr Bochum, 1984.

*Jahrbuch der öfentlichen Meinung 1947-1955*, edición a cargo de E. Noelle y E. P. Neumann, Allensbach, 1956.

*Jahrbuch der öfentlichen Meinung 1965-1967*, edición a cargo de E. Noelle y E. P. Neumann, Allensbach, 1967.

*Jahrbuch der öfentlichen Meinung 1968-1973*, edición a cargo de E. Noelle y E. P. Neumann, Allensbach, 1974.

Jaide, W., «Not interested in Politics?», en Stahl (comp.), *The Politics of Postwar Germany*.

Jamin, M., *Zwischen den Klassen: Zur Sozialstruktur der SA-Führerschaft*, Wuppertal, 1984.

——, «Zur Rolle der SA im nationalsozialistischen Herrschaftssystem», en Hirschfeld y Kettenacker (comps.), *Der «Führerstaat»*.

Kater, M., *The Nazi Party: A Social Profile of Members and Leaders, 1919-1945*, Oxford, 1983.

——, «Sozialer Wandel in der NSDAP im Zuge der NS-Machtergreifung», en Schieder (comp.), *Faschismus als soziale Bewegung*.

——, «Hitler in a Social Context», *Central European History*, vol. xiv, 1981.

Keim, A. M. (comp.), *Yad Vashem: Die Judenretter aus Deutschland*, Mainz y Munich, 1983.

Kershaw, I., *Popular Opinion and Political Dissent in the Third Reich*, Oxford, 1983.

——, *The Nazi Dictatorship: Problems and Perspectives of Interpretation*, Londres, 1985.

——, «The Persecution of the Jews and German Popular Opinion in the Third Reich», *Yearbook of the Leo Baeck Institute*, vol. xxvi, 1981.

——, «Ideology, Propaganda, and the Rise of the Nazi Party», en Stachura (comp.), *The Nazi Machtergreifung*.

——, «Alltägliches und Außeralltägliches: ihre Bedeutung für die Volksmeinung 1933-1939», en Peukert y Reulecke (comps.), *Die Reihen fast geschlossen*.

Kettenacker, L., «Sozialpsychologische Aspekte-der Führer-Herrschaft», en Hirschfeld y Kettenacker (comps.), *Der «Führerstaat»*.

——, «Hitler's Impact on the Lower Middle Class», en D. Welch (comp.), *Nazi Propaganda: the Power and the Limitations*, Londres, 1983.

Kettenacker, L., «Der Mythos vom Reich», en Bohrer, *Mythos und Moderne*.

King, C., *The Nazi State and the New Religions*, Nueva York y Toronto, 1983.

*Kirchliche Lage in Bayern nach den Regierungspräsidentenberichten 1933-1943*, edición a cargo de H. Witetschek y W. Ziegler (vol. iv), 4 vols., Mainz, 1966, 1967, 1971 y 1973 (citados en el texto como *KL*, i, etc.).

Kirwan, G., «Waiting for Retaliation: A Study in Nazi Propaganda Behaviour and German Civilian Morale», *Journal of Contemporary History*, vol. xvi, 1981.

——, «Allied Bombing and Nazi Domestic Propaganda», *European History Quarterly*, vol. xv, 1985.

Klee, E., *«Euthanasie» im NS-Staat: Die «Vernichtung lebensunwerten Lebens»*, Frankfurt, 1983.

Klönne, A., *Jugend im Dritten Reich: Die Hitler fugend und ihre Gegner*, Düsseldorf, 1982.

Klotzbücher, A., *Der politische Weg des Stahlhelm, Bund der Frontsoldaten, in der Weimarer Republik*, Erlangen, 1965.

Knox, M., «Conquest, Foreign and Domestic, in Fascist Italy and Nazi Germany», *Journal of Modern History*, vol. lvi, 1984.

Knuetter, H. H., «Ideologies of Extreme Rightists in Postwar Germany», en Stahl (comp.), *The Politics of Postwar Germany*.

Kotze, H. von, y H. Krausnick, *«Es spricht der Führer»: 7 exemplarische Hitler-Reden*, Gütersloh, 1966.

Krausnick, H. y H. H. Wilhelm, *Die Truppe des Weltanschauungskrieges*, Stuttgart, 1981.

Kulka, O. D., «Die Nürnberger Rassengesetze und die deutsche Bevölkerung», *VfZ*, vol. xxxii, 1984.

——, «"Public Opinion" in Nazi Germany and the "Jewish Question"», *Jerusalem Quarterly*, vol. xxv, 1982.

——, «"Public Opinion" in Nazi Germany: the Final Solution», *Jerusalem Quarterly*, vol. xxvi, 1983.

Kulka, O. D. y A. Rodrigue, «The German Population and the Jews in the Third Reich», *Yad Vashem Studies*, vol. xvi, 1984.

Kwiet, K. y H. Eschwege, *Selbstbehauptung und Widerstand: Deutsche Juden im Kampf um Existenz und Menschenwürde 1933-1945*, Hamburgo, 1984.

*Lagebesprechungen im Führerhauptquartier*, edición a cargo de H. Heiber, Berlín, 1962.

Laqueur, W., *The Terrible Secret*, Londres, 1980.

Lepsius, M. R., «From Fragmented Party Democracy to Government by Emergency Decree and National Socialist Takeover: Germany», en J. J. Linz y A. Stepan (comps.), *The Breakdown of Democratic Regimes*, Baltimore y Londres, 1978.

Leuner, H. D., *When Compassion was a Crime*, Londres, 1966.

Lewy, G., *The Catholic Church and Nazi Germany*, Londres, 1964.

Mann, G., *The History of Germany since 1789*, Harmondsworth, 1974.

Mann, R., «Politische Penetration und gesellschaftliche Reaktion: Anzeigen zur Gestapo im nationalsozialistischen Deutschland», en R. Mackensen y F. Sagebiel (comps.), *Soziologische Analysen: Referate aus den Veranstaltungen der Sektionen der Deutschen Gesellschaft für Soziologie beim 19. Deutschen Soziologentag*, Berlín, 1979.

Maser, W., *Der Sturm auf die Republik: Frühgeschichte der NSDAP*, Stuttgart, 1973.

Mason, T. W., *Arbeiterklasse und Volksgemeinschaft*, Opladen, 1975.

——, «The Legacy of 1918 for National Socialism», en A. Nicholls y E. Matthias (comps.), *German Democracy and the Triumph of Hitler*, Londres, 1971.

——, «Intention and Explanation: A Current Controversy about the Interpretation of National Socialism», en Hirschfeld y Kettenacker (comps.), *Der «Führerstaat»*.

——, «Open Questions on Nazism», en R. Samuel (comp.), *People's History and Socialist Theory*, Londres, 1981.

Matthias, E. y R. Morsey (comps.), *Das Ende der Parteien*, Düsseldorf, 1979.

Mayer, M., *They Thought They Were Free: The Germans 1933-1945*, Chicago, 1955.

McKee, I., *Tomorrow the World*, Londres, 1960.

*Meldungen aus dem Reich*, edición a cargo de H. Boberach, Neuwied, 1965 (citado en el texto como *Meldungen*).

*Meldungen aus dem Reich: Die geheimen Lageberichte des Sicherheitsdienstes der SS 1938-1945*, edición a cargo de H. Boberach, 17 vols., Herrsching, 1984 (citados en el texto como *MadR*).

Melograni, P., «The Cult of the Duce in Mussolini's Italy», *Journal of Contemporary History*, vol. xi, 1976.

Merkl, P., *Political Violence under the Swastika*, Princeton, 1975.

Merritt, A. J. y R. L. Merritt (comps.), *Public Opinion in Occupied Germany: The OMGUS Surveys, 1945-1949*, Urbana, 1970.

—— (comps.), *Public Opinion in Semisovereign Germany: The HICOG Surveys, 1949-1955*, Urbana, 1980.

Meyer, C. H., «Die Veredelung Hitlers: Das Dritte Reich als Markenartikel», en W. Benz (comp.), *Rechtsextremismus in der Bundesrepublik*, Frankfurt, 1984.

Moltmann, G., «Goebbels' Speech on Total War, February 18, 1943», en H. Holborn (comp.), *Republic to Reich*, Nueva York, Vintage Books, 1972.

Mommsen, H., «Social Views and Constitutional Plans of the Resistance», en H. Graml y otros (comps.), *The German Resistance to Hitler*, Londres, 1970.

——, «Zur Verschränkung traditioneller und faschistischer Führungsgruppen in Deutschland beim Übergang von der Bewegungs-zur Systemphase», en Schieder (comp.), *Faschismus als soziale Bewegung*.

——, «Der Mythos des nationalen Aufbruchs und die Haltung der deutschen Intellektuellen und funktionalen Eliten», en *1933 in Gesellschaft und Wissen-schaft*, Hamburgo, Pressestelle der Universität Hamburg, 1983.

——, «Die Realisierung des Utopischen: Die "Endlösung der Judenfrage" im "Dritten Reich"», *Geschichte und Gesellschaft*, vol. ix, 1983.

Morsey, R., «Die Deutsche Zentrumspartei», en Matthias y Morsey (comps.), *Das Ende der Parteien*.

Mosse, G. L., *The Nationalization of the Masses*, Nueva York, 1975.

Müller, K. J., *Armee, Politik und Gesellschaft in Deutschland 1933-1945*, Paderborn, 1979.

——, «Nationalkonservative Eliten zwischen Kooperation und Widerstand», en Schmädeke y Steinbach (comps.), *Der Widerstand*.

Müller-Claudius, M., *Der Antisemitismus und das deutsche Verhängnis*, Frankfurt, 1948.

Muth, H., «Jugendopposition im Dritten Reich», *VfL*, vol. xxx, 1982.

Nadler, F., *Ich sah wie Nürnberg unterging*, 2ª ed., Nuremberg, 1959.

——, *Eine Stadt im Schatten Streichers*, Nuremberg, 1969.

Neumann, F., *Behemoth: The Structure and Practice of National Socialism*, Londres, 1942.

Neumann, S., *Die Parteien der Weimarer Republik*, nueva ed., Stuttgart, 1965.

Nipperdey, T., «Nationalidee und Nationaldenkmal in Deutschland im i9. Jahrhundert», *Historische Zeitschrift*, vol. ccvi, 1968.

Noakes, J., *The Nazi Party in Lower Saxony*, Oxford, 1971.

Noakes, J. y G. Pridham (comps.), *Documents on Nazism*, Londres, 1974.

Nyomarkay, J., *Charisma and Factionalism within the Nazi Party*, Minneapolis, 1967.

Obenaus, H., «Haben sie wirklich nichts gewußt? Ein Tagebuch zum Alltag von 1933-1945 gibt eine deutliche Antwort», *Journal für Geschichte*, vol. ii, 1980.

Obenaus, H. y S. Obenaus, «*Schreiben, wie es wirklich war!*»: *Aufzeichnungen Karl Dürkefäldens aus den Jahren 1933-1945*, Hannover, 1985.

Orlow, D., *The History of the Nazi Party, 1919-1933*, Pittsburgh, 1969.
——, *The History of the Nazi Party, 1933-1945*, Pittsburgh, 1973.
O'Sullivan, N., *Fascism*, Londres, 1983.
*Parteistatistik*, edición a cargo del Reichsorganisationsleiter der NSDAP, 3 vols., Munich, 1935.
*Parteitag der Freiheit vom 10.-16. September 1935: Offizieller Bericht über den Verlauf des Reichsparteitages mit sämtlichen Kongreßreden*, Munich, 1935.
*Parteitag der Ehre vom 8. bis 14. September 1936*, Munich, 1936.
Petersen, J., «Mussolini: Wirklichkeit und Mythos eines Diktators», en Bohrer (comp.), *Mythos und Moderne.*
Peterson, E. N., *The Limits of Hitler's Power*, Princeton, 1969.
Petzold, J., *Die Demagogie des Hitlerfaschismus*, Berlín Este, 1982.
Peukert, D., *Die KPD im Widerstand*, Wuppertal, 1980.
——, «Edelweißpiraten, Meuten, Swing: Jugendsubkulturen im Dritten Reich», en G. Huck (comp.), *Sozialgeschichte der Freizeit*, Wuppertal, 1980.
—— y J. Reulecke (comps.), *Die Reihen fast geschlossen: Beiträge zur Geschichte des Alltags unterm Nationalsozialismus*, Wuppertal, 1981.
Picker, H., *Hitlers Tischgespräche im Führerhauptquartier 1941 bis 1942*, Stuttgart, 1963.
Pridham, G., *Hitler's Rise to Power: The Nazi Movement in Bavaria, 1923-1933*, Londres, 1973.
Reck-Malleczewen, F. P., *Tagebuch eines Verzweifelten*, Frankfurt y Hamburgo, 1971.
Rosenberg, A., *Letzte Aufzeichnungen: Ideale und Idole der nationalsozialistischen Revolution*, Göttingen, 1955.
Rothfels, H., «Zerrspiegel des 20. Juli», *VfZ*, vol. x, 1962.
Ruge, W., *Das Ende von Weimar: Monopolkapital und Hitler*, Berlín Este, 1983.
Schieder, W., *Faschismus als soziale Bewegung*, Hamburgo, 1976.
Schirach, B. von, *Ich glaubte an Hitler*, Hamburgo, 1967 (trad. cast.: *Yo creí en Hitler*, Barcelona, Noguer y Caralt, 1968).
Schmädeke, J. y P. Steinbach (comps.), *Der Widerstand gegen den Nationalsozialismus*, Munich, 1985.
Schmidt, C., «Zu den Motiven "alter Kämpfer" in der NSDAP», en Peukert y Reulecke (comps.), *Die Reihen fastgeschlossen.*
Schmidt, P., *Statist auf diplomatischer Bühne 1923-45*, Bonn, 1953.
Schnatz, H., *Der Luftkrieg im Raum Koblenz 1944/45*, Boppard, 1981.
Schörken, R., *Luftwaffenhelfer und Drittes Reich: Die Entstehung eines politischen Bewußtseins*, Stuttgart, 1984.
Schreiber, G., *Hitler: Interpretationen 1923-1983: Ergebnisse, Methoden und Probleme der Forschung*, Darmstadt, 1984.
Schweitzer, A., *The Age of Charisma*, Chicago, 1984.
Semmler, R., *Goebbels: The Man Next to Hitler*, Londres, 1947.
Shirer, W., *Berlin Diary 1934-1941*, Londres, Sphere Books, 1970.
Sington, D. y A. Weidenfeld, *The Goebbels Experiment*, Londres, 1942.
Smith, C. A. A., «The National Socialist Organisation NSV: "NS-People's Welfare", propaganda and influence, 1933-1945», tesis doctoral, Universidad de Edimburgo, 1986.

Sontheimer, K., *Antidemokratisches Denken in der Weimarer Republik*, 4ª ed., Munich, 1962.

Speer, A., *Erinnerungen*, Frankfurt y Berlín, 1969.

*Spiegelbild einer Verschwörung*, edición a cargo de Archiv Peter, Stuttgart, 1961.

Stachura, P. D. (comp.), *The Shaping of the Nazi State*, Londres, 1978.

——, *The German Youth Movement 1900-1945: An Interpretative and Documentary History*, Londres, 1981.

—— (comp.), *The Nazi Machtergreifung*, Londres, 1983.

——, *Gregor Strasser and the Rise of Nazism*, Londres, 1983.

——, «German Youth, the Youth Movement, and National Socialism in the Weimar Republic», en Stachura (comp.), *The Nazi Machtergreifung*.

Stahl, W. (comp.), *The Politics of Postwar Germany*, Nueva York, 1963.

*Statistisches Jahrbuch für das Deutsche Reich*, edición a cargo de Statistisches Reichsamt, 1933-1942.

Steinbach, L., *Ein Volk ein Reich, ein Glaube?*, Berlín y Bonn, 1983.

Steinert, M. G., *Hitlers Krieg und die Deutschen*, Düsseldorf, 1970.

Stern, J. P., *Hitler: The Führer and the People*, Londres, 1975.

Stoakes, G., «The Evolution of Hitler's Ideas on Foreign Policy 1919-1925», en Stachura, *The Shaping of the Nazi State*.

Stokes, L. D., «The *Sicherheitsdienst* (*SD*) of the *Reichsführer SS* and German Public Opinion, September 1939-June 1941», tesis doctoral, Baltimore, Johns Hopkins University, 1972.

Streit, C., *Keine Kameraden: Die Wehrmacht und die sowjetischen Kriegsgefangenen*, Stuttgart, 1978.

Struve, W., *Elites against Democracy: Leadership Ideals in Bourgeois Political Thought in Germany, 1890-1933*, Princeton, 1973.

Taylor, S., *Prelude to Genocide*, Londres, 1985.

Terveen, F., «Der Filmbericht über Hitlers 50. Geburtstag: Ein Beispiel nationalsozialistischer Selbstdarstellung und Propaganda», *VfZ*, vii (1959). Tolandj, *Adolf Hitler*, Nueva York, 1976.

*Totalitarismus und Faschismus Kolloquien des Institutsfür Zeitgeschichte*, Munich, 1980.

Treue, W., «Rede Hitlers vor der deutschen Presse (10. Nov. 1938)», *VfZ*, vol. vi, 1958.

*Tine to Type: A Selection of Letters and Diaries of German Soldiers and Civilians collected on the Soviet-German Front*, Londres, [1944?].

Turner, H. A. (comp.), *Hitler aus nächster Nähe*, Frankfurt, Berlín y Viena, 1978.

Tyrell, A., *Führer befiel... Selbstzeugnisse aus der «Kampfzeit» der NSDAP: Dokumentation und Analyse*, Düsseldorf, 1969.

——, *Vom «Trommler» zum «Führer»*, Munich, 1975.

——, *III. Reichsparteitag der NSDAP, 19.-21. August 1927*, Filmedition G122 des Instituts für den wissenschaftlichen Film, serie 4, n° 4/G122, Göttingen, 1976.

Unger, A. H., *The Totalitarian Party*, Cambridge, 1974.

*United States Strategic Bombing Survey*, reimpreso en Nueva York y Londres, 1976, vol. 4, «The Effects of Strategic Bombing on German Morale» (citado en el texto como *USSBS*).

Vierhaus, R., «Faschistisches Fiihrertum», *Historische Zeitschrift*, vol. clxxxviii, 1964.

Voges, M., «Klassenkampf in der "Betriebsgemeinschaft"» *Archiv für Sozialgeschichte*, vol. xxi, 1981.

Volk, L., «Kardinal Faulhabers Stellung zur Weimarer Republik und zum NS-Staat», *Stimmen der Zeit*, vol. clxxvii, 1966.

*Volksopposition im Polizeistaat: Gestapo- und Regierungsberichte 1934-1936*, edición a cargo de B. Vollmer, Stuttgart, 1957.

Vondung, K., *Magie und Manipulation*, Göttingen, 1971.

Wagner, J. V., *Hakenkreuz über Bochum*, Bochum, 1983.

Waite, R. G. L., *Vanguard of Nazism: The Free Corps Movement in Postwar Germany 1918-1923*, Cambridge, Mass., 1952.

——, *The Psychopathic God Adolf Hitler*, Nueva York, 1977.

Weber, M., *Economy and Society*, edición a cargo de G. Roth y C. Wittich, Berkeley, 1978 (trad. cast.: *Economía y sociedad*, Madrid, Fondo de Cultura Económica, 2002).

Wehler, H. U., «30. Januar 1933-Ein halbes Jahrhundert danach», *Aus Politik und Zeitgeschichte*, 29 de enero de 1983.

Weinstein, F., *The Dynamics of Nazism: Leadership, Ideology, and the Holocaust*, Nueva York, 1980.

Weißbecker, M., «Zur Herausbildung des Führerkults in der NSDAP», en K. Drechsler y otros (comps.), *Monopole und Staat in Deutschland 1917-1945*, Berlín Este, 1966.

Welch, D., *Propaganda and the German Cinema 1933-1945*, Oxford, 1983.

—— (comp.), *Nazi Propaganda: The Power and the Limitations*, Londres, 1983.

Wiedemann, F., *Der Mann, der Feldherr werden wollte*, Velbert y Kettwig, 1964.

Wilhelm, H. H., «The Holocaust in National Socialist Rhetoric and Writings», *Yad Vashem Studies*, vol. xvi, 1984.

*«Wollt ihr den totalen Krieg?»: Die geheimen Goebbels-Konferenzen 1939-1943*, edición a cargo de W. A. Boelcke, Munich, Deutscher Taschenbuch Verlag, 1969.

Zeman, Z. A. B., *Nazi Propaganda*, Oxford, 1964.

Zofka, Z., *Die Ausbreitung des Nationalsozialismus auf dem Lande*, Munich, 1979.

——, «Dorfeliten und NSDAP», en *Bayern IV*.

### Lecturas complementarias

Bach, Maurizio, *Die charismatischen Führerdiktaturen: Drittes Reich und italienischer Faschismus im Vergleich ihrer Herrschaftsstrukturen*, BadenBaden, 1990.

Bankier, David, *The Germans and the Final Solution: Public Opinion under Nazism*, Oxford, 1992.

Bartov, Omer, *The Eastern Front 1941-1945: German Troops and the Barbarisation of Warfare*, Londres, 1985.

——, *Hitler's Army: Soldiers, Nazis, and War in the Third Reich*, Oxford, 1991.

Bessel, Richard (comp.), *Life in the Third Reich*, Londres, 1987.

Bullock, Alan, *Hitler and Stalin: Parallel Lives*, Londres, 1991 (trad. cast.: *Hitler y Stalin: vidas paralelas*, Barcelona, Plaza y Janés, 1994).

Burleigh, Michael, *The Third Reich: A New History*, Londres, 2000 (trad. cast.: *El tercer Reich*, Madrid, Taurus, 2001).

Differ, Jost, *Nazi Germany: 1993-1945 Faith and Annihilation*, Londres, 1996.

Frei, Norbert, *National Socialist Rule in Germany*, Oxford, 1993.

Funke, Manfred, *Starker oder schwacher Diktator? Hitlers Herrschaft und die Deutschen*, Düsseldorf, 1989.

Hamann, Brigitte, *Hitlers Wien: Lehrjahre eines Diktators*, Munich, 1996.

Höhne, Heinz, *Die Zeit der Illusionen: Hitler und die Anfänge des 3. Reiches 1933-1936*, Düsseldorf, 1991.

Jäckel, Eberhard, *Hitlers Herrschaft*, 2ª ed., Stuttgart, 1988.

Kershaw, Ian, *Hitler, 1889-1936: Hubris*, Londres, 1998 (trad. cast.: *Hitler: 1889-1936*, Barcelona, Península, 2002).

——, *Hitler, 1936-1945: Nemesis*, Londres, 2000 (trad. cast.: *Hitler: 1936-1945*, Barcelona, Península, 2000).

Kershaw, Ian y Moshe Lewin (comps.), *Stalinism and Nazism: Dictatorships in Comparison*, Cambridge, 1997.

Kitchen, Martin, *Nazi Germany at War*, Londres, 1995.

Lepsius, M. Rainer, «Charismatic Leadership: Max Weber's Model and its Applicability to the Rule of Hitler», en Carl Friedrich Graumann y Serge Moscovici (comps.), *Changing Conceptions of Leadership*, Nueva York, 1986.

Lukács, John, *The Hitler of History*, Nueva York, 1998.

Mommsen, Hans, *Adolf Hitler als «Führer» der Nation*, Tübingen, Deutsches Institut für Fernstudien an der Universität Tübingen, 1984.

Mommsen, Hans y Susanne Willems (comps.), *Herrschaftsalltag im Dritten Reich: Studien und Texte*, Düsseldorf, 1988.

Paul, Gerhard, *Aufstand der Bilder: Die NS-Propaganda vor 1933*, Bonn, 1990.

Peukert, Detlev, *Inside Nazi Germany: Conformity and Opposition in Everyday Life*, Londres, 1987.

Reichel, Peter, *Der schönt Schein des Dritten Reiches: Faszination und Gemalt des Faschismus*, Frankfurt, 1993.

Rosenbaum, Ron, *Explaining Hitler*, Nueva York, 1998.

Salter, Stephen, «National Socialism, the Nazi Regime, and German Society», *The Historical Journal*, vol. 35, n° 192, págs. 487-499.

Sereny, Gitta, *Albert Speer: His Battle with Truth*, Londres, 1995.

Welch, David, «Propaganda and Indoctrination in the Third Reich: Success or Failure?», *European History Quarterly*, n° 17, 1987, págs. 403-422.

Welch, David, *The Third Reich: Politics and Propaganda*, Londres, 1993.

Wippermann, Wolfgang (comps.), *Kontroversen um Hitler*, Frankfurt, 1986.

Zitelmann, Rainer, *Hitler: Selbstverstdndnis eines Revolutionärs*, Hamburgo, 1987.

# Índice analítico y de nombres